HUIT FEMMES POUR UN PÔLE

MADELEINE GRISELIN

HUIT FEMMES POUR UN PÔLE

La première expédition polaire féminine

PRÉFACE DE JEAN RIVOLIER

*75 photographies
en couleurs de l'équipe*

ALBIN MICHEL

© Éditions Albin Michel, S.A., 1988
22, rue Huyghens, 75014 Paris

ISBN 2-226-03284-3

PRÉFACE

CHÈRE Madeleine,

    Quand un jeune camarade a essayé de m'intéresser à ton projet, je n'ai pas ricané, mais je suis resté très sceptique. Puis je t'ai rencontrée; j'ai alors envisagé l'affaire d'un meilleur œil, sans être toutefois entièrement convaincu.

Il faut dire qu'en ce qui concerne les expéditions polaires, j'ai la réputation d'être misogyne. C'est du reste faux; cependant, je pense que les problèmes de groupe sont déjà suffisamment nombreux dans les hivernages ne comprenant que des hommes pour ne pas prendre le risque d'en ajouter en incluant des participants de l'autre sexe... Mais là, avec toi, il s'agissait de tout autre chose, d'un groupe formé exclusivement de femmes, tant au niveau de la conception que de la réalisation du projet. La curiosité l'a alors emporté sur le doute.

Malgré ces réticences — que je peux bien t'avouer maintenant — l'affaire s'engagea rapidement et je découvris dans votre équipe une volonté farouche et une motivation très forte. La preuve m'en a été donnée plus tard à Lille, au labo de thermobiologie, lorsque, sans broncher, vous êtes les unes après les autres entrées dans ces pénibles bains à 15ºC, destinés à apprécier les modifications physiologiques au froid et que, malgré le frissonnement intense déclenché, vous avez serré les dents et accepté l'épreuve une heure durant.

Je saute quelques mois pour vous retrouver sur le terrain autour du 10 avril. La banquise file sous vos pas presque plus vite que vous n'avancez. Il n'y a plus aucun espoir de pouvoir atteindre le pôle Nord: n'importe qui aurait pensé que vous alliez rentrer et poser vos balises par d'autres moyens. C'était sans compter sur votre ténacité : vous allez continuer à marcher sur ce tapis roulant durant cinquante-deux jours, pour poursuivre des observations glaciologiques qui ne pouvaient être réalisées par avion. Même sans le prestige du pôle, l'exploit sportif est resté quotidien : vous avez continué à le mettre au service de la Science.

J'ai fréquenté beaucoup d'hommes se trouvant confrontés à des conditions difficiles de terrain, des gros-bras et d'autres. J'en ai vu peu accepter, comme ces « faibles » femmes, la contrainte dans sa durée.

L'équipe était volontaire pour participer à une recherche médicale et psychologique qui comprenait des examens en laboratoire et une série de contrôles et d'échantillonnages sur le terrain. Ce programme est d'un grand intérêt car on ne possède que peu d'études effectuées sur des sujets de sexe féminin : en travaillant en profondeur, on peut comparer avec ce que l'on a trouvé chez des hommes ayant vécu dans des conditions analogues.

Les publications spécialisées relateront médicalement et psychologiquement votre aventure. Je te laisse le soin, Madeleine, d'en dire plus dans les pages que tu as écrites. La littérature nous donnera une autre approche, plus nuancée et plus vécue, dans cette exploration, la seule qui compte en fait, celle de l'être humain.

Je t'embrasse.

JEAN RIVOLIER
Directeur du laboratoire de psychologie appliquée
de l'Université de Reims.

A ces forces qui nous venaient de l'arrière.

L'EQUIPE « DES FEMMES POUR UN PÔLE » :

Chantal Carpentier   Annie Tremblay
Mireille Gouget   Huguette Vivin
Madeleine Griselin   Mary Williams
Florence Marchal   Annie Zwahlen

et Jacques Guittienne
Jean Rivolier
Ken Carver
Guylaine Deklunder

ASSOCIATION « DES FEMMES POUR UN PÔLE » :
1, rue Saint-Epvre, 54000 Nancy

AVANT-PROPOS

UNE même aventure vécue par plusieurs personnes peut être racontée de multiples façons. Ce récit n'est qu'une version de l'expédition « Des femmes pour un pôle » : le témoignage d'un juge et partie, avec toute la fragilité que cela suppose.

Je l'ai voulu fidèle à la réalité, je n'ai RIEN inventé. Il n'en reste pas moins ma version des faits, ma vérité.

Pour rafraîchir ma mémoire, je disposais d'archives sonores ou écrites dont j'ai utilisé, sans en changer un mot, des extraits qui sont en *italiques* dans le texte. Ce sont les enregistrements de nos transmissions radio et de conversations de l'équipe, mon livre de bord et du courrier.

INTRODUCTION

« **A**LLEZ les filles ! Ça s'arrange ! »
Elles ne sont plus dupes désormais : Couni, Titi et Flo savent que cette phrase clef, devenue le leitmotiv du chef, est ma façon de les encourager tout en me persuadant moi-même que « ça va s'arranger ».

J'ouvre la marche, cherchant le passage dans le brouillard intense qu'en Arctique on appelle « white out » ou temps blanc. Impression désagréable de marcher dans le coton. Ce n'est qu'en posant le ski au sol qu'on prend conscience du relief. Blanc sur blanc, comme je fais la trace, je ne distingue même pas les congères dans lesquelles je m'obstine à buter un pas sur deux. C'est le 28 mars, Vendredi saint : un vrai calvaire... J'enrage de tomber puis finis par rire de mes chutes en les comptant avec une pensée émue pour le Christ qui n'avait même pas de barres énergétiques pour se remonter le moral. Aveugle dans le blanc, je dois faire totalement confiance à ma boussole, prenant de dix mètres en dix mètres le cap sur des blocs de glace.

Elles suivent. Pour elles, « si Madeleine est passée, elles passeront aussi ». Elles ne savent pas que lorsque je m'arrête pour prendre un nouveau cap, pendant que l'aiguille aimantée se stabilise vers le nord, j'écoute et je prends des forces. A cet instant précis, je ne suis plus abasourdie par le bruit de mes skis raclant la glace et, du fond de mon capuchon, à travers le vent permanent, j'entends leurs pas crisser sur la neige : pour moi qui suis devant, les forces viennent de l'arrière, de ces amies qui marchent dans ma trace, de celles qui, au camp de base, veillent à la radio et de tous ceux qui, à des milliers de kilomètres, pensent à nous.

Nous sommes sur la banquise, en plein chaos de glace, à mi-chemin entre le Spitsberg et le pôle Nord. Nous marchons en file indienne, solitaires donc dans notre progression, l'esprit traversé par quelques pensées tenaces et peu variées, le corps tout absorbé à sauvegarder un équilibre précaire sur les skis. Le terrain est tellement accidenté que nous avons marché en canard toute la journée, forçant dans les jambes pour accrocher les carres à la glace et cherchant dans les bâtons, de toute la puissance de nos bras, l'appui complémentaire qui fera décoller la charge.

Chacune tire l'équivalent de son poids, liée pour le meilleur et pour le pire à son traîneau : mariage blanc dans lequel la corde au cou s'accroche à la ceinture ; tandem polaire dont on a l'assurance que le compagnon arrière ne pédale pas, poids mort manifestant sa présence via deux cordes qui tirent le haleur dans le sens contraire de la marche au moindre obstacle ; liaison dangereuse avec un chauffard qui tente de doubler à chaque dévers, fauchant, en même temps que ses jambes, la neige sous le pied de la gaillarde d'avant.

A coups de gueule et à coups de cœur, chacune fait route avec son double, l'injuriant quand il se fait lourd, parlementant aux passages délicats ou le prenant à bras-le-corps s'il vient à se cabrer.

Fauteuil à la pause, ancre de tente à l'étape, il est notre richesse, contenant tout ce que nous possédons ; boulet ou confident, il est une présence, conférant à celle qui le tire cette impression de sécurité que peut donner un deuxième de cordée.

Pour l'heure, je trouve le mien beaucoup plus attaché qu'attachant et je le boude, ruminant dans mon masque gelé une idée qui revient souvent depuis notre départ. Pendant les dix-huit mois de bataille pour réunir les fonds de cette expédition, je disais à qui voulait l'entendre : « La glace à côté, ce sera du gâteau ! » En cette fin de journée décourageante, à l'heure où chaque pas semble compté par les articulations et les muscles meurtris, je ne peux m'empêcher de trouver au gâteau en question un goût de

12

vacherin qui aurait fait un séjour un peu long au congélateur. « Au moins pendant les préparatifs, il faisait chaud ! »

J'ai l'impression d'être au bout du rouleau, dévidant jusqu'à l'extrême ce fil d'Ariane de mes forces, consciente d'être dans le rouge de la ficelle de survie. « Allez ! encore un effort ! » Tentation de rester couchée dans la neige pour que ce soit la dernière chute. Si j'étais toute seule, je l'aurais fait depuis longtemps. Les autres me talonnent. Dans ces cas-là, il me faut trouver vite des arguments de choc pour me secouer, que je lance à haute voix pour que les mots résonnent à mes oreilles : « Debout ! Ça finira bien par s'arranger ! Et puis, tu as choisi, tu t'es battue pour en arriver là, tu ne vas pas chialer tout de même ! Souviens-toi, à l'aéroport, cette parole aux accents de serment : "La guerre des nerfs n'aura pas lieu !" T'étais bien d'accord avec les autres, c'est même toi qui l'as prononcée ! Tu vas pas craquer ! T'as froid, t'en peux plus, on n'y voit rien, t'arrêtes pas de tomber... mais dis-moi, tu le savais que c'était pas la Méditerranée ! T'imaginais quand même pas qu'il allait faire chaud et qu'il y aurait des porteurs ! »

Je ravale mes larmes avant qu'elles ne gèlent et me rétablis sur mes skis : non, la guerre des nerfs n'aura pas lieu, je persiste et signe. Mais je ne peux empêcher une dernière remarque à mon for intérieur qui ricane, facile, parce qu'il n'a pas l'onglée : « Tu pouvais pas être comme tout le monde, bon sang ! et rester bien au chaud derrière ton bureau ! »

1

LE froid, les glaces ? Bien sûr personne ne s'en souvient mais j'avais dû tomber dedans quand j'étais petite ! Sinon, comment expliquer cette passion qui me colle à la peau depuis plus de trente ans ? Comment comprendre que la moitié de ma personne soit assez givrée pour envoyer l'autre moitié se geler pieds, mains et nez sur la banquise ?

A cinq ans, à l'âge où les petites filles rêvent d'être princesses et se bâtissent des châteaux, dans le bac à sable du jardin d'enfants, je prétendais partir à la chasse à la baleine. Le froid m'avait déjà harponnée. Mais pourquoi ? La jardinière — qui était en même temps ma mère — se souvient de nous avoir lu *Apoutsiak*, livre racontant en images la vie d'un petit Esquimau. Les autres s'en sont fort bien remis, j'ai dû dès lors faire une sérieuse fixation.

Il n'y avait dans ma famille ni oncle d'Amérique ni cousine chasseur de lions. La bosse des voyages, nous l'avions reçue à petites doses : privilégiés pour l'époque, nous visitions la France en voiture ; mes parents, pour être bien sûrs d'avoir dans leur couvée au moins un pigeon voyageur, avaient enseigné très tôt à leurs enfants l'art de la valise, tout en leur inculquant un certain sens des responsabilités. Les samedis et veilles de vacances, chaque petit Griselin remplissait sa mini-valise, et tant pis si à destination il manquait pyjama ou brosse à dents : nous prenions seuls et individuellement l'entière responsabilité de notre paquetage de week-end.

Je n'étais pas plus habile que ma sœur ou mes frères à cet exercice ; plutôt moins soucieuse qu'eux, j'oubliais tout et appris donc assez vite à vivre avec la moitié de mes affaires, ce qui dut attiser chez moi un certain sens de la débrouillardise.

Nos voyages en France strictement *intra-muros* ne nous apprirent pas les langues étrangères. Papa conduisait la traction, maman dressait ses pigeons au voyage. Vous n'imaginez pas ce que quatre enfants et un chien peuvent demander d'attention si l'on ne veut pas les réduire à de vulgaires bagages se battant, vomissant et hurlant à l'arrière d'une voiture. Maman faisait notre éducation. Au gré des périples, nous apprenions tout sur le Débarquement, Napoléon, l'art roman, l'industrie laitière et autres richesses de notre belle France. De musée en zoo, de château en basilique, de vestiges gallo-romains en barrage hydro-électrique, notre curiosité au monde s'éveillait et n'était pas près de se rendormir.

Totalement inconsciente de notre chance, j'avais un rêve secret : prendre le train. Chaque fois que la voiture montrait des signes de faiblesse, mes espoirs renaissaient : c'était compter sans les connaissances mécaniques de mon père qui nous tirait chaque fois d'affaire, nous refusant la possibilité de découvrir l'ivresse du rail.

Les enfants du voyage que nous étions à notre insu étaient astreints à des cahiers de vacances, à ne pas confondre avec les devoirs du même nom. Chaque périple était une aventure dont il fallait engranger le bénéfice éducatif. En route, nous remplissions avec assiduité de petits carnets que nous n'hésitions pas à appeler pompeusement « livres de bord ». Au retour, ponctuant nos itinéraires de remarques et de souvenirs, à grand renfort de découpages dans les dépliants glanés *in situ*, nous réécrivions les guides touristiques du Béarn ou de Normandie ; selon nos affinités, ils étaient artistiques, littéraires, brouillons : ce qui importait aux yeux de nos parents était que nos vacances fussent instructives.

On ne s'ennuyait jamais en voiture. Entre autres occupations, il y avait les tours d'harmonica : je me rends compte, à présent, de la patience qu'il fallait au conducteur pour endurer quart d'heure après quart d'heure les gammes et autres fantaisies sonores sortant de nos engins de plastique. Beaucoup plus intellectuel était le jeu des plaques minéralogiques. Nous étions incollables sur les départements, préfectures et chefs-lieux de canton.

Les aventures de mon enfance étaient toutefois baignées d'un flou artistique en ce qui concerne leur position géographique. Bon public, j'étais tout aussi dépaysée à cinquante qu'à mille kilomètres de chez nous.

Je découvris assez vite les limites de cet enseignement : mon père ne sachant pas nager, la mer pour nous se réduisait à une frange littorale de dix mètres. Il n'avait pas le pied marin, aussi nos aventures océanes se résumèrent-elles à de simples traversées en bac pour accéder à des îles... pas du tout lointaines. Quant à la montagne, notre champ d'investigations s'arrêtait à mille mètres, parfois plus au passage de cols ou exceptionnellement par l'entremise d'un téléphérique. Mes parents n'étant pas plus montagnards que marins, les sentiers muletiers marquaient la limite de nos transhumances : au-delà commençait... l'Himalaya. Nous avions gravi, en plus de la tour Eiffel, toutes les marches de tous les phares de toutes les côtes de France. Ces fenêtres ouvertes sur le large où nous n'allions jamais étaient — on en conviendra — une invitation au voyage.

Pendant la morte-saison, penchés sur le catalogue Manufrance, nous rêvions, à l'approche de Noël, mettant des croix sur le magnifique kayak ou sur la plus belle paire de skis. Personne ne s'en émouvait ; il apparut de plus en plus clairement que ce n'était pas le genre de la maison. Les hautes altitudes et le grand large entrèrent peu à peu dans le domaine de l'inaccessible et donc du fantastique.

Par définition, rien dans ces cours de voyage ne me vouait plus que quiconque à une destinée glacée. Nous n'avions pas reçu d'explorateurs célèbres à notre table ; à dix ans mon record en latitude Nord devait être Charleville-Mézières et — déception — je venais de découvrir que le grand-père, qui avait une longue-vue, n'en avait pas été pour autant capitaine au long cours mais simple quartier-maître dans la Marine nationale pendant la guerre.

Apoutsiak était loin ; et même si je l'avais lu et relu, il ne suffit pas à expliquer une passion. La raison, après trente années de réflexion, me semble d'ordre strictement géographique. Je suis née à Villerupt, en Lorraine, tout au nord du Pays-Haut, un terroir bien particulier se distinguant suffisamment sur le plan climatique pour avoir mérité le nom de « Sibérie lorraine ». Tous les hivers de mon enfance sont teintés de neige que j'attendais chaque année, aux vacances de Noël, avec l'impatience d'un Husky dont le maître prépare le harnais.

Nos montagnes étaient les crassiers, nos skis des cartons sur lesquels nous dévalions la glace, préfabriquée à grand renfort de casseroles d'eau, dans la rigole de la grande côte. Papa construisit un traîneau si lourd que lui seul pouvait le remonter au point de départ de nos courses folles. Privilégiés encore, nous nous faisions remorquer par la voiture sous les yeux ébahis de nos petits camarades qui n'avaient pas de pères suffisamment gamins pour les accompagner... à la neige.

Au fil de notre jeunesse — progrès oblige —, les sableuses et autres chasse-neige se multiplièrent, devenant notre cauchemar. Il fallut trouver des horizons vierges pour manœuvrer nos traîneaux que le modernisme et la bonté du Père Noël avaient transformés en luges plus légères. Nous en vînmes aux bois, slalomant entre les arbres en glissades effrénées, desquelles nous revenions trempés et rarement indemnes.

Dès que la pratique intense du scoutisme eut suffisamment développé mon sens de l'orientation, je commençai à organiser mes premières et secrètes expéditions. De *Club des cinq* en *Signes de piste* j'appris le b a ba de l'aventure. *Apoutsiak* avait ouvert le feu : mes lectures devinrent vite très engagées. L'ordinaire de ma bibliothèque d'adolescente n'était autre que *Les Martyrs du pôle*, que vint compléter une collection de drames tous plus horribles les uns que les autres. Mes compagnons de chevet perdaient un à un leurs orteils, leurs pieds puis finalement la vie, que la mort blanche venait leur arracher chaque nuit au fond de mon lit.

Je fis quelques tentatives pour juguler cette passion du froid. Le désert chaud et l'enfer vert n'étaient pas mal non plus, à en lire ceux qui en étaient revenus, mais je savais déjà que mes ambitions seraient limitées par une grande tare : ma peur panique des serpents. Un ver de terre me faisait fuir, la vue d'un orvet me liquéfiait sur pied, ne parlons pas de la page « Reptiles » du dictionnaire qui s'ouvrait au moindre toucher du volume, tellement je l'avais regardée pour ne jamais risquer une panne de cauchemar. Cela rayait de la carte une bonne partie du grand large. Les récits d'expéditions africaines ou amazoniennes ne me firent plus rêver. Ils n'étaient destinés qu'à compléter, en changeant d'horizon, les cours d'exploration dont je m'abreuvais dans la littérature de Baden-Powell, père du scoutisme : manuels de nœuds, cabanes en branches, ponts de singe et autre ouvrage d'art à tirer de la nature. Survivre en forêt, y faire feu de tout bois et par tous les temps, construire un radeau, marcher à la boussole : tout était bon à prendre et à apprendre dans les livres, parce qu'un jour... tout pouvait servir. Les travaux dirigés avaient lieu l'été pendant les camps scouts, les travaux pratiques se passaient à longueur d'année selon le temps, sur mon pupitre d'écolière, à la cave, au bord d'un ruisseau ou au plus profond des bois.

Quand j'eus passé tous mes badges d'aventurier généraliste, j'entrepris quelques années de spécialisation, difficiles parce que neuf mois sur douze nous étions hors saison : déjà les préparatifs prenaient plus de temps que les expéditions.

La mode aidant, il fut assez aisé de me faire offrir un pantalon fuseau et un anorak à fausse fourrure de loup. Le reste de l'équipement demanda beaucoup plus de démarches, répétition générale de futures courses aux sponsors.

On ne saura jamais pourquoi mais, un jour, un commerçant de Villerupt exposa, sortie directement du catalogue de mes rêves, une paire de chaussures de ski, pas de ces pâles imitations, chaussures tout-terrain et tout temps de rentrée des classes : de vraies chaussures de ski, en cuir noir, à lacets rouges, à semelle Vibram débordante et crantée pour laisser passer le câble de la fixation et, détail suprême, en rappel des lacets, une pièce de cuir rouge renforçant le talon. Il me les fallait. Le sondage d'opinion en famille fut unanimement négatif : l'achat de chaussures de ski, au prix que l'on peut imaginer, n'apparut pas du tout de première nécessité. Ma tirelire était toujours vide, ni frère ni sœur ne voulut investir : le temps des expéditions lointaines à capitaux familiaux était bien révolu.

Dans les contes de fées, il y a des marraines ! La mienne débordait de générosité chaque année en novembre pour mon anniversaire. J'entrepris de la persuader que la trousse à couture qu'elle me destinait me ferait nettement moins plaisir que les chaussures de ski. Conciliante autant que généreuse, elle céda : une seule visite suffit pour en faire mon premier sponsor.

L'objet tant convoité fut déballé, comme si de rien n'était, au moment du gâteau : comme marraine l'avait offert, il fallait lui faire plaisir en le portant. Il n'était toujours pas question d'aller au ski ; le cadeau s'imposait donc pour aller à l'école. Cette année-là, je n'attendis pas la première neige ; en me levant suffisamment tôt, je pus partir incognito en classe : l'arbitraire parental n'eut pas la possibilité de s'exercer sur mes volontés vestimentaires du jour. Arrivée à l'école, j'attendais une ovation et les questions sur ma prochaine expédition ; j'allais dévoiler une partie de mes secrets. Rien de tout cela : mes camarades, totalement ignares en matière d'équipement polaire, n'imaginaient même pas que des skis pussent exister et encore moins qu'il pût s'y adjoindre des chaussures. Toutes me plaignirent beaucoup, pensant que je souffrais d'une soudaine poliomyélite qui allait m'obliger, la vie durant, à porter des chaussures orthopédiques. J'en fus ulcérée et entrepris leur éducation, cherchant par la même occasion à former une équipe. Je dus me rendre à l'évidence, le mal incurable n'atteignait que moi : mes premières expéditions fleuraient le solitaire. Des années après, l'une des détractrices du moment m'avoua que les paris avaient été ouverts : il s'agissait de savoir si, avec de tels monstres aux pieds, on gardait une sensibilité suffisante pour détecter les coups. Mes petites camarades venaient à mon insu taper dans mes belles chaussures ; puisque l'expérience put se répéter, la réponse fut non. Je décidai malgré cet affront public d'imposer ma différence et portai les chaussures tout l'hiver, jusqu'à être reconnue, au sein du collège, comme de la graine d'explorateur.

Je renonçai momentanément à acquérir des skis et consacrai une partie de l'été à la conception du traîneau, aménageant la luge avec d'autant plus d'excitation que mes parents étaient devenus, en ce début de vacances, les heureux propriétaires d'un attelage canin.

Modeste, il se composait d'un unique chien qu'un maître ingrat avait abandonné. Bâtard de loulou et de berger belge, il arborait, par le panache de sa queue, un certain look arctique ; mais d'esquimau il n'avait que le nom — Igloo —, qui lui fut donné quand mes parents lui offrirent à jamais l'hospitalité, attendris que l'animal ait choisi notre maison comme refuge pour y couler une retraite paisible.

Le dressage commença dès l'été, dans le plus grand secret. N'ayant trouvé dans la région aucun boucher revendeur d'intestins de phoque, je confectionnai le fouet avec de la vulgaire ficelle. Dès qu'on me laissait seule et que, de surcroît, la voiture était sortie, j'emmenais Igloo dans le garage pour lui apprendre les rudiments du langage des mushers*. Je pris beaucoup plus de coups de fouet que lui : l'extrémité de la ficelle arrivait rarement à destination, ayant plutôt tendance à s'enrouler autour de mes poignets ou à s'accrocher dans mes cheveux.

La première neige qui suivit cet été d'apprentissage fut une fête pour nous deux. Comme je l'avais espéré, Igloo avait du sang esquimau : il attrapait les flocons au vol et faisait le chasse-neige avec son museau. Je passai sa laisse dans la barre avant de la luge et lui intimai l'ordre de tirer. Mes quarante kilos et les deux de la traîne eurent raison de son enthousiasme. Igloo, plein de bonne volonté, s'étranglait mais la luge restait rivée au sol. Je voulus l'aider et me levai : il partit alors comme une flèche, en compagnie de sa charge allégée. Révélation du jour : Igloo était un chien de traîneau... vide ! Les mois de dressage en avaient fait néanmoins un animal très convoité de mes amis puisqu'il savait, obéissant à ma voix, remonter le véhicule de nos glissades.

Malgré la faiblesse de l'attelage, je ne renonçai pas à mes plans et, puisque mes camarades rêvaient à d'autres horizons que les miens, je partis seule avec Igloo à la conquête de l'Arctique villeruptien.

---

* Conducteurs de traîneau à chiens.

Aux confins du petit bois, à cinq cents mètres de chez nous, naissait le plateau appelé abusivement « la Plaine » : quelques kilomètres carrés de champs ouverts que les hommes désertaient, les labours terminés. Pas un arbre, pas une maison, rien qui puisse arrêter mon regard d'enfant : dès que la gelée blanche avait durci la terre, c'était... l'Infini décrit par mes héros. Au fil de l'hiver s'accumulaient les neiges que les vents, couchant les herbes sèches et masquant les chemins, s'essoufflaient à sculpter en congères. Le bois devint taïga. Tour à tour Oural ou Rocheuses, le crassier dominait de toute sa majesté ces terres sibériennes, canadiennes ou lapones, vaste étendue de steppe changeant de longitude au gré de mes jeudis. Il suffisait de si peu de rêve pour voir Oulan-Bator ou Verkhoïansk se profiler en cheminées de hauts fourneaux sur fond d'un ciel qu'embrasaient deux fois par jour les coulées des aciéries. La Plaine fut mon atlas : mon esprit vagabond s'y laissait bercer, je rêvais plus que je n'explorais. Je montai tout de même quelques expéditions pour retrouver les restes de Scott et de Sir Franklin : les cabanes de jardin étaient la tente du héros du pôle Sud ou l'épave prisonnière des glaces du passage du Nord-Ouest.

Avec l'âge mon imaginaire ludique se fana. Je persistai cependant à aller à la Plaine, drogue douce dans laquelle je puisais une certaine sérénité, inconsciente des méfaits d'une accoutumance qui me mènerait tôt ou tard à une totale intoxication : les grands espaces, vierges si possible tout autant que froids, devenaient insidieusement ma future héroïne.

2

À treize ans, il me fut donné de représenter les Guides de France lors d'un jamboree en Norvège. Ce fut grisant. Trois semaines d'exotisme au cours desquelles je découvris le train et le bateau. Entre Copenhague et Göteborg, pour la première fois — et pour un quart d'heure —, je fus suffisamment au large pour ne plus voir les terres. Ce fut également la révélation du soleil de onze heures (nous n'allions qu'à Trondheim), et le moment de mettre un visage sur des noms qui résonnaient depuis si longtemps dans ma tête : fjord, Viking, drakkar. Le musée de la Marine d'Oslo fut une étape capitale : je restai médusée devant le *Kon Tiki* et, transfigurée de bonheur, je montai à bord du *Fram,* le bateau de Nansen qui, même en cale sèche, destituait d'un coup les cabanes de jardin.

Ce camp international fit tomber les barrières douanières et me révéla que Goethe et Shakespeare, qu'en classe nous lisions dans le texte, ne suffisent pas, hors de France, pour assurer la quête de son pain quotidien.

Ce voyage sonna le glas du tourisme familial : je troquai ma valise trop petite contre un sac à dos et mon harmonica contre une guitare. Conscients ou inconscients, en m'offrant ce périple, mes parents opéraient le lâcher de pigeons.

Puis ce fut l'internat à Nancy : les plus belles années de ma vie, les plus sombres pour le corps enseignant et surveillant de l'honorable établissement ; trois années fabuleuses au cours desquelles je réalisai que l'interdit n'existe que pour être vaincu. Je fis de brillantes études, sortant major du lycée Frédéric-Chopin à l'agrégation d'indiscipline. Il est vrai que Mai-68 nous offrit la possibilité de prendre dans cette matière un mois de cours en immersion totale. Mes frasques n'étaient plus solitaires, notre imaginaire collectif débordait de ressources concernant le détournement des règlements. Nous étions une bande redoutable et je découvris qu'en groupe, tant qu'à faire, je préférais être dirigeante que dirigée, montrant un penchant déjà certain pour le leadership. Ce fut ma rencontre avec Chaton qui, des années plus tard, allait devenir « femme pour un pôle » sous le nom de Chantal Carpentier.

« Rebelle » était un compliment m'allant droit au cœur. Certains professeurs, attendris et compatissants, m'appelèrent « le Grognard », en attendant des jours meilleurs ; d'autres voulurent marquer d'une trace indélébile ma carrière débutante : mon dernier bulletin de notes fut une reconnaissance officielle... « A confondu son rôle de chef de classe avec celui de chef de troupe ! »

Fort occupée par l'organisation de la guérilla lycéenne, j'assurai, dans un souci de paix familiale, le minimum vital sur le plan des résultats scolaires. J'étais née bonne en maths, ce qui, en plus de la notoriété auprès des camarades, donne une certaine aisance permettant de ne pas se tuer au travail. Je me laissai donc vivre, regardant mes réserves, acquises brillamment au collège, s'amenuiser au lycée de trimestre en trimestre. Grâce aux matières littéraires, j'eus de justesse mon bac scientifique, m'étant offert le luxe d'un deux à l'épreuve de mathématiques : à force de concours nocturnes de belote, les vents avaient failli bien mal tourner !

Faute de temps, je dus négliger un certain nombre d'activités : avant-dernier prix de violon au conservatoire de Villerupt, je ne serais donc jamais Yehudi Menuhin ; quant à la couture et au tricot, c'était définitif : d'une nullité complète, je m'accordai une dispense pour la vie.

Pendant ces années fastes, je veillai soigneusement à l'entretien livresque de ma passion : la bibliothèque du lycée était riche de trésors dans lesquels je puisai de quoi faire patienter ma vocation.

A seize ans, coup de théâtre : je montai sur les planches. Dans une mise en scène totalement improvisée, je donnai ma première représentation à guichets fermés, un dimanche de Pâques, au col de la Schlucht. J'avais tellement répété au dortoir que je crus bon de me dispenser de cours. Je n'avais que trop attendu : il fallait brûler quelques étapes. Sans aucune hésitation, j'allai seule, et directement, de la location de skis au remonte-pente. Quand je révélai à l'inconnu qui était mon compagnon de perche qu'il partageait ma première montée, il s'émut de mon innocence et de ma fougue et m'enseigna, chemin faisant, les rudiments du ski : tout d'abord, comment tenir ses bâtons pour n'avoir pas l'air d'un débutant. La Schlucht, malheureusement, ce n'est pas très long : quand nous fûmes en haut des cimes, je savais tout sur les mains, rien sur les pieds et mon charmant moniteur était déjà en bas de la piste. J'étais pour les méthodes fortes : puisque j'avais été miraculeusement à la hauteur pour monter, il n'y avait pas de raison, j'y mettrais la journée mais j'arriverais en bas dignement, c'est-à-dire sur les skis. Deux choses m'aidèrent beaucoup : un grand sens de l'équilibre et l'absence totale de peur. Le ridicule ne tuant vraiment pas, je vivais. A la fin de la journée, même si ce n'était pas toujours sur les skis, je montais et descendais aussi vite que tout le monde : bien sûr le style laissait un peu à désirer mais... quel port de bâtons ! J'exultais, prête à m'inscrire pour le prochain slalom spécial. Je rentrai trempée et harassée de ce baptême de neige, complètement mordue et pour longtemps. Rude coup pour la luge qui en fut remisée au placard à souvenirs.

Le jamboree en Norvège marqua mon adieu au scoutisme. Consciente que je ne dépasserais jamais ma sœur et qu'il me faudrait éternellement occuper la place de second de patrouille, je rendis mon béret et, imitant mes aînés, je confiai à un groupe archéologique le relais de mon éducation vacancière. C'est ainsi que le Club du Vieux Manoir devint, de quatorze à dix-huit ans, ma troisième famille, juste derrière l'internat. J'y découvris la mixité : le moment était venu de liquider mon vieux complexe de l'encensoir.

A huit ans, j'avais perdu la foi puisque personne n'était capable de m'expliquer au nom de quoi l'Église catholique me refusait, sans m'avoir prise un seul jour à l'essai, la possibilité de venir grossir les rangs des enfants de chœur de ma paroisse. J'avais d'emblée compris qu'à l'église, on s'amusait beaucoup plus sur les marches de l'autel et à la sacristie que pieusement recueilli à l'ombre de la chaire. La soutanette écarlate et le surplis de dentelle exerçaient sur moi une certaine fascination et me paraissaient tellement plus excitants à porter que le tailleur plissé dont on m'affublait tous les dimanches ! Chez les Griselin, et depuis toujours, les filles et les garçons logeaient à la même enseigne : les tâches ménagères qui nous incombaient étaient équitablement distribuées sans aucune discrimination sexiste. Les garçons savaient coudre et les filles réparer leur vélo.

Plus dure en fut la chute. Je ne comprenais réellement pas où se plaçait la différence qui octroyait à mon frère le droit de tirer les cloches à toute volée, de parcourir les rues moulinant la crécelle en semaine sainte, de jouer de la sonnette le dimanche, de quêter et distribuer le pain bénit, et surtout, surtout, d'enfumer l'assistance avec cet engin mirifique dont on pouvait extraire, je le subodorais, certainement beaucoup plus de distractions qu'on ne le laissait entendre.

De là date ma profonde allergie à l'encens. Il n'y eut rien à faire. L'aumônier de nos camps de guides, faute de merles, devait bien prendre des grives pour l'aider à officier dans la nature. Incomparable ! Ce n'était jamais public, nous restions en uniforme bleu marine et de plus, il n'avait même pas la délicatesse d'emporter un encensoir dans son autel de campagne. Enfin, grâce à lui, je ne mourrais pas idiote, ayant pu secrètement goûter au vin de messe.

Les dimanches matin je portais ma croix : au quatrième banc de la travée B, je maudissais en pleine nef ces nigauds de la travée A, qui pour la plupart ne débarrassaient même pas la table chez eux, mais étaient assez purs pour avoir le droit de faire la vaisselle du Seigneur. Gâchant toutes ses chances, même mon frère était indigne de son rang : il ne terminait jamais un office, tombant immanquablement dans les pommes avant le sanctus. J'étais malade de jalousie.

J'arrivai donc à l'adolescence sans m'être vraiment frottée à la mixité en dehors de la cellule familiale, ce qui était normal pour l'époque : l'école, le collège, le lycée, les camps et colonies de vacances m'avaient jusque-là cantonnée dans un monde féminin. Les chantiers archéologiques allaient ainsi me permettre de lever, avec mes bonnes copines, le voile mystérieux de la différentielle garçon-fille.

A priori, ils étaient plus grands ; il en était tout de même de petits. Bien sûr, on ne pouvait le contester, ils étaient beaucoup plus forts mais, avec un peu d'astuce dont ils semblaient user moins que nous, nous arrivions sensiblement aux mêmes résultats. Ils n'étaient pas plus beaux, en revanche, beaucoup plus sales. Sur le plan spirituel, nous nous trouvions tout à fait à la hauteur : bonnes ou mauvaises, nous n'étions jamais vraiment à court d'idées. De cela, mes amies et moi étions persuadées : restait à partir en croisade dans le camp adverse pour imposer nos croyances.

L'ambiance des chantiers était bon enfant ; nos camarades garçons ne demandaient qu'à être éduqués. Il s'est donc agi, dans un premier temps, de les dégrossir en leur montrant que nous étions tout aussi capables qu'eux. Les vauriens nous infligèrent bien des rites initiatiques avant de nous admettre dans leurs rangs. Il nous fallut faire preuve de détermination et de solidarité féminine pour les convaincre (et nous par la même occasion) qu'une fille n'a pas le vertige en haut des remparts, ni peur du noir au fond d'un ossuaire et encore moins d'un orvet endormi dans son lit. Une chose était certaine : en capacité de travail, nous les battions à plate couture. Devenues vites expertes en pelle, pioche, truelle et surtout brouette, nous comprîmes, lors de nuits où il fallait absolument finir le travail commencé, que nous n'étions jamais les premières à demander grâce. Notre force était là : nous étions beaucoup plus endurantes qu'eux.

Avec une pointe d'admiration néanmoins, je reconnaissais deux grands axiomes : les garçons sont tout de même forts et surtout, ils ne pleurent pas. A force d'entraînement je finis par être capable de soulever des sacs de ciment et me taillai de beaux biceps pour la vie mais, côté glandes lacrymales, mon prénom n'arrangeant rien, ce fut irrémédiable. Elle était donc là, la différence qui nous bloquait l'accès à l'encensoir : les filles chialent, les garçons pas !

A chaque période de vacances nous nous retrouvions au château qui, à la hauteur de ce qu'était l'internat, se révéla, dans une ambiance extraordinaire, une fabuleuse école de la vie : cours supérieur d'indépendance et de débrouillardise. Bien avant l'âge, nous sûmes conduire jeep et pelleteuse, gâcher le plâtre et talocher le ciment. Les cadeaux de fête des pères n'avaient aucun secret pour nous qui démarrions du premier coup la tronçonneuse, montions les échafaudages et installions l'électricité.

Quand j'eus connu les souterrains dans leurs moindres recoins, gagné quelques-uns des plus prestigieux concours de brouettes ou d'abattage à la hache, escaladé un à un tous les arbres du domaine et passé suffisamment de nuits d'épouvante dans le fond des douves pour avoir définitivement exorcisé une partie de mes peurs, je rendis mon treillis, non sans m'être appliquée, avec mes amies, à démontrer à nos camarades masculins, qui avaient fini par nous mettre sur un pied d'égalité, que les filles n'étaient plus ce qu'elles avaient pu être : elles ne recousaient plus les boutons, étaient nulles en cuisine et en plus voulaient tout commander.

A dix-huit ans, le bac en poche, je décidai d'embrasser la carrière de géologue, à la fois par goût et par intérêt : des cailloux, il y en a partout, c'était une façon de s'assurer une vie professionnelle à horizons variables. L'inscription à la prestigieuse école de Géologie de Nancy me donna l'occasion de constater que je n'étais pas cardiaque. Assise à mon bureau, je m'apprêtais à remplir le dossier comptant une centaine de pages. Mon stylo s'arrêta en vol, la première ligne du formulaire étant : « Les candidats doivent être du sexe masculin. »

Coup dur que m'assenait Napoléon qui en tomba immédiatement de son piédestal. Grognard je resterais pour la vie, mais là, ce fut la rupture entre lui et moi. Le Code, qu'il avait cogité et qui devait régir la France pour plus d'un siècle, avait donné cette clause ahurissante aux écoles de géologie : les fermer irrémédiablement aux femmes. Nous n'étions qu'en 1969.

Ce fut la consternation, le corps auquel j'appartenais n'était décidément pas près d'accéder à l'encensoir.

Quelques jours plus tard, puisque les bonnes choses arrivent généralement en série, je rencontrai Paul-Émile Victor à la sortie d'une conférence à Metz. Bien sûr, il n'attendait plus que moi pour sa prochaine expédition ; c'est tout juste d'ailleurs si je n'avais pas laissé mon sac à dos au vestiaire. Voulant savoir quelle branche des sciences me donnerait le plus de chances de le rejoindre bientôt, je lui demandai où devait avoir lieu le départ de ma vie professionnelle. Il me répondit, catégorique, qu'il n'y aurait jamais de femmes dans ses expéditions, mais que je pouvais, si je tenais à vivre le grand frisson dans les pays de glace, m'engager en ethnologie : les campagnes de terrain se déroulant en solitaire, pourquoi pas ?

Merci à mes camarades du Vieux Manoir qui m'avaient résolument endurcie : je ne pleurai pas... devant lui.

Réflexion faite, il venait de donner un magistral coup d'envoi à ma carrière. Puisque c'était impossible, ça n'en devenait que plus attrayant : s'il me restait quelques hésitations quant à ma destinée, elles tombèrent cette nuit-là.

L'école de Géologie, en me fermant sa porte, avait tout de même déstabilisé mes plans. Une période d'errance suivit. Je n'étais taillée ni pour la sociologie ni pour l'ethnologie, et naviguai, trois mois durant, entre lettres et sciences. A Noël, je déclarai l'année universitaire terminée. Comme il fallait bien s'occuper, je complétai pendant les dix-huit mois suivants ma formation extra-scolaire. Je passai quelques diplômes jamais inutiles en ski, voile, spéléologie et autres spécialités qui peuvent au moins servir à gagner mal sa vie tout en continuant à la prendre du bon côté. Je comblai quelques lacunes, découvrant la tranche altitudinale de mille à trois mille mètres dans les Alpes, et en mer la frange des cinq premiers milles nautiques. Cette période fut l'occasion de grandes rencontres, entre autres, et dans des stages différents, Annie Zwahlen et Mireille Gouget qui, à l'époque, ne pensaient sans doute pas devenir un jour « femmes pour un pôle ».

Parcourant la France de long en large, je réalisai que le train ne grise pas très longtemps et, la crise monétaire aidant, que le stop — symbole de liberté — est avant tout une école de patience et de préparation au marathon. Nous avons fait comme tout le monde notre crise népalaise. Nous partions à Katmandou avec une deux-chevaux que Chaton et moi allions acheter sans argent et conduire sans permis... Heureusement pour nous, les parents dirent oui tout de suite : ils avaient compris qu'il valait mieux acquiescer. Puisque c'était possible, ce n'était plus vraiment intéressant, nous nous décourageâmes très vite, compensant par quelques mémorables escapades en France et... en Solex. Souvenir de nuits fantastiques où nous refaisions le monde tandis que nos parents nous croyaient en examens, il reste un itinéraire rouge tracé dans mon vieil atlas, page de rêves d'Orient aussitôt refermée. J'eus dès cette période la certitude que Chaton, par amitié, serait capable le moment venu d'autres folies pour d'autres bouts du monde.

3

PUIS la vie et, plus encore, la mort se chargèrent de me donner quelques leçons, de celles qu'on retient à la première lecture. Brutal et prématuré, le décès de ma sœur me mit du plomb dans la cervelle, grenaille lourde pesant sur le cœur. Ce fut la révolte qui allait incurver ma ligne de vie et me donner mes premiers cheveux blancs. Comment comprendre à vingt et un ans qu'on pût vous ôter la vie à vingt-quatre ? Comment admettre qu'il n'y ait pas eu maldonne et ne pas se sentir dès lors constamment en sursis ? Le destin s'était forcément trompé !

Qui faisait l'imbécile sur les routes, roulait à cent cinquante à l'heure sans ceinture, escaladait monts et vaux sans corde, fumait comme un pompier et ne se couchait jamais avant deux heures du matin ?

Qui était raisonnable, avait peur de tout, d'un chien, d'une voiture, d'un moustique et détestait prendre des risques ?

Qui était libre comme le vent ?

Qui était mère de famille ?

De toutes mes conquêtes forestières, je n'avais même jamais rapporté une jambe cassée et elle, qui ne jouait pas avec le feu, qui n'avait rien cherché, tout lui était enlevé par un vaisseau sanguin devenu soudainement moins solide que les autres !

Ce jour-là je compris que nous n'étions que de passage, que la vie pouvait s'arrêter à toute heure, que la mort n'attendait surtout pas là où est le danger. Ce tournant très raide de mon existence marqua le point final de l'enfance. Je ne perdis pas le goût de vivre mais gardai pour toujours au fond de moi le profond dégoût de la mort. Comme si c'était pour deux, je pris encore plus qu'avant la vie à pleins poumons, consciente que chaque matin peut être le dernier. Depuis, prête à ma propre mort, je la regarde en face mais n'admettrai jamais qu'elle puisse frapper autrui.

Les choses ne furent jamais plus comme avant. Puisque la vie était si brève, il me fallait la flamber. Mon échelle des valeurs fut définitivement bouleversée : le temporel subit une totale dévaluation. Rien, hormis la mort des autres, n'était insurmontable et ne pourrait m'atteindre aussi profondément.

De trois ans mon aînée, ma sœur prodiguait des conseils que je prenais rarement pour argent comptant. Disparue, elle me laissait un héritage de conscience qui, imperceptiblement, allait m'enrober d'une aura de sagesse. Je dus à son départ de finir dignement mes études, hommage de cadette que je rendais tout à fait inconsciemment à celle que désespérait mon insouciance universitaire.

Mettant fin à mes vagabondages estudiantins, je jetai mon dévolu sur la géographie. C'était par excellence le moyen de voyager loin, en ne ménageant, dans un premier temps, que son atlas.

En France, cette science est soudée à l'histoire, pour le grand malheur des géographes qui ne sont surtout pas historiophiles, et vice versa. Malgré mes résolutions subconscientes, je faillis ne jamais être licenciée à cause d'un horrible certificat d'histoire contemporaine qui, tous les ans, assombrissait terriblement mes mois de juin et de septembre, jusqu'à ce que le corps professoral me l'offre dans un élan de clémence et pour ne plus m'y revoir.

Choisissant l'hydrologie comme spécialisation, je ne désespérais pas de lier un jour mes études à mes passions. Cependant, pour montrer mon ouverture d'esprit, je rédigeai ma maîtrise sur les fleuves africains. A cela deux raisons : d'une part, il n'y avait aucun risque de rencontres rampantes puisque le travail de recherche se faisait sur documents, en bibliothèque et à Nancy ; d'autre part, il me fallait penser à manger et l'hydrologie tropicale semblait ouvrir des voies plus rémunératrices que son homologue polaire. Je compris à l'issue de cette formation que, inconsciemment ou non, je n'avais pas choisi, en devenant hydrologue, une profession très féminine : l'essentiel des postes offerts l'étaient malheureusement aux débutants, pas aux débutantes.

Je pris ce signe du destin comme un encouragement à poursuivre mes recherches sous les latitudes de mes rêves ; je plantai là l'Afrique et ses fleuves à gros débits pour me consacrer à ceux des régions très froides. J'avais la passion des glaces, mon directeur de recherche me donna celle de l'eau : la voie était ouverte pour devenir hydrologue polaire, une spécialité totalement désertée et, comme je devais être à peu près la seule en France à la pratiquer, il n'y eut aucune difficulté à imposer mon appartenance à la gent féminine. En contrepartie, j'eus confirmation que la profession n'était pas lucrative. Quand je me lançai dans la préparation d'un doctorat, un éminent professeur parisien me dit : « Vous voulez faire de la recherche polaire, certes, mais avez-vous une fortune personnelle ? »

C'est bien sûr là que le bât blessait depuis toujours et allait meurtrir encore quelques années. De richesse, je n'avais que mon expérience éclectique de la vie : pour réunir des fonds plus trébuchants, rien ne me rebutait a priori sur le plan du travail, sachant que ce serait temporaire et pour préparer des jours meilleurs.

Pendant toute la durée de mes études, je réalisai donc un tour d'horizon des métiers que, pour rien au monde, je n'aurais voulu exercer toute ma vie. Je débutai par une courte carrière de prof de gym, suivie de tout l'arsenal des petits jobs qui peuvent s'offrir aux étudiants en géographie : cartothèque, bibliothèque, reprographie, coloriage de cartes, études de toutes sortes pour les chambres d'agriculture et autres administrations départementales ou régionales. Je voyais du terrain, surtout autour de Nancy. J'eus une première mission hydrologique en région parisienne pour trois mois. La révolution dans les rivières ! Comme dans ce service il n'avait jamais été envisagé qu'une femme pût être hydrologue, je dus me contenter des vêtements de travail achetés pour mes compagnons. Nous étions en milieu urbain où, canalisées dans des collecteurs, les rivières s'appellent égouts. Pour effectuer les mesures de débit, je passai l'été avec les rats, en cuissardes taille 44 que, chaussant du 38, je perdais à chaque descente d'échelle de fer. C'était l'année des égouts paradisiaques de

33

Nice : dommage pour le financement de la recherche polaire... j'étais en poste dans les Yvelines.

La géographie, polaire de surcroît, mène décidément à tout. Ma plus belle réussite socio-professionnelle fut d'être troubadour dans un restaurant tous les soirs pendant un an. Il y eut des périodes moins brillantes comme celle des enquêtes et comptages. Je reconnais avoir quelque peu abusé les sociétés enquêtrices : soucieuse de ne pas importuner les passants, j'ai rempli tellement de questionnaires moi-même, en me mettant scrupuleusement dans la peau de M. Duchemin ou de Mme Placard, que je garde une totale méfiance à l'égard des sondages d'opinion. Même réserve pour les comptages quand on sait que j'ai participé à de très sérieuses études de trafic routier, fondées sur des relevés de numéros d'immatriculation de véhicules traversant les carrefours aux heures de pointe. Les enquêteurs vivaient dangereusement, risquant peau et poumons dans les émanations carboniques. Nos employeurs ne savent sans doute pas que, par pure coquetterie, les compteuses lisaient les numéros sans lunettes. Le fin du fin en la matière fut de compter un à un les paquets de margarine exposés en rayon dans les hypermarchés lorrains. Personne n'imagine qu'il faut des jours pour effectuer un tel recensement : de quoi vous donner du cholestérol sans y avoir goûté !

L'énorme intérêt du travail à la carte est que, ne durant jamais longtemps, il permet de multiplier les expériences ainsi que les rencontres. Cliente du restaurant dans lequel je chantais, Huguette Vivin tenait une boutique de fleurs juste en face et m'embaucha comme livreuse, ce qui me donna le moyen d'éprouver pendant dix ans, dans les rues de Nancy, mon sens de l'orientation. Huguette et moi devînmes inséparables : le noyau des « femmes pour un pôle », même s'il n'en portait pas encore le nom, était dès lors une réalité. Le restaurant ferma tandis que, du côté impair de la rue, se développait, sous couvert du magasin de fleurs, « le 1 rue Saint-Epvre » : véritable cour des Miracles réunissant autour de la fleuriste un réseau de clients qui, entrés pour acheter un bouquet, ressortaient amis pour la vie et, destinés ou non à la recherche polaire, allaient en devenir les grands supporters.

De par mes activités, le recrutement externe m'incombait. Ainsi, venant directement du Québec, Annie Tremblay et sa compagne de voyage s'étaient retrouvées, sécateur en main, dans le même rang que moi, à vendanger au cœur du vignoble champenois. Détournées des vignes, elles furent immédiatement promues antenne canadienne du réseau.

Il y avait peu de vacances dans ces années maigres, puisque je les consacrais à encadrer des stages divers qui me nourrissaient tout en maintenant mon niveau en ski, montagne, vélo et autres sports de loisirs.

L'été 1978 me donna cependant l'occasion de battre mon record de latitude Nord en touchant le cercle polaire. Ce fut, en compagnie d'Huguette, la découverte féerique de l'Islande, pays de glace et de feu, dont nous ramenions suffisamment de roches et de diapositives pour faire rêver les élèves des lycées lorrains, tout en les initiant à la glaciologie et à la volcanologie. Je fis une tournée de conférences qui devait permettre de financer en partie mon premier séjour dans les glaces et grossir virtuellement l'équipe des « femmes pour un pôle » puisque, présentant l'Islande à Lunéville dans le lycée où elle était élève en seconde, je fis la connaissance de Florence Marchal.

1979 fut une grande année. Pour la première fois se dessinaient de façon très précise des horizons polaires dans ma jeune carrière de chercheur. Mon sujet de thèse était déposé, j'allais étudier les rivières s'écoulant d'un glacier du Spitsberg. Il ne s'agissait plus de s'endormir dans les bibliothèques, je partais sur le terrain en juin 1980.

Les fonds manquaient toujours mais la fin de l'année préparatoire fut riche d'agréables surprises : j'occupais pour six mois un poste d'hydrologue très bien rémunéré ; de plus — et non sans mal —, le CNRS venait de m'attribuer une bourse de recherche pour un an ; enfin, apothéose au mois de décembre, je fus lauréate de la fondation de la Vocation. La graine d'explorateur avait germé : c'était la première reconnaissance officielle de la passion qui m'animait.

Quoi qu'on puisse en penser, le plus difficile n'a pas été d'obtenir cette bourse mais plutôt d'aller la chercher. Peut-on imaginer ce qu'il en coûte à une demi-ourse polaire, formée à l'école des grognards, de se retrouver parachutée dans une soirée mondaine au « Pré Catelan » ? Pour cette unique raison, j'ai voulu refuser la bourse. C'était sans compter sur la puissance du réseau nancéien qui dépêcha aussitôt deux de ses membres dans les magasins de la ville pour y trouver une panoplie de lauréate digne de ce nom. On ne m'épargna ni les séances d'essayage ni les cours accélérés de maintien. La suite pour une hydrologue coulait de source mais personne ne voulait l'entendre : beaucoup plus coutumière des chaussures de montagne que des escarpins vernis, dans mon costume tout neuf, j'étais obsédée par cette estrade sur laquelle il nous fallait monter pour recevoir notre prix des mains du président de la République. A la répétition générale, bien sûr et pour me mettre définitivement en confiance, j'étais tombée. Concentrant toute mon énergie, je fus à la hauteur... mais quelle épreuve !

Ma seule consolation était que sur les vingt-cinq lauréats, vingt-trois à n'en point douter étaient également habillés par leur réseau. Que ce fut long, cette soirée d'initiation à la vie mondaine ! Mes compagnons de fortune et moi-même serrions d'une main notre diplôme enrubanné de rouge, et de l'autre notre enveloppe cachetée offerte par les noms les plus prestigieux de la haute société française. Nous étions, chacun dans notre domaine, des passionnés purs et durs, destinés à ne jamais faire fortune dans notre métier, mais ce soir-là, personne ne le démentira, nous étions unis par une pensée impure : y a-t-il dans l'enveloppe le chèque promis ? La réponse fut donnée à l'entracte, juste avant le fastueux repas qui réunissait bienfaiteurs et bien-fêtés. Dans les toilettes de l'établissement, chacun, n'y tenant plus, ouvrit son enveloppe, sortit le chèque et, fébrile, compta les zéros. Vingt mille francs, c'est un rêve quand on n'a jamais eu d'argent. C'est cette nuit-là que, grâce à Marcel Bleustein-Blanchet, le président-fondateur, je basculai, dans mon inconscient, des anciens aux nouveaux francs.

Le petit costume et les escarpins furent rangés : leur prochaine sortie programmée étant la soutenance de thèse, il me fallait faire vite avant que la mode ne passe.

4

ONFIRMANT que plus il y en a, plus il en faut, la bourse, arrivée à point nommé, fut vite dépensée, engloutie avec le reste de ma fortune personnelle dans le financement de ma première expédition arctique.

Je partis étudier les rivières des glaciers du Spitsberg. Mon premier voyage en terre polaire dura cinq mois : de juin à octobre 1900, séjour que je débutai en compagnie d'autres chercheurs français. Mes équipiers ne restaient que les deux mois de l'été. Comme je voulais observer les écoulements beaucoup plus longtemps, il me fallait un assistant pour l'automne et le début de l'hiver.

Mes parents n'avaient rien fait pour décourager ma vocation. En remerciement, je leur assenai le coup de grâce en leur annonçant que, pour la deuxième partie du séjour, la plus froide et donc la plus difficile, je choisissais leur plus jeune fils comme bras droit.

Comme je l'avais pris au berceau, le dressage du petit frère avait été beaucoup plus réussi que celui du chien. De sept ans mon cadet, dès qu'il sut marcher, j'en fis mon second d'équipée puis de cordée. Bon public et un tant soit peu admiratif, il acceptait depuis toujours d'embarquer dans mes aventures. Il ne fut donc pas difficile de le convaincre de me rejoindre pour cette expédition.

Ce fut extraordinaire. Quand je mis le pied au Spitsberg, à vingt-neuf ans, ma première réaction fut de dire devant ces paysages de glaces : « C'est Villerupt ! » On ne saura jamais si mon imagination d'enfant était fertile ou si le Pays-Haut lorrain ressemble effectivement à l'Arctique. Une chose était certaine, les horizons qui se découvraient à mes yeux surpassaient en beauté ceux de mes rêves et de mes passions. Depuis des années je pressentais ces paysages que mon imaginaire peignait et sculptait avec tant de réalisme. Je les connaissais par cœur et pourtant, ce premier contact fut un choc : je restai sans voix et compris tout de suite que je ne pourrais jamais guérir.

Nous logions à la base CNRS de La Baie du Roi, baraquements de bois, vestiges d'années plus florissantes de la géographie française, que les Norvégiens de la station voisine de Ny Aalesund appelaient dédaigneusement « le freezer ». Vingt ans après la construction puis l'abandon de la base, rien n'avait changé. La rusticité des installations donnait à notre entreprise un caractère franchement pionnier.

Cette expédition, pauvre en moyens, riche en idées et en amitié, me révéla à quel point l'hydrologie est une science de terrain. Je réalisai que pour comprendre la nature, il fallait la parcourir, s'en imprégner, la boire, la respirer jusqu'à vivre en parfaite symbiose avec elle. Très vite le glacier et les rivières que j'étudiais devinrent « mon » glacier et « mes » rivières. Je les arpentai sans relâche, huit heures par jour pendant près de cinq mois, en solitaire d'abord puisque mes compagnons étaient spécialistes d'autres disciplines, en famille ensuite quand arriva mon frère.

Cet environnement vierge, que j'abordais à mains nues, sac au dos, à pied ou à ski, m'enseignait chaque jour que je n'étais qu'un humain totalement soumis aux caprices d'une nature sévère. Les rivières me rappelaient à l'ordre si je venais à oublier que, tout juste tolérée comme observatrice, je n'étais pas là pour dompter. Dix fois les eaux emportèrent mes appareils de mesure, dix fois je recommençai leur installation, me perfectionnant en bricolage tout en apprenant la persévérance. L'exaltant tête-à-tête hydrologue-eau tournait souvent au corps à corps. Seule sur le terrain, je prenais des risques et le courant faillit m'emporter plus d'une fois : à coups d'adrénaline, je mettais mon sang-froid à l'épreuve, acquérant, au goutte-à-goutte de mes sueurs froides, le calme et la philosophie arctiques. Comme un chasseur à l'affût, j'essayais de me fondre au milieu. Ma patience de chercheur solitaire fut récompensée : les torrents me livraient peu à peu leurs secrets. Je n'avais pas plus de talent que mes prédécesseurs mais, n'hésitant pas à passer sur le terrain mes jours et mes nuits, j'étais présente au bon moment. Avec un esprit un peu aventurier, doublé d'une curiosité de commissaire de police, je menais une enquête serrée et pus faire des découvertes modestes mais novatrices, notamment en ce qui concerne les torrents sous-glaciaires.

Depuis les crues de l'été, incroyable feuilleton à cinq épisodes rebondissants d'action, j'avais l'intime conviction à force d'observations qu'il y avait des écoulements d'eau sous les glaciers polaires, quoi qu'en disaient alors les spécialistes. A l'automne, quand les rivières commencèrent à tarir, mes présomptions se confirmèrent : l'eau qui s'écoulait encore à cette époque tardive semblait provenir exclusivement du dessous du glacier. En bonne scientifique et en limier rigoureux, je décidai d'entraîner mon jeune frère sous le glacier pour vérifier.

Après quelques minutes de reptation sous la langue glaciaire, nous débouchâmes dans une imposante cavité. Consciente du danger, je lui donnai la consigne de rester à l'entrée. La première fois, je ne fis que dix mètres. Ce furent les dix mètres les plus difficiles de ma vie. Dans l'obscurité à peine déchirée par le faisceau de ma lampe-torche, il s'agissait de traverser sous le glacier une immense salle de glace, dont la voûte haute de quinze mètres s'effondrait en énormes blocs pouvant peser des tonnes. Mon cœur battait si fort que je l'entendais résonner dans ce tombeau glaciaire. J'étais certaine que le moindre de mes pas ferait s'écrouler la coupole qui me dominait. La curiosité et la raison scientifique l'emportèrent sur la panique. Convaincue que j'allais périr pour la Science, je m'en remis au destin et finis par me décider. Dans un état second, je traversai la salle sans respirer. Arrivée de l'autre côté, je constatai avec bonheur que mon cœur battait encore : la voûte n'avait pas bougé et, récompense de mes frayeurs, la rivière provenait du fond du glacier. Suite à ce numéro sans filet, j'eus une crise de foie pendant trois jours et la certitude d'avoir atteint mon maximum en matière de terreur.

Quand je fus rétablie, le démon de la curiosité me reprit. Je n'eus de cesse que d'y retourner pour remonter la rivière sous le glacier. Ma peur était dépassée ; en revanche, pour mon frère c'était le baptême des glaces, qu'il fit aussi brillamment que moi, hurlant à la sortie : « Rendez-moi le ciel ! », tellement il avait paniqué. Nous avions cartographié trois cents mètres de cours. Nous fîmes une troisième tentative, bloqués à cinq cents mètres par une cascade que nous n'étions pas équipés pour passer. Il nous fallut rebrousser chemin pour cette année-là. Pendant notre dernière incursion, ni l'un ni l'autre ne s'effraya. Nous étions vraiment chez nous, buvant le thé sous le glacier, parfaitement intégrés au milieu, oubliant que nous aurions pu rester emmurés : par endroits, le boyau était si mince qu'il nous fallait ramper. Il était impératif dans ces passages d'horreur, quand le dos est refroidi par la glace et le torse meurtri par les cailloux, de ne pas penser qu'un glacier est vivant, qu'il avance sur son lit et que c'est un puissant bulldozer capable de niveler la roche de son berceau. Sensations impossibles à oublier. Pour les avoir partagées avec mon frère, je découvrais les liens de la glace, encore plus forts que ceux du sang. Nous venions, sans préméditation, de réaliser une première que nous arrosâmes à la base, avec la seule bouteille de champagne qui restait, sur fond de trompettes d'*Aïda* qui laissa son nom à notre bout de rivière sous-glaciaire.

L'Aïda devint une référence : force 12 dans mon échelle d'épouvante. L'existence d'un treizième échelon n'était absolument pas envisageable. J'avais compris qu'on pouvait, si ce n'est dominer la peur, du moins l'exorciser. Sur mer, sur glace, en torrent ou sur arête rocheuse, cette première expédition m'avait donné maintes occasions de pratiquer des exercices d'accoutumance. A force d'entraînement il me semblait possible de parvenir à un certain acclimatement.

C'était la fin du séjour : nous rentrions en France comblés, inquiets de ce que serait notre réadaptation au monde civilisé. J'avais mis des visages sur mes rêves : je repartais les yeux et le cœur pleins de réalité, de soleils de minuit, de blizzard mordant les joues, de glaciers bleus, de ciels d'apocalypse, de nuits de vingt-quatre heures, de torrents déchaînés, de stalactites de glace, d'aurores boréales ... d'infini polaire.

En plus de l'expérience et de la philosophie propre à ces régions, je ramenais une dose de sérénité arctique : de quoi tenir six mois puisque je savais déjà que j'allais revenir au printemps.

Ses études retenant mon frère en France, il me fallut chercher pour ce second séjour un nouvel assistant. Ce fut une assistante : Annie Zwahlen.

Monitrices dans la même colonie de vacances, nous nous étions rencontrées à dix-huit ans. Depuis, nous avions parcouru ensemble de nombreux sentiers extra-universitaires, nous retrouvant au moins une fois l'an pour encadrer stages, camps et autres activités de jeunesse. J'avais persuadé Annie qu'on pouvait vivre de loisirs et, quand elle eut opté pour une profession d'animation, lâchement je l'abandonnai pour m'en retourner à l'université. Elle ne m'en tint jamais rigueur. Sur ses chemins de neige, de roc ou de vignes, je la rejoignais périodiquement dans ses aventures. Mettant en commun nos capacités, nous nous perfectionnâmes chacune dans la spécialité de l'autre. Monitrice de ski, elle avait fait de moi une skieuse chevronnée, tandis que je lui avais enseigné suffisamment la guitare pour nous assurer des soirées rythmées chaque fois que nous nous retrouvions.

Quoi que je lui annonce, Annie était toujours partante pourvu que ce fût teinté de folie, de rire et à plus forte raison de ski. Elle n'hésita donc pas une seconde quand je lui proposai quatre mois, dont trois d'hiver, de découverte du milieu polaire.

Pour observer les prémices des écoulements, je voulais être à pied d'œuvre quand les torrents se trouvaient encore figés par le froid. Nous arrivâmes au Spitsberg fin avril 1981, avec le premier soleil de minuit. C'était encore l'hiver : malgré la permanence du jour, les températures avoisinaient −25°C. Nous logions dans une cabane norvégienne, un peu mieux isolée, donc plus chaude, que la base française, située à un kilomètre de celle-ci.

Notre premier objectif, en attendant la fonte des neiges et le début des écoulements, était de poursuivre la remontée de l'Aïda. J'apportais de France tout le matériel spéléologique nécessaire pour passer l'obstacle qui avait arrêté notre progression quelques mois plus tôt. Annie avait un incontestable goût du risque, mais uniquement à l'air libre. Claustrophobe, elle voyait d'un assez mauvais œil ces histoires d'épouvante sous-glaciaire. Elle fut certainement très heureuse de constater à notre première visite que l'Aïda, gardant son secret à l'ombre et au frais, était impossible d'accès. Avec mon frère, nous avions pris soin de baliser à grand renfort de piquets et de fanions les entrées de la rivière. Un seul repère émergeait de quelques centimètres, ce qui signifiait que le passage était obstrué par plus de deux mètres de neige des six derniers mois, accumulée et tassée en congères dans le lit du torrent. Je décidai de creuser pour trouver l'accès.

De neige, il n'y avait que quelques centimètres en surface. Au marteau-piolet et à la pelle américaine, nous creusâmes le long du fanion rescapé : un mètre puis deux dans la glace vive et bleue. Atteignant sans aucun vide le lit rocheux, sur lequel mon frère et moi avions rampé pour nous glisser sous le front du glacier, nous nous rendîmes à l'évidence. Il ne s'agissait pas d'une simple congère ; l'Aïda avait dû couler encore quelque temps après notre départ. Luttant contre l'assaut du froid, les eaux, de moins en moins puissantes, imbibant la neige toute fraîche, l'avaient transformée en glace, murant pour l'hiver, du sol au plafond, les deux accès de la grande salle. Annie était rassurée et moi profondément déçue mais pas complètement découragée. Il restait une solution. Cette voûte qui menaçait de s'effondrer lors de nos trois incursions ne devait pas être très épaisse. Mon frère et moi avions levé la carte du réseau sous-glaciaire. En reprenant la boussole, il était possible de se placer en surface à l'aplomb de la cavité et, perçant la voûte, d'accéder directement, par la verticale, au cours sous-glaciaire du torrent.

J'avais déjà appris beaucoup de la nature polaire mais ce fut une de mes plus belles leçons de constance. J'avais foi en la recherche : elle me donnait des ailes et surtout des bras. Au marteau-piolet, centimètre par centimètre, nous avons creusé et extrait la glace à la pelle puis au seau : sondage monstrueux de deux mètres de long sur un de large. Au trentième centimètre de profondeur, j'ai commencé à délirer. Le marteau ne sonnait tout à coup plus de la même façon : le fond allait percer. Dès ce moment-là, le deuxième jour, nous avons travaillé encordées, très court, persuadées que la voûte lâcherait d'un instant à l'autre, nous promettant un plongeon de quinze mètres dans les abysses glaciaires. Cent fois j'ai dit à Annie : « Écoute, le marteau résonne différemment, on y est ! » Cent fois Annie a fait semblant de me croire. Ce travail de fourmi était éreintant. Chacune creusait un quart d'heure au marteau, remplissait de copeaux de glace, à la main ou à la pelle, le seau que l'autre tirait à la corde depuis la surface et le vidait sur le glacier. Plus le trou s'approfondissait, plus le creusement et l'évacuation des débris étaient pénibles. Emmêlées dans la corde d'assurance et les étriers de montagne qui nous servaient d'échelles, coincées entre le seau et la pelle, à genoux sur la glace, nous tapions de toutes nos forces. La glace volait en éclats, nous étions trempées ; nous y laissâmes chacune quelques paires de gants. Le mauvais temps n'arrangeait rien. Plus d'une fois nous avons retrouvé le sondage rempli de neige fraîche qu'il fallait pelleter avant de recommencer à creuser la glace. Annie recycla piquets et bâches pour nous fabriquer une tente qui protégea l'orifice de notre chantier arctique des assauts du blizzard. Elle n'utilisa pas un seul clou, ficelant entre eux les bois de l'armature. C'était la consécration d'une maxime polaire qu'avec mon frère nous avions énoncée et souvent vérifiée : « Bout du monde, bouts de ficelle. » Le premier magasin étant à mille kilomètres, il fallait toujours improviser avec les moyens du bord.

Annie, qui n'avait pas connu le grand frisson sous le glacier, désespérait de voir un jour l'Aïda. Avait-elle seulement existé ? Par amitié, elle poursuivait sa tâche et n'abandonna qu'après trois semaines : nous étions à plus de trois mètres de profondeur. Je persistai encore. La fonte des neiges commençait ; chaque matin le trou était rempli d'eau qu'il fallait évacuer au seau avant de descendre creuser. A cinq mètres je capitulai. De toute façon, même si je venais à bout de la voûte, il serait impossible de remonter la rivière : la saison était trop avancée, les torrents gonflaient leur débit de jour en jour.

Cette partie de bras de fer avec la nature polaire m'avait confirmé que dans ces régions il ne suffit pas d'avoir la volonté. Seule la nature est maître des lieux. L'Aïda gardait le secret de son cours sous-glaciaire. En revanche, chaque matin, pour nous rendre au sondage, nous parcourions le même itinéraire, ce qui nous permettait de suivre avec une grande précision l'évolution des écoulements. Nous n'avions pas creusé pour rien : l'observation minutieuse des eaux printanières au front du glacier me livrait l'explication des formes de glace qu'on y trouve et que mes prédécesseurs, arrivant chaque année après leur formation, n'avaient pu décrypter. C'était, du point de vue scientifique, bien plus important que le tracé du cours de la rivière.

La compréhension de l'organisation du réseau hydrographique du glacier Loven Est ne semblait pas combler Annie autant que moi. Dans cette entreprise démentielle, elle avait donné, par amitié, le maximum d'elle-même jusqu'au découragement. Je ne sais d'ailleurs ce qui, de la glace ou de mon opiniâtreté, eut raison de son enthousiasme. Annie, fidèle à son engagement, me seconda jusqu'à la fin de l'expédition. Elle passait la plus grande partie de ses loisirs chez nos voisins norvégiens : nous ne partagions plus que le travail, donc la difficulté. La fatigue aidant, il y eut quelques tensions que seule notre complicité vieille de dix ans pouvait encaisser sans trop de dommage. Ce n'était pas comme avec mon frère. Pourtant, nous avions en commun quelques sensations fortes. Nos premiers pas sur la banquise, car le fjord était gelé ; nos premières traces d'ours et nos essais de tir ; notre première perdition dans le « white out »...

L'expédition se termina au début d'août. J'étais comblée sur le plan scientifique mais il était temps de rentrer. Les liens tissés par des années d'amitié avaient été quelque peu distendus par les diverses épreuves polaires. Il nous fallut quelques mois d'éloignement avant de pouvoir de nouveau nous retrouver, et quelques années avant de parvenir à nous en expliquer.

La réadaptation aux latitudes tempérées fut lente. L'infini me manquait : la foule, le bruit et les horizons constamment bouchés m'oppressaient. Après ces deux expéditions, au total neuf mois de neige vierge, je ne fus plus jamais capable de mettre un ski dans une station de sports d'hiver. J'étais définitivement condamnée à promener hors piste et hors sentiers battus ma solitude de skieuse de fond.

5

LA rédaction de ma thèse de troisième cycle fut l'occasion de confirmer mon attachement à la recherche. Je réalisais, assise quinze heures par jour à mon bureau, que l'aventure continuait sur papier et sur graphiques. Ces résultats que nous avions durement glanés sur le terrain prenaient forme. Le commissaire faisait son rapport : cinq cents pages que le jury salua comme un roman policier hydrologique. Je posais beaucoup de questions, je n'y répondais pas toujours. Les glaciers polaires n'avaient pas livré tous leurs secrets, je savais qu'il faudrait de nombreuses campagnes pour les comprendre parfaitement.

Rédiger une thèse n'est pas de tout repos mais j'avais appris dans l'Arctique la patience et la persévérance. Je découvrais, au retour, la solidarité. J'étais bien sûr couverte de dettes. La cour des Miracles du « 1, rue Saint-Epvre », plus miraculeuse que jamais, se mobilisa pour organiser une nouvelle série de conférences et assainir l'expédition déficitaire à coups d'injections amicales, discrètes et généreuses dans mon budget. Huguette avait la tâche la plus ingrate, celle de regarder les autres partir. Complice de tous les moments, elle me soutenait moralement, avant, pendant et après mes séjours. C'est toujours elle qui me récupérait au retour des contrées polaires et avait charge de me réconcilier avec la civilisation. Elle eut des indigestions de tableaux de débits et de hauteurs d'eau, car je lui confiai la frappe de ma thèse, que les membres les plus érudits du clan, intéressés ou non par l'hydrologie, corrigeaient et virgulaient.

Le petit costume fut de nouveau de sortie. Pâle comme un ours polaire, je soutins mon œuvre devant l'impressionnant jury qui fit de moi un docteur en géographie. C'était le 18 juin : on ne choisit pas toujours sa date. Celle-ci me valut, lors de la soirée de liesse qui réunit tous les amis, en référence à « l'Appel » d'une autre année, un déferlement de pelles parmi les nombreux cadeaux. Prenant peut-être seulement conscience de l'importance de sa collaboration sur le terrain, Annie m'offrit un bonnet carré de docteur, fabrication maison, puisqu'en France il n'est plus de mise, pas plus que le titre. Soucieux de voir reconnue ma nouvelle promotion, quelques membres bienveillants eurent tout de même la délicatesse de mettre une plaque dans les toilettes du « 1, rue Saint-Epvre » : « Cabinet du Dr Griselin ». Dix ans d'études pour en arriver là !

Les pelles offertes furent très utiles, mon premier travail après ces honneurs fut d'être maçon pour l'été. Je n'étais toujours pas rebutée par les petits métiers et, docteur ou pas, il fallait bien manger. Les amis du réseau avaient toujours des travaux à me proposer : « étudiants aux champs » ou « intellectuels à la truelle » étaient des slogans révolutionnaires que j'aimais à appliquer à mon cas personnel.

Je sévis une année comme maîtresse auxiliaire dans l'enseignement : une catastrophe. Pour quelques heures de géographie, non seulement il me fallait enseigner l'histoire mais aussi le français, l'allemand et le latin... Passant mes nuits et mes week-ends à corriger rédactions et dictées, je réalisai qu'il faut une vocation dix fois plus grande pour être enseignant que pour être chercheur.

Chaque printemps, le CNRS ouvre ses portes aux jeunes docteurs. En géographie, c'est la bousculade : quatre-vingt-dix candidats se battent annuellement pour deux places. Cela promettait quelques années de patience que je décidai de passer au frais, au Canada où je venais d'obtenir une bourse de recherche pour deux ans.

Nommée à l'Institut de dynamique marine d'Ottawa, je fus intégrée au service de glaciologie. Il s'agissait de glaces de mer alors que j'étais spécialisée dans celles de terre. Seule géographe, je détonnais quelque peu au milieu d'une assemblée de physiciens, mathématiciens et architectes navals. Je travaillais sous la direction de Mary Williams.

Saisissant là ma dernière chance, je tentai tout d'abord de devenir bilingue, ce qui est un minimum pour œuvrer dans un laboratoire où seul l'anglais est usité. La bibliothèque du Centre national de recherche du Canada étant on ne peut plus fournie en la matière, j'opérai une reconversion livresque des glaces de terre aux glaces de mer. La section à laquelle j'appartenais travaillait sur la modélisation de la glace : dans un bassin réfrigéré de la taille d'une piscine, on analysait sur modèles réduits le comportement des bateaux dans les glaces. Géographe de terrain, j'étais un peu déroutée par ces miniatures d'artifices polaires. Je concentrai donc mon énergie à étudier l'englacement réel des zones maritimes arctiques. Dépouillant des données d'archives, je voyageais sur une immense carte du Grand Nord canadien : un dédale d'îles et de détroits qui avaient tenu tête à bien des explorateurs du siècle dernier cherchant le passage du Nord-Ouest. Au bout de six mois, sans avoir bougé de mon bureau, je connaissais par cœur la plus petite passe et le moindre îlot.

Notre laboratoire fut alors invité à participer à une expédition sur le terrain : Mary, me voyant dépérir sur ma carte, m'offrit une place d'observateur au sein de son équipe.

Un double rêve !

Pour la première fois, une expédition polaire non seulement ne me coûtait pas un centime mais en plus me rapportait un salaire. C'était une chance extraordinaire pour moi. J'allais découvrir une tout autre facette de l'Arctique et le voile se levait sur ce que mes camarades du Spitsberg et moi appelions, avec tout le mystère que cela comportait, « une grande expédition ».

Les nôtres à côté faisaient vraiment artisanales. Celle-ci fut au-delà de tout ce que je pouvais imaginer. Trente chercheurs et techniciens, soixante membres d'équipage, deux brise-glace, deux hélicoptères : sous les auspices de la Garde côtière canadienne, nous partions pour trois semaines étudier la déformation de la coque d'un brise-glace minéralier percutant la banquise. C'était, en grandeur réelle, des tests identiques à ceux que pratiquait Mary sur maquettes dans le bassin de glace.

Observatrice française de l'opération, je n'en croyais pas mes yeux. C'était de la recherche quatre étoiles : à bord des bateaux, nous étions logés en cabines d'acajou chauffées. Au mess des officiers, les repas étaient servis dans l'argenterie, par de jeunes recrues gantées de blanc, en uniforme d'apparat. La base française du Spitsberg m'apparut soudain totalement préhistorique !

Nous étions en juin. Au-delà du faste de l'étiquette, ce fut la découverte de l'extrême Nord canadien, aux paysages bien différents de ceux de l'Arctique européen. C'était ma première rencontre avec les Esquimaux, peuple autosuffisant pendant des millénaires et que deux siècles de civilisation occidentale ont définitivement gâché. Peuple attachant et philosophe, rieur et accueillant.

Tous autant que nous étions, même les plus éminents spécialistes des glaces, nous n'arrivions pas à la cheville des Inuits. Ils ont une connaissance instinctive du milieu que nous venions étudier. Ils savent qu'on ne peut vivre dans l'Arctique sans une parfaite osmose avec la nature et sans une formidable solidarité entre humains. Nous, les Blancs, leur avons apporté notre culture et notre religion, nos boîtes de Coca-Cola et nos réfrigérateurs, notre bière, nos maladies et notre chômage, faisant de ce peuple, qui vivait en autarcie dans l'une des contrées les plus hostiles du monde, un assisté total, qui ne chasse plus, ne pêche plus, attend les indemnités sociales pour mettre de l'essence dans ses motoneiges, tandis que les chiens, inutiles, trépignent dans la gadoue. Triste spectacle à la fonte des neiges que ces villages-immondices où tout le superflu de la société de consommation est jeté, pêlemêle, devant la porte des maisons délabrées. Pour la première fois l'Arctique me levait le cœur : le grand pays blanc, qui se distingue par l'absence totale d'odeur, puait et me prenait à la gorge

Cinq Esquimaux étaient employés par l'expédition comme guides, hommes de main, gardes armés contre les ours. Ils avaient préféré établir leur campement sur la banquise. J'appris beaucoup à leur contact. Tous ne parlaient pas anglais mais ils avaient au fond des yeux, bridés par des années de soleil de minuit, des histoires extraordinaires d'ours, de chiens, de baleines, de banquise et de famine. Observateurs perspicaces et bricoleurs invétérés, pour eux, rien n'est insurmontable, hormis la météo qu'ils acceptent avec patience et philosophie. Hors du temps, ils sont ouverts à toutes les techniques, capables de démonter et remonter en cinq minutes le dernier modèle d'émetteur radio comme de dégager, à coups de harpon ancestral, nos sondes à glace motorisées bloquées dans la banquise, avec cette patience qui ne peut s'acquérir qu'autour d'un trou à phoque. Symbole de l'avenir à la rencontre du passé, les hélicoptères transportaient dans leur filet les traîneaux de bois centenaires, sur fond immuable de ciel polaire rougeoyant, sous les yeux blasés des plus anciens.

Les deux brise-glace croisaient au large de l'île Ellesmere, à la recherche de banquise assez vieille pour permettre les tests. Le petit brise-glace, plus manœuvrier, dégageait les abords pour présenter au second une coupe franche dans la banquise. L'équipe dont je faisais partie était déposée en hélicoptère sur la glace pour y faire les mesures glaciologiques : topographie du morceau de banquise qu'on appelle floe, longueur, largeur, épaisseur, température et autres caractéristiques mécaniques permettant l'identification de la glace.

Quand les mesures étaient terminées, le brise-glace minéralier de deux cents mètres de long reculait, prenait son élan et percutait à toute vapeur le front de glace, qu'il entamait d'une encoche d'à peine trois ou quatre mètres : ridicule, comparativement à la taille du bateau, si l'on considère que la banquise n'excédait pas dix mètres d'épaisseur. C'est là que je compris combien la glace est un matériau extraordinaire.

L'organisation d'une telle expédition était des plus complexes : il n'est pas aisé de coordonner le travail de quatre-vingt-dix personnes. S'opposaient les glaciologues, dont la tâche était d'étudier la glace avant percussion du bateau, et les architectes navals, qui eux, à bord du brise-glace, enregistraient la déformation de la coque. Chacun poursuivait son objectif. Il fallait pour que l'expérience soit valable que le bateau ait percuté deux cents fois la banquise. Tout le monde était talonné par le temps et tributaire de la météo. Les hélicoptères n'arrêtaient pas leurs rondes bruyantes pour répondre aux ordres et contrordres. Les différentes actions n'étaient pas toujours bien synchronisées : les équipes-glace, bousculées et débarquées à la hâte sur la banquise, se rendaient compte qu'il manquait une sonde, un tournevis ou l'antenne radio. Peu importait, l'hélicoptère repartait les chercher sur l'un des bateaux.

On croit rêver ! J'appris un seul mot de français à mes camarades anglophones, navrés de l'inévitable manque de coordination : « pagaille ». Le mythe de la grande expédition était sérieusement entamé !

La nature polaire, insensible aux déploiements de forces humaines et de matériel, fut aussi sévère qu'avec les petites entreprises. La météo ne fut pas très favorable ; pour regagner le temps perdu, on accéléra les manœuvres. Au cent cinquantième rush, le bateau percuta une glace un peu plus solide qu'à l'ordinaire : la coque s'éventra à la ligne de flottaison sur trois mètres de hauteur. On fit une réparation de fortune au brise-glace : l'expérience était terminée. Le retour fut avancé de quelques jours, nous rentrâmes sur le continent.

D'une façon très différente de mes précédents séjours, j'avais fait à nouveau le plein de grands espaces, d'horizons infinis, de banquise jeune et vieille, de glace bleue déchiquetée par l'étrave du bateau, de rires des Inuits, d'ours blancs que j'avais vus pour la première fois. Les oreilles encore bourdonnantes du bruit des rotors, je rapportais du frais pour m'aider à passer le torride été canadien. C'était mon premier contact avec la banquise, la vraie, la vieille, le pack polaire. Jusque-là, au Spitsberg, je n'avais foulé que la glace du fjord, qui se forme l'hiver et fond au printemps suivant. La vieille banquise est très différente. Elle a survécu au moins à un été et a subi les déformations dues à la fonte de surface et aux mouvements des glaces. Au-delà de toutes les imperfections techniques, j'étais fascinée. Je réalisai après cette expérience qu'on était loin de tout connaître de l'océan Arctique. Il me semblait qu'il y avait encore beaucoup à en apprendre et je n'étais pas persuadée que de tels déploiements de moyens matériels, humains et financiers fussent obligatoires pour contribuer à l'étude du milieu polaire.

Au retour de cette expédition, quelque chose de sourd résonnait en moi, que je m'efforçai de repousser. J'avais l'impression qu'un corps à corps avec la banquise m'apporterait une certaine connaissance et à trente-trois ans, je me sentais mûre pour l'affronter.

6

HUGUETTE vint passer l'été au Canada. Chaque soir après mon travail, je la retrouvais sur les bords du lac Meach, tout proche d'Ottawa. J'étais encore sous l'emprise de la très récente expédition que je lui racontai en détail. L'appel était lourd et sourd au fond de moi. Quinze jours après mon retour des glaces, n'y tenant plus, je décidai de lui faire part de ces idées tenaces qui me hantaient. Pour avoir suivi depuis dix ans mes études puis mes recherches, elle connaissait les forces et les faiblesses de mon personnage. Elle savait ma passion mais aussi mes limites. Fleuriste, ni hydrologue ni scientifique, elle n'en était pas moins pour moi, depuis toujours, comme un maître à penser ayant un grand sens des réalités. Souvent je lui soumettais des projets qu'elle analysait avec recul, n'hésitant pas à me dissuader le cas échéant. En me livrant à elle, je m'attendais à un veto qui aurait apaisé d'un coup mes interrogations profondes. Ce soir-là, sur les rives du lac, je glissai dans la conversation quelques phrases anodines :

« Tu sais, sur le brise-glace, j'ai réalisé à quel point on connaissait mal la banquise. Je suis persuadée qu'en l'abordant au corps à corps, comme les torrents du Spitsberg, on peut en apprendre beaucoup. Il me semble qu'en se déplaçant sur la glace et en vivant en symbiose avec elle, on peut l'approcher différemment. On n'est même pas certain de son épaisseur : il faudrait la mesurer régulièrement, avec une sonde à glace, tout au long d'un itinéraire de surface. Je suis sûre qu'une expédition de longue durée, légère en matériel, en effectif et en investissement apporterait une réelle contribution scientifique.

— Mais c'est fantastique, il faut l'organiser ! »

C'était assurément la réponse que je prévoyais le moins, persuadée qu'Huguette allait dire, comme si souvent : « Tu rêves complètement ! », je confirme que si elle m'en avait dissuadée, j'aurais tout abandonné sur-le-champ, enfouissant le vieux rêve au fond de ma mémoire.

Huguette est une femme extraordinaire, dotée d'un imaginaire puissant doublé d'une extrême lucidité et surtout d'un caractère passionné lié à ses origines latines. Au « 1, rue Saint-Epvre », sous la houlette du maître de céans, une des grandes activités du clan est de « décrocher les enseignes ». Dans le jargon du réseau, cela signifie simplement échafauder les projets les plus fous. Combien de soirées avons-nous passées entre amis à créer un restaurant, organiser des voyages ou monter un lycée pilote ? Notre Italienne de fleuriste, plus emportée que jamais, n'avait plus de retenue, prête, à onze heures du soir, à aller sonner chez le voisin pour lui demander de décrocher son enseigne qui cachait l'entrée de la future crêperie, alors qu'elle ne savait même pas si le local convoité était ou non à vendre. D'où l'expression « décrocher l'enseigne ». La plupart des projets tournaient court, on les oubliait vite, mais que c'était exaltant de rêver !

Au bord du lac, d'aucuns auraient pensé que nous avions décroché la lune alors qu'il s'agissait de la plus extraordinaire de nos enseignes. J'avais avancé l'idée, Huguette donnait le feu vert.

Tout de suite se posa la question financière. Même si cette expédition ne coûtait qu'un centième de celle des brise-glace, il faudrait trouver des millions de francs. Je n'avais pas un centime ; Huguette, qui investissait toujours à fonds perdu son argent de poche dans nos entreprises polaires artisanales, ne pouvait suivre cette fois, pas plus que les généreux donateurs du réseau. J'étais simple boursière au Canada : cela impliquait un emploi très temporaire et l'assurance d'un salaire pour à peine un an. Jeune chercheuse, je n'avais aucune notoriété, pas même un poste au CNRS, donc aucun espoir d'obtenir un financement par les voies habituelles de la recherche. Il faudrait trouver ailleurs les fonds de cette expédition. Mais qui, en dehors des scientifiques, pouvait être intéressé par l'étude de la banquise ? Pour attirer les investissements privés, il fallait quelque chose de spectaculaire. Sachant ce que coûte le moindre déplacement dans les régions polaires, je n'ai jamais été fervente de l'exploit pour l'exploit ; j'ai toujours tenté de rapporter le maximum de données scientifiques de mes séjours dans l'Arctique. Cette fois, l'aventure pourrait capter des fonds privés qui seraient reversés sur la recherche. « L'exploit sportif au service de la Science » : voilà l'orientation qu'il fallait prendre. Le Pôle, le point magique... Aucune femme n'y était encore allée par voie de surface : je pouvais réunir autour de moi une équipe entièrement féminine qui, tout en allant au pôle Nord, étudierait la banquise.

Le projet était né.

Le soleil couchant embrasait l'horizon du lac Meach. Jour non férié au Canada, soirée mémorable pour la recherche polaire, c'était le 14 juillet 1984. Huguette, en maître incontesté de la pyrotechnie du rêve, venait de déclencher un fantastique feu d'artifice qu'allaient entretenir des heures, des jours, des mois d'effervescence jusqu'au bouquet final d'aurores boréales.

Fontaines, soleils, feux de Bengale ou pétards mouillés, les idées fusaient nuit et jour, à un rythme tel que nos têtes n'y suffirent bientôt plus. Premier investissement, nous achetâmes un petit carnet noir. Il ne nous quittait pas : nous écrivions partout, à un feu rouge, dans une file de supermarché, au restaurant ou en randonnée. Il fallait noter tout, dans le plus complet désordre, peu importait, chaque idée, bonne ou mauvaise, était un pas dans le cheminement du projet.

J'écumai la bibliothèque pour lire en anglais et, en un temps record, tous les récits des expéditions pour le pôle. Parallèlement, je fis un très gros travail de recherche concernant les études scientifiques déjà réalisées sur la banquise. Le soir, je résumais à Huguette ; peu à peu notre projet s'affinait. Nous partîmes en vacances dans les Rocheuses, sans oublier le carnet noir : y voisinaient sur la même page la référence du dernier-né des émetteurs radio, le numéro de téléphone privé d'un ministre, le croquis d'un traîneau qui allait révolutionner les transports polaires et tout ce qui avait pu passer par la tête de deux passionnées, condamnées pour quelques années à ne plus vivre que par, pour et avec l'expédition.

Mettant à profit nos vacances dans l'Ouest canadien, nous rencontrâmes quelques constructeurs. A Calgary, nous allâmes tester des vestes et pantalons de duvet. Le fabricant nous assurait qu'un ensemble suffisait pour survivre par -50° C dans le blizzard. Je voulais bien le croire, je perdis deux kilos lors des essayages : ce jour-là, il faisait $+36^{\circ}$ C à l'ombre. A Vancouver, nous fîmes un détour par la fabrique de combinaisons flottantes. Extraordinaire ! Nous étions prêtes à passer commande d'une dizaine de pièces, taille minus. Impossible : une fois encore, les femmes n'avaient pas été prévues. Le fabricant pouvait nous concevoir de petits modèles mais n'était pas autorisé à nous les vendre, le ministère canadien des Transports n'ayant homologué que les grandes tailles ! Ce n'était qu'un début, nous allions apprendre, jour après jour, à ne jamais désespérer.

Pour les besoins de la cause, nous fîmes quelques tentatives infructueuses d'orpaillage dans les rivières de l'Eldorado canadien. Sous tente et dans des terrains de camping très fréquentés par les ours noirs, nous étions limitées dans les préparatifs de l'expédition. Nous avions noirci la dernière page du petit carnet, il fallait rentrer au plus vite à l'est pour donner au projet son réel coup d'envoi.

Une des premières questions posées avait été : Qui ? Malgré les petits différends qui nous avaient opposées dans notre expérience au Spitsberg, il me semblait impensable d'envisager une expédition polaire féminine sans Annie Zwahlen. Sa participation était même une condition *sine qua non* de la poursuite du projet ; je me sentais encore capable d'abandonner l'idée si Annie avait refusé. En réponse à ma proposition : « Veux-tu venir au pôle Nord avec moi ? », je trouvai à mon retour des Rocheuses une petite carte : « D'accord mais pourrais-tu donner quelques précisions ? »

Depuis nos débuts, nous avions progressé sur tous les fronts. J'avais soumis le programme scientifique à l'approbation d'un glaciologue canadien réputé, dirigeant d'importantes recherches sur la banquise arctique, avec lequel j'avais travaillé et beaucoup parlé lors de l'expédition brise-glace. Son enthousiasme n'avait fait qu'accroître le mien. Sa longue expérience était précieuse. Il me donna quelques idées et m'encouragea à ne pas être trop gourmande : tout ce que nous pourrions rapporter comme données serait une contribution réelle à la connaissance du milieu polaire. Mieux valait un projet modeste mais réalisable qu'un programme trop chargé complètement utopique. L'épaisseur et le mouvement des glaces lui paraissaient effectivement prioritaires dans une étude de la banquise et l'Arctique européen le secteur de prédilection d'un tel projet.

Cartes et bibliographie à l'appui, je fis un premier dossier pour exposer le programme scientifique.

Contrairement au pôle Sud qui est sur un continent recouvert de glaciers de trois mille mètres d'épaisseur, le pôle Nord est au cœur d'un océan gelé : l'océan Glacial Arctique, profond de plus de cinq mille mètres. L'eau de mer qui gèle forme la banquise : une mince pellicule de glace à l'échelle du globe. De deux à quatre mètres d'épaisseur en moyenne, la calotte polaire arctique est formée d'un gigantesque puzzle de champs de glace — appelés floes — séparés par des crêtes ou des chenaux d'eau libre. La banquise permanente ne fond jamais mais elle est en constant mouvement : la glace bouge, elle dérive.

En 1881, le *Jeannette*, navire américain parti à la découverte du passage du Nord-Est, avait fait naufrage au large de la Nouvelle-Sibérie. Trois ans plus tard, sur la côte sud-ouest du Groenland, s'échouaient des débris identifiables de l'épave. Cela confirmait que la glace polaire est animée de mouvements. Fridtjof Nansen, explorateur norvégien, tira une idée de génie du drame de la *Jeannette*. Il conçut un navire capable de supporter la pression des glaces : le *Fram* qui, emprisonné dans le pack polaire au large de la Sibérie, fut porté par la dérive de la banquise de 1893 à 1896 pour traverser l'océan Arctique jusqu'au Groenland, confirmant le chemin parcouru par l'épave. Nansen espérait par ce moyen atteindre le pôle qu'il manqua de peu. Quittant le bateau, il tenta, à pied, de rallier l'axe de la terre mais n'y parvint pas. Son voyage fut une importante contribution à la connaissance des glaces polaires.

On s'accorde à penser de nos jours que ni Cook en 1908 ni Peary en 1909 n'avaient de chronomètres suffisamment précis pour pouvoir calculer leurs positions avec exactitude et proclamer qu'ils étaient les premiers à atteindre le pôle Nord. La victoire revint historiquement à Peary ; on tente actuellement de réhabiliter Cook : aucun des deux n'y est sans doute parvenu. Leurs odyssées mirent momentanément un terme à la conquête au sens strict du pôle par voie de surface : l'ère des expéditions scientifiques s'ouvrait.

1937 vit l'installation de la première station dérivante : les Soviétiques ; se posant en avion au pôle Nord, y installèrent un camp fixe et, sous la direction d'Ivan Papanine, se laissèrent dériver pendant neuf mois sur un morceau de banquise, mesurant journellement au sextant leur position et donc le mouvement de la glace. Depuis cinquante ans, de nombreuses stations habitées ou automatiques ont dérivé dans l'Arctique, permettant de cartographier les complexes mouvements de la banquise.

La rotation de la terre, les courants marins et les vents sont responsables de la géographie générale des courants de dérive.

Dans le bassin de Beaufort, un courant circulaire entraîne les glaces dans un mouvement perpétuel qui les mène d'Alaska au pôle, puis les comprime contre les terres de l'archipel canadien. Il faut une dizaine d'années pour qu'un floe fasse un tour complet. Ce courant est le cercle de Beaufort.

Côté oriental de l'océan Arctique, les glaces sont prises dans un mouvement linéaire qui les conduit, en cinq ans, de la Sibérie à l'Atlantique Nord. Elles sont donc moins vieilles que du côté canadien et le mouvement est très différent : plus rapide et en extension puisque les glaces s'ouvrent sur l'eau libre de l'océan Atlantique. C'est le courant de dérive transpolaire.

Américains et Canadiens concentrèrent leurs recherches sur le cercle de Beaufort tandis que les Soviétiques se tournaient vers la dérive transpolaire qui resta de loin le secteur le moins bien connu. Depuis Papanine, moins de vingt stations ont dérivé dans

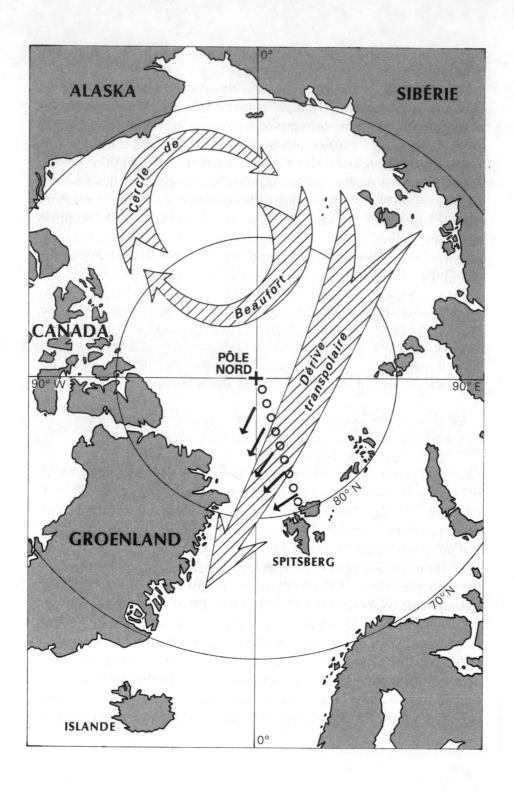

cette zone alors que le cercle de Beaufort a fait l'objet de très nombreuses études.

Mon idée était qu'en partant du Spitsberg et en allant vers le pôle Nord — itinéraire jamais emprunté par voie de surface — nous allions traverser le courant de dérive transpolaire. Il serait possible de semer sur notre passage des marqueurs qui, fixés à la glace, dériveraient avec elle. Ce n'était pas une innovation : l'originalité de notre projet résidait dans la multiplication des stations dérivantes et donc des points de mesure, ce qui permettrait d'avoir une meilleure idée de la vitesse du courant. Si l'expédition se déplaçait sur la banquise, il lui serait possible d'en mesurer régulièrement l'épaisseur. Vitesse par épaisseur permettrait de calculer le flux de glace pénétrant dans l'océan Atlantique. Les marqueurs seraient des balises Argos — émetteurs localisés par satellite comme les balises des voiliers de la Transat — qui seraient suivies au jour le jour pendant un an après leur dépose.

Le projet de recherche était désormais cohérent et clairement défini. Il déterminait les grandes lignes de notre entreprise.

La nature polaire et la rudesse de l'environnement étudié imposaient le calendrier de notre expédition. La banquise n'est praticable, en surface, que quelques mois dans l'année. Beaucoup plus lâche l'été que l'hiver, elle devient franchement dangereuse passé le début juin : les floes s'écartent, l'eau libre gagne du terrain, les chenaux regèlent de moins en moins vite : c'est la débâcle que craignent tous les voyageurs des glaces, risquant alors de se retrouver isolés, entourés d'eau sur un morceau de banquise trop petit pour permettre un secours par avion. Le départ de l'expédition ne pouvait se faire avant la fin de la nuit polaire. Au Spitsberg, les premières lueurs de jour surviennent à la mi-février. Au cœur de l'hiver, c'est la période la plus froide mais aussi celle où la banquise est la plus compacte. Cela nous donnait trois mois et demi pour réaliser notre programme. Devant la tâche qui nous attendait financièrement, matériellement et physiquement, il ne paraissait pas excessif de compter dix-huit mois pour les préparatifs. Dans le meilleur des cas, le départ pourrait avoir lieu en février 1986, sinon il faudrait le reporter obligatoirement d'une année.

Une des premières interrogations concernait notre aptitude à contrer la dérive des glaces. Pour financer nos recherches glaciologiques, nous réalisions un exploit en allant des terres vers le pôle, ce qui signifiait un déplacement à contre-courant de la dérive transpolaire. En 1827, avec deux traîneaux-canots de près de deux tonnes, tirés chacun par quatorze hommes, le Britannique Edward Parry avait fait une tentative au départ du Spitsberg. Établissant pour quarante-huit ans le nouveau record d'avancée au nord, il avait dû renoncer à 82° 45' Nord face à une dérive trop puissante. Parti à la fin juin, il s'était heurté au courant, beaucoup plus rapide l'été que l'hiver, comme devaient le révéler les observations des cinquante dernières années. Depuis, seules deux expéditions, britanniques encore, avaient parcouru ce secteur de l'Arctique, mais dans le sens pôle-Spitsberg : la Transarctique en 1969 et la Transglobe en 1982.

A Ottawa, je rencontrai Roy Koerner, le scientifique de la Transarctique que dirigeait Wally Herbert. Partie de Point-Barrow, cette expédition de quatre hommes en traîneaux à chiens avait accompli en seize mois la première traversée de l'océan Arctique : Alaska-Pôle-Spitsberg. Le témoignage de Roy était précieux ; il affirmait qu'il n'y avait aucune comparaison entre les glaces vieilles et accidentées du cercle de Beaufort et celles plus jeunes, plus planes de la dérive transpolaire. Une patinoire à l'en croire. La dérive ? Bien sûr que nous pourrions la contrer, quel que soit notre mode de déplacement : elle est de quatre à sept kilomètres par jour. Le seul problème lui semblait posé par les marées aux abords du Spitsberg mais, partant en février, nous n'aurions aucune difficulté, les glaces seraient encore soudées au littoral. Il confirmait les données des stations dérivantes, maigres à vrai dire puisque, depuis l'expérience de Papanine, seules quatre stations s'étaient trouvées dans le secteur à la période nous concernant.

La question du moyen de locomotion avait été assez vite résolue. Il fallait mettre de côté mes rêves d'enfant : maîtriser un attelage de chiens requiert au minimum une année de pratique que ni mes équipières ni moi n'étions en mesure de consacrer à un tel apprentissage. Vivant avec notre siècle, nous avions pensé dans un premier temps utiliser des motoneiges. J'avais lu quelques récits d'expéditions motorisées qui me firent immédiatement changer d'avis. Tout d'abord, on y apprenait qu'une motoneige démarre rarement du premier coup : certains expliquaient qu'il leur avait fallu jusqu'à dix heures de bricolage à mains nues pour mettre en route les moteurs par −40°C. Les utilisateurs racontaient qu'ils parcouraient parfois moins de cinq cents mètres par jour. Il leur fallait tailler à la hache, mètre par mètre, une « autoroute » dans les crêtes de glace que leurs engins étaient incapables de franchir. Un attelage de chiens ou un scooter des neiges peut tracter un traîneau de quatre cents kilos. Dans un cas comme dans l'autre, il faut transporter un poids mort — la nourriture des chiens ou l'essence du véhicule. La charge utile disponible n'est plus que d'une centaine de kilos à peine par attelage. Ces deux moyens de transport qui ont fait leurs preuves dans l'Arctique ne me semblaient absolument pas adaptés à notre condition de faibles femmes. J'avais eu trente années pour réaliser que notre force est dans l'endurance. Malgré mon entraînement au portage des sacs de ciment, je me sentais personnellement incapable de dégager d'une crevasse un traîneau de quatre cents kilos. Or, si les chiens et les motoneiges ont une incontestable supériorité sur terrain plat, transportant bagages et passagers à des vitesses pouvant atteindre 70 kilomètres-heure, au moindre obstacle, le conducteur doit descendre, pousser, tirer, haler, porter, dégager le traîneau et l'attelage, motorisé ou pas. C'est donc une activité physique, demandant des efforts musculaires ponctuels mais considérables, entrecoupés de périodes d'inactivité pendant lesquelles le corps se refroidit.

Le choix fut dicté par la raison. En tant que femme, je me savais constituée pour des heures et des jours d'efforts constants et réguliers ; totalement incapable de dégager un traîneau de quatre cents kilos de la moindre ornière, je pourrais en revanche sortir de n'importe quelle fâcheuse posture une charge égale à mon poids. Peu encline à me geler les mains dans un moteur, je préférais nettement, par −40°C, n'avoir à démarrer que ma propre machine humaine tous les matins, même si cela supposait quelques grincements d'articulations. Nous progresserions à ski, chacune tirant un traîneau léger dont la charge n'excéderait pas le poids du haleur. Le corps à corps avec la glace n'en serait que plus absolu.

Il fut convenu que notre camp de base serait Ny Aalesund, la station norvégienne la plus septentrionale du Spitsberg, et que nous serions ravitaillées par avion. Un premier calcul permit de déterminer en fonction du programme scientifique la charge commune à transporter et donc le nombre optimal d'équipières : huit personnes sur la glace et deux en assistance.

Le bureau de recrutement était désormais ouvert.

. — Le 3 février 1986 : départ de la base
érienne de Toul-Rosières.

Tests de résistance au froid.
2. — Visage immergé trois minutes dans
l'eau à 10 °C.
3. — Le test de la baignoire : une heure
dans l'eau à 15 °C, avec mesure en continu
de la consommation d'oxygène.

1

3

2

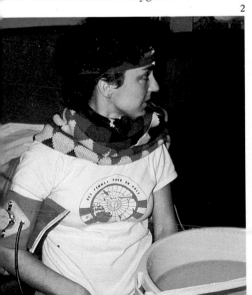

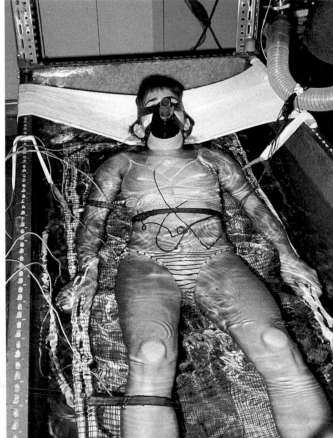

4. — Ny Aalesund (Spitsberg) : notre camp de base.

La vie pendant les trois semaines au camp de base :

5. — Préparation des rations alimentaires (Madeleine et Couni).

6. — Le professeur Rivolier lors des prélèvements de sang.

7. — Huguette traite les échantillons de sang avant congélation.

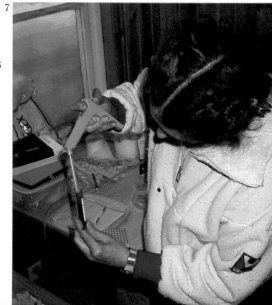

8. — Survol du Spitsberg.

9. — 22 février, le départ : nous ne sommes plus que six points rouges dans l'infini arctique.

10. — Annie Tremblay « Couni ».

12. — Mireille Gouget.

13. — Florence Marchal « Flo ».

11. — Annie Zwahlen « Titi ».

14. — Mary Williams.

5. — Madeleine Griselin.

7. — Jacques Guittienne.

15

16

18

18. — Chantal Carpentier « Chaton ».

16. — Huguette Vivin.

19. — Ken Carver.

19

17

20

20. — La banquise côtière à proximité de Seven Islands.

21

21. — Partout ce n'est que chaos.

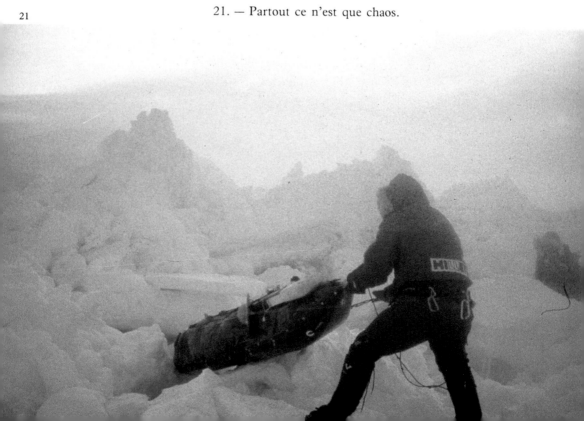

23

22. — Par − 40 °C, s'habiller est toute une affaire (debout : Mary).
23. — Il faut boire quatre litres de liquide par jour (Couni).
24. — Seven Islands : la vie sous la tente (Titi).

22

24

25. — Seven Islands : le chaos se poursuit.

26. — Au moindre obstacle il faut dételer
(Seven Islands).

7

L A conquête des pôles avait par trop été animée d'ambitions nationalistes. Une première expédition de femmes se devait d'être internationale, au-dessus des querelles de drapeaux des premiers explorateurs. J'étais boursière au Canada : il était tout naturel de former un groupe franco-canadien pour fouler au féminin ces premiers arpents de glace.

Consciente que chacune de nous devrait aller sans cesse au bout d'elle-même dans cette entreprise difficile, je savais toute l'importance de la constitution de mon équipe. Nous aurions pu recruter par voie d'annonces et recevoir mille réponses de femmes médecins, cinéastes, reporters ou glaciologues, qui toutes auraient eu les compétences requises en ski, en montagne, en endurance, doublées bien entendu d'une passion pour les régions polaires.

Tous les récits le confirmaient : les équipes d'experts étaient invariablement vouées à la discorde, entraînant l'échec des expéditions. Il fallait réunir différentes compétences mais chaque équipière devait faire preuve d'une grande polyvalence. J'avais besoin de compagnes solides psychologiquement sans doute encore plus que physiquement. J'optai donc pour l'amitié : je n'étais pas aventurière au point de partir avec l'inconnu.

Huguette et moi fîmes un tour d'horizon de nos connaissances, les sollicitant par écrit depuis Ottawa. Il y eut quelques candidatures aussi spontanées qu'éphémères. A peine avions-nous « décroché l'enseigne » que Sylvie, antenne canadienne du réseau nancéien, rencontrée avec Annie Tremblay dans les vignes de

Champagne, décida de devenir l'infirmière de l'expédition : cela nous valut une soirée des plus animées. Je proposai à notre première recrue de se plonger immédiatement dans l'ambiance en lisant le récit d'une expédition. Le lendemain matin, Sylvie téléphona : « Je n'en suis qu'au troisième chapitre, mais je préfère te dire tout de suite que je démissionne. »

L'inscrivant dans les candidatures confirmées, nous ne prîmes même pas la peine de demander à Chantal Carpentier — alias Chaton — si elle était des nôtres. Elle serait partante : nos frasques lycéennes et universitaires nous avaient liées d'amitié pour la vie. Chantal faisait carrière dans le tourisme et le commerce internationaux ; elle aimait le soleil, la mer, la chaleur, et n'était donc malheureusement pas promise à un avenir glacé sur la banquise ; en revanche, sa diplomatie et son sens des affaires seraient un précieux atout dans une expédition au budget démentiel. Ayant peur de tout sauf du contact humain, elle serait une ambassadrice de choc, regorgeant d'idées. Je savais que je pouvais aveuglément lui faire confiance. Lorraine exilée dans la capitale, elle devenait notre antenne parisienne : diplomate pendant les préparatifs, relation publique et coursier à cinq mille kilomètres de nous pendant l'expédition, Chaton assurerait l'assistance en France.

Huguette partagerait avec elle la part d'ombre de cette entreprise. Elle dirigerait le camp de base au Spitsberg. Vouée à regarder les autres partir, elle n'admit pas facilement que son rôle pût être capital : pour l'équipe progressant sur la glace, elle serait le lien avec la vie, sans lequel, aussi performante fût-elle, aucune expédition ne peut aboutir. Révélatrice du projet, elle en était l'âme en second et savait mieux que quiconque les difficultés qui nous attendaient. Elle en suivait minute par minute l'élaboration et se trouvait aux premières loges pour vivre les espoirs et désespoirs de la préparation. A quarante-sept ans, veuve avec deux grands enfants, Huguette avait un métier épuisant et n'était certes pas au meilleur de sa forme physique. C'était une force de la nature, capable d'endurance : elle l'avait démontré à bien des reprises. Elle aurait sans doute été à la hauteur sur la glace si la vie lui avait permis de ne penser qu'à elle et de préparer son corps

64

aux meurtrissures polaires. Le drame cependant était sa propension à l'onglée. Se baignant en plein été dans de l'eau à 25ºC, elle ressortait les doigts blancs au bout d'un quart d'heure. Ce n'était pas évident à accepter : Huguette vivait cette expédition au même rythme que moi, elle aurait tant voulu partager avec nous le premier blizzard, les craquements de la glace... nos frayeurs sur la banquise ! Ses peurs, elle les aurait seule, sous la forme de ces angoisses irraisonnées qui montent chez celui qui attend, faute d'informations sur ceux qui sont partis ou en retard. Il lui semblait être dans les coulisses. N'était-elle pas plutôt le metteur en scène qu'on ne voit jamais dans les films ? Couvre-chef et couve-chef, elle seule connaîtrait l'envers du décor et les larmes du jeune premier pendant les préparatifs. Sur la glace, nous serions complètement coupées de la vie, Huguette serait notre ouverture au monde. Tout à la fois producteur, script et régisseur, elle serait le passage obligé de toutes nos décisions. A qui d'autre aurais-je pu déléguer aveuglément l'intégralité de mes pouvoirs ?

Annie Zwahlien, monitrice de ski et informaticienne, avait le profil type pour cette expédition. Si je tenais tant à sa présence à mes côtés, c'est qu'à trente-trois ans, avec l'expérience qu'elle avait acquise au Spitsberg, elle serait capable de prendre le relais et de diriger l'équipe à ma place.

Nous avions sollicité Mireille Gouget. Je l'avais rencontrée en stage de spéléologie il y avait plus de douze ans, et nous étions restées amies. Mireille, née à Aix-en-Provence, était éducatrice à La Seyne-sur-Mer. Elle avait de grandes compétences en photographie et je comptais sur elle pour faire le reportage photo et cinéma de l'expédition. Mireille, à quarante ans, n'avait pas forcément le profil d'une skieuse du pôle. Méridionale, elle s'inquiétait du froid et nous demanda un temps de réflexion avant de donner sa réponse définitive. Pour se lancer dans une telle équipée, il fallait être volontaire à cent pour cent, je ne voulais en aucun cas forcer les candidatures.

Florence Marchal fut contactée. A vingt et un ans, elle avait un palmarès sportif des plus brillants en ski et en kayak. Le grand intérêt de sa participation était qu'au moment de l'expédition elle serait en cinquième année de médecine, donc apte à veiller sur notre santé. En fait, nous connaissions peu Florence. Je l'avais rencontrée en donnant une conférence dans son lycée : elle était alors en seconde. Mais son frère était du réseau de Nancy depuis de nombreuses années et nous parlait tellement de sa sœur qu'elle faisait presque partie de la famille.

L'équipe était loin d'être complète. J'avais encore quelques idées mais il fallait, dans un premier temps, attendre les confirmations. Huguette rentra en France et retrouva ses fleurs. Je restai au Canada : nous devînmes les meilleures clientes des télécommunications françaises et canadiennes.

Je passais de plus en plus mon temps de travail aux préparatifs de l'expédition. Je décidai, par pure honnêteté, d'informer de mes plans Mary Williams qui me dirigeait. Elle n'était pas du genre à plaisanter en matière de recherche, aussi étais-je un peu tendue. J'avais reculé ce moment jusqu'à ce que le projet soit scientifiquement très solide. Je le lui exposai, en anglais, un soir d'octobre. Mary me laissa parler. Quand j'eus terminé, elle réfléchit posément quelques instants, me regarda dans les yeux et me dit en français avec son accent délicieux : « Mâlen (elle ne saura jamais dire Madeleine), fonce ! c'est fantastique ! » Par ces mots, je recevais donc l'aval de mon « boss » canadien. Mary m'impressionnait beaucoup : mathématicienne, elle avait sur les glaces un regard totalement différent du mien. En théoricienne de science « dure », elle raisonnait froidement sur les phénomènes que j'expliquais passionnément en géographe de terrain. Dirigeant à l'époque la section glaciologie, Mary, comme moi, avait un « métier d'homme » : nous avions en commun notre confiance dans les femmes. Elle m'encouragea à poursuivre et me promit son soutien inconditionnel. Je crois que dès ce soir-là elle me laissa entendre, avec une pointe d'envie, qu'elle aurait aimé être de l'équipe mais que ce n'était pas possible : mariée, elle avait deux petites filles. Mary était marathonienne, secouriste dans la patrouille de ski et canadienne de surcroît : elle avait assurément le profil idéal. Je pris sa réflexion comme une très grande marque de confiance et lui répondis simplement : « Si tu changes d'avis, il y aura toujours un traîneau prêt pour toi. »

Le moment était venu de renouveler ou non ma bourse pour

un an. Forte du soutien de Mary, je fis une proposition à la direction du Centre de recherche d'Ottawa : ou je rentrais définitivement en France, ou le laboratoire me gardait en son sein pour préparer l'expédition, et devenait partenaire scientifique et financier par le simple fait de continuer à me donner un salaire. Il était clair que pour mettre sur pied une entreprise franco-canadienne de cette envergure, il me fallait avoir les coudées franches et la possibilité, même si c'était à mes frais, de me partager entre la France et le Canada. Le directeur, conquis par mon enthousiasme et rassuré par la prise de position de Mary, accepta en me disant : « Vous êtes doublement pionnière parce que vous avez compris avant tout le monde que la recherche n'avancera que si elle trouve son financement dans le privé. »

Je pus dès lors consacrer tout mon temps à la préparation, ce qui n'était pas excessif étant donné la tâche qui m'attendait.

Tout d'abord, il fallut établir le budget. J'essayai de le serrer au maximum mais de ma vie je n'avais jamais vu autant de zéros. Quatre millions de francs, quatre cents millions de centimes : une folie pour qui n'en a pas le premier. « Impossible », dirent immédiatement certains, pensant sans doute me décourager. Je répondis que vu l'état de mes finances personnelles, rêver pour quatre mille ou pour quatre millions de francs, c'était de toute façon du rêve puisque je n'avais rien, la différence n'étant qu'une question de zéros. Une folie... par rapport à un salaire ; une goutte d'eau comparée au budget de l'expédition brise-glace ; et, à bien y réfléchir, à peine un vingtième du prix d'un des deux voiliers allant défendre les couleurs françaises dans la Coupe America ! J'étais consciente de me lancer dans une entreprise difficile : je ne connaissais rien à la gestion, l'administration, les finances et la diplomatie. L'argent était le nerf de la guerre : je n'avais d'armes que mon innocence et ma foi dans ce projet devenu mon cheval de bataille. Sortant tout juste du remboursement de mes dettes du Spitsberg, je décidai d'adjoindre au proverbe : « Qui ne risque rien n'a rien » « Qui n'a rien ne risque pas grand-chose. »

Avant de me lancer à corps perdu dans la course aux dollars, il me restait un dernier cap à passer. Participant à un congrès international, mon directeur de recherche en France, René Frécaut, venait à Montréal à la fin du mois d'octobre. Il y avait huit ans que je travaillais sous sa direction. Sommité de l'hydrologie continentale, il était pourvu d'une remarquable intelligence et d'un fabuleux esprit de synthèse. Pédagogue de grand talent, il avait l'art de transformer les théories les plus complexes en évidences coulant de source. Sa carrière brillante aurait pu faire de lui un mandarin, mais il ne l'était pas. Ayant un immense respect pour le travail de ses jeunes chercheurs, il acceptait avec une très grande écoute leurs idées et leur laissait le champ libre tout en les épaulant solidement. Spécialiste des régions chaudes, il m'avait accueillie dans son laboratoire où, sous son aile directoriale, j'étais le pingouin d'une couvée de canards. Il m'avait formée à l'hydrologie et m'avait transmis sa passion pour l'eau ; en la matière, pour moi, il était « la » connaissance : mon Maître. De cela, il ne savait rien parce que le Pr Frécaut gardait ses distances, ne mêlant jamais vie professionnelle et sentiments personnels. Depuis huit ans il ne m'appelait que « mademoiselle ». A plusieurs reprises et même publiquement, il avait témoigné une certaine admiration pour mes « courageuses recherches » mais, en dehors de la science, je ne savais rien du fond de sa pensée, si ce n'est indirectement, des professeurs à qui il confiait parfois ses opinions à mon sujet. Il était un guide spirituel que je respectais et craignais tout à la fois.

En allant le voir à Montréal, je lui rendais une visite de déférente courtoisie pour lui faire le rapport de mon année au Canada. J'avais tout de même dans mon sac le dossier du pôle. Le Pr Frécaut était un directeur de laboratoire actif, donc surmené, attentif donc dévoré par tous. A Nancy, il était impossible, même avec un rendez-vous, de le voir une demi-heure sans interruption. C'est finalement à Montréal, dans les salons de l'hôtel où il était descendu, que j'allais avoir, pendant trois heures, ma première entrevue exclusive avec lui. Ce fut fantastique : pas de téléphone, pas d'étudiant pour lui demander la date du prochain examen, pas de collègue pour emprunter un trousseau de clefs. Détendu, le Maître était content de me voir et m'écoutait parler. Il écoutait si bien qu'au bout d'une heure, le pingouin improvisa le plongeon polaire. Je n'avais absolument pas préparé. J'ouvris le dossier du pôle que j'étalai entre nos jus d'orange et, avec ma plus belle fougue, j'entrepris de lui exposer ma dernière idée. Je sortis tout, les cartes, le programme de recherche, l'embryon d'équipe, le budget et même les plans secrets du traîneau. Je ne sais ce qui l'emporta de l'intérêt glaciologique ou de ma détermination, en tout cas, le professeur fut séduit par le projet : il m'assura de son soutien scientifique total et, apothéose, me conseilla vivement pour les prochaines candidatures au CNRS de présenter ce « programme original et audacieux » qu'il appuierait très fermement. Je l'aurais embrassé, mais on n'embrassait pas le Pr Frécaut. Je lui serrai la main, il sourit, son regard bleu croisa chaleureusement le mien : je l'interprétai comme une formidable tape dans le dos, témoignage de l'entière confiance qu'il m'accordait à nouveau. Il dut me dire quelque chose comme : « Sachez que ce ne sera pas facile, mademoiselle, mais allez-y ! » Je n'écoutais déjà plus. Je ne sais ce qu'il pensa de cette entrevue mais moi, j'exultais : alors que je n'étais pas venue la lui demander, le Maître me donnait sa bénédiction scientifique.

Après Huguette, Annie et Mary, j'avais franchi le dernier barrage. Je sautais de joie dans les rues de Montréal. A cet instant, il me sembla que plus rien ni personne ne pourrait me décourager dans cette entreprise.

8

A partir de ce jour-là, j'entrai dans le projet comme on entre en religion. J'allais lui consacrer mes jours et mes nuits. Entraînée dans le tourbillon des préparatifs, j'étais portée par lui au point de ne plus toucher terre. Manger devint accessoire et dormir une formalité physiologique que je réduisais au minimum vital. Novice en affaires, j'avais en cette entreprise une foi de croisé et, mue par ma passion, pas un instant je ne doutais de convertir les plus sceptiques.

Un de mes gros défauts est assurément de ne pas savoir partager le travail : j'avais conscience que tout passerait entre mes mains et pourtant, je n'eus de cesse que ce projet ne fût nôtre et non plus mien.

Tout d'abord, il lui fallait un nom. « Contribution à l'étude de la banquise polaire » avait certes séduit les scientifiques, mais était un peu long comme entrée en matière téléphonique. *Dix Chiens pour un rêve*, récit des aventures arctiques de François Varigas, a certainement influencé notre choix. Le rêve était un pôle et les chiens, des femmes : « Des femmes pour un pôle ». Il y eut diverses versions soumises à l'approbation du réseau nancéien et canadien. Ce fut d'abord six, puis huit, puis dix femmes pour le pôle. En fait, en plus de l'incertitude numérique d'une équipe inachevée, j'aimais l'emploi du « des » opposé au « un » pôle, laissant, une fraction de seconde, le doute planer sur la destination. Nous étions les premières femmes à partir mais n'avions rien d'extraordinaire : ni championnes olympiques, ni superwomen : des femmes parmi les femmes. On nous avait laissé la chance d'être les pionnières : beaucoup d'autres que nous auraient pu partir. A l'énoncé de notre titre, tout le monde ne comprenait pas tout de suite. Il fallait invariablement donner le même complément d'information, à croire que la plupart de nos interlocuteurs étaient sourds : « Des femmes », comme des femmes, « pour un pôle », comme le pôle Nord.

Nous nous placions au-dessus des drapeaux, mais il nous fallait un emblème que je griffonnai un soir à Ottawa ; puis je demandai à Huguette de le soumettre aux graphistes et artistes du réseau. La passion en plus des ailes peut donner de la « patte », ils n'y trouvèrent rien à redire : le logo fut adopté tel quel.

J'entrepris donc pour nos financiers potentiels la réalisation d'un premier dossier, haut en couleur : faute de moyens et pour un moment encore, il fallait peindre les couvertures à la main. Il apparut tout de suite très clairement que chercher de l'argent en coûtait. Lorsqu'on est demandeur, il faut être disponible. Il faut pouvoir user largement du téléphone, reproduire des dossiers en grande quantité, les expédier, donc les affranchir, et être sans arrêt sur les chemins pour honorer les rendez-vous si durement obtenus. Dans une affaire internationale, il s'agissait de prendre l'avion en vol transatlantique comme d'autres prennent le métro pour traverser Paris. Même si le Centre de recherche du Canada offrait en photocopies un large complément à mon salaire, ce dernier n'y suffisait plus.

Bien qu'encore théorique, gérer un tel budget demandait la création d'une structure collective. Ainsi fut fondée l'association 1901 « Des femmes pour un pôle » dont le siège fut bien évidemment le « 1, rue Saint-Epvre » à Nancy, tandis que la présidence revenait de plein droit à Huguette.

Pour la modique somme de cent à cinq cents francs et plus, on pouvait devenir membre actif ou bienfaiteur de l'association. On se voyait remettre une très belle carte au logo tricolore, mentionnant que l'on apportait « son soutien financier et moral à une expédition féminine partant étudier sur la banquise le courant de dérive transpolaire ». Ce fut extraordinaire, jamais je n'aurais imaginé que le réseau pût être aussi ramifié. Les amis des amis de nos amis apportèrent leur concours. Il est vrai que le magasin de fleurs d'Huguette était une porte directement ouverte sur la recherche polaire : on y parlait beaucoup plus balises Argos et sonde à glace qu'*Heracleum* ou *Ficus benjamina*. Une petite affiche invitait les passants à soutenir notre action. S'ils étaient intéressés, ils questionnaient la fleuriste. Huguette, inlassable, en parfait chat botté, racontait la banquise comme si elle en revenait. On ne devenait pas membre de l'association comme on achète des carottes au supermarché : il fallait un minimum d'informations pour accéder en toute conscience au statut de mécène. Huguette, derrière son comptoir, donnait des cours de glaciologie, expliquant sur le ton de la conversation que le pôle Nord était un océan et que les floes de banquise non seulement dérivaient, mais se comprimaient en crêtes de pression ou s'écartaient à la débâcle, cédant la place aux chenaux d'eau libre. Nos premiers sponsors ressortaient de la boutique persuadés qu'ils avaient toujours su que le cercle de Beaufort n'avait rien à voir avec la dérive transpolaire. Il y eut beaucoup de chats bottés : les parents, les équipières, les donateurs eux-mêmes, qui partaient avec un carnet complet de cartes et les vendaient à leurs amis.

Nous étions, et nous sommes toujours, terriblement reconnaissantes à ces personnes, proches ou inconnues, qui pour rien, pour du vent, ont donné — simple marque de sympathie et de confiance — de leurs propres deniers pour soutenir ce qui à l'époque n'était qu'un projet. Sans elles, il n'y aurait jamais rien eu. Je les respecte autant que les plus gros de nos sponsors ; comment ne pas être ému lorsque quelqu'un ne gagnant même pas le SMIC vous dit : « Je voudrais vous aider et être membre actif, mais est-ce que je peux payer en deux fois ? » Au-delà du goutte-à-goutte financier qui finissait par faire des ruisseaux, c'était un fantastique encouragement moral qui allait nous soutenir longtemps et loin : le début d'une chaîne gigantesque dont mes équipières et moi ne serions que les maillons les plus septentrionaux.

Parallèlement, nous créâmes au Québec une corporation « Des femmes pour un pôle » puisque depuis peu nous avions une équipière montréalaise. Au faîte de l'actualité des enseignes décrochées, Annie Tremblay, comme son amie Sylvie déjà démissionnaire, avait été sollicitée dès les prémices du projet. Huguette et moi la connaissions depuis sept ans : détournée de la Champagne, elle avait été avec sa compagne de route notre otage pendant deux mois au « 1, rue Saint-Epvre ». Mon séjour au Canada m'avait beaucoup rapprochée de nos deux amies, l'une étant à Ottawa, l'autre à Montréal. Annie était une grande voyageuse, cependant, quand je lui proposai de participer à l'expédition, elle me répondit, catégorique : « Non ! Les cocotiers tant que tu veux, mais alors la neige et le froid, j'en ai ben assez six mois par an ! » Je ne me sentais pas le droit d'insister, je lui fis seulement remarquer que, descendant de coureurs de bois, elle serait sans doute beaucoup plus apte que nous toutes à supporter le froid, d'autant que, originaire du lac Saint-Jean, elle connaissait depuis son plus jeune âge des hivers à −50°C. Annie suivait avec grand intérêt les préparatifs de l'expédition. Je la voyais souvent à Montréal ; le projet grandissait sous ses yeux. Un jour, plus de deux mois après ma proposition, elle me téléphona : « Madeleine, ne me demande pas pourquoi, mais s'il y a encore de la place et si tu veux toujours de moi, je viens. » Les bras m'en tombèrent, j'étais vraiment contente. Je savais qu'Annie, même si elle ne pouvait l'expliquer, avait mûri sa réponse. Elle était donc volontaire à cent pour cent. Je lui réaffirmai ma confiance et lui redis que son rôle était tout désigné dans l'équipe : étudiante en psychologie, elle pourrait veiller sur l'équilibre de notre huis-clos et, très beau sujet de thèse ou de maîtrise, réaliser une étude scientifique sur cette expérience humaine hors du commun. Sa mère, qui m'aimait pourtant beaucoup, refusa dès lors de m'adresser la parole, persuadée que j'avais endoctriné sa fille !

Ce n'était vraiment pas de chance : pour le moment, nous avions trois candidatures confirmées, dont deux Annie. Il fallut surnommer : Annie Zwahlen, la Parisienne, devint « Titi » tandis que, se référant à la chanson « A-ani Cou-ouni cha-aou-ani », la Québécoise décida que « Couni » devait être son nom d'Indienne.

Couni avait à Montréal un puissant réseau d'amis qui tous devinrent membres de l'association : le dollar était fort, les cotisations aussi, mais les billets d'avion d'autant plus chers. Couni gagnait sa vie comme serveuse à plein temps dans un restaurant.

En plus de son travail, elle me seconda dans la recherche finan-cière, s'adressant au gouvernement du Québec, tandis que je m'occupais des ministères canadiens.

C'est incroyable ce que les usages diffèrent d'un pays à l'autre. En France, il faut six mois pour obtenir un rendez-vous avec un chargé de mission dans un ministère. Au Canada, tout se passe par téléphone et il est possible d'obtenir du jour au lendemain un entretien avec le ministre ou son chef de cabinet. On vous reçoit, d'une façon extrêmement courtoise, voire cordiale, et on vous promet tout. Vous demandez dix mille dollars? Non seulement on va vous en donner dix mille cette année, mais dix mille aussi l'année prochaine. A la fin de l'entrevue, on vous tutoie et... on vous rappellera. N'en croyant ni mes oreilles ni mes yeux, je fis de la sorte, en une semaine, une tournée financièrement mirobolante dans les six ministères canadiens concernés de près ou de loin par notre expédition. Mary d'abord, Couni ensuite m'expliquèrent qu'il n'y avait pas de quoi pavoiser. Au Canada, on est très poli, le tutoiement n'est qu'une traduction du *you* anglais et quand on dit : « On vous rappellera », c'est qu'on ne vous rappellera pas. C'est alors à vous d'aller aux nouvelles, une fois, deux fois, dix fois, pour apprendre finalement que « justement on voulait vous informer que le ministère a subi une coupe sombre dans son bud-get et qu'il ne lui sera malheureusement pas possible de vous aider, ni cette année ni l'année prochaine ». Moi qui m'enorgueil-lissais d'avoir serré la main à six ministres ou chefs de cabinet canadiens qui me tutoyaient !

Après ces tentatives infructueuses, je décidai que pour ce genre de démarches, il fallait connaître les rouages du pays et que donc, je m'en tiendrais à la France pour les sponsors, laissant à notre Québécoise le soin d'attendrir les Canadiens.

La mère de Couni avait raison, j'avais dû endoctriner sa fille qui ne désespérait pas, à force de lettres et de coups de téléphone, d'obtenir un soutien du Québec. Donnant tout son temps libre à l'expédition, Couni venait m'aider chaque fois qu'elle le pouvait, peignant une par une les couvertures des dossiers, jusqu'à des heures avancées de la nuit, et m'avouant longtemps après qu'elle exécrait la peinture. Affolée par le surmenage de ma vie, elle s'était mis en tête de veiller sur la santé du chef. Selon sa théorie, « ça n'a pas d'allure de se préparer à une expédition polaire à coups de hamburgers » : Couni, relais canadien de l'Auberge du Bon Dieu de Nancy, me faisait des petits plats pleins de vitamines et d'énergie. Il n'empêche qu'influencée ou non par sa mère, elle m'appelait « la Maudite » — sous-entendu : maudite Française, injure suprême au Québec — qui, en raison de mes initiales et en hommage à Fritz Lang, se transforma en « M. la Maudite ».

En France comme au Canada, je courais partout, à la recherche d'argent bien sûr, mais aussi de matériel et de renseignements sur l'environnement que nous allions affronter. Nous ne sommes pas si nombreux à fréquenter ce coin du monde : il y a eu, depuis la nuit des temps, moins d'hommes sur la banquise que dans l'espace. Aussi, cherchant les mêmes informations, ceux qui partent finissent par se retrouver sur les chemins de la préparation. Un jour, au Centre de prévisions des glaces d'Ottawa, j'étais en quête de photos satellite récentes de la banquise. Le directeur, désolé, n'avait rien de tel à m'offrir ; en revanche, il me dit : « Je peux vous donner les coordonnées de quelqu'un qui cherche la même chose que vous, un Français justement, il est passé hier ; un fou qui veut aller tout seul au pôle dans deux mois. » Il me donna la carte de visite du fou en question : Jean-Louis Étienne, un illustre inconnu pour moi mais à qui je décidai d'écrire puis de téléphoner. Il me reçut avec Titi dans son studio sous les toits à Paris. Il était à quelques jours de son premier départ et prit néanmoins le temps de parler avec nous. Il nous donna son point de vue sur le matériel et la nourriture tandis que je lui parlais de la dérive des glaces. Un mois après, avec Couni, nous le rencontrâmes dans un magasin de sport de Montréal : il achetait ses chaussures pour démarrer sur la banquise une semaine plus tard. Lors d'une réunion d'équipe, nous avions confectionné de nos mains un collier tahitien de fleurs de papier bleu-blanc-rouge, que son assistance devait lui remettre quand il atteindrait le pôle. Y était accrochée une de nos cartes de visite avec la mention : « Bravo, ne bouge pas on arrive ! » Cette année-là, il dut renoncer au bout de quinze jours. Je lui téléphonai à sa base au nom de tout notre groupe, nous étions déçues pour lui ; il était déjà prêt à recommencer. Jamais il n'eut notre cadeau, qui dut se perdre dans les ramifications obscures des postes intercontinentales. Nous restâmes amis et Jean-Louis fut toujours très disponible pour répondre à nos questions.

Une de mes premières interrogations concernait ses sponsors. Il m'avait dit n'avoir pas eu de difficultés et ne put me donner le nom des firmes ayant refusé de l'aider puisque son premier coup de téléphone avait été le bon. J'étais donc confiante.

En France, où je revenais de plus en plus souvent et longtemps, s'était tout de suite posé un problème. Nous n'avions pas le support technique du laboratoire d'Ottawa et il fallait nous contenter de ma machine à écrire antédiluvienne pour rédiger notre courrier. A la deuxième lettre je craquai nerveusement, habituée aux fastes des machines électroniques dont j'usais au Canada. Je pris l'annuaire et appelai l'antenne régionale de la plus grosse société de bureautique. J'expliquai mon histoire en demandant si l'on accepterait de nous aider en nous prêtant une machine à écrire. Le directeur, charmé, me demanda de passer à son bureau. Il trouvait notre projet extraordinaire et il était confiant : sa maison mère serait emballée, il allait d'ailleurs demander qu'on nous offre un ordinateur et qu'on nous sponsorise. « Oui mais, pour la machine à écrire ? » C'était malheureusement la seule chose qu'il ne pouvait pas faire pour nous, vous comprenez, la concurrence. J'étais déçue, il le lut sur mon visage et, paternel, appela devant moi la direction parisienne qui lui donna exceptionnellement l'autorisation de nous aider. Je repartis avec la machine sous le bras et la certitude que nous étions financièrement sauvées. Je n'avais plus qu'à attendre le rendez-vous parisien pour... signer le contrat. Je n'étais pas étonnée, c'était la reproduction conforme de ce qui c'était passé pour Jean-Louis. Une seule chose m'ennuyait, c'est qu'une grosse firme de cosmétiques avait également donné son accord de principe ! Je me souviens que la climatologue du réseau nancéen m'avait dit dans ces jours de liesse : « C'est fou, je n'imaginais pas que la tradition des grandes expéditions commanditées soit encore une réalité ! »

La réalité, c'est qu'au bout de deux mois, les rêves du directeur régional ne se réalisaient toujours pas : il me restait à m'atteler à la machine à écrire que j'avais fort bien fait de prendre séance tenante. Côté cosmétiques, nous eûmes bien des émotions : la branche canadienne du holding faillit prendre à son compte un tiers du budget, complétant les deux tiers dont devait se charger la maison mère française. Tout s'effondra sans raison après quelques semaines de grandes illusions.

Il y eut d'autres directeurs régionaux ou nationaux dont le rêve, sans être forcément celui de leur maison, était de nous aider... La suite ne peut se comprendre que si l'on admet une fois pour toutes que je ne suis pas cardiaque et que j'avais une foi inébranlable en notre expédition.

Il apparut assez vite qu'une entreprise de femmes, fût-elle une première mondiale, n'était pas aux yeux de tous une idée aussi géniale que je le pensais. Cette quête financière me fit rencontrer deux sortes de gens : ceux qui étaient pour et ceux qui étaient contre. Les premiers, par leur soutien, apportaient un formidable encouragement ; les seconds, par leur refus catégorique, né d'une méfiance qu'ils ne cachaient pas à l'égard des femmes, devenaient un stimulant puisqu'il y avait une raison de plus de leur montrer qu'ils se trompaient. Mes nièces ont beau me dire qu'une fille peut désormais être enfant de chœur, je confirme qu'il y a encore quelques progrès à faire avant de pouvoir parler d'égalité. Je dirai pour la défense des hommes qu'il m'est arrivé de recevoir un accueil glacial de femmes haut placées ayant oublié un peu vite combien il leur avait été difficile d'accéder à un poste réputé « masculin ».

La fondation de la Vocation ne m'avait pas oubliée. Elle accepta de devenir un très gros membre bienfaiteur et de nous ouvrir son prestigieux annuaire que Chaton compléta par la bible que devint pour nous le répertoire des cinq cents plus grandes entreprises françaises. J'avais les armes et les arguments : le problème, dans le privé comme dans le public, est de réussir à rencontrer la personne à qui vous souhaitez parler. Tous les jours le passage du facteur était un moment fatidique et critique pour le cœur et les nerfs. Je n'aimais pas du tout qu'il ait de grandes enveloppes à nous remettre, ce qui signifiait que nos dossiers revenaient par retour du courrier accompagnés d'une lettre témoignant du grand intérêt de notre entreprise, mais malheureusement... et suivaient les dix mille raisons qu'on ne demandait même pas qui faisaient qu'une société ne pouvait nous aider. La palme en la matière revient à une banque de grand prestige qui répondit à notre courrier à en-tête « Des femmes pour un pôle » : « Messieurs, nous avons lu avec une grande attention votre dossier extrêmement intéressant mais... »

Huguette désespérait, j'essayais de ne pas me décourager en lui disant qu'il fallait voir le chemin parcouru et non ce qu'il restait à faire. Après quelques mois de démarches nous avions tout de même des skis, des fixations, des tentes, et peut-être des chaussures canadiennes. Un rapide calcul de probabilités laissait supposer qu'il faudrait peut-être cent lettres pour une réponse positive. Je ne voulais pas baisser les bras avant quatre-vingt-dix-neuf envois de dossiers. Le plus difficile dans ce genre de démarche est assurément, parallèlement à la recherche de sponsors, de faire front à certains amis pourtant bienveillants qui, gratuitement, essaient de vous démontrer que vous n'y arriverez pas. Qu'on nous laisse avec nos illusions plutôt que de ronger notre énergie ! Il y a aussi les « yaka », « ifaut » et « j'connais ». Ces gens-là devraient écrire des guides du sponsoring : ils ont toutes les solutions, ils vous les exposent pendant des heures, ils vont téléphoner pour vous présenter chez... et quand vous appelez au numéro indiqué, on ne connaît même pas votre introducteur !

J'avais vraiment un moral à toute épreuve, considérant que tant qu'il restait une lettre sans réponse, elle pouvait être positive ! Je crois que je n'ai désespéré qu'un jour où, hasard du courrier, toutes nos demandes étaient revenues négatives. J'étais à bout de souffle, à court d'idées... mais cela ne dura qu'un après-midi. Huguette et Chaton me remontèrent le moral, me soufflèrent encore quelques noms et je repartis de plus belle, imaginant des scénarios de spots publicitaires polaires pour chacune des firmes contactées. Je n'écrivais jamais deux fois la même lettre : pour chaque société j'y croyais autant et j'y allais de toute ma passion. Quel dommage que les P-DG directement visés n'aient jamais vu ces courriers !

Nous recevions souvent des éloges sur notre dossier. Le directeur du département sponsoring d'une firme de boissons prit la peine de nous téléphoner : « Je tenais absolument à vous dire que je vois deux cent cinquante dossiers par semaine depuis dix ans, le vôtre est le premier que je lis entièrement. C'est fantastique mais que viendrait faire notre petite boisson pétillante sur la banquise ? Ne désespérez pas, vous allez trouver ! » Comme l'important dans cette bataille est de ne pas perdre confiance, de tels appels remontent le moral pour au moins quinze jours.

Nous courions tous les salons spécialisés pour rencontrer les constructeurs. A Grenoble, le dynamique M. Sponsor d'un stand d'anoraks nous fit des compliments sur notre dossier qui était « en béton », disait-il, et, voulant nous éclairer sur nos erreurs, nous fit remarquer qu'il manquait simplement une page sur les retombées publicitaires, la seule page lue, selon lui, par les services de sponsoring dignes de ce nom.

« Les retombées ? quelles retombées ?

— Disons les articles assurés dans les journaux, le nombre de pages de publicité, les télés, les radios... »

Huguette et moi tombions des nues, découvrant la face cachée de l'intérêt médiatique. Il nous avait toujours semblé que si un événement est intéressant, on en parle... Pauvres naïves, nous avions décidément beaucoup à apprendre.

9

LES finances ne progressaient pas vite et pourtant, en cette fin de printemps 1985, les «femmes pour un pôle» devenaient une valeur sûre, puisque l'équipe était désormais constituée. Huguette, Chaton, Titi et Couni avaient été rejointes par Mireille, la Provençale, qui s'exerçait depuis son adhésion au maniement — avec des gants — de la caméra 16 millimètres. Il y avait eu aussi une candidature spontanée: Scob Gouiric, archéologue que je connaissais depuis dix ans; elle parlait russe (ce qui était précieux pour dépouiller l'abondante bibliographie soviétique), faisait de la course à pied et pour être notre radio sur la banquise, effectuait en nocturne des stages accélérés d'«opérateur restreint» (terminologie officielle du premier brevet!).

Florence Marchal, devenant Flo, avait accepté le rôle de benjamine en même temps que celui de «toubib du régiment». Ses maîtres répondirent à ses interrogations bien compréhensives: «En saurait-elle assez, en cinquième année de médecine, pour porter une telle responsabilité?» Ils la rassurèrent: ou nous aurions des problèmes bénins, relevant du simple secourisme, ou les diagnostics seraient plus graves, nécessitant une évacuation, car sur la glace, par $-40°$ C, même le plus grand chirurgien serait désarmé. Seuls les accidents vasculaires ne pourraient attendre. Flo effectua avant le départ des stages ciblés afin de réviser au chaud ses cours de suture et de traumatologie. Prenant conseil auprès des spécialistes de la médecine du froid, elle mit sur pied la pharmacie de l'expédition, collecta les médicaments dans les laboratoires et commença à élaborer un programme de recherche médicale. Je connaissais peu Florence mais j'avais confiance ; il nous restait quelques mois pour approfondir notre amitié : originaire de Lunéville et poursuivant ses études à Nancy, elle passait presque chaque jour au siège de l'association, essayant, dans la mesure de son temps libre entre deux examens et deux gardes, de prendre part aux préparatifs.

Mary Williams, qui n'avait jamais cessé d'encourager le projet, passa au bout de quelques mois du statut de conseillère scientifique à celui d'équipière à part entière : le programme de recherche n'en serait que plus complet. Le jour où elle m'annonça qu'elle venait sur la glace, j'eus l'impression, à propos du choix sur la banquise des itinéraires et des floes pour le campement, que mes épaules étaient déchargées de la moitié de leur fardeau. A quarante ans, elle serait la doyenne de l'équipe sur la glace. Il revenait à notre mathématicienne la charge de la navigation astronomique : Mary commença à jouer du sextant dans son jardin.

J'aurais aimé une troisième Canadienne. Une connaissance de Couni fut candidate mais démissionna presque aussitôt. Il y eut donc une place vacante que Flo proposa de donner à une de ses amies passionnée par notre projet : Marie-Lyse Jacquiert, Vosgienne, professeur d'éducation physique à Nancy.

Dix personnes, deux en assistance, huit sur la glace : l'équipe était complète. Deux Canadiennes et huit Françaises, dont cinq Lorraines, deux Parisiennes et une Provençale : ce n'est pas évident à réunir, surtout lorsque chacune a des obligations professionnelles. Elles essayaient de donner le maximum de leur temps libre à l'expédition, tant pour la préparation collective que pour leur mise en condition physique. Il était impératif que nos chaussures fussent à nos pieds : faisant sensation dans nos quartiers respectifs, nous devînmes les reines du ski à roulettes. Une amie du réseau nous avait concocté un programme d'entraînement que Marie-Lyse durcit encore. Chacune devait être au meilleur de sa forme : cyclisme, natation, course à pied, longues marches, patinage, tout était bon, en plus du ski, pour parfaire notre endurance et préparer nos muscles, à notre gré et selon les trous de nos emplois du temps. J'avais un programme spécial qui consistait, en dormant le moins possible et en me dopant au café et à la cigarette, à courir d'aéroports en ministères et de gares en bureaux de poste. Pour sauver l'honneur, je fis des kilomètres de patin à glace à onze heures du soir sur le canal gelé à Ottawa, et à peu près aux mêmes heures, donc sans témoin, quelques longueurs de ski à roulettes au bord de la Moselle. Pour compenser et m'éviter de futures et douloureuses ampoules, je portais mes chaussures de ski dans mon bureau, pour rédiger le courrier officiel. Couni à Montréal, Huguette à Nancy, Chaton à Paris, se démenaient pour me dorloter ; mais la charge était lourde, j'y laissai quelques larmes et perdis des kilos tout en acquérant, au prix de nouveaux cheveux blancs, des nerfs d'acier.

Face à notre extraordinaire fiasco qu'était la recherche « du » sponsor privé, il devint urgent de réviser nos méthodes. Je commençais à penser que notre budget affolait par sa taille et que peut-être il nous faudrait trouver non pas un mais plusieurs partenaires financiers. Chacune eut pour charge de prospecter dans les collectivités locales de sa région. J'envoyai pour ma part des lettres aux conseils général et régional et à toutes les municipalités des équipières lorraines.

L'accueil fut variable. Deux jours après mon envoi, j'appris par le journal que le conseil municipal de Villerupt votait une « subvention de soutien à une expédition polaire ». Au cœur de la Lorraine sidérurgique malade, Villerupt est une ville en difficulté. J'appréciai d'autant plus la démarche du maire et de ses conseillers que je n'avais même pas eu à leur expliquer que le berceau de mon enfance était le creuset de mes rêves arctiques. Sans demander de complément d'information, les élus villeruptiens témoignaient leur confiance, à la mesure des possibilités budgétaires de la ville, qui n'en devenait pas moins notre premier sponsor. Ce geste public allait en encourager d'autres.

Nancy fit un peu la sourde oreille, malgré les appels renouvelés du Pr Frécaut. Au conseil général, en revanche, notre dossier fut sorti des oubliettes par l'attaché parlementaire du président. Il me convoqua pour une première entrevue qui faillit bien mal tourner. Me demandant de lui résumer notre projet, il voulut avoir quelques détails sur la composition de l'équipe, dont cinq membres sur dix étaient du département. Parcourant rapidement nos curriculums, il me demanda sans détour si je trouvais sérieux d'avoir une fleuriste dans mon équipe. Mettre en doute les vertus de notre présidente était assurément la dernière chose à faire devant le numéro deux de son association. Notre ami du conseil général s'en souvient encore : au risque de perdre définitivement l'appui départemental, j'improvisai une tirade sans précédent, pour lui démontrer l'absolue nécessité d'avoir une fleuriste dans une expédition polaire, non sans lui avoir dit, blessée dans l'orgueil collectif, qu'avec sa boutique de fleurs, elle était le soleil de la vieille ville et que des cinq Lorraines que nous étions, elle seule avait fait ses preuves en contribuant effectivement au rayonnement de son quartier. Suite à cette mémorable intervention, l'attaché parlementaire devint un ardent défenseur de notre cause, convainquit le président qui lui-même, non sans mal, obtint, par une majorité politiquement des plus composites, que nous fût allouée une subvention du département. Imaginant que dans les autres collectivités notre dossier était déjà enlisé, le président et son attaché demandèrent par voie très officielle aux autres partenaires de reconsidérer leurs positions. Certains restèrent sourds mais c'est ainsi que, encouragé il est vrai par Madame son épouse, grand supporter de notre affaire, le maire revint sur une décision prise un peu à la hâte et nous annonça le soutien de la ville de Nancy.

La quête de fonds ministériels n'était pas facile non plus. J'avais obtenu, parce que le ministre aimait la glace, l'assurance d'une subvention de la Jeunesse et des Sports. Ailleurs, c'était le désert ! Aux Droits de la femme, une petite fonctionnaire zélée, pourtant de mon âge, m'avait demandé pour qui nous nous prenions pour oser affronter directement le ministère sans avoir parcouru le chemin normal qui pour une demande de subvention consiste à obtenir l'approbation de la délégation régionale. Je rentrai penaude et, toujours grâce au réseau, obtins le jour même un rendez-vous avec Nicole Feidt, la déléguée lorraine. Elle me garda cinq minutes pour me dire qu'une histoire nationale et qui plus est internationale n'était pas de son ressort, mais dépendait directement du cabinet du ministre. Elle signa néanmoins une recommandation destinée à apaiser les foudres du cerbère de l'entrée du ministère. Je suis tout de même reconnaissante à cette fonctionnaire de nous avoir permis de rencontrer Nicole qui devint un grand, influent, efficace et disponible supporter de notre expédition ; elle m'avait dit dans nos cinq minutes d'entretien : « Allez-y, c'est formidable ! Toutes les femmes ne seraient pas aptes à marcher sur la banquise, tous les hommes non plus d'ailleurs, mais, partant en leur nom, vous représentez le rêve et vous leur donnerez confiance en elles. »

L'employée du ministère me confirmait aussi ce que je soupçonnais depuis longtemps : en public comme en privé, le pouvoir n'est pas forcément dans les mains du plus haut placé, c'est en bas lieu, par l'activité sélective des trieurs de courrier, que se prennent une partie des décisions.

Contrariant tous mes pronostics, le monde de la recherche se montra beaucoup plus enclin à nous aider que je n'osais l'espérer. Le Pr Frécaut était une caution solide ; comme il l'avait promis, il appuya fermement ma nouvelle candidature à un poste de chercheur. Ce n'était que mon quatrième passage devant la commission annuelle d'éminents géographes dont la tâche consiste à renvoyer chez eux quatre-vingt-huit des quatre-vingt-dix candidats au poste convoité de chargé de recherche. Je n'étais même plus impressionnée, me rangeant à l'opinion d'un de mes professeurs qui disait que « le CNRS, c'est comme le permis de conduire, il faut s'y présenter au moins trois fois ». J'étais bien décidée à poursuivre mes plans avec ou sans structure d'accueil. Les membres du jury furent subjugués par ma détermination et ma passion : me félicitant de les avoir rajeunis et décidant que la géographie française, même sans argent, avait besoin de jeunes chercheurs dynamiques, ils bouleversèrent l'ordre des listes d'attente pour me catapulter au premier rang de la cuvée 1985. J'étais nommée à Nancy, sous la direction du Pr Frécaut.

Les jurés du CNRS m'avaient gardé une petite surprise. Pour auréoler de prestige scientifique notre dossier courageux qu'ils savaient difficile à défendre, ils avaient proposé mon nom à l'Académie des sciences qui, pour la première fois, souhaitait récompenser d'un prix un jeune chercheur méritant en géographie. C'était trop d'honneur mais après tout, si les titres pouvaient donner confiance, je n'allais pas refuser.

Pour l'heure, j'avais l'assurance qu'un salaire prendrait le relais de ma bourse canadienne pour venir alimenter le puits sans fond de l'association. C'était très insuffisant : nous avions de plus en plus de frais.

Nous livrâmes le « secret » de notre départ aux médias. Nous eûmes quelques beaux articles dans les journaux locaux, de grandes illusions à propos du contrat d'exclusivité de plusieurs millions nouveaux que nous allions signer avec un hebdomadaire, et quelques émissions de radio. Tout était parti de Jenny Muller, du réseau depuis dix ans, donc membre de l'association, d'autant plus active qu'elle était reporter et productrice à Radio-France Nancy. Depuis toujours, elle faisait vibrer épisodiquement ses auditeurs avec les aventures extraordinaires, polaires ou floristiques, du « 1, rue Saint-Epvre ». Par ses émissions sur notre projet, elle permit d'élargir le cercle de nos donateurs, et aussi de nous faire connaître d'autres médias. Nous fûmes reçues à cinq, dans les studios de France Inter où Jacques Pradel fit un appel national pour nous aider. Les sponsors n'écoutent sans doute pas la radio à dix heures du matin, en revanche, un abondant courrier déferla, accompagné de généreux chèques d'auditeurs qui, de France et de Navarre, s'excusaient de n'apporter que leur modeste contribution. La chaîne d'amitié se poursuivait, témoignage d'une chaleureuse solidarité : membre hyperbienfaiteur en Suisse ou hôtesse de l'air parisienne proposant en plus de sa maison pour réunir nos équipières ses services pour transporter, de Paris à Montréal, bagages volumineux et courrier urgent ; c'était autant d'énergie qui nous arrivait pour poursuivre notre quête.

Au « 1, rue Saint-Epvre », Huguette vendait ses fleurs et continuait à drainer les fonds et les amis. Un jour, un de ses clients, voyant l'affiche, proposa ses services comme kinésithérapeute. Rugbyman, mesurant un mètre quatre-vingt-dix, barbu, il n'avait rien de féminin et plutôt tout de l'ours polaire. Il trouvait l'idée extraordinaire et pensait sérieusement pouvoir nous aider. Il avait soigné Huguette qui organisa la rencontre. Je lui avais du reste déjà présenté ma colonne vertébrale et ce qui l'entoure quelques années plus tôt, mais il en avait vu tellement depuis ! Comme c'était sérieux à l'entendre, nous fûmes dignes, le vouvoyant et l'invitant pour un dîner d'affaires dans le restaurant moyen-oriental voisin de l'association. Il détestait ce genre de cuisine mais ne dit rien... ce jour-là. Jacques Guittienne avait tout vu, presque tout fait, sauf la banquise, et connaissait tout le monde. Un « yaka » de plus, pensais-je, le regard fixé sur les loukoums. En fait, ayant un cabinet d'ostéopathie à Nancy, il soignait une grosse clientèle en réseau ramifié bien au-delà des limites de la ville. Jacques, qui a dans ses mains la possibilité de soulager, est un homme très influent, avide de découverte, donc candidat à toutes les expériences, et pour qui a priori rien n'est vraiment impossible.

« Les filles, vous vous y prenez mal. La candeur ne suffit pas quand on parle de millions ! Vous avez une idée géniale et un projet en or : il vous faut un professionnel pour le démarcher. Laissez-moi deux jours, je dois rencontrer une amie qui va être intéressée. »

Huguette et moi n'en étions plus à nos premières illusions. Pourtant, Jacques tint parole et devint l'homme de l'expédition. Sa tâche consisterait à nous suivre sur le plan musculaire et ostéopathique, pendant les préparatifs, au camp de base et aux ravitaillements sur la banquise. Jacques est un « affreux bonhomme » : je lui disais et je lui dis toujours (car il faudrait trente expéditions pour le changer) qu'il a tous les défauts que je déteste chez les hommes mais que je l'aime bien quand même. Macho au plus haut degré mais le regrettant si gentiment, un gros nounours mal léché capable du meilleur ou du pire, un gamin de trente-six ans à qui on ne peut faire confiance dès qu'il s'agit d'une tâche matérielle, mais qui en amitié n'a qu'une parole : il remuera ciel et terre pour aider un ami, il acceptera à cinq heures du matin de vous remettre une épaule déplacée ou de faire deux cents kilomètres pour soigner un dimanche après-midi et sans demander d'honoraires l'ami d'un ami coincé dans son fauteuil depuis deux semaines. Jacques pouvait demander n'importe quoi à n'importe qui parce que la réciproque était toujours possible. Dès l'instant où il entra dans notre histoire, par pure amitié, il passa nous voir au moins deux fois par semaine, pour soutenir notre moral, grommelant dans sa barbe de Raspoutine en nous remettant une épaule ou une vertèbre : «Comment ça va, ma biche?» Les biches n'eurent de cesse de rencontrer sa femme Josette qui, pour le supporter depuis dix ans, devait par définition être extraordinaire. Elle l'était. Infirmière, adorable, généreuse et toujours disponible, elle fut aussitôt adoptée, apportant un soutien amical, efficace, moral autant que matériel à notre entreprise.

Inspirées par la publicité sur les voitures de rallye, nous avions conçu un plan de «femmes-sandwiches cherchant sponsors pour le pôle Nord» : nous proposions, pour des investissements variant en fonction de la taille et de l'emplacement, des tranches de nos anoraks comme placards publicitaires. Échec total : personne de fortuné ne trouva cela génial.

Baissant encore nos prix, nous en vînmes à l'idée de Couni, copiant un équipage québécois qui pour financer sa transat avait récolté, moyennant un dollar chacune, des milliers de signatures sur son spinnaker. Pour dix ou vingt francs, nous allions faire signer notre drapeau lors d'un tour de France en skis à roulettes. L'idée de passer l'été de plage en plage dans la foule et de pousser sur ses bâtons durant des kilomètres dans le sillage carbonique du camion publicitaire que nous n'avions pas encore ne réjouissait aucune de nous. La caravane du tour cycliste, même féminin, ayant refusé une place à nos roulettes, nous nous apprêtions donc, budget oblige, à un coup de publicité en solitaire. Les calculs révélèrent qu'il faudrait au moins trois drapeaux gigantesques couverts de signatures pour voir le bout du tunnel, sans compter la vente de souvenirs aux étapes. C'est ainsi que nous venions d'investir dans des quantités industrielles de tee-shirts et de badges aux couleurs de l'expédition. Huguette et moi achetâmes cinquante mètres de tissu blanc, bleu et rouge au marché Saint-Pierre.

C'est ce jour-là qu'à Paris, dans une agence de publicité, nous avions rendez-vous avec l'amie de Jacques qui allait nous sortir de l'impassse. Ancienne championne d'athlétisme et lauréate de la fondation de la Vocation, Marie-Christine Debourse animait une émission télévisée de mise en forme et s'était tournée vers les affaires.

Belle, grande, élégante, à l'aise, elle nous fit forte impression. Elle eut un « coup de cœur » pour notre projet qui « était en or » même si nous avions des raisons d'en douter. Elle voyait déjà quelles sociétés seraient avides de cibler sur la banquise leurs actions promotionnelles en totale synergie avec leurs produits. Huguette et moi, un peu novices dans le langage publicitaire, ouvrions de grandes oreilles qui n'eurent pas besoin d'explications quand Marie-Christine, lucide autant que cruelle, nous dit sans détour : « Mes chéries, la première chose à faire, c'est un dossier ; pardonnez-moi, le vôtre est complètement nul ! » Nos beaux dossiers peints à la main ! J'avais la gorge nouée et n'osais regarder Huguette. Marie-Christine téléphona devant nous à son attachée de presse : « Ma chérie, j'ai un coup de cœur extraordinaire pour des femmes scientifiques qui vont au pôle Nord pour financer leurs recherches. Tu peux dire non, il n'y a pas un sou à gagner, mais je suis sûre que tu accepteras de les aider. Viens, tu vas les adorer ! »

Elle adora puisqu'elle décida de nous offrir ses services. Femme du monde accomplie, intellectuelle parisienne issue de la grande bourgeoisie créole, Nicole Desmé avait assurément peu de points communs avec nous, ce qui ne l'empêcha pas de mettre à notre disposition son temps, son énergie, ses idées et son amitié. Elle m'amusait beaucoup, comme nous devions d'ailleurs bien l'amuser. Elle partit comme une flèche, avec Marie-Christine, dans l'imaginaire des beaux jours à venir, parlant déjà de la conférence de presse du départ que nous donnerions au Lutétia, elle demanderait à Carita de nous maquiller. Je pâlis, Huguette se mangeait les lèvres pour ne pas éclater de rire. Je décidai de ne pas me fixer sur le maquillage, nous étions là pour saisir notre dernière chance de partir sur la banquise et après tout, la conférence de presse n'était pas pour demain.

Nos femmes énergiques répartirent le travail. Nicole allait rédiger le dossier et s'occuperait des journalistes, Marie-Christine démarcherait et nous, nous n'avions absolument plus rien à faire : « Reposez-vous, entraînez-vous, partez en vacances, il te suffira, Madeleine, d'honorer les rendez-vous que j'obtiendrai pour toi. » Quant à la tournée des plages en skis à roulettes, il n'en était pas question. Nous n'allions tout de même pas nous abaisser à pareilles « guignoleries » qui de toute façon ne rapporteraient rien, nous épuiseraient et nous feraient connaître trop tôt de la presse de province qui se lasserait. Pour partager mon fou rire, je poussai de mon pied en direction d'Huguette notre dernière acquisition : le sac plastique contenant le demi-hectomètre de tissu à drapeaux...

Le sérieux revint immédiatement quand j'entendis Marie-Christine, appuyée par Nicole, nous dire : « Les filles, une chose est impérative : il faut vous féminiser. » Notre présidente n'était vraiment pas concernée par ce vous de politesse. Quant à moi, rencontrant une sportive de haut niveau, je n'avais pas jugé utile de me couvrir de dentelle : il fallait tout de même bien que mon look rassurât sur nos aptitudes musculaires. Ce n'était pas l'avis de nos Parisiennes qui durent trouver à mes chaussures « sport » un manque de chic absolu.

Nous sortîmes très partagées, heureuses d'avoir trouvé le sauveur mais tristes comme peut l'être une mère qui laisse son enfant en nourrice. J'en ai même pleuré, expliquant à Huguette qu'il me semblait que le projet n'était plus nôtre. Pourtant, depuis le temps que je disais que quelqu'un finirait par nous entendre, le moment était venu ! Marie-Christine et Nicole allaient se démener. Enfin, et parce qu'elles m'ouvriraient les bonnes portes, j'allais pouvoir rencontrer directement les personnes que je voulais convaincre. Marie-Christine nous avait dit que la valeur d'une attachée de presse se mesure à la taille de son carnet d'adresses. Celui de Nicole impressionnait : au moins trois kilos de coordonnées personnelles et numéros de téléphone en liste rouge des plus grands noms du monde des affaires, de la politique et de la presse. Nicole, inconsciente, n'en avait pas de copie : elle le transportait comme un saint sacrement, me disant :

« Si on me le vole, je suis finie... » A chacun sa façon de vivre dangereusement !

Par-delà ma tristesse de mère indigne, j'étais rassurée : notre projet, en si bonnes mains, était en passe de devenir réalité.

10

JE fus bien incapable d'écouter nos amies parisiennes et de me reposer. Marie-Christine cherchait l'argent manquant tandis que je complétais la quête de matériel et celle de fonds issus du monde scientifique.

L'arrivée de Mary dans notre groupe permit d'obtenir du Conseil de recherche du Canada, non sans mal il est vrai, une grosse participation financière. J'avais pour ma part rencontré des océanographes du CNRS qui projetaient pour le printemps 1986 une importante expédition aéroportée sur la banquise, destinée entre autres à l'étude du mouvement des glaces à l'aide de balises dérivantes : nos programmes se complétaient tout à fait. Cette équipe fut précieuse par ses conseils à la fois techniques et financiers. Elle m'ouvrit les portes de ses partenaires qui apportèrent à notre budget une contribution importante. Ce fut pour nous une réelle reconnaissance : mises bout à bout, les subventions des organismes scientifiques finissaient par couvrir les dépenses de nos recherches glaciologiques. Assurées que les frais de localisation pendant un an seraient pris en charge, nous avons pu dès lors commander nos émetteurs Argos. Il fut question avec les océanographes de partager notre logistique aérienne : nous passâmes ensemble de nombreuses heures à calculer les rotations d'un avion qui n'existait pas encore.

Côté équipement, les démarches furent nombreuses et souvent positives. En période de crise économique, les entreprises hésitent à donner de l'argent mais restent assez ouvertes au prêt ou au don de matériel. Le travail ne manquait pas : que l'on demande un million de francs ou trois paires de chaussettes, la marche à suivre est la même. Obtenir le nom du responsable du marketing, envoyer notre dossier accompagné d'une lettre personnalisée formulant la requête et sollicitant un rendez-vous puis, si tout va bien, après un nombre variable de communications téléphoniques, se rendre au siège social ou aux entrepôts pour choisir ce qui est offert à l'expédition. Mon bureau était envahi par des caisses hétéroclites de crèmes solaires, de café soluble et autres échantillons de nourriture énergétique qu'il nous fallait tester avant de passer commande.

Marie-Christine et Nicole travaillaient sans relâche au démarchage de notre projet. Elles obtinrent assez facilement du tissu pour nos anoraks, les lunettes de glacier les plus performantes, puis la participation totale de Millet pour nos vêtements, ce qui représentait près d'un dixième du budget.

L'argent manquait toujours. Au bout de trois semaines, Marie-Christine déchanta et se découragea : j'avais une année d'illusions et de désillusions derrière moi et donc tous les arguments pour lui remonter le moral. De l'imposant carnet, une seule adresse fut vraiment utile, qui nous permit de faire parvenir du courrier dans la main même des ministres. Je mis toute mon ardeur à la rédaction de nouvelles lettres dont j'avais l'assurance cette fois qu'elles seraient lues par les destinataires. Le résultat fut concluant. Nous fûmes convoquées chez Haroun Tazieff* qui avait charge de vérifier le sérieux scientifique de notre projet avant que ses collègues ne nous ouvrent les portes de leurs cabinets respectifs. Après les inévitables balbutiements de la première minute, je me jetai dans l'explication de notre projet que cet homme, pétri de passion et de science, accueillit à bras ouverts. Il ne pouvait apporter directement de concours financier mais lui-même et son chef de cabinet s'emploieraient à ouvrir une à une les portes des ministères concernés.

Par ailleurs, grâce à un député de Nancy, j'avais déjà rencontré, quelques semaines plus tôt, un ministre qui avait préparé le terrain. C'était celui des Anciens Combattants. Qu'on se rassure,

_____

* Volcanologue, alors secrétaire d'État aux Risques majeurs.

nous ne venions pas réserver de futures médailles mais, parce qu'il était lorrain d'origine et de nom, il avait accepté de me recevoir et m'avait promis un soutien effectif auprès de ses pairs.

C'est ainsi que nous fûmes reçues à la Défense, où l'amiral, chef du cabinet militaire, assura que nous pourrions emprunter du matériel et que l'armée de l'air nous transporterait avec armes et bagages jusqu'au nord de la Norvège ; il allait demander d'autre part à la division des recherches de participer financièrement à notre programme médical. Il tint ses promesses tout en devenant personnellement un chaleureux supporter de notre expédition. Nous cherchions un avion Twin Otter pour nous ravitailler sur la glace : malheureusement, au grand regret de l'amiral, la Défense nationale ne possédait que dix de ces appareils qui étaient tous mobilisés dans le Pacifique, quelque peu agité en cette période.

Les rendez-vous ministériels devinrent une routine. Avec Florence, nous rencontrâmes le Dr Marchal qui nous confirmait la participation du ministère de la Santé. C'était toujours le même scénario : tendue au début, l'atmosphère cédait peu à peu le terrain à la décontraction de part et d'autre. Ce Dr Marchal, si haut placé qu'il fût, ne manqua pas de faire remarquer à Florence qu'ils avaient le même nom, et de nous raconter ses expériences himalayennes en disant : « Dans une expédition physiquement et psychologiquement difficile, il est important de sauvegarder le moral des troupes ; en Himalaya, nous avions pris avec nous une meule de gruyère, je vous assure que c'est réconfortant. » Flo et moi étions amusées, imaginant une roue de fromage de quatre-vingts kilos dans nos traîneaux. Pourtant, que le docteur le sache, en pensant à lui, nous en avons transporté une jusqu'au camp de base !

Aux Droits de la femme, je fus reçue par le chef de cabinet qui m'assura que la subvention demandée nous serait accordée et me confia au contrôleur financier : un homme extraordinaire qui prit à cœur notre requête comme s'il avait été de l'expédition. Mme Roudy* me confirma par la suite combien il fut un ardent

---

* Alors ministre des Droits de la femme.

défenseur de notre affaire. Financier rigoureux, il passa des jours à s'assurer que la même rigueur animait ses homologues des autres ministères et que notre dossier ne s'était pas enlisé dans les rouages administratifs. Il devint membre actif de l'association et, j'en suis sûre, ne dormit pas des nuits en pensant que nous ne bouclerions pas le budget.

L'entretien avec le ministre de la Recherche fut une réelle aventure. Je voyage toujours en voiture mais, quand on a rendez-vous avec un ministre en personne, on ne peut prendre le risque d'être en retard : je décidai donc de partir en train. Ce jour-là, Laurent Fabius* visitait la Lorraine. Était-il venu par la SNCF ? on ne le saura jamais. Toujours est-il que le train qui m'emmenait à Paris, essayant de déjouer les pièges tendus sur les voies par les sidérurgistes en colère, entreprit par un itinéraire des plus secondaires une grande boucle autour de Nancy. Deux heures passèrent. Comprenant que, quelle qu'en fût la cause, nous n'étions pas du tout dans la bonne direction, je commençai à m'inquiéter : il était désormais exclu que j'arrive à l'heure à Paris. Expliquant l'urgence de la situation au chef de train, je lui demandai si je pouvais envoyer un appel. Impossible, il n'y avait pas de radio à bord. Ce qu'on peut être démuni parfois ! A tout hasard, je rédigeai un message, comme une bouteille à la mer. Notre train était prévu sans arrêt, mais on pouvait s'attendre à tout... Il stoppa effectivement quelques instants dans une gare. Mon papier à la main, je cherchai des yeux un passager à qui le remettre. Ce fut le chef de gare qui en hérita ; j'eus moins de trente secondes pour lui expliquer ma situation : voulait-il bien appeler notre association ou le ministère pour m'excuser ? Je lui offris un généreux pourboire qu'il refusa me disant : « Madame, vous saurez que nous sommes au service des voyageurs... » Ainsi fut prévenu le ministre qui, compréhensif, reporta de quelques heures le rendez-vous et nous accorda la subvention demandée. Notre destin polaire était décidément lié à celui de la Lorraine : dans cette souricière ferroviaire, tournant en rond, impuissante, autour de

---

* Alors Premier ministre.

Nancy, je relativisai nos malheurs : notre situation était tellement moins dramatique que celle des sidérurgistes !

Nous avions profité des vacances parlementaires en août pour réunir les équipières. Les Canadiennes et les Françaises se connaissaient par nationalité mais c'était la première rencontre de toute l'équipe.

Mon frère nous prêta sa ferme poitevine, Jarriges, où nous étions complètement coupées du monde. C'était l'idéal pour tester notre groupe. La langue officielle était le français, ce qui permit à Mary, déjà presque bilingue, de faire de très gros progrès... en argot, au grand dam de notre présidente offusquée.

Nous ne disposions que d'une dizaine de jours pour un programme des plus chargés. Il y avait tout à régler lors de cette première et dernière assemblée générale avant le départ : entre autres tâches matérielles, préparer la liste des rations en fonction des goûts de toutes, prendre les mensurations de chacune pour passer commande des vêtements, se plier au tournage des premiers mètres du film et aux inévitables photos de groupe réclamées par l'attachée de presse. Au soleil couchant nous randonnions en skis à roulettes sur les chemins vicinaux quadrillant les champs de tournesols. L'exercice physique venait rompre quotidiennement nos longues discussions que ponctuaient des prises de décision votées démocratiquement. Il me semblait tellement important d'aborder au chaud des questions difficiles auxquelles nous serions peut-être confrontées sur le terrain ! Y avoir réfléchi au moins une fois permettrait de limiter la panique le moment venu. La déontologie polaire est rude : par exemple, en fonction des engagements que nous prenions avec nos financiers, accepterions-nous de continuer si un accident mortel emportait l'une de nous ? Sachant qu'on ne pourrait pas rentrer à temps dans nos familles, voudrions-nous tout de même être averties s'il arrivait quelque chose de grave à nos proches ? Toutes étaient prêtes à laisser à la banquise leur dépouille pour éviter un rapatriement qu'elles jugeaient inutile mais les nombreux autres points recevaient des avis partagés en fonction de l'âge et de la maturité de chacune.

En dehors des réunions de travail, les caractères se révélaient autour du barbecue ou de la vaisselle. Chacune mitonna une spécialité culinaire, l'omelette étant d'autorité réservée pour le tour de cuisine du chef.

Flo, stéthoscope aux oreilles, examina ses futures patientes qu'elle soumit à un interrogatoire serré sur leur passé médical, leurs allergies et leurs médicaments préférés. Jacques vint nous rejoindre pour faire l'inventaire de nos forces et faiblesses individuelles au niveau des os et des muscles. Il nous donna quelques rudiments de gymnastique douce destinés à parachever l'entraînement dur, que compléta une initiation à l'eutonie offerte par une amie de Marie-Lyse. Titi, quant à elle, avait préparé tout un programme de tir. Intéressées ou non par les armes, nous ne quitterions pas Jarriges sans avoir réussi à loger chacune vingt-cinq balles à sanglier dans le mille d'une cible en carton silhouettée en ours polaire. Par chance, nos premiers voisins étaient à un kilomètre : les Calamity Jane de la banquise pouvaient s'exercer à l'abri des regards.

Ce stage passa trop vite, les équipières commençaient à peine à se découvrir et pourtant, j'étais étonnée de voir les liens déjà forts qui les unissaient : elles partaient à l'inconnu d'un groupe qui n'existait que par leur commune amitié pour Huguette et moi.

Elles s'en retournèrent à leurs obligations professionnelles. Mary reprit l'avion pour le Canada alors que Couni restait en France pour me seconder et préparer le programme de recherche psychologique.

Florence, dès son entrée dans l'équipe, avait prospecté dans le monde de la médecine du sport et du froid. Outre Jean-Louis Étienne, elle avait rencontré plusieurs médecins travaillant sur l'Himalaya ou les régions froides. C'est ainsi que notre dossier arriva un jour sur le bureau du Pr Rivolier qui m'écrivit tout l'intérêt que nous aurions à réaliser dans notre projet une recherche de psychosociologie qui aurait pu être menée par son équipe, très expérimentée dans l'Antarctique ; il pensait cependant que la présence d'une psychologue dans notre groupe rendait caduque sa proposition. Couni n'étant qu'étudiante, elle fut au contraire ravie de s'en remettre au service santé des Terres australes et antarctiques françaises (TAAF).

C'est au printemps que j'avais rencontré Jean Rivolier. Sommité internationale dans son domaine, l'éminent professeur ne manquait pas de m'impressionner. En plus de ses nombreuses spécialités de médecine, il avait une longue pratique du terrain. A soixante ans, il avait passé presque plus de temps dans les glaces du Nord et du Sud qu'à Paris. Médecin des Expéditions polaires françaises, il en avait connu les temps héroïques aux côtés de Paul-Émile Victor. Je me sentais réellement petite à côté de lui. Posant sur notre projet un regard de baroudeur des glaces autant que de spécialiste médical, cet homme riche de savoir et d'expérience témoigna pour notre entreprise un immense respect qui me fit l'apprécier énormément dès notre première rencontre. Moi qui considérais le programme médical comme un petit supplément à l'étude des glaces, je ressortis fascinée de notre entrevue. Le scientifique passionné par ses recherches m'avait démontré à quel point la psychologie peut être une science exacte. Nous étions en de bonnes mains. L'équipe du Pr Rivolier se chargerait de l'élaboration d'un programme de recherche complet, psychologique, sociologique, physiologique et biologique afin d'étudier sur nous le stress engendré par le froid, l'isolement, l'effort dans un groupe restreint, féminin et international. Florence, continuant la préparation avec les médecins de l'équipe, s'occuperait de toute la partie terrain et trouverait dans cette étude un beau sujet de thèse. Sur le plan de la psychologie, pour pouvoir être l'observatrice du groupe, il faudrait à Couni une certaine formation. Elle passa donc l'automne à la péniche du service santé des TAAF, à préparer les tests que nous subirions avant, pendant et après l'expédition.

Ce volet médical n'était pas à prendre à la légère, il supposait de la part de chacune un minimum de coopération pour se soumettre à des épreuves physiques et psychologiques contraignantes. A Jarriges ce problème avait été abordé : toutes n'avaient pas le même engouement pour la science médicale mais nous avions accepté.

Le Pr Rivolier connaissait bien les rouages administratifs et nous aida à obtenir une convention de la division de recherche des armées avec laquelle il avait coutume de travailler. Ce contrat représentait une très grosse part de notre budget et fut certainement décisif quant à nos chances financières de partir sur la banquise.

Dans les derniers jours de l'été, une semaine avant mon entrée en fonction au CNRS, le projet fut brutalement endeuillé : en pleine force de l'âge, le Pr Frécaut disparaissait, terrassé en moins de deux mois par un cancer foudroyant. Ce fut la consternation générale : l'hydrologie française perdait son chef de file.

Nos liens étaient si strictement professionnels que jamais je n'aurais pensé pleurer : je le fis à chaudes larmes, orpheline de la recherche que je devenais en perdant celui qui scientifiquement m'avait formée, façonnée, épaulée, écoutée. Ses successeurs ne seraient pour moi que des tuteurs. Il avait été le premier scientifique à donner sa caution à notre projet : je me devais de le mener à son terme en hommage d'élève au Maître disparu.

A trois exceptions près, les subventions obtenues excédaient rarement deux pour cent de notre budget. Il fallut donc d'innombrables démarches pour permettre à notre rêve de prendre allure de réalité. Marie-Christine désespérait mais je ne désarmais pas. Le plus difficile me semblait passé : nous avions désormais la participation des premiers financiers pour encourager les suivants. En octobre fut atteint le point de non-retour : il fallait prendre la décision de partir ou non en février 1986. Il manquait encore vingt pour cent du budget. Jacques, qui suivait toujours de très près notre affaire, était partisan de partir avec des dettes qu'on amortirait au retour. Nous nous rangeâmes à son avis. Le départ fut fixé : nous pouvions passer commande de la nourriture et du matériel qu'il restait à acheter faute de sociétés donatrices.

Je redoutais les moments décisifs de notre aventure car je les sentais propices aux démissions. J'avais décidé qu'il n'y aurait pas de remplaçantes. C'est une situation trop difficile à vivre que de se tenir prêt à partir en ne sachant pas si on sera du voyage. Sans suppléantes, les intéressées ne seraient que plus concernées.

J'étais parfois dure avec mes équipières. A Jarriges, je leur avais dit que je pouvais admettre l'échec pour des raisons matérielles, physiques, naturelles, mais que je ne pardonnerais pas qu'il soit dû à une mésentente du groupe. Marie-Lyse quitta le projet à la fin d'octobre, ne voulant pas risquer, selon elle, d'être responsable d'un tel désaccord. Par profession et par carrure, elle était une force physique rassurante pour notre équipe. Son départ fut un coup pour nous toutes : il déstabilisait le groupe, modifiait nos prévisions d'équipements, de rations, de charges sur la banquise. Pourtant, nous avons toutes pensé, quand elle prit cette décision, et plus tard sur la banquise, qu'elle aurait certainement été à la hauteur.

Les tâches matérielles étaient de plus en plus lourdes. Couni, entre deux réunions à la péniche des TAAF, travaillait à temps plein pour l'expédition. Nous manquions toujours d'argent. Marie-Christine était à court d'idées ; je lui proposai de tenter le tout pour le tout en lui confiant deux lettres : l'une au président de la République qui ne la reçut sans doute pas et l'autre au Premier ministre. Ce dernier fut impressionné par notre détermination et demanda personnellement à divers ministères de nous venir en aide. Mme Roudy doubla sa mise, tandis que son cabinet prenait en main la synchronisation des rallonges ministérielles un peu précipitées. Nous sortions de l'impasse après avoir envoyé près de mille lettres. En plus des membres de l'association, soixante-dix partenaires publics ou privés formaient nos sponsors en argent ou en matériel : en décembre, nous avions presque bouclé notre budget. Notre histoire financière se terminait comme dans les contes : notre fée Marie-Christine, sans doute appelée par un autre coup de cœur, disparut sans même nous permettre de la remercier publiquement ; elle nous laissait Nicole qui restait notre attachée de presse.

11

EN cette fin d'année 1985, il me fallut aller chercher mon prix à l'Académie des sciences. Au comble du délire, prétextant qu'on l'amortirait avec les conférences de presse, les habilleuses du réseau me dénichèrent un petit ensemble à chevrons d'un prix égal à celui que j'allais recevoir !

Les lauréats disposaient de trois invitations que j'offris à des invités de marque : mes parents, parce que leur fille n'irait sans doute jamais plus sous la Coupole, et Huguette qui représentait l'association. Ce fut mémorable. Nous n'avions absolument aucune information préalable sur le déroulement de la cérémonie. Je portais un numéro, le 36 : j'en conclus qu'il y avait avant moi au moins trente-cinq heureux élus.

Surmontant une structure cruciforme, la Coupole est un chef-d'œuvre d'architecture qui n'est absolument pas conçu pour le spectacle. Le hasard de numérotation des cartons d'invitation fit qu'Huguette fut dans le bras est de la croix et mes parents à l'ouest ; les académiciens siègent au sud, les lauréats étaient rassemblés au nord. Une situation très comique, chacun ne voyant que son vis-à-vis. Les discours de la séance solennelle ouvrirent la cérémonie : ils furent tellement longs qu'il resta peu de temps pour la distribution des prix. Les médaillés montaient à l'estrade centrale sous les applaudissements. Les primés restaient à leur place et se levaient à l'appel de leur nom. La liste était longue, aussi le chef du protocole invita-t-il le public à n'applaudir que tous les deux, puis cinq lauréats. Vu ma place dans le palmarès, je n'eus la vedette que trente secondes. Quelle douleur pour une mère d'entendre le nom de sa fille cité au tableau d'honneur, de ne pas la voir, parce que masquée par un pilier, et de ne même pas pouvoir se gorger d'applaudissements ! Ainsi était reconnue la géographie par la prestigieuse institution.

Il ne restait que deux mois avant le départ : de la folie ! Le matériel commençait à arriver, les prototypes de vêtements, les caisses de nourriture. Il y avait sans cesse des erreurs, tout était donc à vérifier. Nous suivions de très près la conception du numéro zéro de nos traîneaux. Nous l'avions dessiné et confié à un champion du monde de kayak reconverti dans les constructions plastique. Nos nerfs furent mis encore à rude épreuve : quoi qu'en dissent les fournisseurs, nous avions l'impression que rien ne serait prêt à temps.

Il fallait être partout. Je fis un aller-retour à Oslo pour signer, avec la compagnie aérienne qui assurerait nos ravitaillements sur la glace, un contrat rédigé en anglais d'un million et demi de francs : de quoi avoir des cauchemars, d'autant que la signature s'accompagnait d'un premier versement que je réussis à faire baisser. Il fallut néanmoins débloquer vingt millions de centimes. Notre budget était presque bouclé mais nous n'étions pas au bout de nos peines. En dehors des cotisations des membres de l'association, nous n'avions encore pas vu l'ombre des subventions qui nous étaient accordées. Nous avions des lettres officielles, signées des ministres confirmant les participations. Parfois même, nous possédions les décisions irrévocables des contrôleurs financiers. Notre banque, chez qui j'étais cliente depuis vingt ans, refusa de nous accorder un découvert. La subvention du Canada était en transit, censée arriver d'un jour à l'autre sur notre compte. Rien. On ne nous débloqua pas un centime. Toutes les équipières solvables se présentèrent dans les agences régionales pour cautionner de leur salaire cette avance que nous demandions pour quelques jours. Huguette avec son magasin, Jacques avec son cabinet se portèrent garants. Rien n'y fit, pas même mes larmes de rage. J'étais hors de moi : nous avions eu tant de mal à rassembler notre budget ; nous n'allions pas à présent buter sur une question de découvert et risquer de n'avoir pas dans les temps l'avion ravitailleur : la compagnie ne l'équiperait de skis qu'après le premier versement. C'est là qu'on réalise à quel point cette aventure est l'histoire d'une grande chaîne. Une subvention fut versée à point nommé ; il nous restait vingt-quatre heures pour trouver les cent mille francs manquants. Jacques de son côté en rassembla la moitié, et l'autre nous fut prêtée par un jeune couple que je ne connaissais pas, qui avait vu Huguette deux fois et qui proposa, pour nous venir en aide, de différer l'achat de sa voiture. Nous étions réconfortées par tant d'amitié et de solidarité. Les dollars canadiens finirent par arriver. Nous pûmes réserver l'avion sans toucher au capital des amis. Le problème se reproduirait, il fallait absolument trouver, et très vite, une banque nous accordant sa confiance.

Les dernières semaines avant le départ furent l'apothéose d'une guerre des nerfs, dernier test d'endurance avant l'épreuve de la banquise.

Partie signer l'énorme contrat d'assurance de l'expédition, je fus prise durant huit heures, coincée dans notre camionnette, dans la grève surprise du métro qui plongea Paris dans une ambiance d'exode ce vendredi noir des vacances de Noël. Impossible même de téléphoner ! C'était le lendemain matin, à Nancy, que je passais comme mes équipières mon test de consommation d'oxygène : on ne pouvait imaginer pire état de fatigue, j'étais usée par un marathon qui durait depuis près de dix-huit mois.

Entre Noël et Nouvel An, nous avions prévu de réunir toute l'équipe pour une répétition générale dans le Jura. Ni les vêtements ni les sacs de couchage n'étaient prêts, un seul traîneau était terminé : cela compromettait le stage jurassien. Il marquait néanmoins une étape décisive dans la réalisation du projet qui fut, comme je le craignais, accompagnée d'une nouvelle démission. Le 24 décembre, Scob nous annonçait qu'elle ne viendrait pas sur la banquise. De dépit, je tapai dans une chaise et manquai de me fracturer le tibia. Nous partions cinq semaines plus tard, toute la nourriture et les vêtements étaient commandés ; il fallait de nouveau calculer la répartition des charges ; nous perdions notre opérateur radio sans compter le coup porté au moral du groupe. Craignant l'épidémie de démissions, je commençais à penser que nous avions bien fait de prévoir une grosse équipe !

Le stage dans le Jura fut annulé. Étant moi-même surchargée de travail à Nancy, je conseillai à mes équipières disponibles d'aller s'entraîner dans les Alpes. Ce fut très drôle : il y faisait tellement froid qu'elles n'eurent pas de neige, tandis que la Lorraine battait ses records d'enneigement avec soixante centimètres. Je fus donc la seule à m'entraîner, tous les matins, sur les hauteurs de la ville, avec l'unique traîneau chargé de sacs de sable !

Le 31 décembre, Huguette vendit son dernier bouquet, fermant définitivement sa boutique pour se consacrer à l'expédition. Le magasin fut aussitôt transformé en entrepôt des « femmes pour un pôle ». La bousculade commençait : jusque-là, il m'avait semblé contrôler toutes les opérations, j'eus conscience en janvier que dans la dernière ligne droite tout m'échappait.

Couni alla passer les fêtes au Canada. Sa mère, plutôt fière comme toutes nos mères, avait fini par me pardonner. Quand notre Québécoise rentra en France, ce fut pour nous accompagner à Lille, où nous subissions les tests médicaux.

L'entraînement, quasi inexistant pour moi, avait bien baissé chez les autres : toutes étaient à court de temps, jonglant avec leur travail, leurs examens et les préparatifs de l'expédition. Nous étions physiquement en assez triste état.

Nous avions rencontré à l'automne l'équipe médicale qui allait nous martyriser pendant trois jours sans discontinuer. Il s'agissait d'établir le profil psychologique et physiologique de référence de chacune. Nous étions volontaires : nous nous pliâmes donc aux épreuves sans trop rechigner, avec la très nette impression, de tests en entretiens, d'être déshabillées psychologiquement, ce qui se confirma physiquement. A grand renfort de prises de sang, d'analyses d'urine et de contrôles médicaux les plus variés, on mesurait entre autres notre résistance au froid. L'épreuve de la face immergée fut un jeu d'enfant : trois minutes le visage dans l'eau à 10°C n'allait pas effrayer les « femmes pour un pôle » ! Le doigt immobilisé une demi-heure dans une Thermos remplie de glace fut un test nettement moins amusant, au cours duquel on enregistrait notre rythme cardiaque et notre température de surface. Nous aurions juré après cinq minutes d'exercice que notre doigt était tombé au fond du récipient : l'équipe médicale nous assurait que non, tout en surveillant que nous n'avions pas dans l'idée d'écourter l'épreuve. Si incroyable que cela puisse paraître, après trente minutes, le doigt existe toujours et on réussit même à le faire revivre !

Ce n'était qu'un avant-goût des tortures programmées par le Pr Rivolier et ses disciples : l'épreuve reine restant incontestablement celle de la baignoire. Il s'agissait pour nous de passer, à jeun et après une prise de sang, une heure dans une baignoire remplie d'eau à 15°C, c'est-à-dire l'eau froide du robinet en hiver, que nos bourreaux s'appliquaient à refroidir avec des glaçons si par hasard la température venait à monter.

Il faut près d'une heure pour préparer une candidate, la barder d'électrodes, de sondes et de thermistances. Au repos dans une chaise longue, emballée dans une couverture, elle emmagasine un peu de chaleur tout en essayant de dominer son stress qui monte, surtout si elle a eu l'occasion de voir ses camarades passer au bain.

Les médecins nous avaient tellement raconté d'horreurs concernant cette épreuve, tellement dit aussi combien les hommes sur qui on l'avait pratiquée hurlaient et juraient en entrant dans l'eau, que nous avions décidé, par pur défi, de ne pas broncher au moment de l'immersion. Nous mordant les lèvres au sang plutôt que de parler, nous fûmes héroïques, pénétrant dans l'eau comme si elle était chaude.

Le supplice est bien pensé : de peur que la candidate ne récupère quelques calories au contact de la baignoire, on l'isole du fond, l'allongeant sur un filet à larges mailles. On l'attache avec des sangles pour qu'Archimède ne l'aide pas à sortir un centimètre carré de poitrine hors de l'eau. On la relie à un arsenal diabolique de machines et d'ordinateurs qui vont enregistrer en continu le rythme cardiaque, le débit respiratoire et la température interne comme celle de surface. Pour mesurer sa consommation d'oxygène, on lui couvre le visage d'un masque que je soupçonne beaucoup plus destiné à l'empêcher de parler... elle ferait pourtant volontiers des commentaires injurieux à haute et intelligible voix.

C'est une réelle épreuve, dont on sort meurtri et courbatu pour trois jours. Le frisson est un réflexe qui se déclenche dès la première minute d'immersion et dure jusqu'à la fin. Quoi qu'en disent les médecins, je pensais qu'on pouvait le contrôler, le freiner au moins ; je me crispai pendant tout le test sans succès. Pour passer ces soixante minutes, il y a deux écoles : compter à rebours en demandant régulièrement l'heure, où préférer l'ignorer de peur d'être déçu. Passant l'épreuve individuellement, nous étions encouragées par nos camarades formant au-dessus de la baignoire un baldaquin de visages compatissants. Nous avons innové en utilisant un walkman : pour peu qu'elle ait été habilement choisie, la musique aide considérablement. L'équipe médicale hors pair, comptant rien moins que deux cardiologues prêts à intervenir à tout instant, déploya toute sa sympathie et son amitié pour nous rendre plus chaleureuse une épreuve qui en aurait découragé plus d'un. Quand à la fin du bain on nous annonça que c'était terminé, nous étions incapables de sortir seules, bleues, tremblant encore pour un moment, transies jusqu'aux os et persuadées que jamais nous ne nous réchaufferions. Pour certaines, la température interne avait baissé jusqu'à 35° C. Hors de l'eau, nous fûmes alors dorlotées, frictionnées, bichonnées par le corps médical qui, pour se faire pardonner, nous offrit enfin notre petit déjeuner. Deux abandonnèrent à mi-épreuve, les autres souffrirent jusqu'au bout. Il n'y eut pas de démission pour la banquise !

Une dynamique de groupe clôturait ces trois jours de tests. Sauf problème physique grave qui aurait entraîné l'impossibilité pour une équipière de partir, il avait été convenu que personne de notre équipe n'aurait accès aux résultats avant le départ. Il était risqué en effet, sur le plan psychologique, de révéler des problèmes qui auraient modifié le comportement de l'informée. Les tests se terminèrent dans la bonne humeur : ne perdant pas le nord, nous extorquâmes des fonds à nos tortionnaires qui ne purent assister à la réunion finale que munis d'une carte de l'association.

Les unes après les autres, les équipières quittèrent leur emploi et se donnèrent totalement aux derniers préparatifs. Il fallut réquisitionner les membres du réseau en renfort pour boucler. Il y avait tant à faire : marquer le linge et les vêtements, coudre les écussons, commencer à empaqueter. Le magasin d'Huguette devint vite trop petit, une amie hospitalisée mit sa maison entière à notre disposition. Nicole et Chaton préparaient les conférences de presse et prenaient rendez-vous avec les journalistes. Huguette partit en stage à l'hôpital Cochin pour apprendre les manipulations qu'elle aurait à effectuer à la base sur le sang qui serait prélevé pendant l'expédition. Titi s'initiait au maniement de la radio et des balises Argos. Couni accompagna à Lille Mary qui arrivait tout droit du Canada et devait subir les tests. Flo venait de réussir son dernier examen et emballait les médicaments. Mireille filmait entre deux courses de dernière minute dont la chargeait chaque équipière débordée. Quant à moi, je volais, essayant d'obtenir des confirmations écrites des derniers engagements ministériels. *In extremis,* et grâce à un membre très actif de l'association, la SNVB*, banque lorraine par excellence, nous accorda une autorisation de découvert pour la durée de l'expédition : j'étais tellement soulagée que j'en fis un de nos sponsors bien que le service fût payant. Nous n'avions toujours pas bouclé le budget. Jacques nous trouva un généreux fournisseur pour la nourriture du camp de base. Quatre centres Leclerc de la région de Nancy se groupèrent pour nous offrir plus de deux pour cent de notre budget en épicerie et cantines. Huguette prit la direction de la mise en caisses. Cinquante-deux malles métalliques à remplir intelligemment, inventorier, répertorier, peser, étiqueter : Josette et de nombreux membres du réseau mirent la main à la pâte. Toute l'équipe était désormais présente au « 1, rue Saint-Epvre » devenu ruche, auberge, hôtel : point de ralliement de l'expédition en partance.

Je continuais toujours les démarches. Nous venions de découvrir l'existence des agences de presse : c'est dire à quel point nous étions novices. Celle qui nous prit en charge nous promettait

---

* Société nancéienne Varin-Bernier.

106

monts et merveilles : non seulement nos photos paieraient nos dettes mais en plus nous ferions fortune !

Nous eûmes à Nancy, dans les salons de l'hôtel de ville, en présence du maire et du président du conseil général, notre répétition de conférence de presse. C'était très émouvant : le coup d'envoi était donné devant plus de cent de nos amis. Je ne vis personne mais je sais que le réseau au grand complet était là. Il y eut encore des donateurs glissant discrètement une enveloppe dans nos poches, ne voulant pas déranger et disant simplement « A la veille d'un voyage il y a toujours quelques pellicules à acheter ! » Une amie et supporter nous offrit notre drapeau cousu main tandis que le pâtissier de notre quartier, de sa propre initiative, nous confectionna un gâteau « Saint-Epvre » gigantesque représentant notre logo symbolisant sans doute mon leitmotiv des préparatifs : « La glace à côté ce sera du gâteau ! ».

Deux jours après, le 27 janvier, ce fut « la » conférence de presse à Paris. Il faut être descendu dans la fosse de la Géode pour comprendre notre situation. Au pôle Sud de la grosse boule métallique du parc de La Villette, nous présentions notre projet du pôle Nord devant trois ministres en fonction, l'épouse d'un futur membre du gouvernement, deux cents journalistes de la presse scientifique, médicale, sportive ou féminine, nos sponsors et nos supporters. Nous n'étions pas maquillées par Carita (notre budget modique avait contraint l'attachée de presse à réduire ses ambitions) mais nous avions fière allure, enfin je parle de mes équipières dont aucune ce matin-là ne revendiqua le leadership. Demi-ourse polaire jetée en pâture dans l'arène des médias, j'étais liquéfiée par la peur. Je bredouillais, à peine capable de présenter mon équipe. Les ministres prenant la parole détendirent l'atmosphère, m'appelant Madeleine et nous renouvelant leurs encouragements. Finalement, la passion l'emporta sur la panique et nous sortîmes de l'épreuve honorablement.

La séance fut suivie d'un champagne dans le hall, autour de notre tente montée pour son premier bivouac. On nous sollicitait de toutes parts, qui pour trinquer avec le ministre, qui pour la photo de groupe, qui pour savoir en quoi étaient faits les traî-

neaux et tous les autres pour obtenir «juste quelques mots».
Puis ce fut la ronde des interviews dans les radios parisiennes.

Personne ne sait ce que furent les huit derniers jours une course sans nom. Les balises Argos et les traîneaux furent prêts l'avant-veille du départ. J'allai les chercher à Paris en camion. Il me fallait par la même occasion répondre à deux interviews. Nicole m'accompagna : c'était comique. Au volant de l'énorme fourgon rempli à ras bord de notre matériel, j'avais tout d'un routier sympa ; nous traversions Paris à toute allure de peur de manquer le rendez-vous radiophonique et notre élégante intellectuelle parisienne de s'amuser comme une gamine en me disant : «C'est bien la première fois que je voyage en camion !»

Le dimanche, nous embarquâmes le matériel à la base aérienne de Toul-Rosières. L'armée de l'air, à l'occasion d'un vol-école, nous transportait jusqu'au nord de la Norvège. La ville de Nancy offrit ses services pour le transfert jusqu'à la base de nos trois tonnes cinq de bagages que les militaires du contingent, mis à contribution, chargèrent dans le Transall. Il y eut de nombreuses allées et venues de la ville à la base. Le capitaine chargé de notre affaire crut devenir fou : nous n'étions jamais à l'heure, annoncions trois personnes dans une voiture bleue et arrivions à six dans un camion jaune. Nous n'arrêtions pas de nous emmêler dans les grades, éclatant de rire chaque fois que le capitaine nous disait «affirmatif» ou «négatif».

Le dimanche soir, il restait à boucler la comptabilité et transmettre à Josette, qui prenait le relais pendant l'expédition, toutes les directives concernant la gestion administrative et financière de l'association. J'avais encore tellement à faire pour rendre mon bureau accessible à ceux ou celles qui auraient charge par la suite d'y trouver un papier officiel ou une promesse de subvention...

Le dentiste du réseau vint nous faire ses adieux à onze heures du soir. Nous avions toutes reçu la consigne de faire une visite dentaire de contrôle avant le départ. La mienne eut donc lieu ce soir-là, sous les spots du magasin !

Huguette était débordée : elle laissait à ses enfants, qui vivaient depuis près de deux ans au rythme des «femmes pour un pôle», sa maison envahie, en désordre, le magasin rempli des excédents de l'expédition, du pain longue conservation pour une année et la charge de répondre aux amis et aux journalistes qui n'arrêtaient pas d'appeler au téléphone. Quand tout fut à peu près en règle, il nous restait trois heures de sommeil.

Le lundi 3 février au petit matin, ce fut le départ. Un anonyme avait écrit un très beau poème sur la vitrine du « 1, rue Saint-Epvre » et tous les amis étaient là malgré l'heure matinale et le froid déjà au programme. L'armée de l'air qui exceptionnellement avait accepté de laisser entrer nos supporters dans la base avait même prévu, pour les adieux, une salle chauffée, du café et du feu dans la cheminée. C'était émouvant : nos parents, nos amours, nos proches, les journalistes, la télé, les officiels, et puis le réseau... C'était la confirmation que nous n'étions que quelques maillons de cette extraordinaire chaîne d'amitié qui nous avait permis de partir. Après les discours, les photos, ce fut le moment du départ. Un pincement au cœur, nous laissions à Chaton le soin de consoler nos parents. Huguette pleurait à chaudes larmes en laissant ses enfants, nous disant entre deux sanglots : « Normalement c'est les enfants qui partent, pas les parents ! » Le commandant de bord nous invita à monter dans le Transall. Je ne pouvais croire que le moment était arrivé. En remballant notre drapeau, regardant une dernière fois nos supporters, je leur fis un signe de la main mais personne ne sut qu'à cet instant je me disais : « Si je devais me casser la jambe en montant dans l'avion, ce serait bête mais ça ne ferait rien : ces dix-huit mois de préparatifs ont été une aventure extraordinaire, j'y ai appris plus que dans les dix dernières années de ma vie ! »

Le premier volet se refermait avec la porte du Transall : cette fois c'était bel et bien parti !

12

EN plus de l'équipage, nous sommes treize dans l'avion. Jusqu'au terminus du vol militaire, Tromsoe, tout au nord de la Norvège, nous avons trois invités à bord : Nicole Feidt, déléguée lorraine des Droits de la femme — représentant Mme Roudy, dans l'impossibilité de quitter la France en période préélectorale — et, en reconnaissance avant l'expédition polaire en ULM, Hubert de Chevigny accompagné d'un ami.

Chaton restant à Paris, sept « femmes pour un pôle » sont du voyage avec Jacques le kiné, le Pr Rivolier qui suivra notre adaptation au camp de base, et Christian le photographe de l'agence de presse.

L'amiral du ministère de la Défense et d'autres après lui nous avaient fait une telle description du Transall que nous nous attendions à voyager dans une soute à bagages non pressurisée et glacée. En fait, c'est un avion fantastique : nous partageons avec nos trois tonnes cinq de matériel, sanglées dans la moitié arrière de l'appareil, l'immense carlingue capitonnée de kaki et surchauffée alors que les langues médisantes annonçaient − 10° C dans le meilleur des cas... En prévision, nous nous sommes habillées comme pour aller au pôle Nord ! Les sièges de grosse toile tendue sur des montants métalliques sont rustiques mais bien pensés, surtout quand ils sont beaucoup plus nombreux que les passagers. Qui n'a jamais rêvé de s'allonger dans un avion !

Bien sûr, comparé à un Boeing, le Transall manque de hublots. Il n'y en a que deux à travers lesquels on ne voit rien de toute façon. Le niveau sonore est impressionnant : il faut bien laisser aux hélices la possibilité de prendre assez de puissance pour arracher du sol cette masse gigantesque qui, vue de l'extérieur, ne semblait pas du tout profilée pour un tel exploit. Miracle de la technologie, nous volons ! Le bruit ne baisse pas pour autant : comme nous avons beaucoup de sommeil en retard, ce ne sera pas vraiment un problème.

Nous avons une hôtesse et des stewards. Le treillis militaire de nos apprentis pilotes n'a pas le charme des tailleurs pied-de-poule des équipages transatlantiques, mais le service est tout à fait à la hauteur, doublé d'attentions amicales qu'on ne rencontre que rarement sur les long-courriers.

Le vol va durer huit heures, aussi nous installons-nous confortablement. Mieux encore que les sièges, nous découvrons comme couchettes les civières accrochées aux parois.

Militaire ou non, l'avantage d'un avion cargo réside dans l'espace disponible qui permet, surtout pour si peu de passagers, de diversifier les activités. On peut s'y promener et inventorier du regard le matériel embarqué : c'est néanmoins tout un parcours d'obstacles entre les balises, les caisses, les fagots de skis et les traîneaux. L'ambiance est très bonne. Titi parle fréquences et radio avec Hubert et son ami, expert en transmissions. Christian et Mireille discutent films et obturateurs. Mary travaille, calculatrice à la main. Le Pr Rivolier raconte... empêchant Nicole de préparer son discours. Jacques, utilisant l'empilement des cinquante-deux cantines comme table de massage, donne sa première prestation aérienne sur ma personne. Huguette s'est endormie, tenant la photo de sa progéniture abandonnée. Flo et Couni, rouges comme des coqs, profitent du bruit des hélices pour essayer de tirer des sons de la trompette de Jacques qui, ne l'utilisant que pour « supporter » son équipe de rugby, n'a jamais su en sortir qu'une note.

Seul le café est servi à bord. A midi, nous déballons donc un fabuleux pique-nique que nos parents inquiets autant qu'émus ont agrémenté de multiples gâteries pour atténuer le mal du pays.

Après quatre heures de vol, l'avion atterrit à Oslo, le temps d'effectuer le plein et d'embarquer les ambassadeurs de France et du Canada qui, symboliquement, nous accompagnent jusqu'au

111

terminus continental pour donner le coup d'envoi officiel de notre expédition.

Nous arrivons à Tromsoe en fin d'après-midi. Le Transall ne peut aller plus loin ; le Spitsberg étant une terre démilitarisée, il nous faudra prendre demain l'avion régulier pour nous y rendre. C'est donc l'inévitable transbordement de la totalité du matériel de l'avion aux hangars, sous les regards curieux des photographes et journalistes. Nous les retrouvons plus tard à la conférence de presse où est venu nous encourager Ragnar Thorset, un Norvégien ayant atteint le pôle depuis le Canada en motoneige en 1982.

Juste le temps de nous faire une beauté à l'hôtel avant la fête et de constater que les désastres commencent : les bouteilles d'alcool de mirabelle offertes par le père d'Huguette, n'ayant pas supporté les changements de pression dans le Transall, se sont ouvertes pour couler dans le sac contenant entre autres la caméra...

Le consul de France à Tromsoe, Wilhelm Schreuder, et son épouse Aud ont organisé une grande réception à leur domicile. C'est probablement notre dernier bain de foule et de mondanités avant longtemps ! La maison d'Aud et Wilhelm, que je connais depuis six ans, est une escale à chacun de mes voyages pour le Spitsberg : dernier havre d'amitié à l'aller et première réconciliation avec la civilisation au retour.

L'assemblée est prestigieuse, toutes les personnalités de la région sont présentes. Chacun y va de son discours, les ambassadeurs, Wilhelm, le maire de la ville qui nous offre en signe de bienvenue une spatule de ski de rechange, emballée dans un sac plastique de supermarché, ce qui porte un coup terrible au protocole qui finit par tomber définitivement.

Nous sommes vraiment choyées : seuls les « femmes pour un pôle », « leurs hommes » et « Leurs Excellences » ont droit à une table pour le dîner préparé par Aud, qui m'avait parlé d'une « petite collation ».

Nous avons bien sûr apporté le champagne : notre sponsor a fourni pour toutes nos réceptions, en plus des bouteilles, les flûtes marquées à son nom. La soirée ayant lieu à Tromsoe, nous n'allions pas enfouir la boisson et les verres au fond d'une cantine en partance pour le Spitsberg. Donc, les flûtes, dans leur emballage d'origine, étaient à part, dans une baignoire de bébé contenant également une trompette. La question ne nous ayant pas été posée, nous n'avons pas jugé bon d'expliquer lors de la conférence de presse que la trompette était pour les jours de fête, que la baignoire nous servirait de lavabo dans l'avion de ravitaillement sur la banquise, et que les coupes étaient pour la réception parce que du Besserat de Bellefon ne se boit pas dans des verres en carton. Cela nous vaut le lendemain matin, à la une d'un quotidien norvégien, une longue tirade d'un journaliste ne s'étant pas remis de la vision qu'il a eue entre deux balises Argos lors du transfert de notre cargaison à l'aéroport : il en conclut « qu'il faut être français pour emporter dans une expédition pour le pôle Nord une trompette et des verres en cristal » !

La soirée s'est terminée fort tard, le champagne aidant, par des glissades et batailles de boules dans les rues enneigées de Tromsoe. Aussi sommes-nous tous un peu pâles ce matin pour saluer l'escorte officielle qui s'en retourne en France à bord du Transall.

Tromsoe est notre ultime étape commerciale. La matinée est donc consacrée aux emplettes très diversifiées destinées à combler les petits oublis déjà détectés. Nous faisons également le plein de viande fraîche qui sera congelée au camp de base pour l'équipe d'assistance.

Nous embarquons en début d'après-midi à bord de l'avion régulier qui, deux fois par semaine, relie le Spitsberg au continent. Notre matériel voyage dans le même avion que nous, destination Longyearbyen, alias Longyear, capitale du Svalbard qui groupe tous les territoires arctiques de la Norvège (le Spitsberg ne représentant que les cinq plus grosses îles de l'archipel).

Tromsoe, en ce début de février, sort à peine quelques heures par jour de la nuit polaire. Longyearbyen, plus septentrionale de mille kilomètres, est encore totalement plongée dans l'hiver. Quand nous atterrissons à seize heures, il fait nuit noire et −30° C. Nous avons doublé en vol le Twin Otter de nos futurs ravitaillements sur la banquise. Il est parti ce matin de Tromsoe et n'arrivera que ce soir à Longyear (son aéroport d'attache pour trois mois), trop tard en tout cas pour nous emmener à notre camp de base, Ny Aalesund, situé à une demi-heure de vol de Longyearbyen. La piste très rudimentaire de cette petite station nécessite un atterrissage à vue, qui n'est possible à cette période qu'autour de midi.

A l'aéroport nous attendent deux surprises : la télévision norvégienne qui filme notre descente d'escalier, et l'absence de nos bagages. Tout est resté à Tromsoe, nourriture comprise. Le chef d'escale, impassible, nous explique que peu avant l'embarquement des passagers, on a détecté un défaut de verrouillage sur une porte du Boeing. Un autre avion a été mis en service pour le vol mais on n'avait plus le temps de transférer le fret qui est donc resté sur le continent. Il ne faut pas s'inquiéter, nos bagages arriveront peut-être demain... c'est l'Arctique !

Sans moyens de locomotion, nous passons donc notre première nuit polaire à l'hôtel de l'aéroport, qui ne fait pas restaurant, bâtiment isolé, situé à six kilomètres de la ville. Le Twin Otter vient d'atterrir et l'équipage, navré de ce qui nous arrive, nous sauve de la famine en nous offrant les rations lyophilisées de la caisse de survie de l'appareil.

Le lendemain matin, le pôle est au rendez-vous. Ni le Twin Otter ni le jet ne peuvent voler : la tempête s'est levée. Nous restons bloqués à Longyear et nos bagages à Tromsoe. Nous décidons une percée jusqu'à la ville : il faut trouver à manger et rendre une visite de courtoisie au gouverneur du Spitsberg qui souhaite rencontrer toute notre équipe. Les sept femmes et leurs trois hommes partent donc à pied dans la tourmente. C'est un impressionnant baptême du blizzard en pleine nuit polaire. Sans carte et dans le noir, nous manquons de nous perdre dans le dédale des chemins menant aux mines de charbon : les routes non éclairées, balayées par le vent de neige, ne se distinguant plus du reste du paysage.

Le gouverneur nous attend. Je n'imaginais pas que c'était de pied ferme. Avant notre départ de France, j'avais reçu une lettre de lui nous expliquant qu'il voyait d'un très mauvais œil notre expédition. Je ne me faisais aucun souci depuis, l'ambassade de France ayant obtenu toutes les autorisations par la voie diplomatique. Nous sommes parfaitement en règle et je ne vois vraiment pas ce qui ennuie le gouverneur. Nous nous installons autour de la grande table : je présente l'équipe, n'hésitant surtout pas à user de nos titres scientifiques. J'expose le programme de recherche glaciologique que complète Mary puisque tout se passe en anglais. Le Pr Rivolier se charge de la partie médicale. Au total, une très belle prestation mais qui ne convainc pas notre homme. Pour lui nous sommes des touristes. Et de nous expliquer qu'il y a deux ans un Français avait voulu traverser le Spitsberg du nord au sud en solitaire sans radio. Il n'a jamais atteint sa première dépose de vivres et le gouverneur a dû déployer ses forces de secours, ce qui lui a coûté onze jours de recherches vaines en hélicoptère.

J'essaie de lui démontrer ce qu'il sait déjà puisqu'il a reçu tout le détail de notre logistique : nous possédons pour l'équipe glace rien moins que deux radios, une balise de détresse et une balise Argos avec laquelle non seulement nous sommes localisées vingt-quatre heures sur vingt-quatre, mais encore nous pouvons envoyer messages codés et appels de détresse. Nous emportons deux fusils contre les ours, nous avons un médecin et un kiné au camp de base et, surtout, notre propre avion de ravitaillement, affrété uniquement pour nous, donc à notre entière disposition. Je soupçonne le représentant officiel de la Norvège d'être tout simplement quelque peu misogyne. Il ne démord pas de son idée fixe que, sur le territoire du Svalbard, la sécurité lui incombe et que, s'il nous arrive quoi que ce soit, il sera tenu de nous venir en aide. Par chance, le propriétaire du Twin Otter est avec nous. Il fait remarquer au gouverneur que sa responsabilité en matière de sécurité ne s'étend qu'à un mille nautique au large de l'archipel ; que d'autre part, lorsqu'un accident survient, c'est la compagnie de notre Twin Otter qui est réquisitionnée pour les recherches, secours et sauvetage. Forte de ces renseignements, je mentionne que si nous démarrons à un kilomètre huit des côtes, nous ne sommes plus sur son périmètre de sécurité. C'est exact. Nous prendrons donc le départ au large. Je fais tout de même une dernière remarque : s'il nous empêche de partir des terres, il oblige l'avion qui va nous déposer à un atterrissage risqué sur la banquise, alors qu'il serait tellement plus sûr de se poser sur l'île la plus septentrionale !

Reconnaissant soudainement l'intérêt scientifique de notre expédition, il finit pas s'excuser et nous accorde le droit d'atterrir et la possibilité de déposer du carburant sur l'île. L'ambassadeur de France à Oslo, prévoyant les difficultés administratives qui nous attendaient, nous a chargés d'un cadeau de poids : il s'agit d'une très belle copie du traité de Paris (1920), accordant à la Norvège la souveraineté sur le Svalbard. Je remets le document au gouverneur, gêné il est vrai, mais ravi que le musée de Longyearbyen puisse s'enrichir de ce document longtemps convoité. Pour achever de l'amadouer, notre photographe propose ensuite à notre hôte une séance de portraits : par quoi doivent passer parfois les décisions politiques !

Le gouverneur ne peut faire moins que nous offrir sa voiture pour nous reconduire à l'hôtel mais le temps est devenu tellement mauvais qu'aucun chauffeur n'accepte de se risquer sur la route. Nous repartons donc à pied pour une épreuve de quelques heures dans le noir et le blizzard. Pour parer à toute éventualité, je crie haut et fort à mes camarades : « Le bureau des démissions est ouvert ! » Il n'y viendra personne, ma conclusion est donc dès ce soir-là : « Elles sont très bonnes ».

Le lendemain matin, la tempête est calmée. Le Boeing arrive du continent avec notre matériel et le Twin Otter peut commencer ses rotations pour transporter équipe et bagages au camp de base.

Pour Titi et moi, ce vol Longyear-Ny Aalesund est du déjà vu que nous redécouvrons avec le même émerveillement que les autres. Ici commence le désert polaire. Nous survolons l'Isfjord pris en glace puis le majestueux glacier du Roi ; son front est prisonnier de la banquise du fjord du Roi : sur la rive sud, nous cherchons du regard la base française du CNRS, au pied des glaciers que nous avons étudiés, puis Ny Aalesund, notre terminus. A mille mètres d'altitude, on devine que le soleil n'est pas loin sous l'horizon. Allumant le ciel de rose, d'orange et de violet, il donne un peu de couleur à ce décor en noir et blanc de paysages englacés dominés par les arêtes vives des reliefs rocheux qui ont inspiré à Barents, le découvreur, le nom de Spitsberg : littéralement « montagne pointue ».

Le Twin Otter se pose sur la piste enneigée. Nous sommes attendus. Toute la population est là : dix hommes qui assurent seuls, l'hiver, la maintenance de cette base de Ny Aalesund, ancienne mine de charbon recyclée en station scientifique. Par 79º Nord, elle se targue de posséder la poste la plus septentrionale du monde.

A notre descente d'avion, Nils, le chef de base, nous souhaite la bienvenue et nous présente son équipe. L'accueil est des plus chaleureux : nous doublons la population du village et notre présence ne manquera pas d'animer la vie plutôt morne et solitaire de ces volontaires de l'isolement.

La piste d'atterrissage est à un petit kilomètre de la base. Nos amis norvégiens proposent leur aide pour décharger et transporter notre matériel. Il faudra trois rotations de Twin Otter pour transférer notre équipement : la première journée est consacrée à notre installation.

L'ambassade de France loue à l'année une maison, ancienne habitation de mineur, où nous sommes censés nous installer. Comme elle est beaucoup plus petite que nous ne pensions, les Norvégiens proposent que nous en utilisions deux. Dans la première nous installons la réserve de vivres, la seconde nous servira de cuisine, salle à manger et dortoir : elle est peu ou pas chauffée, il y fait entre −25 et −30º C la nuit, ce sera une excellente acclimatation au froid.

Nous disposons également d'un bureau, avec téléphone, dans un autre bâtiment, rénové chauffé et inoccupé, dont nous allons de jour en jour annexer les diverses pièces.

Commencent alors, dans deux mètres de neige, les allées et venues d'une maison à l'autre pour mettre à l'abri le matériel que les Norvégiens, en camion et en motoneige, ont transporté presqu'à domicile. Dès quatorze heures, les lueurs qui font office de jour ont cédé la place à la nuit profonde ; nous continuons, équipés de lampes, à charrier cantines, balises, meule de gruyère et autres fourniments, dégageons les portes obstruées par les congères, installons des matelas sous les toits, édifions des pyramides de conserves, transformant l'une des petites maisons en véritable supermarché. C'est à peine si nous prenons le temps d'admirer le ciel de cette nuit noire et glacée que déchire une aurore boréale : la première pour la plupart d'entre nous.

Nous sommes ici pour dix à douze jours, en attendant que s'achève la nuit polaire. Cette période va nous permettre de nous adapter au froid tout en parachevant l'entraînement. Le travail ne manque pas. Nous avons tellement dit en France, bousculées dans les préparatifs : « On le fera au Spitsberg », que l'emploi du temps, individuel et collectif, est des plus chargés.

En tout premier lieu, il s'agit de déballer les cantines. La plus grande pièce du bâtiment bureau est devenue une immense braderie, dans laquelle il faut enjamber les monceaux de duvets, de chaussettes, de gants... Chacune essaie de constituer sa garde-robe polaire : c'est un peu Noël pour celles qui découvrent les merveilles de nos équipements. Tout de suite se confirment les personnalités : les méticuleuses, organisées, et les autres, à qui il manque toujours de la place, une moufle ou un mousqueton. Dans le blizzard de Longyear, nous avons constaté qu'habillées de façon identique, les passe-montagnes aidant, nous ne nous reconnaissions ni de dos ni de face. Un des premiers soucis est donc d'inscrire au feutre indélébile nos noms en grosses lettres sur l'avant et l'arrière de nos anoraks. Pour quelques jours, la salle est une ruche, au milieu de laquelle Mireille essaie de tourner le film et Christian de faire des photos. Nous avons d'ailleurs droit à un petit accrochage avec notre reporter, soucieux de l'harmonie des formes et des couleurs, qui voudrait monter de toutes pièces des natures mortes avec nos équipements, au risque de donner une impression d'organisation quasi militaire à notre grand déballage d'hiver.

Les Norvégiens, curieux, viennent par petits comités assister à nos préparatifs. Ils demandent des détails sur notre matériel qui est forcément mauvais et totalement inadapté puisqu'il n'est pas norvégien : chauvinisme oblige ! Quand on considère la rigueur toute nordique avec laquelle ils entretiennent leur base, on peut comprendre qu'ils soient un peu surpris par notre organisation. Aussi, pour devancer toute critique, nous préférons nous-mêmes nous surnommer «les branquignoles»... Et d'expliquer en anglais à nos visiteurs que n'est pas branquignole qui veut. Il faut pour cela un minimum de désorganisation afin de pouvoir déployer l'arme secrète qui est le sens du «faire-face», justement ce que le Pr Rivolier et son équipe étudient sur nous. Un branquignole semble n'avoir jamais ce qu'il faut au bon moment, mais il a dans sa tête toutes les solutions pour se sortir des pires situations. Florence et moi avons du désordre un sens inné qui peut décourager autrui. Mais les autres, sous des apparences trompeuses, ne déparent pas. Mary pendant quelques jours reste une énigme pour tous : est-elle oui ou non des nôtres ? Ce serait plutôt le genre d'individu qui organise sa désorganisation et dont la philosophie peut se résumer par : «Pourquoi faire simple quand on peut faire compliqué ?» Au bout du compte, le résultat est le même et nos compagnons norvégiens ne saisissent sans doute pas la nuance.

Il faut dire que faute de place nous nous infligeons des épreuves terribles comme par exemple réunir dans une salle exiguë six personnes et tout le matériel qu'il aurait été tellement agréable de pouvoir étaler dans six pièces différentes.

Étant donné les conditions, le tout se passant en temps très limité et à +4°C, je trouve que nous nous en sortons fort bien. Quand les vêtements sont rangés, commence la distribution des petits accessoires. Flo ouvre un stand de droguerie et propose à bon prix des crèmes solaires, Dermophile Indien, brosses à dents et protège-slips. Couni dans son épicerie brade les lunettes de toutes sortes, les cuillers en bois, les mouchoirs en papier et autres babioles. Titi distribue les boussoles, pétards et fusées de détresse. La ruche devient volière! Appelée de toutes parts, je renonce momentanément à préparer mes affaires personnelles ; Mary depuis toujours m'appelle «Speedy» (rapide), je ne suis pas pour rien à la tête des branquignoles : comme il se doit, je bouclerai mon sac cinq minutes avant le départ. Entre autres urgences ne pouvant être effectuées que par moi, je décide de graver un à un les noms de mes équipières sur nos couteaux. Il faut dire qu'ils seront notre seule richesse sur la banquise : l'Opinel servant à tout, c'est un objet personnel sur lequel il faut pouvoir veiller.

Nous nous partageons les tâches mais il y a tant à faire : tout est à vérifier, à marquer, à bricoler. Ce sont les petits détails qui, dans les conditions extrêmes, font toute l'efficacité du matériel. Il faut régler à la taille de chacune skis et crampons, équiper les traîneaux de cordes et de mousquetons, dégraisser les fusils, tester les balises au chaud et au froid. Aidée des Norvégiens, Mary, notre experte en électronique, monte l'antenne de la radio de l'assistance qu'elle arrime solidement sur un toit. Nous pouvons alors essayer les émetteurs sur les différentes fréquences que nous utiliserons. Tout le monde court mais essaie de rester calme !

Souvent préparés par nos hommes, les repas dans la petite maison sont l'occasion de réunions chaleureuses même si la température est très en dessous de zéro. Mine de rien, le Pr Rivolier observe, provoquant parfois des discussions sérieuses que Couni a charge d'enregistrer. Poser le magnétophone sur la table, sous prétexte d'archiver les débats philosophiques, est le meilleur moyen de nous faire dire n'importe quoi. Souvent, comme à la veillée, le professeur, à grand renfort d'anecdoctes, nous raconte l'Arctique et l'Antarctique des expéditions passées : les soirées se terminent alors fort tard.

Au moins une fois par semaine, nous sommes invités à dîner chez les Norvégiens. Notre arrivée, les samedis, notre futur départ : tous les prétextes sont bons pour que ce soit la fête au mess de Ny Aalesund. Nous les invitons aussi, chez eux, faute de place, utilisant leur cuisine pour préparer nos spécialités. C'est ainsi qu'ils ont découvert les charmes de la quiche lorraine... sucrée, puisqu'en norvégien, sucre s'écrit « farin » : Jacques ne pouvait pas le deviner quand il a cherché à allonger sa pâte !

De samedi en samedi, les journées passent à un rythme affolant. Plus qu'au calendrier, nous sommes sensibles à l'allongement perceptible du temps de lumière quotidien. L'aube mourant en crépuscule gagne sur l'ombre une demi-heure tous les midis. Les montagnes se profilent en ombres chinoises sur le ciel qui s'embrase chaque jour un peu plus : même s'il ne se lève pas encore, le soleil monte sous l'horizon ; la nuit polaire tire à sa fin.

13

CHAQUE jour nous profitons des quelques heures de lueur pour parachever notre entraînement à ski. Comme il n'est pas évident de réunir, au même moment et pour une activité commune, dix personnes débordées de travail, nos sorties se font plutôt en groupes restreints, au gré des disponibilités de chacun. Nous allongeons progressivement les distances tout en augmentant les charges tractées. Selon le temps dont nous disposons et les conditions météorologiques, nous arpentons la base à grandes foulées ou sillonnons le fjord du Roi. Sous prétexte d'aller y chercher un thermomètre ou des jerricanes, les baraquements de la base française, à six kilomètres de Ny Aalesund, sont souvent le but de nos marches. Parfois, nous nous laissons surprendre par la nuit, le blizzard ou le « white out » qui, avec les premières traces d'ours, sont autant de rites initiatiques par lesquels il vaut mieux que toutes soient passées avant le départ.

Huguette désespère de voir son bureau disponible. Il est la seule pièce réellement chauffée dont nous disposons, aussi est-il le siège de toutes les activités possibles et imaginables. Aux départs et retours d'entraînement, c'est un vestiaire dans lequel chacun essaie de trouver un peu de place pour étaler ses gants ou son passe-montagne, enfiler ses chaussures de ski, non sans avoir soumis ses pieds au rituel du tannage, qui consiste à racornir la peau des endroits meurtris par la chaussure en appliquant à l'aide d'une compresse de l'alcool à 90° puis du tanin. C'est efficace si on persévère. Pour parfaire ce traitement préventif, il faut ensuite enduire généreusement les pieds et les chaussettes d'une crème américaine miracle, la « Cramer » qui limite le frottement et évite les ampoules. Si ces dernières persistent, il faut s'en remettre à Flo qui essaiera de nous refaire une peau avant le départ à grand renfort de pansements gras. Depuis un an, chacune a formé ses chaussures de ski en les portant le plus possible ; néanmoins, l'entraînement s'intensifiant, nous sommes promises aux ampoules si nous ne prenons pas le plus grand soin de nos pieds qui sont un capital dans une expédition pédestre.

Cette période au camp de base comporte un volet médical important qui nous mobilise tous beaucoup et fragmente les emplois du temps déjà surchargés des préparatifs. Nous devons subir en début et en fin de séjour d'adaptation les tests que nous effectuerons régulièrement pendant l'expédition.

Tandis que dans le bureau on étiquette les tubes à essai, Flo et Mireille, dans une autre pièce transformée en infirmerie, font les prises de sang qu'Huguette traite dans son laboratoire de fortune selon un protocole très complexe qui permet de préparer les échantillons avant congélation puisque les analyses n'auront lieu qu'à notre retour en France.

Pour suivre l'évolution de nos défenses immunitaires, on nous inocule en fin de séjour, et avant les secondes prises de sang, les vaccins antirabique et antitétanique.

Deux fois aussi nous passons à la pesée et au pli cutané, qui consiste à mesurer avec une pince, en différents points du corps, l'épaisseur de la peau pour apprécier la masse graisseuse et son évolution. La nourriture est bonne au camp de base, nous n'avons pas spécialement maigri !

En extérieur, Flo nous soumet au « step-test », qui permet de mesurer l'adaptation à l'effort : il s'agit de monter et descendre, pendant six minutes à un rythme imposé, une marche de trente-cinq centimètres avec contrôle de la fréquence cardiaque. Une chance pour nous, deux jerricanes couchés l'un au dessus de l'autre et sanglés font exactement trente-cinq centimètres de hauteur, ce qui permettra de réaliser l'épreuve sur la banquise sans matériel supplémentaire. En quinze jours, on note déjà une adaptation à l'effort, due à l'entraînement devenu intensif.

Dans l'ensemble, nous sommes en très bonne forme. C'est d'ailleurs ce que confirme Jacques qui surveille au moins deux fois par jour la condition physique de chacune. Il manipule nos muscles et nos os mais travaille aussi sur notre énergie en agissant par acupuncture thermique : la chaleur dégagée produisant le même effet que les aiguilles, il approche un bâton d'encens incandescent des points de tonicité. Il faut reconnaître l'efficacité du procédé, même s'il paraît un peu barbare au passant non averti qui, du couloir, entend des hurlements : si l'on bouge pendant la manipulation, on a droit à une brûlure. A cause de la géographie des points énergétiques capitaux, nous pourrions passer pour une équipe hindoue, aucune n'ayant échappé à la cloque rouge au milieu du front.

Dans notre groupe, les avis sont partagés quant aux vertus de la médecine chinoise. Les plus scientifiques ont du mal à admettre les méthodes empiriques, sans nier cependant les bienfaits physiques de certaines manipulations. Quant aux effets psychologiques, je n'ai jamais pu croire qu'une imposition des mains ou la télépathie pouvaient modifier les peurs ou les angoisses ; force m'est de penser à présent que ce peut être efficace sur certaines personnes : tout doit être une question de foi. Jacques a fort à faire avec l'étudiante en médecine, la mathématicienne, la fleuriste et l'hydrologue !

Le Pr Rivolier, observateur discret de notre adaptation, nous soumet à de nouveaux tests psychologiques, tandis que Couni nous demande de remplir nos premiers bilans sur la vie du groupe, ainsi que nos livres de bord que personne n'a eu le temps de rédiger pendant la phase d'adaptation. Nous avons quelques discussions psychologiques collectives très orientées, dans le but de démystifier les appréhensions personnelles. Selon l'expérience de chacune, l'ordre des dangers varie mais ce sont les mêmes craintes qui reviennent : les ours, la banquise qui craque, le blizzard. On ne peut pas persuader quelqu'un de ne pas avoir peur. Tout au plus peut-on l'aider à affronter individuellement son angoisse. Couni, parce qu'elle vit au Canada où chaque année il y a des accidents, est obsédée par les ours. Il ne sert à rien de lui démontrer que nos chances d'en rencontrer sont réellement infimes. Puisqu'elle a une excellente vue, je lui propose plutôt d'être notre gardienne. Elle aura les jumelles et sera chargée d'observer l'environnement : la nuance est importante, elle sera aux aguets par devoir et non plus par peur.

Tout ne se règle pas aussi simplement et chacune emportera, au fond de son traîneau, un baluchon plus ou moins gros d'inquiétudes personnelles. Mireille ne va pas très fort. Huit jours avant le départ, elle nous annonce qu'elle n'ira pas sur la banquise : elle a du mal à se faire au froid polaire, il lui semble que lutter pour sauvegarder sa chaleur lui prend toute son énergie. Je sais que les premiers douze jours sur la banquise seront les plus durs ; je lui propose donc de rester au camp de base pendant cette période et de nous rejoindre au ravitaillement. C'est un tollé général du reste de l'équipe qui prétend que ce sera encore pire, qu'elle se trouvera parachutée dans une ambiance déjà faite ; il faut qu'elle démarre avec nous : chacune va l'aider, on allégera son traîneau et tout ira bien, ce n'est qu'une déprime passagère. Jacques, en qui Mireille a une très grande confiance, va lui redonner l'énergie qui lui fait défaut. Je me range à l'opinion du groupe ; quoi qu'on en pense, je n'aime pas abuser de mon autorité. D'ailleurs, Mireille, encouragée par toute l'équipe, reprend de jour en jour forces et énergie : elle seule saura le moment venu si elle se sent prête à partir.

Nansen disait : « Au-delà de 80° Nord, on n'a plus droit à l'erreur » et, toutes branquignoles que nous sommes, nous n'avons pas moins conscience que rien ne peut être laissé au hasard. Chaque geste que nous aurons à faire sur la banquise doit devenir un automatisme parfait. Titi vérifie tous les jours notre aptitude au tir polaire. Après avoir pratiqué les petits aménagements nécessaires pour permettre l'opération avec des moufles, nous nous rodons au montage de la tente, au chaud d'abord, sur le fjord ensuite, où nous commençons à dormir dehors. Sous la toile isotherme il fait entre -30 et $-35°$C : la différence n'est pas très grande avec les $-28°$C de notre dortoir sous les toits.

Dans le gymnase, Couni dirige la préparation des rations de nourriture pour les douze premiers jours de raid. C'est un travail considérable dans une ambiance de supermarché. Tous les produits sont disposés sur le plancher, en tas par catégorie et il s'agit de remplir pour chaque journée six sachets contenant rigoureusement la même chose, afin d'éviter les sources de conflits : un peu plus d'un kilo, par jour et par personne, de nourriture lyophilisée et de barres énergétiques. Couni fait le tour de la salle, la baignoire de bébé sous le bras en guise de Caddy, constitue une ration, la verse à mes pieds pour que je la conditionne dans un sachet que Titi et Mary scellent sous vide. La seule variante journalière réside dans la soupe et le plat de résistance. Six sachets au menu identique sont scotchés ensemble et forment une journée de vivres pour l'équipe.

Un problème reste très inquiétant. Nous n'avons toujours pas reçu l'essence des réchauds. Le respect des lois n'est pas toujours récompensé. Notre sponsor-épicier en France avait proposé de fournir les trois cents litres d'essence minérale dont nous avions besoin. Comme nous ne pouvions officiellement pas les transporter dans le Transall, j'avais appelé le patron de la compagnie du Twin Otter qui m'avait assuré que nous trouverions à Tromsoe ce carburant qu'il s'engageait à transporter du continent jusqu'au camp de base. Il ne l'a pas fait, les choses se compliquent et je multiplie les coups de téléphone pour essayer de trouver au plus vite de l'essence. Il est capital de connaître parfaitement les réactions de nos réchauds à $-35\degree C$ avant de partir. Mary, qui les a amenés d'Ottawa, débordée comme nous dans ses préparatifs au Canada, n'a pas eu le temps de beaucoup les expérimenter. Je désespère : un second Twin Otter doit arriver au Spitsberg, il apportera l'essence mais il n'est pas encore prêt. Les jours passent, ma colère monte.

Un soir, les pilotes arrivent de Longyear avec le premier avion et débarquent un fût de deux cents litres de « white gas » ou « naphta » : l'essence minérale que nous attendons. Je suis soulagée, mais le baril est étrangement vieux, on ne peut même pas y déchiffrer l'inscription. Je demande aux pilotes d'où il vient, puisque l'autre Twin Otter n'est toujours pas arrivé du continent. Ils me répondent : « Ne cherche pas à comprendre, c'est du "Christmas gas" (essence de Noël) » : joli cadeau qu'ils ont « emprunté » dans un hangar jugé abandonné de l'aéroport de Longyear. Les inscriptions étant en caractères cyrilliques, je suppose que ce sont les communautés soviétiques stationnées au Spitsberg que nous devons remercier. Bien mal acquis ne profitant jamais, nous nous attendons que l'essence minérale n'en soit pas, et après l'avoir siphonnée du baril dans les jerricanes, nous sommes impatientes de voir si le tout va exploser dès la première manipulation. Non : l'essence de Noël est bien l'appellation contrôlée du « white gas » au Spitsberg !

Nous ne sommes pas tirées d'affaire pour autant : Titi engage une bataille rangée avec nos cinq réchauds « coleman » qui fonctionnent très bien à l'intérieur mais refusent d'opérer en extérieur, ce qui est vraiment dommage pour nous. Titi n'est pas pour rien responsable de l'équipement. En vraie branquignole elle regorge d'idées, mais possède, sans doute plus que nous toutes réunies, un réel sens de la technique, doublé d'une patience frisant l'entêtement. Aidée de Christian, qui est très bricoleur, elle va donc entreprendre de démonter un à un les réchauds sous prétexte d'éclaircir les points obscurs du mode d'emploi. Après trois jours, ils sont domptés et lui obéissent presque au doigt et à l'œil. Elle essaie de nous initier à l'art de l'allumage : ce doit être comme les doigts verts : on naît avec ou sans la main « coleman ». Statistiquement, nous devrions assurer au moins un repas sur deux !

Nous avons prévu de partir le 15 février mais l'avion qui doit nous déposer sur la banquise n'est pas encore prêt. Il est toujours sur le continent. Il faut l'équiper de skis et de réservoirs auxiliaires.

La compagnie nous demande un peu de patience et, sans nous prévenir, envoie le premier Twin Otter repérer le lieu d'atterrissage au nord du Spitsberg. Ce n'est pas toujours simple, l'organisation ! Pour des raisons techniques, l'équipage et l'avion sont stationnés à Longyear, parce qu'il y a un hangar et que la piste, plus longue, permet de décoller à pleine charge. Quand les pilotes nous disent au retour : « Nous sommes allés en reconnaissance, tout va bien, la glace est bonne », il y a de quoi s'énerver : Mary et moi aurions volontiers survolé les glaces, surtout que l'avion était vide et que de toute façon, c'est nous qui payons les heures de vol... Bref aperçu de problèmes nés souvent de malentendus compliqués du fait que chacun s'exprime dans une langue qui n'est pas la sienne.

Finalement, c'est peut-être aussi bien que le Twin Otter soit en retard, cela nous permet de terminer calmement les préparatifs. Tout est empaqueté, les rations sont prêtes, le matériel collectif est réparti : Flo, reine de la balance médicale, dirige le pesage. Une catastrophe ! Nous sommes bien au-dessus de la charge maximale que nous nous étions fixée. Nous repensons à ce dîner partagé avec Jean-Louis Étienne qui nous avait dit au moins vingt fois : « Léger, les filles, partez léger ! » L'an passé il tractait quatre-vingt-cinq kilos, cette année il compte n'en tirer que quarante. Avec le matériel scientifique, nous ne pouvons espérer descendre en dessous du poids de chacune. Nous savons que la première partie sera la plus difficile et nous avons déjà décidé de n'emporter ni la caméra ni les films qui pèsent terriblement lourd. Le programme des balises Argos ne commencera qu'après le premier ravitaillement. A contrecœur, Mary et moi acceptons de n'emporter que la plus légère des sondes à glace. Mais, malgré tout, nous sommes encore trop chargées : le mot d'ordre est donc « Il faut É-LI-MI-NER ». Et chacune de redéfaire son sac personnel (j'ai bien fait d'attendre pour boucler le mien !). Éliminer, éliminer, quand on n'a déjà que le minimum vital, c'est difficile. Et pourtant on y arrive. Flo pèse et repèse, compte, additionne, divise et renvoie, intraitable, les bagages trop lourds. D'ailleurs, les sacs à dos eux-mêmes pourraient être allégés si l'on détachait tous les accessoires superflus. Une véritable frénésie s'empare alors de nous. Installées dans le bureau, nous désossons nos si jolis sacs à l'Opinel, pièce par pièce. J'ai honte pour notre sponsor, mais tout y passe : accroche-ski, anneaux, courroies, poche intérieure, étiquette ou lacet inutiles, armatures et pressions, ceinture et autre rembourrage : il ne reste que la poche extérieure et les bretelles ; à six, à ce jeu de massacre, on finit par gagner des kilos ! Flo jubile. Elle propose que nous laissions nos bottes canadiennes. Nous refusons : elles sont si chaudes et si confortables même si elles pèsent un kilo chacune. Elles sont loin de faire double emploi : à l'étape nous ne pourrons pas garder nos chaussures de ski pour piétiner sur place.

Nous mettons au point la technique de l'autruche qui consiste à croire que, parce que les choses sont sur nous, elles ne pèsent plus rien : une partie du matériel jugé excessif dans le traîneau se retrouve dans nos anoraks regorgeant de poches. A force de prouesses de calculs, de stratagèmes et de sacrifices, nous parvenons à ce que chacune tire l'équivalent de son poids. Nous n'osons pas dire aux Norvégiens que, pour en arriver là, il a fallu abandonner un des deux fusils, la moitié des cartouches, les fusées de détresse et une partie de la pharmacie. Hormis les réchauds, nous n'avons rien en double. Comme disait une amie de Couni, affolée par notre expédition : « Il ne faut vraiment pas être attaché aux choses matérielles ! »

Chacune a préparé ses petits paquets ou sa liste pour les prochains ravitaillements. Huguette est débordée, notant les consignes de toutes, en plus de nos volontés en cas de problèmes graves dans nos familles ou sur la banquise. Toute décision désormais va passer par elle.

L'avion équipé de skis est arrivé à Longyear : il est temps de partir. Même si l'on ne voit pas encore le soleil, les jours ont rallongé : l'avion aura désormais assez de lumière pour atterrir. Nous sommes fin prêtes mais la météo se gâte. Il nous faut encore patienter. Bloqué par la tempête, le Pr Rivolier est déjà en retard sur son programme, il doit rejoindre la France et part pour Longyear à la première éclaircie. Avant son départ, je fais, en tête à tête avec lui, le bilan de la psychosociologie du groupe. Nous essayons de passer en revue tous les problèmes. Je m'inquiète de savoir ce qu'il me faudra faire si l'une d'entre nous demande à rentrer ; et lui de me répondre : « Et si quelqu'un qu'il faut rapatrier pour des raisons médicales refuse cette décision ? »

Il est venu ici « Pr Rivolier ». Après dix-huit jours dans notre équipe, il repart « Riri » : c'est tout dire de son adaptation ! Il n'a jamais déclaré ouvertement le fond de sa pensée quant à notre expédition. Il l'a résumée dans un message qu'il a griffonné pour nous avant de s'envoler pour le continent et que nous remettent les pilotes : *« Bon courage, et que les filles du "Branquignol's Team" montrent aux Charlots et autres médiocres... qu'elles en ont. Professeur Riri. »* Message concis et explicite qui nous va droit au cœur.

La météo s'améliore ; le départ est fixé au 22 février au matin. L'avion arrive la veille et nous le chargeons de nuit. Tout est bouclé. Ce soir-là, je ne me sens pas le droit de refuser à mes équipières une nuit de confort au chaud et dans un lit du bâtiment bureau. C'est la veillée d'armes que chacune passe selon son gré : partageant un dernier verre ou une ultime valse avec les Norvégiens, s'ébouillantant sous une douche ou lézardant au solarium, se ruinant en coups de fil langoureux avec la France ou le Canada... Ne désespérant pas d'arrondir le budget de l'expédition, je mets pour ma part une dernière touche au dossier du concours Rolex, « Esprit d'Entreprise », qui devrait nous rapporter cinquante mille francs suisses. Soit dit en passant, j'aurais mieux fait d'aller danser, nous étions trois mille à entreprendre pour... cinq prix !

J'ai encore de nombreuses consignes à passer à Huguette ; il nous faut aussi écrire la première lettre à nos supporters et rédiger un communiqué de presse : il est tard quand nous avons terminé. Sur la banquise, nous ne pourrons pas porter de bijoux à cause du froid. Mes deux bagues, qui n'ont qu'une valeur affective, ne m'ont pas quittée depuis plus de dix ans. Je ne crois pas aux porte-bonheur mais, aussi cartésienne que je puisse être, en les enlevant et en les confiant à Huguette, j'ai comme l'impression ce soir d'ôter ma cuirasse !

22 février, dix heures du matin : c'est le grand départ. Les Norvégiens sont tous venus pour les adieux sur la petite piste de Ny Aalesund. Avant d'embarquer, nous leur dansons un french cancan d'enfer en chaussures de ski derrière notre drapeau : nos rires cachent mal une certaine appréhension.

Le Twin Otter décolle et prend de l'altitude : nous redécouvrons le soleil que nous n'avons pas vu depuis trois semaines. Nous survolons les terres englacées du Spitsberg pendant une heure et demie de voyage féerique au-dessus des montagnes pyramidales noyées par les dômes des glaciers. A l'infini, le noir et le blanc se fondent au ciel en un extraordinaire flamboiement comme seuls les rayons rasants du soleil arctique peuvent en concevoir la palette.

Huguette, Jacques et Christian sont avec nous mais personne n'est très bavard à bord. Mary suit le vol sur la carte et moi sur les photos aériennes : la glace paraît bonne mais nous sommes trop haut pour en juger. A l'approche de l'archipel des Seven Islands, le Twin Otter descend doucement et nous perdons le soleil. L'avion décrit des cercles au-dessus de l'île la plus septentrionale, puis le pilote commence les manœuvres d'approche, lance les fumigènes, survole en rase-mottes le site choisi, remonte brusquement en bout de plage, frôlant les montagnes, pique de nouveau. Ce n'est pas très rassurant ; après trois essais de la sorte, finalement il se pose : les congères alignées sur la plage rendent l'atterrissage très chaotique. Nous sommes sur l'île de Phyppsoya, à l'extrême nord du Svalbard, par 80º 40, Nord et 21º Est. Il est midi.

Le pilote ne coupe pas les moteurs de l'appareil qui restera au sol le moins longtemps possible. Il faut décharger les traîneaux de l'avion, refaire ceux qui, faute de place dans la carlingue, ont été vidés pour le transport. Tout le monde s'agite dans les ultimes préparatifs, il fait −30ºC, le vent est glacial. Nous buvons un dernier thé avec l'assistance puis nous fermons nos traîneaux, chaussons nos skis, bouclons nos ceintures et ce sont les adieux. Étrange comme nous sommes impatientes de commencer tout en cherchant à retarder le départ : nous n'en finissons pas d'embrasser l'équipage, le kiné, le photographe.

Huguette en larmes aura le mot de la fin en me disant : « N'y va pas, tu vas à la mort. » Elle m'expliquera beaucoup plus tard que pendant le survol du Spitsberg, elle a réalisé à quel point nous scrions coupées de la vie. Pas un chemin, pas une cabane, pas une fumée, rien de vivant à trois cents kilomètres à la ronde. Puis sur l'île du départ ce vent glacial, qui a gelé en deux minutes le nez du photographe, ce froid impitoyable qui a figé son thé avant qu'il n'atteigne le sol, quand elle l'a renversé. A cet instant elle a compris que nous n'avions pas droit à l'erreur. Il lui semblait qu'elle nous abandonnait.

Comme le sifflet du chef de gare met un terme aux adieux, à l'unisson, le geste de la main joint à la parole, nous lançons à nos amis :

« Allez ! A dans douze jours pour le ravitaillement ! »

14

IMAGINANT nos amis effondrés derrière leur hublot, nous continuons d'agiter nos bâtons en signe d'au revoir tandis que l'avion, comme un oiseau de proie, décrit des cercles très serrés au-dessus de nous. Prostrés, ils le sont, au sens littéral du terme, couchés sur le plancher de l'appareil, se cramponnant aux sangles, puisque les acrobaties du patron de la compagnie, dans son plus beau numéro de loopings polaires, ont éjecté Huguette, Jacques et Christian de leur siège, les privant du dernier regard sur celles qu'ils abandonnent.

Eux nous pensent en larmes : c'est compter sans les contingences de la vie matérielle qui subsistent même dans les moments les plus pathétiques. Il n'y avait pas de toilettes dans l'avion : pour notre première prestation urinaire polaire, nous aimerions, si possible, ne pas être l'objet de prises de vues aériennes. Donc, alors que l'assistance nous croit au bord du désespoir, nous n'avons qu'une idée : « Qu'ils partent en reconnaissance vers le nord comme convenu, qu'on puisse faire pipi ! »

Nous restons en liaison radio avec les pilotes qui au retour nous font le rapport sur l'état des glaces des vingt premiers kilomètres :

« Tout est OK, les filles. Restez contre les îles jusqu'au large : les chenaux sont plus à l'est. Bon voyage ! »

Le Twin Otter passe une fois encore au-dessus de nos têtes. Nous le regardons filer vers le sud. Pour nous, une seule direction va compter à présent : le nord.

Il nous faut tout d'abord traverser l'île sur la terre ferme : une

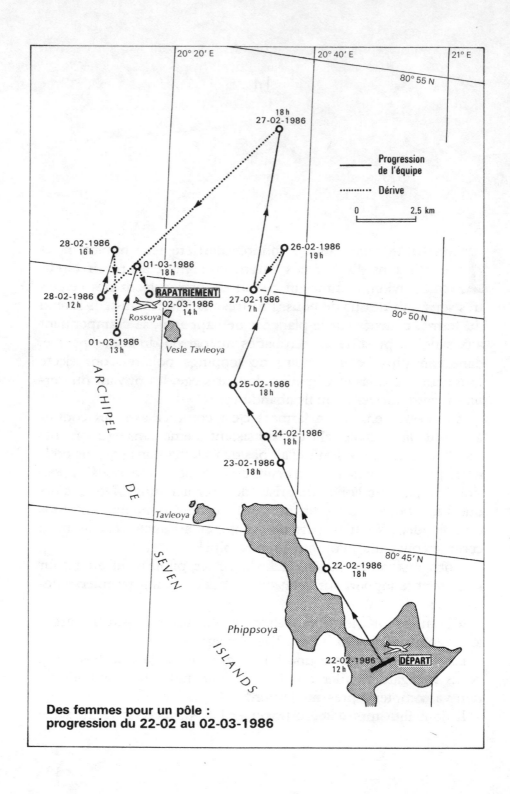

**Des femmes pour un pôle :
progression du 22-02 au 02-03-1986**

longue montée puis une descente raide et ce sera la glace de mer. Le vent a soufflé la neige et, par endroits, apparaît la roche dénudée. Au passage d'un monticule, je ramasse un petit caillou que j'enfouis dans ma poche. Il fera le voyage avec nous : seule attache terrestre pendant ces semaines où nous allons marcher sur l'eau.

Au sommet de la côte, je marque un temps d'arrêt pour permettre à l'équipe de se regrouper. Je serre les poings sur mes bâtons de ski. Il me semble être au bord du plongeoir de dix mètres à la piscine : on a toujours une hésitation avant de basculer dans le vide. Le vide : c'est cette banquise sur laquelle nous allons marcher, trois mois durant, en direction du pôle. Ici commence l'aventure tandis que sous nos yeux s'étale à l'infini... le Nord : fjord découpé dans les contreforts montagneux de l'île, s'ouvrant au large pour se fondre dans le ciel, à l'horizon de ce désert polaire. Comme pour exorciser mon appréhension dans cette première foulée, je me retourne et crie : « A nous la banquise ! »

Il me semble entendre le ronronnement de l'avion. Illusion ! notre cordon ombilical est bel et bien coupé. Il ne sera rétabli que lorsque notre équipe d'assistance aura rejoint Ny Aalesund et se mettra en veille à la radio. Pendant les trois semaines passées au camp de base, j'ai pris l'habitude, comme la chatte de Colette, de compter mes petits et je me surprends à les dénombrer une nouvelle fois avant de m'engager sur la banquise. Elles sont très belles en ce premier jour, impeccables dans leurs uniformes rutilants, les traîneaux tirés à quatre épingles, une touche de féminité sur ce que l'on peut voir de leurs visages emmitouflés sous les passe-montagnes déjà pris en glace. Juste derrière moi vient Couni, la Québécoise, puis Mireille, la Provençale, suivie de Flo, la benjamine, et Mary, notre doyenne. Titi, la Parisienne, ferme la marche. Nous sommes donc six petits points rouges dans cet infini arctique. Six qui n'avanceront que parce que deux autres veillent au camp de base et sont le lien avec la vie.

Après cent mètres sur la glace de mer, je croise des traces d'ours. Je ne voudrais pas aiguiser les angoisses, mais c'est effectivement près des terres que les risques de rencontre sont les plus grands. Feignant la totale décontraction, je lance simplement :

« Vous avez bien vos fusées et vos pétards à portée de la main ! J'ai l'impression que nous ne sommes pas vraiment seules sur le fjord. »

Titi, notre maître d'armes, vérifie l'éjection rapide du fusil hors de la housse rigide qu'elle a sanglée sur la bâche de son traîneau. Même avec les grosses moufles, elle dégaine plus vite que son ombre. Quelques pas plus loin, les traces sont plus nettes : nous ne sommes pas seules, certes, mais nos compagnons de route ne sont, pour le moment, que des rennes bien inoffensifs !

Après deux kilomètres, il s'avère impossible de continuer à ski. Insensiblement, la glace plane du fond du fjord est devenue chaos. Il faut déchausser et ficeler les skis sur les traîneaux. Sans nos planches de deux mètres aux pieds, le risque de passer à travers la banquise est plus grand : nous nous sentons nettement moins en sécurité. L'accoutumance au danger est rapide : au bout de vingt pas, nous n'y pensons plus, absorbées que nous sommes à essayer de nous faufiler entre les morceaux de glace de plus en plus gros. Ainsi commence le corps à corps : je l'attendais mais peut-être pas si tôt. Du sommet de l'île, nous n'avons rien deviné de cet enchevêtrement, pas plus que les pilotes qui l'ont survolé à basse altitude.

Plus que jamais je compte et recompte mes équipières, masquées par des blocs parfois plus hauts que nous. Chaque fois que je me retourne, j'ai l'impression de plonger dans un film. De ces films qui ont bercé mon adolescence, racontant la vie des explorateurs polaires. Nous sommes aussi minuscules dans ce chaos que pouvaient l'être Scott, Peary ou Amundsen. Nos traîneaux sont en Kevlar, nous avons radios, balises de localisation et de détresse, à la pointe de la technologie de cette fin de XXe siècle, mais nous n'en sommes pas moins hors du temps avec nos anoraks rouges et nos fourrures de loup. Difficile de dire si l'on est en 1910 ou en 1986. Difficile de dire si ce sont six femmes ou six hommes. Dans ce dédale de glace, ce sont six humains microscopiques qui cherchent le passage. Dans cette nature inflexible, il est facile de deviner déjà que le combat sera serré.

A cause des ours et de tous les pièges de la banquise, nous essayons de rester très groupées : le moindre obstacle ralentit donc toute l'équipe. Chaque minute d'arrêt, chaque seconde d'attente ou d'inactivité est une victoire pour le froid, danger permanent et sournois, qui guette la faille et agresse nos extrémités. A l'inspiration, l'air vif glace les poumons, confirmant les $-30°C$ que le vent cinglant abaisse à $-50°C$ de température ressentie.

Plus nous avançons vers le nord, plus le chaos se renforce. A quinze heures la nuit tombe, ce 22 février. Éclairées par la pleine lune, nous marchons encore une demi-heure. Il faut trouver un « hôtel ». Mary et moi étions convenues avant le départ que pour les campements nous nous efforcerions toujours de trouver des floes de vieille glace épaisse d'au moins un mètre, de cent mètres de diamètre au minimum. Pour ce soir, en zone aussi accidentée, il faudra se contenter d'un havre de dix mètres sur dix ; Mary a sorti la sonde à glace : je lui fais signe qu'il vaut peut-être mieux ne pas clamer que l'épaisseur est assurément plus proche de vingt centimètres que de cent. Au diable nos bonnes résolutions ! Il est inutile d'espérer trouver nos standards de sécurité dans ce chaos de jeune glace côtière, surtout en cherchant de nuit. Comme les pionniers avec leurs chariots dans les westerns, nous formons un cercle avec les traîneaux. Chacune en extrait ses gros vêtements de duvet, dans lesquels elle plonge au plus vite, espérant y emprisonner les calories dégagées pendant la marche. Changer de chaussures prend un temps fou, pendant lequel les pieds se refroidissent : nos bottes canadiennes, si confortables au camp de base, sont déjà durcies et glacées.

C'est une équipe de bibendums en rouge et jaune qui s'active à présent pour monter la tente. Elle nous avait paru immense quand nous l'avions installée dans le gymnase de Ny Aalesund. Ici, dans l'infini de l'Arctique, elle semble minuscule. Par $-30°C$ et avec du vent, avoir un abri est tout de suite un réconfort. Sous le long tunnel soutenu par des arceaux, on accroche deux chambres intérieures que sépare un espace cuisine. A la lueur des lampes frontales, il faut étaler les matelas et sacs de couchage, boucler les traîneaux, monter l'antenne radio, pelleter la neige pour couvrir la base du double toit, ce qui rend la tente isotherme tout en consolidant son arrimage. Le froid complique ces tâches pourtant simples : malgré le port de gants et de moufles, il faut sans arrêt s'interrompre pour se réchauffer les mains, ce qui allonge considérablement toute opération.

Les réchauds sont notre cauchemar. Utilisés par la plupart des expéditions polaires, ces réchauds à essence font les capricieux et demandent beaucoup de philosophie. Alors que la tente est montée et que toute l'équipe s'affaire à l'extérieur, Titi, notre experte, se met à l'ouvrage. Elle a mis au point un protocole pour nous assurer notre liquide quotidien. Nous avons quatre réchauds : un « optimus » démarrant sans problème mais d'un mauvais rendement énergétique, et trois « coleman » très performants mais impossibles à mettre en route en dessous de $-30°C$. Titi allume donc l'« optimus » et contre la couronne de flammes préchauffe les « coleman », afin de dilater doucement les pièces contractées par le froid. Quand les métaux sont un peu réchauffés, on peut espérer réussir la mise à feu qui consiste à allumer de la pâte d'alcool solide sous le brûleur puis à pomper énergiquement pour mettre le réservoir sous pression : alors seulement, les vapeurs d'essence peuvent s'enflammer. Surtout ne jamais s'énerver et recommencer jusqu'à ce que l'appareil finisse par céder ; l'odeur du « white gas » et le bruit des réchauds en marche s'associent dans nos têtes avec confort et réconfort. L'eau chaude, c'est la vie dans l'Arctique !

Avec l'eau qui commence à bouillir, la tente est vite devenue un bain de vapeur : brouillard glacé, entendons-nous, il fait $-30°C$ dehors et $-25°C$ sous la toile. Après trois heures de bataille, on peut passer à table, c'est-à-dire au lit pour certaines ou assises dans la cuisine pour celles qui préfèrent s'activer en allées et venues pour remplir les casseroles de neige. J'appartiens à cette deuxième catégorie : je retarde le moment d'entrer dans mon sac de couchage parce qu'il me semble qu'à cet instant précis, je deviens encore plus vulnérable, perdant toute possibilité de surveillance de l'environnement.

Couni distribue les cuillers en bois et les rations que nous déballons comme un cadeau de Noël, redécouvrant avec un émerveillement d'enfant les surprises que nous avons pourtant empaquetées quelques jours plus tôt. Heureusement, pour la nourriture nous n'avons d'autre souci que faire de l'eau pour réhydrater les soupes, boissons et plats lyophilisés : de la haute cuisine française tirée de nos sacs à dos. Expédition de luxe, les corps gras que nous mêlons aux aliments sont fournis par du beurre... congelé, qui demande une certaine poigne pour être débité à l'Opinel. Ce soir nous sommes loin d'avoir absorbé la quantité de graisse prévue mais je suis confiante : d'ici quelques jours, le froid et la marche aidant, nous y parviendrons.

Dans une débauche de lumière que fournissent bougies et lampes frontales, l'ambiance est très bonne. Pour fêter dignement ce premier bivouac et les quatre kilomètres vaillamment parcourus, je plonge dans ma sacoche de chef — petit sac inaccessible aux autres contenant mes secrets : j'en sors un flacon de bandelettes urinaires dont le contenu a été remplacé pour les besoins de la cause par de l'alcool de mirabelle que le père d'Huguette nous a donné en disant : « Tenez, les filles, ce sera un bon carburant sur la banquise ! » Il y a moins de douze heures que l'avion nous a quittées et, si incroyable que cela puisse paraître, la mirabelle est déjà pailletée tellement il fait froid : impossible à boire donc ; de toute façon, vu la quantité transportée, il ne peut être question que d'y tremper les lèvres pour y goûter un peu de Lorraine au bout du monde !

Après avoir rempli son carnet-questionnaire psychologique, chacune s'enfonce dans son duvet, éteint sa lampe et ne tarde pas à dormir. Je veille encore un peu, rédigeant le livre de bord, les doigts à moitié engourdis malgré les gants de soie. J'attends la liaison radio à vingt et une heures.

« Lima Hôtel Trois Kilo Alpha à Lima Hôtel Trois Lima Alpha, m'entendez-vous ? »

Grésillement dans la boîte orange. Deux fois, cinq fois, dix fois, je renouvelle l'appel jusqu'à ce que la voix d'Huguette m'arrive enfin, déformée. Je comprends qu'elle me reçoit zéro sur cinq. Dans le vide et sans aucun détail, j'articule de mon mieux un « *TOUT VA BIEN* ». Je suis soucieuse de la mauvaise qualité des transmissions radio alors que nous ne sommes qu'à deux cents kilomètres de notre camp de base. Je pense que les îles sont un obstacle difficile à franchir pour les ondes et que, dès qu'on aura doublé la dernière terre — c'est-à-dire demain —, tout ira mieux.

Je sors pour un dernier petit tour. En voyant le fusil, seul de faction devant la porte, j'ai un sourire en pensant que le froid, la fatigue et le vent ont eu raison de mes équipières qui se sont endormies sans plus parler de tours de garde contre les ours. Comptant sur leur mauvaise vue, nous avons tendu les cordes de halage des traîneaux, barrière psychologique, efficace au moins pour apaiser les angoisses de certaines. Vérifier la tension des cordages est le prétexte pour ce tour du propriétaire. Debout devant la tente, j'essaie surtout d'allumer une cigarette, puisque bien entendu je n'ai pas arrêté de fumer. Mon coup de cœur pour l'Arctique me reprend. Pas un bruit à l'exception du vent. Une nuit d'un noir d'encre, déchirée par la pleine lune et une aurore boréale... Indicible ! Seules au monde, seules face au spectacle fascinant de la nuit polaire : sûr, la salle n'est pas tellement chauffée, mais quelle extraordinaire féerie d'irréel et de sérénité !

Tout le monde dort. Dernier (et non des moindres) exercice gymnique de la journée, je me glisse dans mes duvets, tends l'oreille une dernière fois, m'enfonce dans la cagoule et sombre dans le sommeil.

Par ce froid il nous faudra du temps pour plier bagage, nous avons décidé de nous lever tôt, même s'il fait nuit. A six heures du matin les têtes émergent des duvets. Pas toutes, à vrai dire, car, devinant aux cris des plus matinales qu'il se passe quelque chose de désagréable dès le lever, les autres retardent celui-ci. Il faut se faire violence pour s'extraire du confort thermique du sac de couchage et affronter brutalement les − 30°C de l'air ambiant. La condensation est telle que la glace est partout : raidissant les cordons de serrage des cagoules, auréolant d'une pellicule craquante l'ouverture du sac et surtout, couvrant les murs de la tente de givre qui tombe sur nous au moindre toucher de la toile : bruine glacée qui achève de nous réveiller et explique les hurlements des plus pressées. Dans un premier temps — programme scientifique oblige — il ne s'agit que de sortir un bras en quête du thermomètre médical qui, devant rester cinq minutes sous l'aisselle, permet de jouir un instant encore de la chaleur interne tout en mettant mentalement au point une stratégie de sortie la moins givrée possible.

Comme on ne peut se tenir qu'à genoux ou assis dans la tente, le petit déjeuner se prend au lit : dans leur sac jusqu'à la taille, les sirènes arctiques cherchent un reste de calories pour compenser le café tiède et le muesli froid. Première leçon polaire : évitant une bataille à jeun avec les réchauds, l'idée de préparer l'eau la veille pour le lendemain est excellente mais il va falloir dormir avec les Thermos dans nos duvets si nous voulons que le liquide reste assez chaud pour ne pas gâcher le petit café du matin.

Pour la dernière étape du lever, il s'agit de ne pas reculer et, sous prétexte d'attraper une chaussette ou une moufle perdue dans le fond du sac, ne pas céder à la tentation de replonger dans les abysses de la plume. Au contraire, il faut assez de détermination pour s'extirper d'un coup, comme un diable à ressort bondissant de sa boîte, et passer des + 30° C du nid aux − 30° C de la tente. Chacune a sa technique : s'il en est d'assez habiles pour réussir à se changer dans un sac sarcophage, d'autres préfèrent l'espace, fût-il venté, pour opérer debout, mais en extérieur, leur métamorphose. Il s'agit d'ôter le pyjama en duvet léger — pantalon bleu Caraïbes et veste mordorée (communément appelée « doudoune caca ») — pour enfiler l'ensemble de marche en Goretex qui jusqu'au départ est enfoui sous l'énorme tenue d'étape en duvet rouge et jaune (alias « grosse doudoune »). Les pieds demandent dès le matin une attention toute particulière : enlever chaussons et chaussettes pour vérifier leur état, couper au couteau un morceau de crème « Cramer » anti-ampoules qui a gelé malgré la nuit dans le sac de couchage, tenter de l'étaler sur la peau le plus vite possible pour ne pas entrer deux glaçons en guise de pieds dans les chaussons puis les coques de cuir durcies des chaussures de ski. Dès ce premier matin, il est impossible de pénétrer dans nos bottes d'étape, l'extérieur caoutchouté est dur comme du bois et l'intérieur en feutre, que nous avons gardé au chaud dans nos duvets, est dégelé mais... trempé !

Après l'habillage commence l'activité : qui aux réchauds, qui aux rangements, qui à l'antenne radio ou aux mesures météo.

Une à une les difficultés de la vie dans le froid se confirment. L'activité la plus élémentaire devient toute une affaire, demandant dix fois plus de temps d'exécution qu'au chaud tellement les gants et les moufles rendent malhabile. C'est un dilemme de chaque instant : garder raisonnablement les mains couvertes et s'énerver de la lenteur escargotique de la manœuvre ou les découvrir d'une ou plusieurs couches pour couper court à la gaucherie en toute conscience de l'erreur mais se précisant mentalement à chaque fois que « c'est juste pour deux secondes ». A cet instant, le froid mord et serre comme un étau. Perdant le peu de temps gagné, il faut alors replonger les mains dans les moufles de duvet pour tenter de les ranimer au plus vite.

Nous sommes effrayées par la lenteur de nos préparatifs : après cinq heures d'activité ininterrompue, nous voilà sur le départ. Il est onze heures du matin, il fait à peine jour.

Pour avoir une meilleure idée de la situation, nous montons sur une crête pour scruter l'horizon : partout ce n'est que chaos. Imaginant que la glace est moins accidentée vers les terres, nous bifurquons quelque peu de notre cap et longeons l'île. Nous trouvons un chenal regelé. La glace fait une dizaine de centimètres d'épaisseur : c'est assez pour nous supporter à ski. Une aubaine que cette patinoire d'un kilomètre sur laquelle nous filons à bonne vitesse. Trop vite il faut déchausser car le chaos reprend : empilement de blocs bleus aux arêtes vives. C'est la glace formée cet hiver, cassée par les tempêtes de décembre et janvier, qui, poussée par les vents et les courants marins, est venue se fracasser et s'accumuler contre les îles. Un décor de fin du monde et toujours les six points rouges tirant, poussant, portant de crête en crête leur charge. Les traîneaux ploient sous les chocs sans casser : je bénis le constructeur à chaque pas.

Je suis émerveillée par la farouche volonté de mes équipières qui, attelées à leur charge, arrachent le nord à la glace tourmentée, sans se plaindre ni se décourager, confiantes quand, persuadée moi-même, je leur dis que « ça va s'arranger ».

Pourtant, notre vitesse de progression est désespérante. A quatorze heures trente, le ciel couvert accentue la tombée de la nuit. Il faut déjà s'arrêter : nous avons tout juste doublé le cap nord de l'île où nous avons été déposées. A l'étape, le grand jeu consiste à estimer la distance parcourue. Flo et moi sommes toujours optimistes, Mary, plus réservée, donne immanquablement deux kilomètres de moins, Couni compte en miles, et nous faisons une moyenne en attendant la confirmation par Argos ou par la carte tant que nous sommes en vue des terres. Pour aujourd'hui, pas plus de quatre kilomètres et demi, et quelle dépense d'énergie pour en arriver là ! Nous restons très confiantes : il nous semble que nous n'allions pas moins vite que les expéditions dont nous avons lu les récits. Nous nous donnons encore deux jours pour traverser ce chaos. De toute façon, il faut bien en sortir, aucun avion ne pourrait venir nous chercher dans ce labyrinthe.

Pendant la marche, chacune a réfléchi aux moyens de réduire le temps de montage et de démontage du camp. Ce soir, nous nous organisons mieux. J'allège ma sacoche de chef en offrant une boîte de bière qu'il faut dégeler au bain-marie pour tenter d'en tirer quelques gouttes. A huit heures tout le monde est couché, sauf moi qui attends le contact radio : nous avons monté l'antenne trop loin de la tente et il me faut sortir pour appeler. Je tremble de froid, ce qui provoque l'hilarité sous la toile quand mes équipières m'entendent chevroter contre le vent : *« Li-i-i ma-a-a, Hô-o-o te-e-el... »* La liaison est encore mauvaise. Huguette peut nous donner notre position et je parviens au moins à la rassurer sur notre sort.

Avant de me coucher, je balaie de ma lampe le floe minuscule de notre bivouac, cerné par les blocs chavirés de la jeune banquise fracassée. Le ciel est couvert et mon faisceau de lumière donne à ce décor fantastique un aspect encore plus dantesque. Tous les récits racontent l'enfer des glaces côtières. Je m'y attendais, j'avais prévenu mes équipières et j'imagine d'autant leur désarroi que moi, qui travaille depuis dix ans sur les régions polaires, je suis sidérée par ce chaos : même si on l'a lu, même si on l'a vu en photo, il faut se trouver au cœur de cet océan force 8 gelé pour s'ôter définitivement de l'esprit l'idée que la banquise puisse être une patinoire. Ce soir, jaugeant dans la pénombre les formes massives de l'horizon infernal, je ne peux m'empêcher de penser : « J'espère que ça n'excédera pas deux jours ! »

15

L E sac de couchage est le seul endroit chaud de la nuit :
nous y enfouissons tout ce qui doit dégeler ou être main-
tenu à température positive : gants, moufles, passe-montagnes, chaussons de ski... Ce soir, en prévision du petit déjeuner,
chacune a hérité d'une bouteille Thermos, sauf moi dont le privilège est de partager ma couche avec l'émetteur radio, deux fois
plus encombrant, glacé et terriblement anguleux !

Mais quel bonheur le lendemain matin, 24 février : le café est
servi fumant et la transmission radio est presque audible. Avant
de nous mettre en route, nous envoyons une confirmation codée
au moyen de notre balise Argos : *« Progression difficile cause
glace. »*

Le message sera sans doute le même ce soir : le chaos s'intensifie encore. Au détour d'une crête, nous trouvons un chenal fraîchement regelé, large d'une centaine de mètres. Je rechausse mes
skis et m'avance sur la glace toute nouvelle pour sonder au piolet.
Trop mince, trop frais, on ne peut s'y risquer. Ce qui était eau
libre il y a quelques heures a figé mais n'est pas assez consolidé
pour supporter notre passage. Le vent pousse cette pellicule de
glace qui se fragmente sur les bords. Nous regardons et écoutons,
fascinées, cette leçon de glaciologie grandeur nature. La glace
cassée s'accumule sous la pression et forme un embryon de crête.
Nous ne passerons pas, il faut contourner le chenal et nous
replonger dans le chaos.

Étrange situation que celle de leader : parallèlement à l'exaltation personnelle que me procure cette bataille, je me sens gagnée

d'heure en heure par un sentiment de culpabilité vis-à-vis de mes équipières, qui repousse bien loin derrière mes propres peurs et mes propres douleurs. Je me sais mue par ma passion, mais elles, pourquoi les ai-je entraînées dans ma folie ? Avaient-elles conscience que ce serait si éprouvant ? Je n'ai plus qu'une idée : les sortir de ce chaos dans lequel je les ai mises et maintenir coûte que coûte leur moral d'acier que ne semble pas encore avoir altéré ce travail de fourmi, pourtant désespérant.

Inutile de vouloir prendre un cap, il faut louvoyer dans ce dédale gigantesque et chercher, entre les obstacles, le passage le plus bas où le traîneau pourra s'infiltrer au prix de multiples contorsions du haleur et du halé. Seul un matériau aussi extraordinaire que le Kevlar peut résister à ces flexions, torsions, tensions, que nous infligeons à nos doubles, à si basse température. Par endroits, coincés entre deux arêtes de glaces, ils se vrillent sous la traction, se déformant à l'extrême pour reprendre en souplesse leur galbe dès que l'étreinte est relâchée.

Si difficile que soit la progression, elle offre un spectacle de chaque instant au milieu de mille sculptures de glace. Dans les fantasmagoriques lumières de l'aurore crépusculaire, l'œil est saisi par la pureté des formes et les extraordinaires nuances de couleurs : du pastel au marine, du pervenche au turquoise, le désert blanc est une symphonie de bleus dans laquelle exulte l'imaginaire. Château fort de cinq mètres de haut, dolmen, cathédrale cristalline ou structure d'avant-garde, entassements anarchiques peuplés de monstres en ronde bosse et d'éphémères cariatides, compagnes d'errance de spectres statuaires : il n'y a pas deux blocs identiques dans la plastique polaire dégrossie au bulldozer de la dérive, ciselée au burin des tempêtes, polie au mitraillage du blizzard. Chaque soir nous réduisons nos ambitions, ne trouvant même plus dix mètres de plat pour le bivouac, dans cet immense chantier où la glace, brisée, concassée, broyée, déchiquetée, s'empile à l'infini de ce bouleversement titanesque à géométrie variable.

A quinze heures trente il fait nuit : il faut s'arrêter. Nous avons peut-être fait un kilomètre vers le nord, vers cette île qui nous nargue. Deux cents mètres à l'heure : des pas de lilliputien dans un univers de géant. Émerveillée de leur constance, n'arrêtant pas de dire à mes équipières qu'elles sont très bonnes, j'imagine avec un frisson d'horreur combien il serait légitime si leur patience venait à fléchir et qu'un vent de mutinerie se lève sur le chaos, qu'elles décident de me précipiter dans le premier chenal venu ! Au lieu de cela, malgré le froid pénétrant jusqu'aux os, obligeant à taper des pieds en permanence pour y maintenir la vie, elles gardent le moral, s'obstinant de bon cœur dans les tâches difficiles, s'amusant encore de nos maladresses et de nos malheurs.

Quand à l'étape, ce soir, je constate que malgré les pauses pendant la marche, j'ai ma ration journalière de barres énergétiques intacte en poche, j'en conclus que pour en oublier de manger, je ne vis sans doute pas les événements de la même façon que mes compagnes : exaltée, soucieuse de leur santé physique et morale, absorbée par ce combat pour trouver le chemin, je laisse à l'arrière-plan mes préoccupations personnelles.

Pour mener cette lutte constante contre le froid, contre la glace, contre le matériel et contre soi-même, je sais combien mes équipières prennent sur elles, dans un formidable climat d'entraide qui n'est cependant pas exempt de meurtrissures : aux limites des possibilités humaines, il ne faut pas grand-chose pour ragaillardir ; inversement, un rien peut blesser. J'en ai la preuve ce soir. Couni et moi sommes les seules — donc en extérieur — à chercher un peu de chaleur et de bonheur dans le tabac. Notre fumoir à la belle étoile possède un siège que nous nous partageons : le jerricane d'essence. Ce n'est pas par propension à jouer avec le feu : ce bidon est, de tout notre matériel polaire, le seul objet sur lequel on peut s'asseoir à même hauteur que sur une chaise. En dehors de cette aubaine explosive, nous sommes toujours debout, accroupies, à genoux ou assises à ras de la glace. Or donc, je rejoins Couni qui fume, tenant sa cigarette à deux mains entre ses grosses moufles, le port princier, drapée dans ses épaisseurs de duvet, installée sur le jerricane comme Mme Récamier sur son divan. Je ne peux m'empêcher de sourire, l'entendant supplier à haute voix, les yeux perdus dans l'aurore boréale et le clair de lune : « Maman ! viens me chercher ! » Son expression mi-figue, mi-raisin me pousse à l'interroger sur les raisons de sa détresse. Pauvre Couni ! Les autres innovaient ce soir le changement de chaussures à l'intérieur de la tente à peine montée. Quand elle demanda une petite place, on lui répondit que c'était plein. Rejetée de la communauté, notre Québécoise en larmes s'en alla sur son traîneau pour se déchausser. Seule, elle n'en venait pas à bout et s'obstinait sur une guêtre récalcitrante, essayant de se persuader, entre deux sanglots, que tout le monde était fatigué, qu'elle ne pouvait compter sur personne, qu'elle devait s'en sortir toute seule, et que « dans l'Arctique, il faut être autosuffisant », « la Maudite » le répète assez souvent.

Entendant cela et imaginant les « Maman, viens me chercher » que d'autres doivent taire au fond de leur capuchon, comment ne serais-je pas émue et culpabilisée au point d'oublier peur, froid, faim et douleur, et de vouloir épargner mes équipières en ne partageant pas toujours mes profondes inquiétudes ?

C'est ce qui me pousse, le lendemain matin 25 février, à ne rien leur dire quand, enroulant l'antenne radio, je découvre des traces d'ours toutes fraîches qui longent le câble et s'arrêtent à quelques mètres de la tente. Je suis étonnée : ce que nous appelons le « périphérique extérieur », alias le cercle des traîneaux, a dû décourager et effrayer notre visiteur nocturne. Je ne montre les impressionnantes empreintes qu'à Mary, constatant avec elle que dans la marque d'une patte nous pouvons mettre côte à côte deux de nos chaussures de ski ! Par précaution je m'assure simplement que chacune de nous garde bien à portée de la main les pétards, destinés à tenir en respect les plantigrades trop curieux.

Aujourd'hui est une bonne journée. Dans ce désert polaire, nous avons droit à un oiseau et au soleil... Une féerie après ces trois semaines sans le voir : disque rouge flambant neuf, irradiant d'orangé, pour deux minutes seulement, les jaunes nimbés de rose de la pâle lumière arctique. Nous sommes pétrifiées par cette apparition si fugitive et comme réchauffées malgré les − 30° C. Le soleil, c'est la vie ! A cet instant j'ai un flash dans ma tête de civilisée : je vois les présentateurs météo de la télévision qui, quand croissent et décroissent les jours, nous psalmodient sans que nous y prenions garde : « Demain, deux minutes de soleil en plus ou en moins. » Personne ne sait le bonheur procuré par deux minutes de soleil... en tout.

Belle journée, mais petite journée : à peine trois kilomètres. Nous n'avons toujours pas dépassé l'île. Chaque soir, la vie devient un peu plus difficile. Dès la première nuit, nos lampes frontales ont lâché. Équipées pour fonctionner à $-50°$C avec piles et fils spéciaux, elles ont une faille : un centimètre de fil normal qui, à $-30°$, casse comme du verre. Nous avons des bougies, ce qui permet de donner un peu de lumière dans la tente. Les liaisons radio sont toujours mauvaises : l'assistance s'étonne de notre lenteur et nous communique des positions catastrophiques. Soir après soir, les cadeaux culinaires de la sacoche du chef se sont épuisés. Pour fêter la constance du chaos qui n'a d'égale que celle des « femmes pour un pôle », nous trichons dans la répartition des rations, avançant de quelques jours la tournée lyophilisée de langouste aux épinards. Dans l'ambiance toujours très animée et la lumière de plus en plus tamisée, si dès ce soir nous parlons avec envie du prochain ravitaillement, c'est que nos gants et nos vêtements commencent à ne plus dégeler. Nous passons un temps inouï, chaque jour, à les brosser énergiquement pour en éliminer la glace. A l'étape et sous la tente, l'incessant concert de chaussures cognées l'une contre l'autre confirme qu'il n'y a que pendant la marche que nos pieds se réchauffent. Quant à nos mains, à force d'ôter les gants pour deux secondes, les inconscientes-impatientes, au nombre desquelles je suis, après quelques jours de constante onglée, ne sentent plus leurs doigts qui ne sont qu'une cloque. Nos sacs de couchage, humidifiés par la condensation, deviennent des gangues de glace et sont beaucoup moins isolants. Au début, pour avoir plus de place, nous dormions tête-bêche dans les chambres : ce soir, les sardines sont dans le même sens, préférant à l'espace le peu de chaleur qu'elles peuvent espérer gagner ainsi dans la présence massive de la voisine. Lorsque le ciel est dégagé, nous sommes gratifiées d'un clair de lune et d'une aurore boréale mais en contrepartie les nuits sont beaucoup plus froides que par temps couvert : près de $-40°$C.

Nous dormons mal. Sur les conseils des psychologues, tous les soirs nous « randomisons » : pour éviter la formation de sous-groupes, nous introduisons un élément de hasard en changeant la distribution des places dans les chambres de deux et quatre « lits ». Cela permet aussi de varier les condamnations : au froid contre les ouvertures, à la claustrophobie au milieu.

Lorsque la vie n'est plus que survie, elle se résume aux fonctions essentielles qui dans notre cas sont : dormir, marcher, manger, boire et éliminer. Les derniers éléments sont indissociables, perturbant les deux premiers. Manger, contrairement à ce que nous imaginions, n'est absolument pas une frustration puisque, dans le froid et la fatigue, le corps confond chaud et bon. Les rations très équilibrées permettent un transit régulier, à heures fixes, si possible le soir ou le matin. Cette opération n'étant pas du tout une partie de plaisir sous les latitudes polaires, nous essayons de la réduire en temps. Chacune fait cela très vite, à l'abri de sa grosse et longue doudoune qui n'en sort pas toujours indemne. Dans notre délire pour gagner du poids, n'avons-nous pas décidé de nous dispenser de papier : la neige ferait le même usage. Nul n'est besoin d'essayer dans son congélateur : à −30 voire −40°C, la ouate de cellulose reste douce tandis que la poudreuse, devenant cristalline et coupante, est... froide en diable. Contrecoup économique : pour ces premiers douze jours, la valeur la plus cotée en bourse est le mouchoir à jeter qui, même usagé, se revend très bien. Précisons que pour épargner les gants de soie, de cuir, de laine ou de duvet, l'opération se déroule généralement à main nue, responsable donc d'une partie de nos gelures ! Dans ce milieu où isolement est synonyme de danger, la pudeur est une valeur collective : toutes promises au même sort, nous ne pouvons que compatir quand, au vu et au su des autres, une lavandière en grosses moufles, à genoux pour réparer les dégâts, frotte à la neige son anorak que le vent a rendu malchanceux.

Si boire et sa conséquence directe rythment les jours et les nuits des expéditions polaires, c'est que pour maintenir la vie dans les extrémités du corps humain, il faut fluidifier le sang le plus possible, en buvant un minimum journalier de quatre litres de liquide, dont trois et demi « seulement » seront restitués à la banquise. Le drame, c'est qu'en dessous de 0°C, la vessie fonctionne au rythme de l'estomac, éliminant bol par bol les boissons absorbées. Un exemple : le matin, pendant la dernière demi-heure avant le départ, entre le moment où nous laçons nos chaussures et celui où nous bouclons la ceinture du traîneau, il peut y avoir jusqu'à trois interruptions. Ne parlons pas de la marche et de la traction ventrale : à six, il en est toujours une dans le besoin, nous sommes les « dames-pipi pour un pôle ». C'est tellement énervant que nous repoussons le moment fatidique : ces opérations ont donc toujours lieu en catastrophe. Ne désespérant pas de gagner un tour, chacune tarde à recommencer le déshabillage alors qu'elle vient à peine de clore la dernière intervention. Il y a, et il y aura encore, des accidents ! La nuit, la prestation est beaucoup plus périlleuse parce que non seulement subsiste le problème du jour, à savoir trois épaisseurs de collants ou pantalons, mais en plus, il faut prévoir l'extraction rapide des sacs de couchage, l'ouverture des portes et la ruée hors de la tente. Plus les jours passent, plus nous avons froid dans nos duvets et plus nous nous levons : nous en sommes à quatre urgences en moyenne par nuit et par personne. L'enfer ! Nouveau dilemme : boire ou dormir ; on ne peut même pas choisir puisque Flo et moi veillons, comptabilisant traîtreusement les gobelets absorbés par chacune.

La nuit est donc un défilé pénible, surtout dans la chambre de quatre où il faut ramper sur ses trois compagnes pour atteindre la sortie. Le leader est encore privilégié. Mes responsabilités me confèrent un sommeil des plus légers, aux aguets que je suis du moindre craquement de la glace ou des bruits de pas suspects. Il ne m'échappe donc aucun zip-zip de fermeture à glissière, témoignant des mouvements de la porte, ni aucun pas de mes compagnes à proximité de la tente. Il arrive que le sommeil l'emporte : c'est pire. Si j'entends les pas dans la neige mais que j'ai manqué le zip-zip, c'est forcément un ours. On imagine la suite : ou je tends l'oreille et finis par me rendormir ou je sors comme une furie, renversant au passage une équipière innocente.

Nous essayons chaque jour de gagner quelques minutes au montage et démontage du camp, en rentabilisant nos activités, mais comme nous passons de plus en plus de temps à brosser nos vêtements pris en glace, nous parvenons rarement à descendre en dessous de cinq heures et demie de préparatifs le matin (entre la sonnerie du réveil et le départ) et au moins autant le soir (entre l'arrivée et l'extinction des feux) ; ajoutons à cela huit heures de pseudo-sommeil : il ne reste pas cinq heures pour la marche, interrompue par la tombée de la nuit. C'est regrettable car, aussi difficile que ce soit, marcher est la seule activité qui réchauffe. Après une ou deux heures d'exercice, le corps est bien mais le jour décline déjà ; la progression étant impossible de nuit, il faut s'arrêter au plus tard à quinze heures trente, c'est-à-dire commencer à chercher un floc pour le camp dès quinze heures.

Aujourd'hui, 26 février, cinquième journée depuis le départ, cinquième jour de chaos : les skis sont toujours inutilisables et nous continuons à cheminer à reculons, tractant nos traîneaux directement à la main, nous retournant pour empoigner les cordes et tirer de toutes nos forces. Sans arrêt, il faut dételer pour aider la suivante ou la précédente à passer un obstacle plus difficile ou pour monter sur un bloc afin de chercher du regard le moins mauvais passage. Couni, notre « Œil de Lynx », partage souvent avec moi cette tâche tout à la fois stressante et exaltante qu'est la reconnaissance. Il faut courir partout, laisser nos charges pour essayer, à vide, de forcer une barrière de glace, escalader, anticiper dix mètres d'itinéraire impossible à reconnaître quand nous redescendons à nos traîneaux. Deux jugements valent mieux qu'un dans cet univers où nous ne sommes que microbes, où le jeu des glaces et des lumières donne toujours l'illusion qu'à côté ce doit être plus facile. Aujourd'hui, au cœur du monstrueux bouleversement, après deux nouvelles heures de désespérance dans le chaos, nous trouvons du plat : des chenaux regelés dont l'orientation, pour une fois, nous est favorable et que nous remontons presque droit au nord. C'est extraordinaire, nous pouvons marcher à la boussole à présent : nous doublons l'île qui nous a tant narguées. Que nos mères nous pardonnent ! Dans un geste des plus raffinés — pas forcément digne d'une équipe de femmes, mais tellement expressif — nous nous retournons en chœur vers cette ultime terre et lui faisons toutes un formidable bras d'honneur... sauf Mary, que quarante ans d'éducation rigoriste ont confinée dans une irréprochable élévation, la dotant d'une maîtrise gestuelle totale : je suis certaine cependant qu'elle n'en pense pas moins.

La journée se termine par un kilomètre de plat, sur de la banquise toute nouvelle. La nuit tombée nous contraint à l'arrêt sur un floe de glace jeune, peu épaisse et très fissurée. Peu importe, notre moral est au plus haut. Six kilomètres ! Nous avons battu notre record de distance journalière. Nous pensons être sorties du chaos.

Les traîneaux ont beaucoup souffert ; je les trouve héroïques tout de même. Nous nous en sortons avec un éclopé, celui de Flo : depuis quelques jours, elle l'appelait « N'a qu'un patin », ce soir il est devenu « Sans patin ». Toute une complicité s'établit entre notre traîneau et nous. Chacune lui a donné un nom. « Red Sun » pour celui de Mireille qui s'ennuie du soleil. « Mon petit chéri » pour celui de Couni qui le prend par la douceur. « Son of a gun » (fils de p...) pour celui de Mary qui, le verbe moins retenu que le geste, insulte le sien en anglais. Celui de Titi, après quelques refus devant l'obstacle, s'appelle « Attaque la falaise ». Le mien saute si bien de bloc en bloc sans casser qu'il est mon « Jolly Jumper ».

Je n'aime pas du tout le floe très mince et par trop fissuré sur lequel nous sommes installées ; aussi, après un mini-cours de glaciologie, Mary et moi définissons les grandes lignes du plan d'évacuation. Dans le chaos, nous étions sur des glaces jeunes, accidentées, mais bloquées contre les terres, donc relativement stabilisées. Ayant doublé l'île, nous sommes au large, dans un secteur de mouvement où la dérive peut être forte : c'est la zone dynamique, contact mince, fragile et animé, entre les glaces côtières fixées aux terres et la vieille banquise mue par le courant transpolaire. Chacune de nous semble avoir maîtrisé ses angoisses concernant l'ouverture possible d'une fissure sous la tente. Mary et moi, sans vouloir réveiller les paniques, rappelons à nos coéquipières que, si cela devait arriver, de jour comme de nuit, il faudrait être véloce et se donner toutes les chances de s'en sortir. Les consignes sont strictes : à l'étape, skis et bâtons sont rangés dans les traîneaux, ainsi que tout ce qui n'est pas utile dans la tente (rations, essence...) ; les sacs de couchage déjà bien pleins accueillent, pour des raisons de sécurité, tout ce qui peut permettre de survivre en cas de désertion brutale de la tente. En espérant que le premier réflexe sera de tirer sa couche hors de l'abri, les chaussures de ski (intérieur comme extérieur) dorment au fond du sac, ainsi que les guêtres et quelques paires de gants, partageant l'espace avec radio, Thermos, fusées de détresse etc. : on affiche complet ! En cas d'interruption momentanée du sommeil, quatre d'entre nous sont désignées pour avoir comme deuxième réflexe l'extraction d'un réchaud hors de l'espace cuisine, Titi se chargera du fusil et moi... de diriger les opérations. La perspective de passer une nuit en pyjama caraïbes et doudoune caca à cheval sur un glaçon dérivant n'a en soi rien de réjouissant, nous préférons toutefois en rire pour ne pas ternir notre joie d'avoir quitté les terres. A la radio, étant captées un sur cinq par l'assistance, nous avons bien du mal à faire comprendre à Huguette qu'il faut transformer les lampes restant à la base pour supprimer le fil cassant, que nous avons besoin de bougies et de gants. Les mots supportent plus ou moins bien le voyage à travers les ondes. L'échange radio devient un épuisant dialogue de sourds :

« ... *Des quoi ? A toi.*

— *Des gants, je répète : des gants. A toi.*

— *Des "an" ? A toi.*

— *Non des gants avec un G comme golf. A toi...* »

A la base, Huguette enregistre intégralement toutes nos transmissions qu'elle réécoute au casque après coup. Ce n'est qu'au dixième passage de la bande qu'elle comprendra que « golf », qui n'a pas vraiment lieu d'être sur la banquise, est le G dans l'alphabet radio international et va avec ces « an » qui semblent devenus indispensables à notre vie.

La sacoche du chef ne comporte plus que des cadeaux culturels pour soutenir les troupes : nous avons un petit magnétophone nécessaire au programme psychologique pour enregistrer des conversations. J'ai pris à ma charge la cassette préférée de chacune puisque, dans le souci d'allégement collectif, elles y avaient toutes renoncé. Comme nous n'avons pas de haut-parleur, les concerts en écouteurs sont individuels, au fond du duvet. Économie de batterie oblige, nous n'avons droit, chacune, qu'à dix minutes d'écoute... tous les six jours : ce soir c'est Titi qui s'endort en musique.

16

LE petit déjeuner du 27 février nous apporte la confirmation de la jeunesse et de la minceur de la glace qui a supporté sans faillir notre bivouac : le muesli chaud est... salé : la neige dont nous avons tiré l'eau hier soir était vraiment proche de la glace dont la salinité est inversement proportionnelle à l'âge, donc à l'épaisseur.

Encouragées par la progression de la veille, nous nous démenons pour tenter de battre notre record de pliage de camp : cinq heures, malgré tous nos efforts ! Chaque matin il y a un imprévu qui retarde le départ ; aujourd'hui nous ne pouvons nous mettre en route sans tenter de réparer le traîneau de Flo : nous utilisons la technique esquimaude en colmatant les fissures avec de l'eau qui fait patin en gelant. Comme hier soir nous avons terminé par du grand plat, nous décidons ce matin de démarrer à ski. C'est épouvantable, nos doigts sont tellement cloqués et rendus insensibles par les gelures qu'il est impossible à Titi, Mary et moi de boucler les courroies de nos fixations. Flo, les mains encore intactes, se dévoue pour une tournée de serrage de sangles en gants de soie. Chausser les skis nous a demandé une demi-heure. Nous parcourons cinq cents mètres et, contrairement à nos espérances, la banquise, de nouveau accidentée, nous contraint à déchausser ; nous l'avions vue plate jusqu'à l'horizon : l'Arctique est parfois pénible pour les illusions d'optique qu'il provoque. Nous reprenons à pied. La glace est bonne malgré tout : quelques crêtes à passer de temps en temps, confirmant l'impossibilité de skier, puis de longues tirées de plat, pour lesquelles nous ne voulons plus prendre le temps de rechausser.

Pour la première fois depuis notre départ, nous pouvons marcher côte à côte deux par deux. Je suis en tête avec Mary, lui confiant mon exaltation face au large : j'ai de moins en moins besoin de prendre le cap à la boussole, ce qui signifie que je peux viser très loin et qu'il n'y a donc plus de chaos. Le visage de Mary m'amuse. Elle est la seule avec moi à ne pas porter de passe-montagne : nous avons opté pour la chapka en fourrure polaire* qui, si elle ne protège pas l'intégralité du visage, a l'avantage de garder très chauds le front, la tête, le cou et les oreilles tout en permettant de ne pas étouffer. A l'expiration, l'air chaud chargé de vapeur d'eau condense et gèle, se fixant sur le premier support venu qui, chez Mary, est le fin duvet au-dessus de la lèvre supérieure : dotée d'une imposante moustache de givre, faussaire dans notre expédition féminine, elle se transforme d'heure en heure en amiral Peary. Celles qui portent des passe-montagnes repoussent la condensation plus haut, c'est-à-dire aux cils : plus ils sont longs, plus ils accumulent de givre. Le maquillage polaire est d'une extrême beauté : Couni est de loin la plus réussie, arborant des cils de biche. A l'en croire, ce n'est pas un cadeau sous ces latitudes : le givre accumulé pèse sur les paupières et finit par coller les yeux quand le paquet de glace du haut rejoint celui du bas. Il lui faut donc régulièrement se déganter pour tenter, en posant un doigt nu sur l'œil fermé, de faire fondre la glace. Essayant de le limiter en enduisant ses cils de vaseline, Couni parle du phénomène comme d'un véritable fléau tandis que nous nous gaussons de sa coquetterie banquisarde. Il faut dire que notre Québécoise pousse le raffinement jusqu'à jouer avec les pièces de notre uniforme au point de réussir, en ayant strictement les mêmes vêtements que nous, à être originale et à changer d'allure tous les matins. Retournant ses passe-montagnes pour simuler toute une collection, variant les coordonnées avec chapka ou cagoule de

---

* Jersey de fibres synthétiques dont les poils de deux centimètres se comportent comme une fourrure animale, maintenant au contact de la peau une couche d'air à la température du corps : remplace très avantageusement la laine.

soie, poussant le luxe jusqu'à retrousser le poignet de ses moufles afin que la doublure vienne en rappel de la fourrure du capuchon, Couni est à elle seule un fantastique défilé de mode, tandis qu'avec la même garde-robe, pour ne citer qu'un exemple, le chef est minable en faux aviateur des années 20 : lunettes de ski en serre-tête pour tenter de retenir la chapka éternellement de travers, goutte au nez figeant sur la fermeture à glissière de l'anorak, pantalon tombant sous la traction de la ceinture, le menton râpé par le frottement répété du col gelé du blouson de fibre polaire, à force de ne pas vouloir étouffer sous un passe-montagne.

Je ne comprends toujours pas qu'on puisse supporter cette coiffure. Je ne peux nier le grand bonheur que sont les cinq premières minutes de port d'une cagoule : la laine vierge extérieure et la pure soie intérieure procurent une sensation de chaleur et de douceur exquises sur le menton, les joues, le nez et le front. A la sixième minute, par −30°C, le passe-montagne commence à se mouiller. Le froid et le vent l'emportant sur l'haleine, à la fin de la journée, c'est un casque intégral durci par le gel qu'il faut retirer. Une nuit au fond du duvet lui redonne forme et souplesse : c'est pire le lendemain matin quand on enfile sur sa tête une parure, chaude, certes, mais trempée. L'humidité a gagné l'ensemble du bonnet, c'est le moyen immanquable de se geler les oreilles, ce qui n'arrive jamais avec la casquette fourrée qui est plutôt ventilée. Inutile de dire qu'à deux contre quatre, les passe-montagnes inutilisés, donc secs, des adeptes de la chapka sont extrêmement convoités par les fidèles invétérées du heaume laineux glacé. Ils se vendent très cher : au moins deux pains de guerre ou un caramel Mackintosh, *nec plus ultra* de la confiserie de l'expédition.

Chacune gère comme bon lui semble son capital gants : trois paires en soie, une en laine (tout empreinte d'amour maternel puisque tricotée pour chaque équipière par la mère de Titi), une en peau, une en gros cuir doublé, auxquelles il faut ajouter les moufles, en fourrure polaire, en Goretex à deux doigts, mouffles-pyjama en duvet ou fantastiques « antarctica » dont la taille, l'épaisseur et la rigidité confèrent une dextérité de manchot. Toutes les combinaisons, superpositions et rotations sont permises : c'est clair, il n'y a pas de tiercé gagnant. Rien dans cette collection d'hiver n'est franchement mauvais ; l'inefficacité générale est strictement liée à la durée d'utilisation : au bout de deux heures, quelles que soient la matière et la forme, aucune de ces protections ne résiste au fléau de la condensation. C'est un inéluctable phénomène physique : l'air chaud contient plus d'eau que l'air froid. Au passage de l'un à l'autre (des 37°C du corps aux − 30°C de l'environnement), l'eau en excès se dépose, humidifiant à souhait les premières couches isolantes, qu'elles soient anoraks, sacs de couchage, chaussettes, bonnets ou gants. Puisque nous ne pouvons rien sécher, de jour en jour l'humidité gagne, figée par le gel dans les vêtements transformés en carapaces. Nos moufles et dérivés sont des gangues de glace qui, même retirées, gardent la forme de la main serrant le bâton de ski. Une misère insoluble : l'idéal serait d'avoir des gants « à jeter » changés toutes les deux heures. Au lieu de cela, il faut instaurer un roulement en essayant de réchauffer un jeu complet dans son sac de couchage, les gants de soie au contact du ventre, et tout le reste plus ou moins près du corps, diffusant, nuit après nuit, un complément d'humidité que capturent nos duvets. Au quatrième jour, malgré les brossages intensifs, les moufles en fourrure polaire, si confortables quand elles sont sèches, se voient interdire l'accès de l'intérieur du lit : transformées en boules de glace, elles n'ont plus droit qu'à une remise en forme nocturne au « pressing », écrasées entre nos deux matelas de montagne. Nos rêves virent au délire de gants secs !

Ce 27 février est la plus belle journée depuis nos débuts. Il fait − 26°C, le ciel dégagé nous offre nos quelques minutes de soleil, le vent n'est pas très fort et surtout, surtout, nous parcourons douze kilomètres : l'île et le chaos sont loin, j'écris : « Victoire ! » dans mon livre de bord.

Le muesli sera sans doute salé demain : la nuit nous a surprises dans une zone de glace encore bien mince. Cette belle progression regonfle notre enthousiasme mais la vie arctique n'est pas tendre pour autant. Mireille, qui a tenu bon dans les chaos, y gardant le réflexe « photo » malgré les difficultés, recommence comme au camp de base à trouver pénible et insurmontable ce froid qui dévore toute son énergie. Ce matin à la radio, Huguette a parlé d'un possible parachutage de matériel dans les jours à venir : nous lui avons demandé d'ajouter aux gants, lampes et bougies deux journées de rations. Pour nous toutes, ce complément de nourriture est l'assurance de traverser la zone dynamique, permettant si nécessaire de différer le ravitaillement par atterrissage pour qu'il ait lieu en sécurité sur les glaces épaisses. Pour Mireille, ces deux rations supplémentaires signifient deux jours de souffrance de plus que la limite qu'elle s'est fixée, dans son intention d'abandonner au premier ravitaillement. Impossible de la persuader que le pôle seul doit être son objectif : malgré le soutien de toute l'équipe, elle a perdu confiance en elle et baisse les bras : c'est trop dur, trop froid.

C'est vrai que nos sacs de couchage sont trempés et glacés. Aller au lit n'est même plus un réconfort : personnellement, c'est dehors que je me sens le mieux et, volontaire pour les tâches extérieures, je retarde toujours plus le moment d'entrer dans la tente. Titi, qui avec assiduité et ténacité gagne deux fois par jour la bataille variablement longue de l'allumage des réchauds, expérimente avec Mireille et d'autres le réchauffement mutuel des pieds sur le ventre de la voisine. Elles en disent grand bien ; jusque-là je n'ai pas essayé, préférant encore le sprint autour de la tente en moulinant des bras pour maintenir la vie dans mes extrémités.

Flo a pensé aussi à prendre des petits cadeaux : quelle merveilleuse idée que de nous offrir de minuscules bougies fantaisie, permettant d'économiser nos derniers bouts de chandelles ! La vie quotidienne à l'étape est ponctuée de petits malheurs que notre état de fatigue, notre stress, le froid, l'étroitesse de l'abri et l'absence de lumière ne font qu'aggraver. Nous avons toutes quelques doigts cloqués et totalement insensibilisés par le froid, ce qui ne fait qu'accentuer notre maladresse. Seule Couni est pour le moment épargnée par les gelures ; elle est promise ce soir à d'autres cruautés : dans la pénombre et le brouillard de la tente, assise dans son sac de couchage, elle ne voit pas qu'elle verse l'eau de la Thermos à côté de sa ration. Elle ne le comprend que lorsque le liquide bouillant, traversant les couches de duvet des sacs et des vêtements, atteint finalement sa cuisse. Elle hurle de douleur mais, enfouie dans toutes ces épaisseurs, il lui est impossible de soustraire sa jambe à la pression brûlante du cataplasme de plumes. Quand elle parvient à retirer ses vêtements, c'est trop tard : une brûlure à vif de vingt centimètres sur quatre a entamé sa cuisse et, désolation, ses trois pantalons et ses deux sacs de couchage sont trempés et ne vont pas tarder à prendre en glace.

Flo soigne la plaie tandis que je propose à Couni mon pantalon de duvet puisque le sien est inutilisable. Il faut que j'insiste beaucoup pour qu'elle accepte que je me défasse de cette garantie de chaleur : par −30°C, dans des conditions aussi précaires, alors que nous ne possédons que le strict minimum, il est beaucoup moins difficile de donner que de recevoir !

Au réveil du 28 février, le temps est mauvais : −29°C, rafales de vent de 40 kilomètres-heure, ciel couvert et visibilité très réduite. Le doute s'installe en moi. En arrêtant hier soir, j'ai fait le point à la boussole en prenant le cap sur les îles : la plus septentrionale, celle du bras d'honneur, était à notre gauche ; ce matin, il y en a une à notre droite qui lui ressemble. Perplexe, j'appelle Couni à la rescousse puisqu'elle était avec moi pour les visées. Nous tombons d'accord : ce doit être une autre terre de l'archipel, d'ailleurs en fixant bien dans le brouillard, ne devine-t-on pas l'île doublée avant-hier ? Je m'exclame : « Seule dans ce pays je deviendrais marteau ! » Pour achever de me convaincre, je reprends à la boussole le cap de nos traces de la veille. Elles vont bien vers le sud : nous n'avons pas bougé, sinon nous l'aurions senti !

A la radio, pensant à une erreur du centre de calcul, Huguette nous donne notre position relevée par Argos, beaucoup plus au sud que je ne pensais. Notre progression d'hier ne serait que de six kilomètres alors que nous aurions juré en avoir fait douze. Nous démarrons très tard, la météo est vraiment mauvaise, j'ai conscience que nous n'irons pas loin aujourd'hui mais, même si cela sous-entend cinq heures de démontage et autant de remontage, il faut plier bagage et marcher : la tempête se lève et il est impératif de trouver un floe plus solide pour le camp. Au moment du départ, en essayant de les enfiler, nous cassons pas moins de trois masques de ski anti-brouillard, tant le plastique est fragilisé par la rigueur de la température. De toute façon, ce n'est pas la peine d'insister : dans ce blizzard levant, après deux minutes, l'écran anti-buée se couvre d'un centimètre de glace, annulant toute visibilité.

Nous avançons assez péniblement contre le vent, vite arrêtées par un chenal ouvert : eau libre, tempête de l'est, île à droite. Il m'aura fallu trois heures pour l'admettre : c'est horrible mais tout concorde, nous avons reculé. La tempête nous entraîne vers le sud-ouest et si nous n'avons rien senti cette nuit, c'est que le morceau de puzzle qui a dérivé doit faire plus de cinquante kilomètres carrés. Le floe sur lequel nous nous trouvons est entouré d'eau, libre, noire. Un bref vent de panique souffle : Mary trouve un passage, je l'oblige à s'encorder ; elle tente de traverser sans sa charge, manque de tomber à l'eau, crie sans que je puisse la retenir :

« Vite, par ici ! vite ! vite ! »

Je la conjure de ne pas passer :

« Non, c'est de la folie ! On est six plus les traîneaux ! On n'aura pas le temps ! Il faut reculer ! »

Couni, effrayée par les ordres et contrordres, s'en prend à Mary en québécois :

« Ouôh un instant-là Mary ! Ça donne rien d'énerver l'monde en criant ! Quand c't'épeurant, t'es ben mieux d'nous expliquer. Moi j'passe pas tant qu'j'sais pas. »

J'essaie de calmer les esprits. Plus que jamais, le sang-froid est de rigueur :

« Bon ! Pas d'affolement, les filles ! La glace flotte même si elle bouge. Mettez vos doudounes et buvez un coup pendant que Mary et moi cherchons un pont. »

Nous essayons plus loin : trop tard, trop large. Nous sommes cernées par l'eau. La glace craque de partout : spectacle impressionnant et fascinant des crêtes gigantesques qui se forment sous nos yeux dans un bruit de grincement de porte. Les floes à l'entour du nôtre pressent, s'écrasent ou se repoussent avec la puissance de deux cents bulldozers : la pression broie les blocs, ceinturant le floe d'une barrière mouvante haute de deux mètres, rempart de glace dominant des douves marines aussi sombres qu'infranchissables. Nous ne passerons pas et la nuit tombe : il faut nous replier et choisir un camp. Nous sommes piégées, le choix est donc fait : ce sera au milieu du floe de vingt mètres de diamètre, qui heureusement est de la vieille glace de deux mètres d'épaisseur.

A peine avons-nous monté la tente que la banquise se fissure à dix pas de nous et le noir de l'océan apparaît sous forme d'un chenal qui s'écarte sous nos yeux. Amertume et désappointement. Nous sommes microscopiques dans cet enfer de glace et voilà que cette pseudo-rivière vient s'ouvrir à notre porte ! Un mauvais film d'horreur en noir et blanc. Il me reste assez d'humour dans ma rage pour lancer à la ronde : « Sortez les cannes à pêche ! » En un quart d'heure, le chenal est refermé. Ma seule consolation est de me dire qu'en cas de nouvelle pression des glaces, c'est cette fracture prédécoupée qui cédera en premier, nous laissant peut-être une chance de dormir au sec.

Le moral des troupes est au plus bas : tout le monde a froid, il fait −38°C et le vent nous transperce. L'une après l'autre nous arrivons à nos limites. Titi, qui habituellement veille au feu autant qu'à l'ambiance, essaie de se réchauffer en s'enfouissant dans son duvet sans demander son reste. Flo éclate en sanglots, constatant que ses doigts sont complètement morts à la suite de son généreux dévouement d'hier pour boucler nos fixations. La détresse de cette gamine au bout d'elle-même est pathétique :

« Non seulement je ne suis pas utile à la collectivité mais en plus je ne suis même pas autosuffisante ! »

Nous l'aidons à se déshabiller et à se coucher. Mireille tient un bon moment aux travaux extérieurs puis rejoint les deux autres sous la tente et se glisse en silence dans son duvet. Avec Couni et Mary je ferme les traîneaux, épuisant mes calories et ma patience à manœuvrer maladroitement les cordes et les mousquetons avec mes doigts morts. Quand je rentre, congelée, les mains paralysées de froid et de douleur, ne réussissant pas à dénouer mes lacets, je m'allonge hors de mon sac, tout habillée, incapable de réagir : il ne faudrait pas grand-chose pour se laisser aller à l'engourdissement ! Mary rentre à temps, m'enlève mes chaussures et me

162

réchauffe les pieds. C'est en moi que j'ai froid et je ne peux retenir quelques larmes. Le cœur n'y est plus, l'équipe a bien triste allure.

Couni entre et à voix basse me demande un pétard. Mon sang ne fait qu'un tour. Je sors de ma torpeur, me rue hors de la tente avec elle, gratte le soufre en criant : « On ne panique pas ! », lance l'artifice en direction de l'ombre qui ne bouge pas. Ouf ! ce n'était qu'une crête. On en rit... jaune. Je comprends la frayeur de Couni : dans la nuit noire, on ne voit que de vagues ombres entourant la tente. Pour le coup, je suis ressaisie et m'attelle à la cuisine avec les deux Canadiennes.

Il fait noir, nous n'avons plus qu'une bougie : je rassemble mes forces pour tenter d'en préparer une autre, en coulant les restes des bougies usagées. Je bricole à mains nues et mortes, volant la flamme au réchaud allumé pour fondre le reste de paraffine des petits godets qu'heureusement nous n'avons pas jetés. Je les maintiens à l'Opinel contre le feu : dix fois le godet tombe, dix fois je recommence car je n'ai rien à perdre mais tout à gagner. Où trouver sans lampe, dans notre matériel complètement synthétique, de quoi faire une mèche pour notre ultime lumignon ? C'est dans ces cas extrêmes qu'il est précieux d'être branquignole ! A mes deux compagnes valides s'escrimant sur les réchauds, je dis, plagiant Saint-Exupéry : « Les filles ! on pourra dire de nous : ce qu'elles ont fait, aucun homme n'aurait pu le faire. » Allumant non sans fierté la bougie de ma fabrication, je leur révèle que la mèche n'est autre qu'un cordon de Tampax : elle est plus vraie que jamais, la maxime « Bout du monde, bouts de ficelle. »

A force d'acharnement contre les réchauds, nous y prenant à trois, nous avons fini par faire l'eau pour ce soir et demain matin. Nous obligeons les autres à manger et à boire. Elles font pitié, pas un bruit, pas un mot. Chacune rumine ses angoisses et ses craintes mais préfère ne rien dire. Couny, Mary et moi avons eu un coup de fouet avec l'alerte de l'ours. Nous essayons de mettre un peu d'ambiance mais c'est plutôt affreux : dans le noir total, à peine trompé par la lueur vacillante, on croirait veiller un mort. Les desserts sont toujours pour deux. Nous réhydratons les

163

salades de fruits et les donnons à nos trois malades qui, à bout de forces, s'endorment sans y toucher, abandonnant notre part de ration dans le noir de leur chambre. Les trois valides n'ont pas complètement perdu le nord puisque l'une d'elles, gardant les pieds sur terre même sur un morceau de banquise, pour rompre le silence, s'écrie : « Les rosses ! elles se sont endormies avec nos desserts ! » Fausse désinvolture d'un chef qui masque mal ses anxiétés. Je me garde de dire que je n'ai pas la certitude que nous serons encore là demain. Impossible avec ce blizzard d'avoir un contact radio. Non sans arrière-pensées, malgré la difficulté qu'ont mes doigts à tenir un stylo, je m'oblige à griffonner quelques mots d'explication sur mon livre de bord, éclairée par les derniers sursauts de la bougie-miracle : « ... *Tout le monde est écœuré. C'est un désastre. Pas de radio. On s'endort transi, apeuré, l'oreille aux aguets, sans bougie. La misère dans nos duvets trempés.* »

Écrire « on s'endort » est encore preuve d'optimisme. Avant de me coucher, je fais un tour de ronde. Sans lampe on ne voit rien, le blizzard accentue l'obscurité de la nuit déjà tellement noire. L'œil s'habitue et finit par distinguer l'ombre des crêtes à dix mètres de nous. Au bruit du vent s'ajoute celui de la glace qui craque, frotte et se broie. C'est sinistre : mélange de hurlements de loups, grincements d'engrenages mal huilés, grondements de trains entrant en gare ou crissements de gigantesques cordages frottant un quai. Une impressionnante bande-son que je ne pense même pas à enregistrer. Je reste là, fascinée, médusée. Rien à voir avec l'Aïda, ma force 12 de la terreur : ce soir je n'ai pas « la » peur de ma vie, je suis avant tout inquiète pour mes équipières. Face au noir de l'inconnu dont je sais trop les déchaînements, je suis impuissante autant que lucide. A quoi bon paniquer, nous sommes des microbes aveugles pris dans une lutte de géants.

J'essaie de dormir, grelottant dans mon duvet glacé, l'oreille collée au matelas de fine mousse. A chaque coup de butoir encaissé par notre radeau de glace, à chaque bruit suspect je me lève comme Mary que je retrouve au moins cinq fois devant la tente. Nos craintes divergent pour un résultat identique. Mary a peur que le floe ne soit réduit en miettes tandis que je le pense assez solide mais si petit qu'il pourrait basculer et se retourner. Nous suivons l'évolution de la crise au bruit : quelle frustration de ne rien voir de ce cauchemardesque ballet du puzzle polaire ! S'il n'y avait dans le même lot celles des mes équipières, je me ficherais d'y laisser ma vie, ce n'est pas plus idiot que dans une voiture sur l'autoroute ! Je voudrais juste être éveillée, dehors, debout et voir ce qui nous arrive. Mary est croyante, moi pas : ce soir, la pensée est universelle. Comme tous les athées dans une situation extrême, m'en remettant au destin des forces naturelles, je ne peux empêcher la réminiscence d'un : « Mon Dieu, faites que ça tienne ! »

17

NOTRE floe a tenu vaillamment toute la nuit. Au matin du 1er mars, nous sommes encore là, il fait jour, nous y voyons plus clair : la tempête nous a repoussées au sud, l'île est toujours près de nous. Le paysage est méconnaissable, le froid a figé l'eau libre, refermant les chenaux parfois broyés en crêtes par l'étau de glace qui a resserré les pièces du puzzle.

La tente est sortie de sa torpeur : l'ambiance est même plutôt animée au réveil ! Il faut dire à notre décharge que nous avons très peu dormi et que, dans la panique d'hier soir, les plus valides n'ont pas forcément fait preuve d'un très grand sens de l'ordre. Conclusion : personne ne trouve plus rien. Titi, à la recherche des allumettes, rabroue Mireille qui lui dit avoir froid. Flo nous fait un joli numéro de colère sous prétexte qu'une de ses moufles a disparu. Les autres, tellement heureuses d'être vivantes, s'affairent à l'extérieur en attendant que passe ce nuage de mauvaise humeur.

La mise en route est lente : même si le vent est un peu tombé, les —38°C engourdissent notre ardeur à revivre. Après cette nuit d'épouvante, pour achever de remonter notre moral et pour la première fois depuis notre départ, la communication radio est parfaite. Nous, au bout du monde, et cette voix, dans la boîte orange, qui nous dit que la vie existe ailleurs. Elle nous annonce que l'avion venant déposer du carburant sur l'île va nous survoler dans quelques heures et nous fera un drop de lampes, de gants secs et de rations. Partagées entre le souci de ne pas affoler et l'envie de nous épancher, nous racontons brièvement notre nuit, exprimant pour la première fois notre lassitude à notre équipe d'assistance :

« ... C'est très dur, tu sais et je crois que tout le monde en a un peu ras le bol. On est très mouillées mais ça ira, ne t'en fais pas ! A toi. »

Dans le livre de bord où elle relate les conversations radio, Huguette ajoute un commentaire personnel : *« Je suis inquiète : c'est dur cette impuissance ! »* Elle ne sait pas la force des mots à travers les ondes, elle ne sait pas que nous avons les larmes aux yeux autour de l'émetteur, nous réconfortant et nous réchauffant au son de sa voix parfaitement reconnaissable. Elle ne sait pas que, la sentant anxieuse, nous essayons de la rassurer et qu'à force de lui répéter : « Ça va aller maintenant, la tempête est calmée », c'est nous que nous avons persuadées.

Mireille réagit différemment. La confirmation du largage des rations supplémentaires porte un coup définitif à son moral. Elle me demande si l'avion ne pourrait pas atterrir, elle est même prête à payer le supplément. Quelle détresse ! Elle doit trouver que je la brusque quand je tente d'extraire de son esprit un sursaut d'énergie à transmettre à son corps. Il faut qu'elle tienne encore quelques jours ; il est impossible au Twin Otter de se poser sur notre ridicule radeau de glace qui ne fait même plus quinze mètres quand l'atterrissage en requiert trois cents ; je suis certaine qu'après cette tempête, il n'y a plus un floe suffisamment long à deux jours de marche à la ronde.

Nous sommes encore occupées à plier le camp lorsque Mary s'écrie : « L'avion ! l'avion ! » Nous nous ruons sur la radio VHF et entrons en communication avec Ken, le pilote québécois, surpris de voir la tente encore montée :

« Kilo Bravo à Kilo Alpha, me recevez-vous ?

— Ken ! Ken ! Ça fait du bien de t'entendre ! hurlons-nous dans le micro, oubliant totalement les codes radio et faisant de grands signes en direction de l'avion.

— Pas vrai, les filles, il est midi ! Qu'j'aurais donc dû amener les croissants, avoir su qu'vous étiez encore au lit ! J'ai cinq colis pour vous autres ! Prenez pas peur, j'vas voler en rase-mottes cinq fois au-dessus de vous et droper un paquet à chaque. Y viennent dans l'ordre d'importance : d'abord les lumières et les mitaines (moufles), ensuite les rations, la malle (courrier), pis les cadeaux de l'assistance et d'l'équipage. A vous. »

Nous sommes amusées par l'accent mais surtout émues de cette présence vrombissante, humaine et amicale au-dessus de nous :

« Ken ! Peux-tu donner la météo et aller en reconnaissance au nord ? Essaie de voler très bas et repère les chenaux. A toi.

— O.K., les filles, on ira juste après le drop. Garrochez-vous au nord. J'vole à trente pieds et j'largue au sud de la tente. »

Impressionnante manœuvre qui réussit à chaque passage. Un seul paquet éclate, rempli de bonbons qui se dispersent sur la banquise. Nous ne saurons que plus tard que ce colis contenait la madone de Ken, médaille fétiche qui ne quitte jamais notre pilote superstitieux et qu'il nous destinait, pensant qu'elle pourrait nous être utile.

C'est Noël sur la banquise ! Hier j'aurais donné cher pour avoir des gants secs... en voilà ! Des bougies, des lampes, de la pâte pour allumer les réchauds, du chocolat, du courrier ! Ken part en reconnaissance vers le nord et nous fait le rapport en nous survolant au retour :

« Les filles, c'est pas très beau mais ça devrait passer. Prenez cap 350° et ça ira. Il y a des chenaux. Bonne chance ! Huguette vous fait dire "Bon courage". Avez-vous des messages ? A vous.

— C'est bon, Ken. Dis-lui que tout va bien, on va s'en sortir, la météo est favorable, on a retrouvé le moral. Merci à tous. Bon retour ! »

Le corps et l'esprit humains sont ainsi constitués que lorsqu'ils ont touché le fond, il ne faut pas grand-chose pour les regonfler d'énergie ! Nous rangeons nos colis en ne déballant que les gants, réservant pour ce soir le plaisir de découvrir nos cadeaux. L'un d'eux est assez lourd : nous l'ouvrons et trouvons six boîtes de Coca-Cola, offertes par l'équipage. Nous sommes extrêmement touchées de cette gentillesse et peinées d'abandonner ce présent sur la banquise mais, par —40° C, du Coca bien frappé est vraiment la dernière chose dont nous ayons envie.

Quel plaisir de jeter dédaigneusement au fond de nos traîneaux les gangues de glace qui nous servaient de gants et d'enfiler des moufles sèches et chaudes ! Il est treize heures quand nous nous mettons en route, foulant avec un plaisir vengeur les chenaux qui nous effrayaient hier.

Je suis déchaînée. Ken nous a annoncé une tempête du sud-ouest qui devrait freiner notre recul : tous les espoirs sont encore permis pour traverser la zone dynamique. Je n'ai plus qu'une idée : avancer, « bouffer du kilomètre » pour devancer la dérive qui en deux jours nous en a déjà pris quatorze. Nous marchons vite sur les chenaux fraîchement gelés. Pour gagner du temps, nous ne chaussons pas les skis, pourtant il le faudrait par sécurité. Il me revient une phrase que disent les coureurs de bois au Canada, à propos de ce que peut supporter la glace d'eau douce en fonction de l'épaisseur : « Un pouce*, un homme ; deux pouces, un cheval. » Il faut augmenter un peu pour la glace de mer, fragilisée par le sel. Par endroits, nous passons sur moins de trois centimètres d'épaisseur. Je ne brille pas mais n'en laisse rien paraître, ne voulant même pas sonder au piolet, trop contente de cette aubaine de banquise, mince, certes, mais... plate. Ces longues portées de pellicule de glace à peine figée ondulent au rythme de mon pas : dans ces zones pouvant atteindre cent mètres de large, aux limites de l'élasticité, je préfère que nous traversions l'une après l'autre, il n'est peut-être pas utile d'embouteiller les secteurs dangereux.

Il y a encore des chenaux ouverts : ils se devinent de loin parce que la vapeur dégagée par l'eau libre forme juste au-dessus d'eux ce qui s'appelle un « ciel d'eau », voile vertical de brouillard très localisé. Je n'aime pas cela du tout et il me semble en voir partout. La chance est avec nous, nous réussissons à passer entre les ouvertures sans devoir trop louvoyer.

Je n'ose plus me retourner. Si mes autres coéquipières semblent avoir retrouvé la grande forme, ce n'est pas le cas de Mireille. La tête enfoncée dans le capuchon de sa grosse doudoune, courbée en avant pour tirer sa charge, elle fait pitié ; quand je demande à Mary ce que cette vision lui rappelle, elle dit

* Un pouce = 2,54 centimètres.

spontanément ce que je pense : les photos tragiques des derniers moments de l'expédition de Scott au pôle Sud. Nous avons essayé d'alléger sa charge, d'autant plus que son traîneau, amputé des deux patins, accroche sur la jeune glace plate et salée. Que peut-on faire encore ? C'est en marchant qu'elle sera le mieux ! Ne plus vouloir affronter le froid vif et le vent en s'enfonçant dans son capuchon et en courbant l'échine est le signe qu'elle a déjà capitulé.

A la tombée de la nuit, après seulement deux heures de marche pour quatre kilomètres parcourus, un chenal d'eau libre nous fait obstacle et nous contraint à nous arrêter. Il y a deux floes jointifs et jumeaux : même dimension, même glace, même épaisseur. Aussi pénible que ce soit, pour nous qui sommes continuellement repoussées par la dérive, nous reculons pour installer le camp sur le floe le plus éloigné de l'eau : il semble à Mary et moi que le premier fera tampon s'il y a du mouvement cette nuit.

Pour bouger, ça bouge ! Nous sommes mieux installées qu'hier, mais tout craque à l'horizon. Du lointain nous parviennent comme des hurlements de loups : c'est le vent et la banquise ; la tempête redouble et disloque la jeune glace. Je reste un long moment dehors, guettant les crêtes. J'ai conscience du mouvement mais je suis incapable de dire si les craquements sont proches ou éloignés.

Avec les lumières dropées, la vie semble retrouvée. Même si je râle un peu lorsqu'on renverse une casserole d'eau sur mon unique pantalon de duvet, l'ambiance est bien meilleure qu'hier. Ce soir, dans l'orgie de lampes et de bougies, chacune lit son courrier. J'écris dans mon livre de bord : *« C'est formidable, on a du feu, du chaud au cœur, de la lumière, plein d'espoirs, ou d'illusions, je ne sais plus. »*

Il faut absolument traverser au plus vite la zone dynamique pour avancer le premier ravitaillement. La condensation est un fléau : les gants dropés à midi sont ce soir dans le même état que ceux portés une semaine. Nos sacs de couchage sont devenus des crêpes de glace et ont perdu leur pouvoir isolant. Titi, qui ne manque ni d'humour ni de sens pratique, pense qu'il faudrait des tubas pour respirer la nuit. Par instinct, nous nous enfonçons dans nos sacs, à la recherche de la chaleur. C'est une erreur : il faudrait au contraire avoir le réflexe, aussi froid que ce soit, de garder toujours la tête hors du sac pour expulser la vapeur d'eau. Pour cette huitième nuit, je suis recroquevillée dans la moitié inférieure — considérée comme sèche — de mon duvet-sarcophage. Au bout d'une heure, je remarque que mon rythme respiratoire s'est curieusement accéléré : je suis en train de m'auto-asphyxier dans mes émanations carboniques. Comme un plongeur qui cherche la surface, je remonte au plus vite vers l'ouverture en quête d'oxygène. Désormais, dans mon sommeil, je vais écouter non seulement les glaces et le vent mais aussi les respirations de mes amies : ce serait trop bête de finir dans son sac de couchage ! Cette nuit, pour nous éviter de sortir, nous avons instauré les toilettes sous la tente, dans l'espace cuisine : une mini-poubelle rose du plus bel effet ! C'est la queue toute la nuit, on joue à guichets fermés : un triomphe !

Malgré ces commodités, je sors encore souvent, inquiète, mais tant que je vois l'île je suis rassurée. De ma lampe je balaie les crêtes alentour et j'ai un terrible sentiment d'impuissance face à la nature. Belle, magnifique, grandiose, elle semble tout juste nous tolérer et nous le fait payer très cher.

Le lendemain matin, 2 mars, Titi, sortant la première de la tente, s'exclame :

« Nous voilà bien ! Cette fois-ci on a carrément accosté ! »

Je ne m'étonne même plus de voir que nous sommes de nouveau à l'ouest de l'île. Nous avons encore reculé et la tempête nous repousse contre la terre. C'est vraiment navrant mais nous ne pouvons qu'éclater de rire, quand je rappelle à Mary :

« Quand je pense qu'on avait dit : "Avec un peu de chance, on verra les îles longtemps, ce sera bien pour s'orienter" ! »

Notre deuxième réaction après un tour d'horizon visuel est un frisson dans le dos qui vient s'ajouter à la sensation de froid que procurent les −42° C de ce matin : des deux floes jumeaux d'hier, il n'en reste plus qu'un, celui sur lequel nous sommes installées. L'autre a été broyé. Une chance ou le flair ! J'ai de plus en plus conscience que nous aurons du mal à traverser la zone dynamique.

Nous commençons les activités de rangement. Au moment où

j'enfile mes chaussettes, la morsure du froid sur la peau me replonge deux jours en arrière. Je revois Mary me réchauffant les pieds dans la nuit d'épouvante. Un éclair de lucidité sous forme d'une question traverse mon esprit engourdi par la froidure : comment Mary, qui m'a dit avant l'expédition être sensible au froid au point d'avoir déjà eu des gelures aux orteils, a-t-elle pu rester en chaussures de ski, sans même dénouer ses lacets pendant toute cette soirée, alors que nous, qui a priori n'avons pas de problèmes, sommes incapables, chaque soir, de rester chaussées dans les coques rigides ? La pensée chemine dans ma tête : en fait, il y a au moins trois jours que je ne l'ai pas vue taper des pieds pour se réchauffer ; je me souviens qu'une fin de journée, elle marchait derrière moi : je n'ai pas eu le temps de la mettre en garde, elle a mis un pied, sinon deux, dans l'eau mais nous a assuré qu'elle n'était pas mouillée et n'a pas voulu que nous nous arrêtions. J'ai la certitude maintenant qu'elle a les pieds gelés et qu'elle ne dit rien. Mary est une dure, le marathon lui a appris à ne pas s'écouter ; à la base, elle a été capable de skier avec des ampoules ouvertes jusqu'à l'os avant d'accepter de se faire soigner par Flo. Il faut éclaircir le problème. Je conseille à mes équipières, après les très basses températures de ces derniers jours, de contrôler l'état de leurs extrémités, ce que nous sommes censées faire avec beaucoup de vigilance tous les matins. Je questionne Mary : d'après elle, tout va bien. Je demande à voir ses pieds : ils sont bleus jusqu'à la moitié. Elle doit rentrer.

Mary refuse :

« Je peux continuer puisque je n'ai pas mal. »

Le ton monte, je dois lui faire entendre raison :

« Si tu n'as pas mal, c'est qu'ils sont déjà morts, Mary ! Tu ne sentiras rien tant que tu seras au froid mais si tu continues, la gelure va gagner de jour en jour jusqu'à tes chevilles, puis tes genoux, puis ... (je m'emporte) tu veux finir cul-de-jatte dans une caisse à savon avec des fers à repasser ? Je n'ai pas le droit de te laisser comme ça. Les explorateurs amputés pour pieds gelés le furent parce qu'ils ne pouvaient pas rentrer à temps, il leur fallait marcher pour revenir au chaud. En 1986, quand on a un avion à disposition et que la base est à deux heures de vol, on ne peut pas se permettre de se faire couper les pieds. Même si c'est ton choix, je n'ai absolument pas le droit de le couvrir et ce, en tant que chef d'expédition. »

C'est la première fois que je brandis mon leadership comme arme. Je connais trop ce genre de raisonnements, je sais trop bien que j'aurais réagi de la même façon, cachant mon mal plutôt que de renoncer après tant de préparatifs. Rivolier me l'a dit avant le départ : « Et si c'est toi qu'il faut rapatrier ? » Je sais aussi que mes équipières auraient pris pour moi la décision que j'aurais été incapable de prendre, aveuglée par la déception.

Mary s'entête :

« Je me moque de mes pieds : ce qui est important c'est la banquise, l'expédition ; l'étude scientifique est à peine commencée ! »

Argument ultime, je me rue sur elle, l'attrape à deux mains au col de l'anorak et la secoue, ne mâchant, dans mes larmes de colère et de désolation pour elle, ni mes mots ni mes jurons :

« Mais Bon Dieu, Mary ! Tu as quarante ans ! Tu es complètement inconsciente ! Tu auras encore besoin de tes pieds, et tes filles d'une mère qui puisse marcher ! »

Mary pleure, moi aussi. Si ne n'est à l'amiable, ce sera d'autorité — bien que je répugne à en user — que notre doyenne rentrera au camp de base : ma décision est irrévocable, dût-elle passer pour un abus de pouvoir.

Je réunis mes équipières :

« Je vais demander l'avion. Il faut rapatrier Mary ; Mireille, tu pourras rentrer avec elle. Pour nous quatre, le problème est simple. A la suite de toutes ces tempêtes, les glaces jeunes de la zone dynamique ont été fracturées, le puzzle y est très lâche, donc le courant beaucoup plus fort : je ne cache à personne que nous aurons du mal à traverser. Première et optimiste solution : nous continuons en essayant d'être hyper-rapides, donc en allégeant nos traîneaux, l'excédent part avec l'avion. Deuxième solution, pessimiste ou réaliste : nous risquons de ne pas contrer la dérive dans la zone dynamique, donc nous choisissons de rentrer avec Mary et Mireille à la base, nous y restons trois jours pour guérir nos mains et alléger nos bagages, puis l'avion nous dépose sur la vieille banquise au-delà de la zone fracturée pour un nouveau départ à 82° Nord. »

La discussion s'engage. Unanimement, nous optons pour la première solution, préférant ne pas revenir au chaud de peur de ne plus jamais avoir la force de repartir au froid.

J'appelle Huguette à la radio ; ne sachant combien de temps la liaison sera audible je vais au plus pressé dans un style très laconique :

« *Mary a les pieds gelés, il faudrait la rapatrier. A toi.*

— *D'accord, je vais contacter Ken immédiatement. A toi.*

— *Nous sommes juste derrière la dernière île. Est-ce que tu peux me donner quand même la météo ? A toi.*

— *La météo n'est pas très bonne. On attend un vent de force 7 de direction nord-est. A toi.* »

Mon sang ne fait qu'un tour :

« *C'est très très mauvais pour nous alors ! Peut-être que ce sera un rapatriement de tout le monde. Je te rappelle dans un quart d'heure. A toi.* »

C'est dur à prendre comme décision. C'est dur à accepter pour toute l'équipe. Il n'est même plus question de délibérations collectives, c'est à moi que revient la sentence, dès l'instant où la sécurité du groupe est en jeu. J'ai dû me battre avec Mary pour qu'elle admette qu'on ne continue pas avec les pieds gelés, à présent je me bats avec moi-même, je dois baisser les bras. Les tempêtes ont eu raison de la glace nouvelle qui soudait les floes, à la place c'est l'eau libre, et ils dérivent sans aucune retenue sous l'influence du vent. S'il vient à souffler force 7 du nord-est comme l'annonce Huguette, ce sera le coup de grâce pour la zone dynamique : toute la glace sera disloquée, les floes les plus solides se retrouveront au large, direction le Groenland. Non, il faut rentrer tant que c'est possible avec notre propre avion : dans moins de deux jours ce serait la détresse et l'hélicoptère du gouverneur.

J'appelle Huguette pour confirmer cette décision qui est la plus grave de ma vie. Je m'éloigne de dix mètres pour chialer un bon coup, ces larmes-là m'appartiennent. C'est la consternation générale, nous reniflons toutes dans nos capuchons en rangeant nos affaires.

Au camp de base on s'affole. Huguette a si peu d'informations qu'elle voit tout en noir, d'autant plus qu'hier, au retour du drop, au lieu de la rassurer sur notre sort comme nous l'en avions chargé, Ken lui a confié : « J'ai pas osé le dire aux filles mais elles sont dans la marde (m... en québécois), j'ai peur pour elles. »

Huguette appelle les pilotes à Longyear. Ce n'est pas Ken qui répond mais Kora, le mécanicien norvégien ne comprenant pas le français. Elle s'emmêle, perd son peu d'anglais, retrouve dans la panique ses origines italiennes et lance au Scandinave :

« *Bisogno* (on a besoin, en italien) *rapatrimèn't* (qui, même avec une touche d'accent, ne veut strictement rien dire en anglais). »

Devant le manque de réaction de son correspondant, Huguette s'énerve, en français dans le texte :

« *Mais bon sang, Kora, tu dors, idiot ! Bisogno rapatrimèn't ! Tu comprends ! The girls, rapatrimèn't ! Vou ! Va me chercher Ken !* »

Au bout d'une demi-heure Huguette nous rappelle, toute l'équipe vient aux nouvelles autour de l'émetteur :

« *Bon, l'avion va partir : est-ce que votre floe est assez grand ? Essayez de le baliser avec les traîneaux et les skis. J'ai dit à Nils, le chef de base de Ny Aalesund, qu'on vous rapatriait. Veux-tu qu'il demande l'hélicoptère du gouverneur ? A toi.* »

Je hurle dans le micro :

« *Mais vous ne rêvez pas un peu ? Tout sauf l'hélicoptère du gouverneur ! C'est clair ? A toi.* »

Huguette essaie de me tempérer sans vouloir nous affoler :

« *Tu sais, d'après ce qu'il a survolé hier, Ken n'est pas certain de pouvoir atterrir ; en tout cas il a demandé aux pilotes que l'appareil reste à l'héliport, prêt à décoller. Nils est à côté de moi, il veut te parler.*

— Hello, Madeleine, are you sure not to want the hélico-co-co-co-co... »

Nils ne pourra jamais finir. Heureusement pour lui que les communications radio sont intermittentes, il ne sait pas qu'autour de l'émetteur, au cœur de leur détresse, des larmes gelées encore plein le visage, six « femmes pour un pôle » sont pliées en deux par un fou rire, reconnaissant à travers les ondes leur sympathique bègue qui, comme tous les autres, voit son défaut de langage s'amplifier avec l'émotion.

Je retrouve mon sérieux et mon calme pour répondre :

« Non, je vous assure, nous n'avons pas besoin de l'aide du gouverneur. Nous ne sommes pas en détresse ! Je pense que Ken pourra atterrir. Ne vous inquiétez pas, prenez votre temps, le floe tiendra encore un peu. »

Mary me montrant l'île et les crêtes me demande de rectifier.

« En fait, euh ! Mary dit qu'il ne faudrait pas traîner tout de même : nous sommes dans une zone de pression. Nous restons en stand-by (radio allumée en attente). *A toi. »*

Sur notre floe désespérément plus petit que ce que nous demande Ken pour atterrir, nous essayons de préparer une piste. Quand le pilote arrive, il la trouve bien trop courte et commence à tourner dans le ciel à la recherche d'une autre zone d'atterrissage. Contre toutes nos résolutions de ne jamais nous isoler sur la glace, Couni, que l'équipage guide par radio VHF, explore les alentours. Le ballet aérien dure vingt minutes. Vingt minutes d'hésitation, vingt minutes de suspense pendant lesquelles on ne sait pas si l'avion se posera. Ken, faute de mieux, se décide pour un floe assez voisin du nôtre. Il va opérer ce que, dans son jargon, il appelle un « touch and go » : simuler l'atterrissage pour éprouver la glace en la frappant avec les skis de l'appareil et remonter aussitôt. La piste est vraiment juste mais après trois manœuvres d'essai, il se pose. Nous savons qu'il ne restera pas longtemps sur la glace et nous pressons le pas pour le rejoindre avec les traîneaux. Quelques crêtes mêlées d'eau libre nous séparent de l'avion ; en traversant l'une d'elles, Mireille et moi mettons les pieds jusqu'aux genoux dans l'eau glacée : par —40°C, c'est la gelure assurée. Notre Provençale ne va pas bien et dans cette course vers le Twin Otter, elle fait une crise d'hypoglycémie. Ce n'est pas le moment de manquer de sucre : nous lui donnons de l'Ovomaltine et prenons son traîneau.

Les mécaniciens viennent à notre rencontre pour nous aider à tirer nos charges. Il y a tout de même un décalage notable entre la civilisation et la banquise. La première parole du premier être humain que je rencontre est, en anglais :

« Tu ne sais pas quoi, Madeleine, on a assassiné le Premier ministre de Suède ! »

Les bras m'en tombent : j'en lâche mon traîneau. Nous sommes au bout du monde, nous frisons la détresse, il relève du miracle que l'avion ait pu se poser, il en relèvera qu'il puisse décoller, nous sommes défaites, pleurnichantes et minables : pour nous c'est Waterloo, et le premier homme que je rencontre n'a rien d'autre à me dire !

Mon visage reflétant ma pensée, je ne prends pas la peine de traduire :

« Mon pauvre vieux ! Si tu savais comme je m'en tape, de ton Premier ministre ! »

Nos chevaliers servants, aux carrures de Vikings, empoignent nos traîneaux pour rejoindre l'avion et les massacrent plus en un quart d'heure que nous en huit jours. Plus nous approchons de l'appareil, plus nous sommes entêtées par les émanations nauséeuses de kérosène brûlé, provoquant des haut-le-cœur mais s'inscrivant définitivement dans notre inconscient comme « l'odeur de la banquise » !

Le copilote est gentil de me dire, voyant mes yeux rougis : « Tu sais, Amundsen s'y est pris en deux fois pour le pôle Sud ! »

Quant à Ken, le pilote, couvert des pieds à la tête de la poudre rouge des fumigènes qu'il a lancés par son hublot, il me serre contre lui et me dit simplement, en roulant les R dans son plus bel accent de Montréal :

« Nounours, j'ai eu la trrouille en maudit pourr vous depuis le drrop, pis là c'matin y avait rrien à vingt miles pourr s'poser, à parrt de c'floe qu'est tell'ment p'tit. Mais j'pouvais pas vous laisser dans la marrde alorrs j'te dis qu'ça : j'ai eu pas mal peurr pour nous autrres dans l'avion, pis on n'en est pas encorre sorrti ! »

Tapant avec ma grosse moufle l'épaule noyée dans son parka, une épaisse buée dans les yeux, je prends mon souffle pour répondre d'une seule traite :

« J'ai confiance, Ken, t'es un champion, en tout cas, merci. »

18

À pleine puissance, le Twin Otter arrive au bout du floe : au moment où je pense que jamais nous ne décollerons, qu'il va percuter la crête, l'avion quitte la glace et passe à cinquante centimètres du rempart qui ferme la trop courte piste. Nous survolons la zone où nous étions. Partout c'est de l'eau libre : une véritable débâcle, toute la jeune glace a été cassée, le puzzle est complètement démantelé. De notre floe sur la banquise je soupçonnais, sans le voir, ce qui défile à présent sous nos yeux. On est parfois bien inspiré ! J'ai confirmation d'avoir choisi l'option qui s'imposait.

Le voyage est d'une tristesse infinie. Mireille se remet doucement, elle a un pied glacé qui la fait horriblement souffrir et que nous déchaussons pour le réchauffer. Je suis tellement écœurée pour ma part que je juge inutile d'enlever mes chaussures mouillées.

Même si j'ai la certitude d'avoir pris à temps la décision qu'il fallait prendre, je rumine des pensées contradictoires. Oui, ce que j'ai dit à nos parents avant le départ pour les rassurer reste vrai : Shackleton est toujours mon héros polaire préféré, lui qui, à cent kilomètres du but, alors qu'il aurait été le premier, a renoncé au pôle Sud plutôt que de risquer mort d'homme par manque de vivres ; il n'empêche que ce n'est pas facile à prendre, des décisions à la Shackleton !

Regardant par le hublot la banquise disloquée, je repense à notre départ.

Nous avions dit : « C'est une chance cette année que les glaces joignent les terres » ; évidemment, après coup, je peux toujours imaginer que si elles n'avaient pas soudé les îles, nous serions parties directement du vieux pack polaire, nous dispensant du chaos côtier et nous épargnant la dérive de la zone dynamique.

Maintenant que mon anorak dégèle, je nous revois crissantes de glace des pieds à la tête et je ne peux que penser à haute voix : « Elles ont été bonnes ! » Je monte le ton pour confirmer à mes équipières : « Les filles ! je suis contente de vous. Ces neuf jours de Seven Islands ont été terribles, ils resteront une référence dans nos vies. Vous avez donné le meilleur de vous-mêmes, à chaque instant, je vous remercie. » Je me trouve bête avec mes mots aux accents de discours et mon ton presque solennel, mais il fallait que je leur dise !

Et puis je pense à André Laperrière, cet aventurier de Montréal qui a traversé le Québec à ski et que nous avons souvent rencontré avec Couni. Un jour il nous a dit : « L'être humain accepte la défaite physique mais pas la défaite morale. » Je comprends tout à coup que c'est exactement ce qui a guidé mes réactions envers Mary et Mireille. Mary a les pieds gelés, j'appelle l'avion, mais pour Mireille qui est à bout de ressources psychologiques, je n'ai pas demandé qu'il atterrisse la veille alors qu'il nous survolait pour le drop !

De méditation en méditation, les deux heures de vol ont passé : nous arrivons à Ny Aalesund enfoui sous les nuages. Ken tente une approche et nous annonce que faute de visibilité, il est impossible de se poser à notre camp de base. Voilà la petite goutte qui devrait faire déborder le vase : c'est sans compter sur l'entraînement des « femmes pour un pôle » à l'usure des nerfs. Nous atterrissons donc à Longyear, piteuses : nos vêtements ont dégelé dans l'avion, les belles fourrures de loup dégoulinent d'eau. Je récupère mes bottes et, dans le bureau des pilotes, j'enlève mes chaussures de ski : à cet instant précis je comprends pourquoi il nous faut tant d'heures sur la banquise pour monter et démonter le camp. Au chaud, en moins de deux minutes j'ai dénoué mes lacets et je suis en chaussettes, tandis que par — 35°C, il en faut plus de vingt pour la même opération.

Nous nous retrouvons à l'hôtel de l'aéroport avec l'équipage,

179

privées du réconfort de notre assistance qui nous attendait avec un dîner de reines. Nous étouffons, il fait sans doute + 25°C dans le bâtiment. Nous prenons une douche et notons toutes une curieuse sensation. Pendant ces neuf jours, nous n'avons guère lavé que nos dents ; gantées presque tout le temps, le corps emballé dans nos épaisseurs de fourrures et de duvet, nous n'avons eu sur la banquise pratiquement aucun contact avec notre peau. C'est elle que chacune redécouvre sous la douche, quand la main en savonnant retrouve une épaule, un sein, une cuisse, un corps qui est bien le sien ! Sur la glace nous n'étions ni hommes ni femmes, juste une meurtrissure glacée de muscles et d'os empaquetée dans de la plume gelée. Ce soir, nous redevenons femmes... en enfilant des tenues masculines mais sèches, tirées d'une braderie hétéroclite de sous-vêtements polaires — taille Viking — que mécaniciens et pilotes mettent amicalement à notre disposition. Elle est loin, l'impeccable rutilance des uniformes du départ : notre Berezina se termine le verre à la main dans le salon de l'hôtel où les branquignoles se retrouvent... en caleçons bien trop longs !

Plus les heures passent au chaud, plus nos bobos de la banquise se muent en blessures de guerre. Nos mains, tout comme nos pieds, ont doublé de volume. Flo, Titi, Mary et moi ne sentons plus nos doigts. Mireille a un orteil gelé, bien entendu à ce pied qui dans l'avion ne la faisait pas souffrir et ne fut donc pas réchauffé. Flo en a un douteux tandis que j'ai gagné un pouce bleuté de n'avoir pas enlevé, dans le Twin Otter, mes chaussures mouillées. Le plus spectaculaire est l'un des orteils de Mary, surmonté d'une cloque violette de la taille d'un œuf. Couni, en digne petite-fille de coureurs des bois, n'a pas une gelure, ni aux pieds ni aux mains : elle joue les originales avec sa brûlure à la cuisse, que deux jours de marche ont aggravée par le frottement continu du pantalon craquant de glace.

Le bilan est lourd. C'est peut-être aussi bien que l'avion n'ait pu atterrir au camp de base : pour Mary et Mireille, une visite à l'hôpital s'impose.

Elle a lieu le lendemain matin tandis que je réponds à la convocation du gouverneur. Les nouvelles vont vite au Spitsberg. Le représentant de la Norvège voudrait connaître nos plans. Ils sont clairs : les quatre valides repartent dans quelques jours de 82° Nord, c'est-à-dire en dehors du périmètre de sécurité de l'administration de céans, ce qui, malgré l'envie qui ne doit pas manquer, n'appelle aucun commentaire officiel.

Je rejoins Flo et ses blessées à l'hôpital. Lorsque j'arrive, le médecin teste les pieds de Mary. Elle est allongée, ne voit pas ce qu'il fait et doit dire quel orteil il touche. En fait, il ne touche pas mais transperce un à un les doigts avec une aiguille de dix centimètres. C'est impressionnant : Mary ne sent rien ! Le médecin nous explique ce que nous savons déjà : ses pieds vont tout doucement se réchauffer, la gravité de la gelure ne se révélera qu'après coup. Pour l'instant il ne peut se prononcer, il est assez confiant mais il était temps pour elle. Mary doit rester à l'hôpital. Mireille aussi, car son gros orteil est très atteint. Les mains de Flo sont dans un triste état, cependant, si elle est très sérieuse dans le port des gants, elle pourra repartir sur la banquise. Son pied est comme le mien, que je montre à contrecœur : ce n'est pas trop grave, d'ici quelques jours, il n'y paraîtra plus.

Quand Florence et moi quittons l'hôpital, il y a un certain malaise au moment de laisser Mary. Elle parle déjà de revenir sur la banquise alors que le médecin a été catégorique, disant que vu son état, il ne fallait à ses pieds ni pression de chaussures, ni exposition au froid. Je n'ai pas le courage de refaire une leçon de morale et me cache derrière le verdict médical : Mary reviendra sur la glace quand le médecin aura signé une autorisation. Cette fermeté à laquelle je suis contrainte devant sa farouche volonté de continuer ne simplifie pas la situation. Flo et moi sommes obligées d'employer des mots durs et autoritaires pour raisonner Mary, alors que, comme toute l'équipe, nous sommes vraiment désolées que l'aventure s'arrête si vite pour elle et tristes de perdre une compagne solide, dynamique, compétente, avec laquelle j'aimais à partager la responsabilité du choix des floes et des itinéraires. Je ne peux que lui dire qu'elle va nous manquer, qu'elle sera avec nous en pensée, que j'essaierai à moi toute seule d'accomplir sur le terrain le maximum du programme glaciologique que nous avions conçu pour deux et dont nous exploiterons ensemble les résultats. Maigre consolation ! Mary ne m'écoute même pas.

Nous regagnons l'hôtel où Couni et Titi ont déjà préparé les bagages pour rentrer. Cette nuit au chaud a été étrange. Si nous avons toutes apprécié de dormir sans trois épaisseurs de vêtements et non coincées dans un sac-sarcophage, nous n'en avons pas moins étouffé de chaleur, trouvé les lits trop mous et eu quelques difficultés à identifier, dans notre sommeil peuplé de cauchemars, ces bruits que détectaient nos oreilles éternellement aux aguets et que peut faire une maison solide, prise dans une tempête.

A midi, le ciel est dégagé, l'avion peut nous reconduire à Ny Aalesund. L'équipe d'assistance nous y attend sur la piste. J'ai déjà tout raconté à Huguette au téléphone hier soir depuis Longyear, cela ne l'empêche pas, quand je descends du Twin Otter, de me prendre dans ses bras et de me dire, fidèle à son profond sens du drame : « Vous êtes vivantes ! »

Évidemment, nous éclatons de rire parce que nous sommes vivantes et que nous avons suivi toutes les étapes de cette histoire, dont elle n'avait par la radio que quelques bribes sur lesquelles elle pouvait broder à loisir.

Jacques, Christian et les Norvégiens sont là pour nous accueillir mais c'est loin d'être la fête ! Il me semble avoir perdu une bataille. Puis, dans l'intimité de notre petite maison, ayant retrouvé des vêtements à notre gabarit, autour du repas plantureux, nous commençons à raconter. Huguette est bon public et demande des détails. Au-delà des généralités connues de toutes, ce n'est que peu à peu que les langues se délient. Je pensais bien que dans un aussi difficile huis-clos, le capuchon de l'anorak ou la cagoule du duvet étaient les seuls lieux possibles d'isolement et d'épanchement, pour des êtres à la limite d'eux-mêmes, entassés l'un sur l'autre dans des conditions extrêmes. Chacune, comme moi, y a enfoui ses peurs, ses fatigues, ses douleurs, ses désespérances et ce soir, l'entrouvre avec pudeur. L'une de nous consacre l'expression en disant : « J'en ai pleuré dans mon capuchon ! » Seven Islands, à entendre mes amies, fut un enfer que je savais, sur place, ne pas percevoir aussi durement qu'elles. Huguette boit nos paroles et nous fait raconter et raconter encore, le dur, le beau, l'irréel, le fou, le tendre, le rude, le triste, le gai, le fort, de la glace, du vent, du ciel, des chenaux, de la tempête, de la dérive, des craquements, de ces neuf jours qui resteront pour nous toutes « Seven Islands ». Elle sait tout déjà mais nous recommençons avec des détails et des anecdotes tragi-comiques. Couni nous avoue que quand elle a cru voir l'ours dans la nuit d'épouvante, elle était tellement terrorisée qu'elle « en a fait dans ses bobettes » (slip en québécois) ; même si l'expression nous fait rire, elle donne à penser : fallait-il qu'elle ait eu peur !

Quand je parle à Huguette de cette tempête force 7 qu'elle nous a annoncée hier matin, elle me soutient que ce n'était pas 7 mais 6. Comme j'insiste, elle propose que l'on vérifie puisqu'elle a tout enregistré. Cette bande pathétique du dernier jour nous révèle la version « base » du rapatriement. Huguette a oublié d'arrêter le magnétophone entre deux appels radio ; nous avons donc les commentaires en direct de l'assistance, dont notre Italienne sanglotant : *« Mon Dieu, mon Dieu, mon Dieu ! Mary a les pieds gelés... Mon Dieu, qu'est-ce qu'elles vont devenir... »*, puis la très belle prestation italiano-petit-nègre : *« Bisogno rapatrimèn't »*, qu'Huguette, stupéfaite, découvre en même temps que nous.

Le lendemain, nous nous soumettons aux contrôles médicaux comme nous l'aurions fait au ravitaillement : Flo, malgré ses doigts morts, réussit les plus belles intraveineuses de la saison. Nous avons maigri en neuf jours de raid : je bats tous les records avec quatre kilos perdus. Notre adaptation à l'effort est tout à fait notable ; Jacques qui nous manipule confirme notre excellente forme physique. Couni relève les livres de bord et nous donne à remplir les bilans psychosociologiques.

Nous déballons tout notre matériel pour le sécher. Les duvets contiennent plusieurs litres d'eau. Les Norvégiens tentent de nous persuader de repartir avec des sacs de couchage synthétiques qui sont moins chauds, il est vrai, mais qui, mouillés, gardent leur pouvoir isolant parce que la fibre ne s'écrase pas. Nous nous laissons convaincre : de toute façon, il n'est guère possible qu'ils soient plus froids que nos sacs en plumes dans les quatre derniers jours.

Dès que tout est au séchoir, nous préparons notre nouveau départ. A quatre désormais, il va falloir répartir différemment les charges et supprimer quelque chose pour gagner du poids : c'est le film qui sera sacrifié, d'autant que Mireille était notre camerawoman. La chasse aux grammes superflus recommence, surtout que cette fois, sur la vieille banquise, nous emportons le complément de matériel scientifique : les sondes à glace et deux balises de douze kilos chacune.

Non seulement nous éliminons ce qui n'a pas servi, comme les bottes d'étape durcies par le froid, mais nous révisons la conception des rations, pour tenter de les alléger. Chaque jour, il nous restait de l'excédent pesant, particulièrement des poignées de « bonbons verts », extrêmement communs, dont personne ne voulait. Notre tente, heureusement conçue en deux parties, peut varier de taille, et donc de poids, en modulant les chambres. Non sans nous dire : « Jusqu'à combien se réduira l'équipe ? », nous composons le nouvel abri en passant de deux plus quatre à deux fois deux places.

Nous essayons de tirer le meilleur parti de cette expérience toute fraîche. Nous passons en revue le matériel dont il faut repenser quelques détails, avec une seule idée en tête : tout doit pouvoir être utilisé sans avoir besoin d'enlever les moufles et les gants. Pendant deux ou trois jours, au sommet de notre carrière d'astucieuses branquignoles, nous accrochons, ici et là, des petits cordons qui permettent d'attraper avec les moufles un anneau de tente, une fermeture de sac, etc.

L'efficacité de nos matelas de montagne donne à Huguette, soucieuse de l'état de nos pieds, l'idée de nous tailler dans cette matière des surbottes que nous pouvons enfiler, sans enlever nos gants, par-dessus nos chaussons de duvet couvrant eux-mêmes l'intérieur des chaussures de ski : la rigidité de la mousse isolante confère à ces créations un esthétisme rudimentaire mais leur confort, extrêmement prometteur pour les longues soirées d'hiver, nous les fait baptiser « charentaises polaires ».

Étant donné l'agilité de nos doigts morts, tous les travaux de couture incombent à Huguette qui nous crée des moufles « hand made » coupées dans des housses de Nylon épais. Elle agrémente aussi nos grosses moufles « antarctica » de longs Velcro bien pensés qui, serrant les poignets, devraient nous permettre de gagner quelques degrés d'habileté.

Nous avons reçu énormément de courrier réconfortant, parfois même émouvant, de nos supporters qui suivent pas à pas notre aventure. Avec deux doigts — les deux auriculaires, qui sont les seuls encore sensibles — je tape à la machine une nouvelle lettre pour les membres de notre association.

Nos plaies passent par toutes les couleurs. Les doigts de Flo sont noirs, douloureux ; on dirait que nos pieds sont constamment coincés dans une porte. Par téléphone, le Pr Rivolier nous recommande la plus grande prudence et nous conseille de ne pas quitter Ny Aalesund tant que persistera la douleur. Chaque jour au chaud est une garantie supplémentaire que le mal ne récidivera pas à peine serons-nous sur la banquise. Après une semaine, les mains de Flo et nos orteils sont en voie de guérison. Nous pouvons repartir. Ce n'est pas du tout l'avis des Norvégiens qui entreprennent, dans notre dos, un sombre travail de dissuasion. Chef de base, patron de la compagnie aérienne, gouverneur, chacun y va de son couplet, essayant de rallier dans ses rangs de défaitiste les autorités françaises. Un matin, l'ambassadeur de France en personne me téléphone d'Oslo pour me dire : « Madeleine, je ne sais pas très bien ce qui se passe, les Norvégiens me demandent d'empêcher votre départ, je ne vois pas pourquoi : vous avez montré que vous saviez prendre les décisions en lieu et temps voulus, je voudrais simplement vous renouveler ma confiance. »

Un soir je reçois un étrange appel. Un service norvégien de surveillance satellite me dit :

« C'est bien la base de l'expédition des "femmes pour un pôle"? Nous venons de repérer votre balise Sarsat au large du Groenland.

— Je vous remercie de veiller sur nous mais ce que vous me dites est impossible, je suis le chef de l'expédition, toute mon équipe est avec moi à la base et notre balise Sarsat est éteinte sur mon bureau. »

Pour moi, le large du Groenland est forcément la façade atlan-

185

tique. Avec mon interlocuteur, nous vérifions les numéros de code, ne comprenant rien à cette histoire. J'ai soudain une illumination. Le large groenlandais, ce peut être aussi côté Canada : une expédition française ? Il n'y a que Jean-Louis Étienne. Je rassure notre veilleur norvégien et j'appelle l'équipe d'assistance de Jean-Louis. C'est bien lui qui a allumé sa balise Sarsat ; il n'est heureusement pas en détresse : il va être ravitaillé, son émetteur Argos est défaillant, il signale simplement sa position mais son assistance a oublié de prévenir le service international de surveillance !

Dans les rangs de notre équipe, le moral est variable. Titi, qui a les pieds moins abîmés que Flo et moi, s'impatiente quand nous fixons le départ au lundi 10 mars — huit jours après le rapatriement —, ce qui est le minimum qu'impose la raison médicale. Bien entendu, il fait très beau le dimanche et très mauvais le lundi. L'avion venu nous chercher est bloqué pendant trois jours par une tempête de neige sur la piste de Ny Aalesund. Lorsque revient le beau temps, impossible de démarrer le Twin Otter, la neige a endommagé un moteur. Après bien des bricolages, l'avion peut rentrer à Longyear où il faut le réparer. Quand il est prêt, la malchance s'en mêle, sous forme d'une météo déplorable qui cloue l'avion au sol chaque matin alors que chaque matin nous sommes prêtes à partir. C'est la déprime : n'ayant rien d'autre à faire que de manger, nous reprenons un à un les kilos perdus pendant les huit premiers jours de raid. Parfois le ton monte entre nous parce que nous sommes à bout de nerfs, usées par cette attente, comptant les jours perdus et gâchés, qui nous contraignent à repousser chaque fois plus au nord le lieu de la dépose de l'équipe, si nous voulons encore atteindre le pôle. Titi s'isole de plus en plus, se coupant de la solidarité du groupe, sous prétexte qu'elle a le béguin pour le pilote. Elle rompt les engagements que nous avions pris à ce propos pendant le stage d'été, conscientes déjà que les histoires de cœur n'arrangeraient pas la vie en communauté. Titi, sans le dire, considère que ce contrat moral s'appliquait à l'expédition sur la banquise et qu'il est caduc dès l'instant où nous sommes « hors expédition », dans cette situation d'attente à la base.

186

Après dix jours Mireille rentre de l'hôpital : nous aurions dû fêter ses quarante ans sur la banquise. A cet effet, j'avais demandé à ses parents de cuisiner une soupe au pistou, qu'en secret, nous avions fait lyophiliser chez notre fournisseur de nourriture. C'était amusant d'imaginer, en plein océan glacial Arctique, la réhydratation des saveurs de la Provence et des douceurs de l'amour parental. Un soir nous décidons, puisque Mireille ne sera pas sur la banquise pour son anniversaire, de fêter en avance ses quarante ans : soirée lourde de symboles mais aussi d'amertume, de rires et de larmes. Le soleil du Midi est plutôt tristounet. Flo termine la soirée en pleurs, exprimant à haute voix ce que tout le monde pense : « Mais nom d'un chien ! Qu'est-ce qu'on fait encore là ? »

Dans cette semaine de délire météorologique, tous les records du Spitsberg tombent : le chaud, le froid, la neige, le vent... Nous passons en douze heures de $-48{\circ}C$ à $-18{\circ}C$: $30{\circ}C$ d'amplitude diurne ! Nos nerfs sont usés : personnellement, je me donne jusqu'au lundi 17 mars, soit deux semaines après le rapatriement, après quoi, je ne réponds plus de moi. Le 15 mars, j'écris dans mon livre de bord : *« Le récit de cette expédition pourra s'appeler La guerre des nerfs n'aura pas lieu. »*

J'aurais dû poser plus tôt mes limites ! Lundi 17 mars, alors que mon ultimatum va expirer, Ken vient nous chercher à Ny Aalesund pour nous conduire à Longyear, où la piste plus longue permettra de décoller à pleine charge demain matin. A force d'être prêtes tous les jours depuis une semaine, aujourd'hui bien entendu c'est l'affolement : nous avons failli oublier les balises !

L'avion qui vient nous chercher a ramené Mary de l'hôpital : nous nous croisons deux minutes, très froides, très dures : voilà quinze jours que je m'use au téléphone pour la convaincre. Envers et contre tous, elle veut retourner sur la banquise, quand nos pieds, dix fois moins gelés que les siens, sont encore douloureux ! Je m'entends prononcer cette parole : « Mary, si tu reviens sur la glace, c'est avec un certificat du médecin et je regarderai tes pieds avant que tu ne descendes de l'avion. »

Chaton, la huitième « femme pour un pôle », notre si précieux coursier parisien, est venue au Spitsberg pour trois semaines, afin d'assurer l'assistance avec Huguette. Elle a apporté dans ses bagages toutes les petites bricoles qui nous manquaient, dont une canne à pêche télescopique pour accrocher l'antenne radio ! Elle en est à son quinzième jour, n'ayant pour l'instant partagé avec nous que cette horrible période d'attente.

Jacques, comme prévu, est rentré en France pour un mois. Christian le photographe nous accompagne à Longyear. Mireille est restée avec Mary au bureau. Sur la petite piste de Ny Aalesund, nous laissons Chaton et Huguette, laquelle, dans ce départ de branquignoles, n'a plus une minute pour pleurer : les adieux devenant routine, elle s'endurcit !

Nous n'y croyons plus, mais c'est vrai, cette fois nous repartons. En fermant la porte de l'avion je hurle de bonheur : « Hourra ! les filles ! Ce soir Longyear, demain la banquise ! »

19

SIX jours de silence avant de reprendre mon livre de bord pour y écrire : « *"Plus débile que ça tu meurs" : titre du nouvel épisode de l'expédition "Des femmes pour un pôle".* »

Six jours de blanc dans le carnet... et de noir pour l'équipe. Voilà près d'une semaine depuis notre départ de Ny Aalesund que nous sommes clouées à l'hôtel de l'aéroport de Longyear, sans arrêt sur le pied de guerre, sacs bouclés chaque matin, Thermos remplies d'eau chaude pour la banquise, et chaque matin c'est le verdict du météorologue. Lui et ses collègues du monde entier n'ont jamais vu cela. Alors que mars et avril sont les plus beaux mois au Spitsberg, cette année il y a dépression sur dépression, que canalisent, entre Terre-Neuve et 83º Nord — là où nous devons être déposées —, les anticyclones russe et canadien anormalement rapprochés. Les records de mauvaise météo continuent de tomber tandis que de jour en jour nous repoussons les limites de la résistance nerveuse individuelle et collective.

C'est tellement hors norme que je téléphone à la climatologue du réseau de Nancy pour qu'elle me rassure et essaie de trouver des prévisions à plus long terme. Combien de jours ou de semaines les cartes du temps seront-elles noires ? Ken n'ose même plus m'annoncer les pronostics. Il fait beau deux heures chaque jour, suffisamment pour nous donner espoir. Chaque soir est la veille d'un départ que chaque matin repousse de vingt-quatre heures. Nous allons devenir folles ! Si au moins nous étions à notre camp de base, avec nos amies et notre matériel. Ici, à l'hôtel, nous n'avons rien : juste notre équipement pour la banquise, notre carnet de bord et un stylo.

Longyearbyen, la capitale du Svalbard, est une cité minière : la « Saint-Avold de l'Arctique ». Mille habitants, travaillant à l'extraction du charbon, sont réunis dans un des plus beaux prototypes mondiaux de « ville-compagnie ». Tout ici, du restaurant à l'unique boutique, de l'école à l'église, dépend de la société d'exploitation. La neige et le charbon en font une ville en noir et blanc d'une tristesse à mourir : des rues désertes qui n'en finissent pas de s'étirer du port aux puits de mine. Notre hôtel est à six kilomètres du centre où nous n'allons qu'exceptionnellement, avec la voiture des pilotes. Il n'y a rien à y faire de toute façon, rien ! A la boutique on ne trouve que des chaussettes, des moufles et — le gag — des tee-shirts imprimés « Club du soleil de Longyearbyen » ! Il y a aussi des cassettes vidéo à louer (l'équipage a un magnétoscope à l'hôtel) : cent cinquante titres dont cent quarante-sept navets !

Un jour, n'y tenant plus, nous allons voir le directeur de l'école, le suppliant de nous vendre des crayons de couleur et du papier. Nous visitons l'établissement scolaire le plus septentrional du monde et en ressortons avec un cadeau de la maison : des cahiers et une boîte de craies grasses... La musique adoucit les mœurs, pourquoi pas le dessin !

Il est vrai qu'à l'hôtel, l'ambiance n'est pas facile. Conscientes de la précarité de l'équilibre de la communauté, nous essayons de préserver l'entente des « femmes pour un pôle » en déchargeant notre agressivité sur les boucs émissaires externes que sont les membres de l'équipage, le photographe, et le seul touriste de l'hôtel : un vieux Norvégien qui fut navigateur de l'expédition du comte Monzino au pôle Nord en 1970. Il nous raconte cette épopée absolument fellinienne d'un richissime Italien, dont le rêve était d'aller au pôle et qui y fut porté depuis le Canada par trente Inuits et trois cents chiens Huskiy. Sa tente était chauffée et un avion atterrissait chaque jour sur la banquise pour lui livrer une côte de bœuf fraîche. Comme il était très handicapé du dos, les Esquimaux portaient le traîneau et son noble passager à bout de bras pour passer les crêtes. Inimaginable ! Il était si tyrannique

27. — Oscar de l'efficacité : les charentaises polaires d'Huguette.

28. — Le champagne gèle dans les verres : nous fêtons le nouveau départ et la première balise (Madeleine et Couni).

29. — Mirabelle-Arthur, notre première balise et notre nouvelle case-départ.

30. — Bivouac sur la banquise : l'Arctique a basculé de la nuit permanente au jour continu.

31. — A l'étape nous vivons beaucoup dehors.

34

2. — Chaque soir nous mesurons l'épaisseur de
⌐ banquise à l'aide d'une sonde à glace...
3. — ... et d'un décamètre que l'on plonge
⌐ans le sondage.
4. — Toutes les données scientifiques sont
⌐odées et transmises le matin et le soir par mes-
⌐ge numérique sur notre balise de localisation.

33

35

35. — Chaque jour nous mesurons notre consommation de graisses corporelles, par les urines, à l'aide de bandelettes urinaires.

36. — Chacune remplit son livre de bord et un carnet questionnaire psychologique (Flo).

37. — Passage d'un chenal : 2 cm de glace sur 5 000 m d'océan. Ne pas se laisser impressionner par les battements de cœur qui accélèrent.

37

36

38. — Le *white out*, brouillard intense doublé de blizzard : nous avançons à portée de vue et de voix. [38]

39. — Les crêtes de pression nous obligent souvent à déchausser. [39]

41. — Réparation de fortune sur la banquise (Titi).

40. — Titi aux fourneaux.

42. — La transpiration condense et gèle sous l'anorak qu'il faut brosser chaque soir (Flo).

43. — Couni prépare les réchauds.

44. — Couni remplit les casseroles de neige.

44

45. — Réhydratation de la nourriture lyophilisée (Couni).

46. — Chaque matin il faut démonter le camp.

45

46

47. — Pendant les trois jours de blizzard, sous la tente, nous jouons aux dés (Madeleine et Flo). ... « Nous v'là rendues des bonnes femmes de neige »...

48. — En pleine tourmente de 110 km/h de moyenne : trois heures d'effort pour déplacer la tente de 50 cm, la remettre dans l'axe du vent et l'arrimer avec des cordes à la balise Nounouss.

avec ses guides et ses porteurs qu'un jour, excédé, l'un d'eux voulut le tuer d'un coup de harpon et le manqua. Le comte exigea qu'on le pende. Le pauvre Inuit ne fut sauvé que parce que les Blancs de l'expédition — au nombre desquels était notre conteur — expliquèrent à l'Italien qu'il n'y avait rien qui puisse servir de gibet sur tout l'océan Arctique, qu'il fallait donc renvoyer le coupable dans son village pour exécuter la sentence sur le premier poteau venu ! Les photos que nous a passées un soir le navigateur ne montraient que de la banquise plate sous un soleil éclatant : le comte Monzino n'a eu que deux jours de mauvais temps sur cinquante d'expédition ! De quoi être malades de jalousie, nous qui depuis deux semaines ne demandons que six heures consécutives de clémence météorologique.

Le quatrième soir de cette attente interminable, Ken m'a dit : « Madeleine, le météorologue t'attend à la tour de contrôle. » Je suis tout de même optimiste de nature ! J'ai monté quatre à quatre tous les étages, persuadée que notre pilote laissait à l'ingénieur, si dévoué à notre cause, le plaisir de nous annoncer que le beau temps arrivait. L'entretien dura quarante minutes : si Ken me demandait de monter c'est qu'il préférait que quelqu'un d'autre que lui me démontre cartes en main qu'au rythme de succession des dépressions, il serait impossible de trouver dans les jours à venir la trêve qui permettrait à l'avion de nous déposer sur la banquise : trois heures pour aller et trois pour revenir.

Il fait tellement mauvais que nous n'avons même pas le courage de chausser nos skis pour maintenir notre forme physique. Alors nous mangeons, nous dormons, nous méditons, nous médisons et nous téléphonons à l'assistance. Huguette et Charon, impuissantes, ne savent plus quoi nous dire pour remonter notre moral, d'autant que l'ambiance n'est pas beaucoup moins tendue à Ny Aalesund. Si Mireille se remet doucement, Mary brûle les étapes, interprétant tout à fait à sa façon les instructions du médecin qui sont repos, jambes allongées, pas de pression de chaussures et pas d'exposition au froid. Un matin à sept heures, j'appelle Huguette pour lui annoncer un nouveau différé de notre départ ; tout à coup elle me dit voir par la fenêtre du bureau quelqu'un passer à ski, puis s'étrangle à demi en constatant que c'est Mary qui rentre de promenade. Empruntant des chaussures de deux tailles de plus que les siennes, pour pouvoir y entrer ses pieds bandés, Mary, sachant très bien que personne n'apprécierait, est partie en catimini à cinq heures du matin pour s'entraîner à ski ! On ne peut qu'être admiratif devant sa volonté de revenir sur la glace, qui lui permet de surmonter la douleur, mais on ne peut qu'être fou de rage en sachant qu'elle a un orteil encore noir jusqu'à l'os. Huguette d'abord, puis Florence et moi essayons de la raisonner. C'est peine perdue, Mary s'est mis en tête que contrairement à ce que pensent les spécialistes des gelures, ce n'est que par l'activité qu'elle maintiendra ses pieds en vie. A l'entendre, ce sont *ses* pieds et de quel droit décidons-nous pour elle, etc... De belles batailles en perspective !

A Longyear, Flo est la seule à entretenir ses muscles, courant au moins une fois par jour. L'hôtel est un bâtiment de plus de cent mètres de long, les chambres sont alignées de part et d'autre du couloir. Le téléphone public, le seul de notre repaire, est à côté de ma chambre, c'est donc moi qui décroche le plus souvent. Si c'est pour Flo, je hurle dans l'hôtel : « Florence, c'est Hervé ! » Toutes les portes claquent, chacun se gare. Notre jeune amoureuse se transforme en ouragan doublé d'un tremblement de terre pour parcourir, du salon au téléphone, les cent mètres de couloir la séparant de l'amour de sa vie... qui appelle de Paris. Chaque jour la communication dure une heure et Florence, qui vit de coup de fil en coup de fil, de supplier que nous repartions sur la banquise avant que « son homme » ne soit ruiné.

Couni et moi sommes tombées bien bas. Ne sachant plus quoi inventer pour tuer le temps, si mauvais qu'on ne peut rien en faire, nous errons dans l'obscurité du hangar abritant avions et hélicoptères. Nous prenant pour des agents secrets en mission polaire, nous visitons un à un tous les appareils que personne n'a jamais eu l'idée de verrouiller ; nous sursautons au moindre bruit, dans cette école d'espionnage supposée déserte : comment pourrions-nous expliquer à un être sain d'esprit qui viendrait à nous surprendre qu'à trente et trente-quatre ans, deux jeunes femmes soient suffisamment désœuvrées pour jouer les James Bond dans le noir d'un hangar d'aéroport international ?

Le service météorologique du Spitsberg se mobilise totalement pour nous, mettant à contribution tous les centres de prévision du monde qui peuvent apporter des informations. Il n'y a rien d'autre à faire que d'attendre. Les photos de satellite ne sont pas souvent exploitables. Nous manquons de renseignements sur le temps au-dessus de la banquise. Je propose que nous entrions en contact avec les compagnies aériennes des lignes transpolaires qui vont du Japon à l'Europe en passant au-dessus du pôle : les pilotes des long-courriers acceptent de nous aider en nous décrivant, à chaque vol, la couverture nuageuse.

C'est vraiment affreux. Nous en arrivons au point où il faut commencer à envisager une date limite : la banquise n'est praticable que jusqu'à la mi-mai. De jour en jour, nous repoussons vers le nord le lieu de notre nouvelle dépose sur la glace, pour nous donner une chance d'atteindre le pôle. Le 1er avril est vraiment la dernière limite pour partir. Au-delà, il faudrait capituler pour cause de météo : ce serait tout de même un comble ! Heureusement, il y a les livres de bord pour nous défouler. Au sixième soir de cette attente à Longyear, le douzième si l'on y ajoute celle de Ny Aalesund, vingt jours après le rapatriement, j'écris : *« Le pôle au rabais commence à ne plus valoir très cher, tandis que s'allonge la note d'hôtel ! Débile de débile ! Malchance de malchance ! De quoi nous faire dire que le pôle c'est rien, que le plus difficile est de décoller. Deux ans que dure le jeu de l'espoir et du désespoir et que le premier l'emporte sur le second : nous avons décidé de tenir encore, mais combien de temps ? Nous arrivons au fond de nos réserves morales, et où nous recharger ? »*

Apothéose de la série malchance et impuissance, Huguette a reçu ce soir une nouvelle terrible : son père est condamné par un cancer, les médecins lui donnent quinze jours à vivre. Ils attendent l'arrivée de sa fille pour l'opérer. Au cours de nos discussions philosophiques, Huguette a toujours dit que, pour elle, l'accompagnement à la mort d'un être cher était plus important que la banquise. Elle va donc rentrer en France par le prochain avion. Mireille, qui devait rejoindre incessamment la Provence, propose de retarder son retour pour prendre, avec Mary, le relais de l'assistance. Huguette partira donc dans deux jours pour Paris, avec le photographe et Chaton, laquelle n'aura connu de l'expédition que cette insoutenable période d'attente.

Le lendemain matin, 23 mars, Ken nous annonce notre départ. Bien sûr personne ne veut le croire : le ciel est exactement le même qu'hier, aussi bas qu'il l'a été toute la semaine. Il confirme : nous allons décoller et nous joindrons en vol, par radio, l'avion Finnair Tokyo-Helsinki quand il survolera la banquise à 83° Nord où nous serons déposées. Je m'inquiète de savoir s'il ne serait pas plus prudent d'avoir les informations du long-courrier avant de décoller. Ken répond que le créneau de beau temps dont nous disposons à Longyear est très court, que l'avion finlandais est en retard et que nous ne pouvons plus attendre. Re-bagages, re-Thermos pour la journée, re-adieux téléphoniques à l'assistance : nous embarquons.

Étrange impression que de se retrouver à quatre, plus le photographe, dans cet avion. Aucune de nous n'est réellement convaincue. Pendant le vol, je rédige mon livre de bord. Au moment où j'écris : *« Je n'y croirai vraiment que lorsque nous serons sur la banquise »*, le copilote me fait signe de venir prendre sa place dans le cockpit et d'enfiler le casque émetteur dans lequel me parle Ken qui est à côté de moi aux commandes du Twin Otter : « J'appelle les pilotes de Finnair, ils doivent être au-dessus de la zone à présent. »

Je jure qu'encore une fois j'ai espéré et je n'en crois pas mes oreilles quand me viennent ces mots :

« Aucune possibilité d'atterrir de 84 à 83° Nord. Tout l'océan Arctique est couvert à cent pour cent. Désolé ! Bonne chance pour demain. »

Je bredouille un merci tandis que Ken, inclinant l'avion, confirme le demi-tour. Ce n'est pas possible ! Je ne dis rien. J'arrache une page de mon carnet de terrain et griffonne en grosses lettres : « TAKE IT EASY » et en dessous, sa traduction française : « ON SE CALME ». Je sors du cockpit et sans un mot je fixe le papier côté passager sur le panneau lumineux « Fasten seat belt/attachez vos ceintures ». L'humour, encore une fois, a gagné sur la rage, nous ne pleurons même plus, nous préférons en rire : un rire cependant bien amer. En plus du désappointement moral se profile l'aspect financier qui est loin d'être négligeable ; une heure de vol pour aller, une pour revenir : deux millions de centimes ! Belle promenade au-dessus des nuages — n'est-ce pas ? — pour qui n'a pas tout à fait bouclé le budget ! A la descente d'avion, je réunis mes trois amies, et comme un serment je leur dis : « Les filles, la guerre des nerfs n'aura pas lieu ! »

Depuis quelque temps, nous sommes à bonne école pour chercher le positif dans les événements négatifs. Celui de ce matin est intéressant. Dans l'avion, au retour, il y avait une forte odeur d'essence et nous avons vu Kora, le mécanicien, bricoler les tuyaux dans la carlingue. Ken nous explique qu'en vol, il y a eu un problème d'alimentation : les réservoirs auxiliaires ne se sont pas enclenchés. Une chance que nous ayons fait demi-tour après une heure ! Nous ne serions pas allés jusqu'à 83º Nord. Il aurait fallu faire un atterrissage forcé sur la banquise.

A quelque chose malheur est bon. La pensée du jour renouvelle nos méditations. Pour ma part je vais directement au lit en rentrant, écœurée : à mes suppliques quotidiennes à sainte Patience, j'en ajoute une à sainte Clémence.

Puisque chaque fois qu'ils ont bu, une mission leur est commandée le lendemain, pilotes et mécaniciens ont décidé de boire pour conjurer le sort. La réglementation de la navigation aérienne est stricte à ce propos : le personnel doit être à jeun d'alcool depuis vingt-quatre heures pour pouvoir décoller. Un degré de plus dans la déchéance, le salon de l'hôtel devient un tripot : mes trois amies se lancent dans un strip-poker avec l'équipage. De mon lit, j'entends fuser les rires. Heureusement, les équipements polaires comportent quelques épaisseurs de vêtements. Les «femmes pour un pôle» terminent la partie dignement : pas de chance en météo, chance au jeu ! Ce n'est pas le cas de Ken qui en arrive à la dernière extrémité. Les filles, gentilles, lui donnent deux recours : se raser ou se rouler dans la neige en slip. C'est ainsi que nous comprenons à quel point Ken tient à sa moustache : il préfère par —25ºC se jeter, presque nu, dans une congère devant l'hôtel ! J'ai tout manqué mais pendant ce temps-là, j'œuvrais pour la communauté : mes suppliques à sainte Clémence ont été entendues.

Le lendemain matin, 24 mars, le copilote anglais, ancien officier de la Royal Air Force, obtient des renseignements top secret par photos de satellites militaires (beaucoup plus précis que les civils) sur la couverture nuageuse au-dessus de la banquise : nous pouvons partir. Ce n'est que notre troisième essai : nous n'y croirons que lorsque nous serons sur la glace. Nous survolons l'archipel de Seven Islands et l'île qui nous a tant narguées. Inimaginable : c'est l'océan ! Le secteur est désormais totalement libre de glace ; celle-ci n'apparaît que plus au nord, complètement disloquée jusqu'à 82°. Ensuite c'est une banquise très lâche puis, à partir de 83° seulement, commence le vieux pack polaire plus serré. La glace semble belle vue d'avion : de beaux grands morceaux de puzzle, quelques crêtes, peu de chenaux. J'ai pris la place du copilote pour chercher du regard un floe où nous poser. Ken lance les fumigènes puis tourne et retourne au-dessus de la piste que nous avons choisie. Il n'y a personne pour le guider, ce qui rend l'atterrissage très complexe. Pour le rapatriement, nous avions assisté au « touch and go », quand l'avion touche la glace et remonte ; cette fois nous le vivons : nous sommes vertes, les piqués décrochent le cœur autant que l'estomac. Après trois essais, Ken se pose enfin. Pour les passagers, la manœuvre d'arrivée n'est pas aisée, digne d'un entraînement au sol de parachutistes : nous devons sauter deux par deux de l'avion pendant qu'il continue à glisser sur la neige pour refroidir ses patins et les empêcher de coller.

Après tant de malchance pendant ces trois semaines d'attente, il nous semble incroyable de nous retrouver sur la banquise en plein soleil à décharger et boucler les traîneaux.

Le coup d'envoi du programme scientifique va être donné : avec la grosse sonde manuelle, sur soixante-quinze centimètres de profondeur et quinze de diamètre, nous forons la glace pour y installer notre première balise. Nous la fêtons avec l'équipage, ainsi que le beau temps et notre nouveau départ. Par —30°C, débouché à la clef à molette, le champagne refuse de couler à flots et gèle dans les verres. Peu importe, nous sommes heureuses... mais tristes aussi d'avoir dû laisser à la base Mireille et Mary convalescentes.

C'est du nom du père d'Huguette — fournisseur de l'expédition en alcool de mirabelle— que nous baptisons notre première balise. Par 83o33, Nord et 23o Est, « Mirabelle-Arthur » matérialise notre nouvelle case départ et sera le point de référence pour calculer notre propre dérive.

Lorsque l'avion décolle, nous nous retrouvons plus petits points rouges que jamais avec, pour tout horizon, cet infini de blanc et de lumière, au cœur de l'océan Arctique. Quatre qui marchent pour le compte de huit comme nous l'avons confirmé à Chaton, Huguette, Mary et Mireille, par la radio de l'avion, juste avant de nous séparer de l'équipage.

Après l'enfer de glace de nos débuts, dans les chaos de Seven Islands, la banquise relativement plate sur laquelle nous avançons semble un rêve. Cette fois, nous pouvons skier : les floes font quelques kilomètres de longueur, séparés par des crêtes qui, en ce jour de reprise, nous paraissent assez faciles à passer à ski.

Au bout d'une heure de marche, sur le plat, à l'arrêt, je tombe et casse une fixation de ski. Je ne peux m'empêcher de penser à toutes les mises en garde que j'ai entendues à propos de notre choix : tout le monde me conseillait les bons vieux modèles à câbles et je me suis entêtée pour ceux à plaque, vraiment révolutionnaires, qui même en position de marche ont une sécurité avant, arrière et latérale, copie plastique, allégée pour le ski nordique, de la fixation de randonnée alpine. Titi sort la trousse à outils, persuadée que dans notre souci d'allégement des charges, nous n'avons pris qu'une fixation de rechange, et certainement pas de butée avant fixée au ski, qui est la pièce défaillante aujourd'hui. Je pâlis déjà à l'idée d'être condamnée à marcher à pied sur une glace enfin skiable. Mais Titi, victorieuse, brandit la pièce manquante en disant : « Tâche de ne rien casser jusqu'au ravitaillement, c'est la seule. Il y a si longtemps que cette trousse est prête que je ne sais plus ce que j'y ai mis ! »

Nous marchons six heures ce premier jour et parcourons quinze kilomètres : les dix premiers de plat et le reste en chaos et chenaux moins faciles mais sans aucune comparaison avec Seven Islands. Cela contribue à nous donner un moral d'acier.

La température est basse encore : —30o C, et un bon vent froid nous obligeant, au moindre arrêt, à plonger dans nos grosses doudounes. Cependant, il y a un énorme progrès par rapport à nos débuts : il fait jour désormais vingt-quatre heures sur vingt-quatre. Pendant notre période d'attente, l'Arctique a basculé de la nuit permanente au jour presque continu. C'en est fini des clairs de lune et de la magie des aurores boréales, c'en est fini de l'inquiétante « noirceur », comme dit notre Québécoise. Tout est tellement différent avec la lumière : la vie en est transformée. Nous voyons ce que nous faisons, nous voyons l'environnement dans lequel nous vivons et il semble que nous en maîtrisons mieux les dangers.

Les petits bricolages que nous avons réalisés sur le matériel s'avèrent très efficaces. Depuis Seven Islands, nous avons eu le temps de réfléchir à tous les petits détails qui pourraient nous permettre de gagner du temps à l'étape : à quatre et avec la lumière, nous sommes mieux organisées. Malgré les —30°C, plus personne ne tape des pieds. Dans l'ambiance de fête de notre nouveau premier bivouac, les « charentaises polaires » d'Huguette se voient décerner l'oscar de l'efficacité. La lecture de ce palmarès inaugure les transmissions radio qui sont excellentes, à présent que l'antenne est fixée à la canne à pêche de six mètres ; il est vrai qu'aucune terre ne barre plus l'horizon, sur les cinq cents kilomètres qui nous séparent de notre camp de base.

Tard dans la soirée, le soleil finit par se coucher mais il n'y a pas de nuit. Le nord est allumé de camaïeux violets, roses et or, dénonçant la présence du soleil juste sous l'horizon. Lorsque je sors de la tente ce soir pour ma ronde de surveillance, je ne peux que nous sentir en sécurité : nous sommes sur un grand floe de plus de deux mètres d'épaisseur, sur lequel notre tente paraît minuscule, mais je vois loin, jusqu'à l'horizon, de quelque côté que je me tourne.

Ce soir mon livre de bord titre « *On y est, on y reste !* », suivi de quelques phrases témoignant de notre entrain retrouvé et de notre bonheur d'être à nouveau dans l'infini glacé. Nous nous endormons, confiantes, saoulées plus que bercées par le vent qui nous rappelle à la réalité polaire.

20

MALGRÉ la permanence de la lumière, la « nuit » a été plutôt froide. Nos nouveaux sacs de couchage en fibres synthétiques ne sont pas du tout plus chauds que ceux en duvet. C'est à long terme seulement que la supériorité thermique doit se révéler, c'est du moins ce que nous espérons. Nous n'avons eu aucune conscience du mouvement de la glace pendant notre sommeil mais la liaison radio du matin nous replonge brutalement dans le vif du sujet. L'assistance communique notre position relevée par Argos : toute une chaîne depuis notre balise de localisation et le satellite qui capte le message. Par télex, Ken, le pilote, reçoit à Longyearbyen l'information venue du centre de calculs de Toulouse. Il la transmet par téléphone à l'assistance qui nous la communique par radio. Tout le monde vit à l'heure zoulou qui est l'heure de Greenwich, faisant peu de cas de l'heure officielle norvégienne. Quelle importance puisque, sur la banquise comme à Ny Aalesund, c'est le jour permanent ? Tout le monde vit au rythme d'Argos, suivant pas à pas notre progression. Sur la glace, c'est la sanction de nos efforts, nous l'appelons le « verdict Argos ».

Avec beaucoup de ménagements pour ce premier matin, Huguette, juste avant de partir pour la France, nous donne les dernières coordonnées relevées par satellite :

« Super les filles ! on va vous donner votre position d'hier soir, préparez-vous à être énervées : 83°34', 25°10'. »

Des quinze kilomètres d'hier, il n'en reste que deux ou trois à notre actif ! La dérive transpolaire joue d'emblée ses gros atouts. La bataille sera rude.

Mary, notre mathématicienne, nous suit sur la carte, calculatrice en main, et nous conseille de vérifier nos boussoles car nous allons beaucoup trop à l'est.

C'est curieux, nous sommes loin du pôle magnétique qui est à plus de deux mille cinq cents kilomètres de nous dans l'Arctique canadien. Nos aiguilles aimantées ne devraient pas être perturbées avant 86° Nord. Au contraire, jusqu'à cette latitude, nous sommes dans une zone de déclinaison nulle, dans laquelle le nord magnétique se confond sans correction avec le nord géographique. Je vérifie tout de même les boussoles et, dans le doute, je vérifierai chaque fois que le soleil me le permettra tout au long de l'expédition. Nous avons, pour ce faire, un « compas polaire », mis au point par des pilotes français, pour les vols au-dessus du pôle. Il s'agit d'un cadran solaire de 360° à plusieurs couronnes graduées. Je m'allonge sur la neige et vise le soleil en alignant les deux mires du compas. Dans les éphémérides aéronautiques, je cherche, au jour et à l'heure de la visée, l'angle du soleil par rapport au nord sur le méridien de Greenwich. Je corrige avec la longitude et j'obtiens une valeur dont je pointe la graduation vers l'astre : sur la couronne ainsi positionnée, le repère « 360° » donne le nord géographique. Pendant la marche, nous pouvons nous orienter de la même manière avec notre montre Explorer Rolex dont une aiguille fait un tour de cadran en vingt-quatre heures : en la pointant vers le soleil, le minuit de la montre nous donne le nord. Nos boussoles sont bonnes : si nous sommes trop à l'est, c'est que la dérive nous y pousse, comme elle a poussé d'ailleurs « Mirabelle-Arthur », notre balise de référence.

Très vite nous sommes venues à bout des grands floes. Hier soir nous avons terminé par du chaos et ce matin, dès la reprise, nous entrons dans une zone où dominent les chenaux. Ils sont parfois assez étroits pour que nous les enjambions d'un grand pas, frisant parfois la haute voltige : nos skis sont longs et résistent aux porte-à-faux que nous leur infligeons dans ces exercices périlleux. Si les fractures fraîchement gelées sont plus larges, il faut dételer, tester à ski, puis seulement alors s'engager avec sa charge. Je n'utilise qu'exceptionnellement mon piolet pour sonder ; c'est à la couleur que j'estime la qualité de la glace : plus elle est mince, plus elle est grise, sa solidité croît avec sa blancheur. Quand je suis engagée sur une plaque, je frappe très fort mes bâtons à chaque foulée : ils résonnent différemment selon l'épaisseur que je contrôle donc... à l'oreille, au cours des traversées qui peuvent dépasser la centaine de mètres.

Lorsque les chenaux sont ouverts et qu'apparaît l'eau noire de l'océan, il faut contourner parfois de plusieurs kilomètres pour trouver un passage. Très vite, nous en avons assez de faire des détours. Pour aller droit au nord, nous nous risquons sur de la glace de plus en plus mince : j'ouvre la marche pour tester les secteurs délicats. Ces franchissements, aux limites des possibilités physiques de la glace et de l'humain, sont aussi stressants qu'envoûtants. A chaque fois se profile le même défi : « Elle casse ou je passe. » Le plus souvent, il n'y a qu'un frêle point de contact entre les deux rives d'un chenal d'eau libre, que le hasard des pressions de la banquise a réunies par un petit pont de glace. Avant de l'affronter, je marque toujours un temps d'arrêt, même très court, pendant lequel je me concentre et tente d'expulser ma peur. Puis ; calmement, je me lance dans le face-à-face, non sans avoir répété le test du bâton, comme un joueur de tennis fait rebondir plusieurs fois sa balle, semblant vouloir retarder le service, Il s'agit de poser les skis au bon endroit et ne pas trop hésiter. Ne pas se laisser impressionner par les battements de cœur qui accélèrent, éviter de penser que sous cette glace, épaisse comme du papier à cigarettes, il y a cinq mille mètres d'océan ... De toute façon, ce sera le premier mètre le plus pénible !

Généralement, dans les zones à hauts risques, l'épreuve concluante est un aller et retour à ski, sans charge, puis je retraverse avec mon traîneau. La théorie est que si Madeleine est passée, les autres passeront ... mais je suis bien certaine que, quelle que soit la place dans le convoi, les décharges d'adrénaline sont les mêmes. Très vite, la volonté de nous dévier le moins possible de notre route et l'accoutumance à la peur nous enhardissent : nous passons sur à peu près n'importe quoi, partant du principe que la glace flotte, même si c'est une plaque qui se détache des bords ou qui oscille au rythme de nos pas.

Physiquement, ces premiers jours de reprise sont très durs : en dehors des chenaux, le terrain est extrêmement accidenté et requiert toute la puissance de nos muscles et de nos articulations. En l'absence de Mary et Mireille, Titi et moi sommes les doyennes du groupe et avons l'âge de nos genoux ! Flo, avec un total irrespect et toute l'arrogance de sa jeunesse, nous surnomme tendrement — Couni y compris — : « les vioques ».

Nous marchons six à huit heures par jour, avec pause toutes les deux heures, au cours desquelles nous mangeons nos barres énergétiques et buvons des boissons chaudes : Flo est notre cantinière, puisqu'elle a de l'énergie à revendre ; elle fait le service avec la Thermos tandis que les vieilles, skis aux pieds, sont assises dos au vent sur leurs traîneaux. Ces pauses sont toujours un dilemme. Dans la journée, nous en faisons deux qui durent une vingtaine de minutes. Si l'arrêt procure, en plus du réconfort de la boisson chaude, le plaisir physique de relâcher ses muscles et ses articulations, tout en enfermant dans sa grosse doudoune la chaleur accumulée pendant l'effort, le bonheur est gâché par la perspective de la remise en route. Au bout du compte, il n'est pas certain que le bilan calorique soit positif. L'un des moments les plus durs de la journée est celui où, après la pause, il faut ôter sa grosse veste en duvet, la ranger dans son traîneau et affronter de nouveau le froid en tenue de marche qui n'est qu'un coupe-vent, conçu pour que nous soyons en équilibre thermique pendant l'effort. Le plus douloureux est pour les mains : l'arrêt est l'assurance d'une demi-heure d'onglée au redémarrage ; même si nous n'enlevons pas nos gants, l'interruption du balancement des bras pendant vingt minutes suffit pour engourdir les extrémités. A la reprise de la marche, chacune essaie de faire affluer le sang dans ses mains, qui en faisant de grands moulins, qui en les mettant sous ses bras au risque de tomber, ne pouvant plus utiliser les bâtons. Nos doigts gelés à Seven Islands sont hypersensibles : de ma vie, c'est la première fois que l'onglée m'extrait des larmes de douleur. Chaque jour, nous en avons au moins pour deux heures

202

à serrer les dents ; les pouces sont les plus difficiles à maintenir chauds : ils sont isolés des autres doigts dans les moufles et la pression du bâton dans le creux de la main tend à leur couper la circulation sanguine.

A la première pause, nous nous partageons un litre de café, à la seconde l'après-midi, une boisson énergétique chaude au goût de citron. Nous gardons le thé pour l'arrivée. En outre, nous transportons toute la journée deux Thermos d'eau chaude : malgré le poids mort qu'elles représentent, elles sont l'assurance de pouvoir réchauffer quelqu'un s'il survenait un problème, telle une baignade polaire, le danger le plus redoutable et redouté.

Nous nous organisons de mieux en mieux à l'étape. Lorsque nous avons choisi le floe du camp, nous rangeons nos traîneaux en cercle : c'est le « carrousel d'arrivée » ; nous dételons et, s'il y a lieu, nous damons la neige avec nos skis là où sera montée la tente. Puis chacune enlève son anorak de marche, plonge dans sa grosse doudoune, se déchausse, enfile pantalon de duvet et « charentaises polaires ». Le simple changement de tenue nécessite déjà une demi-heure ! La première habillée assure le service du thé.

La vie quotidienne au bivouac est absolument chronométrée. Dès les premiers jours, nous devenons des automates. Volontairement, nous rendons notre vie totalement répétitive, en fractionnant les tâches dans un souci de rentabilité. Dès que je suis prête, je vide entièrement mon traîneau pour extraire la tente qui en occupe le fond. C'est un long boudin de deux mètres que nous avons paqueté tout d'une pièce, laissant les arceaux assemblés dans leurs manchons afin de simplifier le montage. Nous déroulons la toile dans l'axe du vent et fixons le tapis de sol avec des broches à glace. Puis nous courbons les arceaux qui forment le soutènement du tunnel : à partir de cet instant, la tente tient debout, il n'y a plus qu'à fixer, à nos quatre traîneaux, les haubans prolongés par des mousquetons. Cette opération ultra-élémentaire nous mobilise toutes pendant une nouvelle demi-heure. Ensuite, Titi, dans la cuisine, engage la bataille avec un réchaud pour faire bouillir l'eau qui reste dans les Thermos. Pendant ce temps-là, Couni sort les rations et le matériel collectif tandis que

Flo et moi pelletons la neige tout autour de la tente pour la rendre isotherme. Le plus souvent, nous n'avons pas terminé quand les autres nous appellent : l'eau est prête pour la semoule. C'est le moment le plus réconfortant de la journée. Nous nous engouffrons dans la cuisine et encombrées de nos grosses doudounes, nous nous calons chacune dans un coin sur notre petit carré de mousse isolante : sans bouger, nous pouvons tenir assises toutes les quatre. Cette semoule au lait que nous réhydratons est l'ordinaire de notre goûter : elle se prend salée ou sucrée selon les goûts, mêlée d'une soupe instantanée et de parmesan ou d'une dose de miel ou de confiture, dans tous les cas copieusement enrichie de beurre. C'est bouillant et reconstituant, donc c'est bon, surtout à ce moment de la journée où nous confondons le plus repas et repos. Nous sommes assises, jambes étendues, les muscles encore chauds de la marche se relâchent, tandis que les articulations sombrent doucement dans la raideur et nous dans une profonde hébétude. Couni, décrivant l'état semi-comateux dans lequel, chaque jour, nous terminons le goûter, introduit dans le jargon de l'expédition une nouvelle valeur québécoise : nous sommes « effoirées » après la semoule ! Il faut alors se faire violence pour s'extraire de la torpeur. Tant de tâches nous attendent dehors avant le dîner et le coucher. Vieille ou jeune, nulle n'est épargnée dans le premier mouvement pour sortir de la tente : les pantins désarticulés se réarticulent en grinçant, étonnés de ne pas trouver sur le tapis de sol un morceau de genou, de coude ou de vertèbre. Hors de l'abri, le vent achève de nous fouetter et nous nous remettons vaillamment à l'ouvrage.

Chaque soir, nous consacrons une heure aux activités scientifiques. A Seven Islands, nous les avions volontairement réduites à la météorologie et à l'observation visuelle de la glace. Désormais, nous réalisons l'étude initialement prévue, corrigée à la baisse de par l'absence de Mary. Ainsi, nous avons dû éliminer la sonde acoustique que Mary avait mise au point pour mesurer l'épaisseur de la glace : l'instrument enregistrait la propagation d'une onde sonore transmise à la banquise par la percussion d'une balle de fusil tirée à bout portant. C'était un prototype qui devait être expérimenté pendant l'expédition et supposait donc une vérification par des méthodes traditionnelles des épaisseurs enregistrées. Sans Mary, il fallait alléger le matériel et les manipulations mais il était capital de connaître l'épaisseur de la banquise : j'ai donc opté pour la bonne vieille sonde manuelle.

Dès les premiers jours de reprise, je comprends pourquoi tous les scientifiques que nous avons rencontrés pour élaborer notre programme nous conseillaient de n'être pas trop ambitieuses : mieux valait peu de mesures mais réalisées quotidiennement et assidûment qu'un projet trop chargé que nous n'aurions pu mener plus de trois jours. Tous nous disaient que nous serions fatiguées et éprouvées par l'effort et le froid, et qu'il fallait imaginer un système très simple d'observation et de notation. Je me félicite de les avoir écoutés : remarquant, au retour de Seven Islands, que Mary et moi avions été à peine capables — à deux — de noter la météo sur nos carnets, j'ai conçu, pendant notre période d'attente, des feuilles de terrain que je n'ai plus qu'à remplir de chiffres le soir et le matin.

Pendant la journée, j'effectue des comptages de crêtes, de chenaux, de longueur de floe, d'épaisseur de la neige et de la glace que j'apprécie au jugé ou à l'aide de mes bâtons gradués au ruban adhésif tous les dix centimètres. A l'étape, mon premier souci est de noter toutes ces observations, souvent accompagnées de commentaires sur l'état des glaces ou leurs mouvements. Quand ma mémoire défaille, j'en appelle à celle de mes camarades pour avoir leurs impressions. Si la rubrique « observations sur la journée » de mes feuilles de terrain est trop courte, c'est dans mon livre de bord que je consigne les compléments d'informations glaciologiques.

Le soir, je commence par les mesures météo, qui sont également réalisées au lever : température de l'air, vitesse et direction du vent, pression atmosphérique, précipitations, couverture nuageuse, visibilité.

Puis je m'occupe de l'étude glaciologique du floe du camp : c'est la plus lourde épreuve. Il s'agit de percer la banquise pour en déterminer température et épaisseur. La sonde manuelle que nous utilisons est constituée d'une vrille en acier de cinq centimètres de diamètre, dont la base forme un couteau tranchant qui attaque la glace à chaque tour de manivelle. Les copeaux de banquise remontent à la surface le long de l'hélice. De zéro à un mètre de profondeur, je mesure la température de la glace tous les vingt-cinq centimètres à l'aide d'un thermomètre électronique : curieux mélange de haute technologie et de bouts de ficelle, la thermistance que je plaque aux différentes profondeurs contre la paroi du sondage est fixée à un scion de canne à pêche ! L'exercice est long : il me faut attendre, avec la patience d'un Esquimau devant un trou de phoque, que le thermomètre se stabilise à chaque mesure. Les températures donnent des renseignements sur l'âge et les propriétés des glaces.

Si le premier mètre est relativement facile à forer, ce n'est pas le cas des suivants. Il faut ajouter des rallonges à la sonde, seul le premier élément est en forme d'hélice, les autres sont de simples tubes autour desquels s'agglutinent puis se soudent les copeaux de glace. Pour éviter ce phénomène qui peut aller jusqu'à la perte de l'instrument qui reste collé à la banquise, il faut régulièrement sortir l'ensemble de la tarière du forage pour éliminer les débris encombrants. Le sondage est un exercice athlétique qui complète assez bien celui de la marche. En fin d'expérience, la vrille additionnée de ses rallonges mesure plus de trois mètres et pèse dix kilos. Lorsque la banquise va être percée, généralement entre deux et trois mètres, les copeaux cèdent la place à un mélange saumâtre de glace et d'eau. Il faut alors se méfier car, ne rencontrant plus de résistance, la sonde va s'enfoncer d'un coup. Immanquablement, je vais au tapis quand l'océan est atteint, puisque j'appuie de toutes les forces de mon torse sur la manivelle pour aider à la manœuvre. Il faut alors retirer la sonde très vite avant qu'elle ne reste collée ; le forage se remplit immédiatement d'eau de mer.

Pour mesurer avec précision l'épaisseur de la banquise, je plonge un décamètre-ruban doublé d'un filin métallique lesté d'un tube de cuivre dans le sondage. A l'extrémité de celui-ci, le tube bascule et se bloque horizontalement sous la banquise : il suffit de tendre le décamètre pour connaître l'épaisseur de la glace. Commence alors la partie de pêche en grosses moufles : il s'agit de jouer habilement sur le câble pour dégager le tube et remonter l'ensemble du ruban mesureur. Ce petit exercice paraît simple : exécuté en gants mouillés par l'eau de mer, et par —30°C, il est l'occasion quotidienne d'une révision de jurons : jamais je ne saurai si je dois d'abord tirer sur le filin ou sur le ruban.

On pourrait imaginer qu'une sonde à glace — instrument dont le nom indique l'exclusive destinée — a été conçue pour une utilisation dans un environnement, somme toute, froid. Ce n'est absolument pas le cas, ni de la nôtre ni de tous les autres modèles ! Après y avoir laissé trois paires de gants de soie en trois jours, ma conclusion est que la manivelle et les rallonges ne peuvent se monter et se démonter qu'à mains nues : au contact de l'acier et par —30°C on devine le résultat. Ne parlons pas de la housse de ce noble instrument : les courroies sont pensées par le fabricant avec un tel souci d'économie que même sans gants, il est impossible de les serrer. Mesurer l'épaisseur et la température de la banquise est au bas mot une épreuve d'une heure dont je m'acquitte chaque soir : une réelle bataille dont je sors les bras meurtris et les doigts gourds, mais quelle satisfaction au moment d'inscrire sur les relevés de terrain les chiffres des valeurs durement glanées !

Toutes les données scientifiques sont codées et transmises le matin et le soir par message numérique sur notre balise de localisation, ce qui a l'énorme avantage de sauver les résultats, quoi qu'il advienne de nos feuilles et carnets.

Sur le plan médical, nous avons également des observations quotidiennes. Au réveil, nous prenons notre température et observons matin et soir, par les urines, notre consommation de graisses corporelles à l'aide de bandelettes urinaires, ce qui complique encore la prestation déjà décrite : dans le vent permanent, « faire pipi » sur une minuscule bande de papier serrée entre deux doigts gelés relève de l'exploit d'autant qu'il faut de l'autre main tenir le nuancier pour chiffrer, en y comparant les couleurs du papier réactif, les résultats d'analyse. Chacune clame alors haut et fort son score que Flo inscrit dans ses tablettes. Une fois par jour, nous devons remplir notre livre de bord et un carnet-questionnaire psychologique dans lequel nous répondons individuellement à des questions concernant l'humeur, le sommeil, l'état de fatigue, la sensation de froid, les relations dans l'équipe. Flo et Couni, responsables du programme médical, relatent en plus leurs observations sur le groupe, en ce qui concerne la santé et la psychologie.

Au pire en moufles, au mieux en gants de soie éternellement humides, nous griffonnons plus que nous n'écrivons nos « devoirs » scientifiques. Mais nous sommes unanimes à récompenser nos stylos qui, au palmarès de l'efficacité du matériel, arrivent juste derrière les « charentaises polaires » et les bouteilles Thermos. Pour avoir œuvré des mois dans le froid, avec des relevés de terrain à effectuer sur des carnets mouillés, sans jamais trouver au problème de l'écriture en dessous de 0o C d'autre solution que celle du crayon noir qui casse et finit par s'effacer, je suis la première à proclamer l'extraordinaire supériorité de nos « stylos de l'espace », conçus outre-Atlantique pour les missions spatiales et permettant d'écrire en apesanteur et jusqu'à —70o C. Jusqu'alors introuvables en France, Couni nous les a rapportés du Canada.

Entre la semoule et le dîner, nous n'arrêtons pas une seconde. La vie quotidienne au bivouac est une succession de petites opérations insignifiantes qui finissent par prendre des heures. A l'étape, nous vivons beaucoup dehors, malgré le vent et le froid ; d'ailleurs, il n'y a guère que cinq degrés de différence entre la température sous abri et celle du plein air. Nous essayons de faire le maximum hors de la tente. Pour limiter la condensation lorsque les réchauds fonctionnent, il est préférable de fermer les portes des chambres, ouvrir la cuisine et éviter les va-et-vient. La gardienne du feu veille et défend son territoire : quiconque veut accéder aux chambres passe par les absides. De toute façon, en plus des mesures scientifiques, il y a de quoi s'occuper à l'extérieur pendant que la neige fond. Finir de pelleter, dérouler l'antenne radio et monter son support-canne à pêche, remplir les casseroles de neige à la demande de la vestale qui n'ose plus sortir de son antre, de peur de renverser les réchauds enfin allumés, brosser les vêtements de marche qui se couvrent inévitablement de glace, à cause de la transpiration pendant l'effort, le tout en grosses moufles, ce qui demande temps et patience. Une fois que tout le nécessaire est dans la tente, il faut fermer les traîneaux et construire l'« abri à ours » : un ring polaire, formé des huit cordes de halage reliant nos quatre traîneaux et tendues à chaque angle par un ski planté verticalement dans la neige. Étrange impression au moment de boucler le dernier mousqueton de notre enclos : nous sommes « chez nous », oubliant complètement le désert infini de blanc. Peu importe alors que le floe du camp soit grand ou petit, les cordes délimitent notre périmètre de sécurité.

21

LES floes bien plats du premier jour n'ont vraiment pas duré. Depuis le lendemain de notre départ, nous nous heurtons aux chenaux et aux crêtes de plus en plus nombreux qui — sans rien de comparable avec l'enfer de glace de nos débuts à Seven Islands — ralentissent notre progression à ski, nous obligeant parfois à déchausser dans les passages plus ardus. Malgré tout, nous réussissons à parcourir de bonnes distances journalières, dix à quinze kilomètres que la dérive contraire s'emploie à minimiser.

Après trois jours de soleil, le mauvais temps arrive. La température remonte un peu, pour atteindre −25°C, ce qui est loin d'être mieux car le vent a forci et le ciel couvert ne tarde pas à virer au brouillard intense, le fameux « white out ». La bise et l'humidité pénètrent jusqu'aux os : l'impression de froid est plus grande que les jours précédents où il faisait pourtant −30°C.

Le terrain est très accidenté et on ne voit strictement rien. J'ouvre la marche, prenant le cap de dix mètres en dix mètres. Le « white out » est troublant, donnant cette impression étrange que ressent le porteur du bandeau d'une partie de colin-maillard quand on le fait tourner pour le perdre. Le haut, le bas, le nord, le sud, devant, derrière, ces valeurs n'ont plus cours : dans le « white out », il n'y a plus aucun repère. Il faut faire totalement confiance à la boussole et c'est justement là que je doute le plus d'elle. Mes sens sont perturbés, mon nord instinctif n'existe plus. Si un obstacle m'oblige à me détourner, j'ai conscience de pouvoir me tromper de 90° croyant reprendre la route du pôle. Dans l'opacité blanche de ce bain de coton, il est difficile de trouver un cap, ce n'est le plus souvent qu'une simple touche de bleu franc, de gris ou de noir, éphémère apparition se distinguant à peine dans l'écran total qu'il faut déchirer à chaque pas. Impossible de dire si la marque est à dix, vingt ou cent mètres : l'illusion d'optique est déconcertante. J'essaie de viser le plus loin possible pour éviter de m'arrêter et d'attendre que se stabilise l'aiguille aimantée : j'avance de trois pas et mon cap a déjà disparu ! Lorsque je trouve un point remarquable dans l'axe de notre marche, je ne veux plus le quitter des yeux, fixe l'horizon et c'est la chute inévitable : si on perd le nord dans le brouillard, on y perd aussi le sens de l'équilibre et du relief. Je progresse à tâtons, avec cette sensation d'impuissance et de fatalité que j'ai déjà éprouvée dans le labyrinthe de verre des fêtes foraines. Envie irraisonnée de mettre les mains en avant pour ne pas me cogner le front contre la vitre ! En fait, de tout le corps je heurte une congère que mes yeux n'ont pas vue et que mes skis et mes bâtons m'ont révélée trop tard. Je suis comme une ivrogne, tombant tous les deux pas ; chaque fois j'enrage, mais que faire ? Blanc sur blanc, sans trace devant moi, je ne peux rien distinguer. Il m'arrive de disparaître dans des creux profonds d'un mètre que je n'ai absolument pas devinés. Empêtrée dans mes skis comme une débutante, je me sens ridicule à chaque plongeon : j'ai conscience de retarder notre progression et crois utile de m'en excuser auprès de mes équipières. Quand je me retourne, bien qu'elles soient vêtues de rouge, je les vois à peine. Elles tombent aussi, un peu moins que moi peut-être : donnant l'échelle des hauteurs, ma silhouette les guide et les sillons laissés par mon traîneau soulignent le relief ; mais marchant dans mes pas, elles ne découvrent souvent que trop tard mes propres points de chute.

Voilà trois jours que dure le « white out ». Nous sommes le 28 mars, Vendredi saint ! Un chemin de croix que je n'oublierai jamais. Le terrain ne serait pas si catastrophique si seulement nous pouvions distinguer la prochaine congère pour tenter de l'éviter ! Nous sommes sur un vieux floe relativement plat. Les obstacles ne sont pas l'habituel chaos de glace mais des alignements de longues crêtes de neige hautes de plus d'un mètre, qui se répètent à l'infini transversalement à notre route, et que le vocabulaire glaciologique consacre sous le nom de « sastrugis » ; dans le brouillard, comme leur succession n'est pas assez régulière pour que le marcheur puisse les deviner à temps, leur appellation officielle se trouve anoblie d'une particule qui devrait bien être homologuée : ce sont des « saloperies de sastrugis » !

Ce soir, c'est moi qui vais crier grâce : cent fois je suis tombée, cent fois je me suis relevée. A force de fixer le néant dans le blanc total, j'ai des hallucinations. A la fin de cette journée sainte, je n'entends pas de cloches résonner dans ma tête, mais ce n'est guère mieux : je vois des sapins, partout, noirs, petits, pas plus d'un mètre de haut. Je me frotte les yeux pour chasser l'illusion qui revient dix pas plus loin. Je ne peux pas continuer ainsi ! Je crains toujours l'ophtalmie des neiges, cette cécité partielle ou totale, temporaire ou définitive, provoquée par l'excès de blanc. Nous ne portons pas de lunettes car, en raison de la respiration qui condense, elles gèlent en moins de deux minutes et deviennent opaques. Pour protéger notre cornée, nous utilisons des gouttes oculaires d'Uveline, que Flo nous instille chaque matin. Elles ne sont pas très esthétiques : teintées d'orange, elles nous donnent des regards de chiens malades, mais sont très efficaces : cette balade en forêt de fin de journée de « white out » est le premier trouble que je constate ; personne jusqu'ici n'a eu de problème, alors que dans mes précédents séjours polaires, les symptômes de fatigue oculaire (irritations, brûlures, aveuglement, maux de tête) se sont multipliés malgré le port de verres très fumés : à l'époque je n'utilisais pas d'Uveline.

Nous avançons comme des bêtes, n'écoutant ni nos jambes ni nos épaules. Au cinquième jour de ce nouveau raid, j'ai conscience de ne plus penser. Plus le terrain est accidenté, plus l'esprit est mobilisé par la bataille : avancer, gagner quelques mètres, compenser avec les bâtons l'inexorable perte d'équilibre, accrocher les carres au sommet de chaque butte, forçant dans les genoux pour bloquer les skis afin de dégager le traîneau d'un coup de reins, se laisser glisser dans la descente et finir lamentablement dans la congère suivante. Parfois l'esprit l'emporte sur le corps : une pensée fugace traverse le cerveau, toujours la même et très nettement influencée par nos performances Argos. A présent qu'Huguette est en France, c'est à Mary et Mireille que revient l'annonce du verdict des données enregistrées par le satellite. L'accent du Midi de notre Provençale les teinte bien un peu de soleil, mais le résultat est là, tristement mathématique : la dérive que nous venons étudier est plus puissante que les estimations connues. Jusqu'à ce jour, nous lui tenons tête, même si nos positions sont catastrophiques. De nos douze ou quinze kilomètres quotidiens, nous réussissons à peine à en garder un ou deux à notre actif. Je ne dois pas être la seule à avoir écrit dans mon livre de bord, dès la seconde journée : *« Le pôle, c'est pas du tout dans la poche ! »* Mais peu importe, tout ce qui sera accompli est important scientifiquement : ce tapis roulant de glace que nous remontons à l'envers n'en reste pas moins la banquise, cette quasi-inconnue. *« Nous sommes là pour la connaître, pas pour la combattre »* : voilà la pensée maîtresse que j'écrirai au soir de ce Vendredi saint.

Il est temps d'arrêter pour aujourd'hui : non seulement je vois des sapins mais aussi des nuées de mouches noires ! Je n'en peux plus, Titi l'a bien senti qui prend la tête pour la dernière demi-heure de marche, pendant laquelle je me laisse guider dans le rail des autres. Nous terminons par un chenal gelé orienté nord-sud, deux bons kilomètres de plat, ce qui porte à douze notre progression du jour. Dans le brouillard qui ne s'arrange pas, il faudra nous contenter d'un floe aux dimensions indéterminées pour le camp... de toute façon meilleur que tout ce que nous avons connu à Seven Islands !

Notre réveil électronique à piles n'a aucun goût pour l'ambiance polaire, il faut le maintenir au chaud. Au fond de la poche de ma doudoune, je ne l'entends pas sonner, enfoncée que je suis dans la cagoule de mon sac de couchage. J'ai finalement trouvé la solution assurant chaleur pour lui et proximité de mes oreilles pour la sonnerie : il dort désormais dans ma chapka, que je porte de jour comme de nuit.

Les journées commencent invariablement par la même phrase : « C'est l'heure, les filles ! », grommelée du fond de mon lit. Le sursis offert par la prise de température axillaire s'allonge puisque nous avons déjà cassé trois thermomètres médicaux : il faut donc attendre son tour pour avoir droit au seul survivant que Couni, précieusement, essaie de protéger jusqu'au ravitaillement. Les tubes de verre cassent dès qu'on les sort de leur housse !

Puis c'est le rituel du petit déjeuner, ponctué d'exclamations plus intéressantes les unes que les autres : « Mauvaise pêche ! » signifiant que la malheureuse élue a hérité de la moins bonne version de nos deux sortes de muesli ; « Passe-moi la Thermos ! », « Me prêterais-tu ton Opinel ? » ; un ton plus haut quand la requête s'adresse aux voisines de palier : « Est-ce qu'il vous reste de l'eau chaude ? » Nous n'avons pas le temps de prendre des habitudes puisque nous continuons à changer de compagne de sommeil chaque soir et de façon la plus anarchique possible. A la formation du carrousel d'arrivée à l'étape, il en est toujours une pour crier comme un croupier : « Faites vos couples, les couples sont faits, rien ne va plus ! » Et, partenaires d'une nuit désignées par un sort sur lequel veille Couni-la-psy, nous garons nos traîneaux côté future abside de notre chambre.

Titi qui est la première couchée est aussi la première levée. Les autres ne se battent pas pour la seconde place. Je ne tarde pas trop tout de même, puisque du résultat des mesures météorologiques dépend notre entrain. Il me faut donc donner la tonalité de la journée. Les sapins d'hier soir m'ont bercée et Flo, qui a roulé sur moi toute la nuit, m'a protégée du froid. Après un bon repos, j'y vois plus clair, surtout avec l'aubaine de ce soleil matinal. La journée s'annonce bonne ! Nous avons doublé 83°40' hier et Mireille, par radio, nous a lu un télégramme arrivé à la base : « *Joyeuses Pâques. Courage. Amitiés.* » Pâques n'est que demain mais les pensées amicales et les encouragements serviront dès aujourd'hui : c'est étrange comme quatre mots, presque banals, offerts à la curiosité de tous nos relais de transmissions, peuvent donner de l'énergie !

Il en faudra ! Lorsque nous sommes prêtes à partir, le ciel se couvre et nous revoilà brusquement baignées d'une nappe blanche cotonneuse : couche complètement pelliculaire, qui ne doit pas faire plus de cinquante mètres d'épaisseur puisque le soleil transparaît par intermittence à travers le brouillard. Quelle importance, le résultat est le même, c'est moins grave qu'hier mais nous sommes toujours dans le blanc et cette fois dans un réel chaos. Quand enfin nous semblons en sortir, c'est pour être arrêtées par un chenal ouvert. A la couleur, je sais déjà que la glace est trop grise pour supporter notre passage. Je teste du bâton : il traverse de part en part la plaque en formation. Tandis que les autres enfilent leur doudoune pour la pause, je détèle mon traîneau et pars vers l'ouest chercher un pont. Je marche sur le floe, longeant le bord de la fracture ; au bout d'une centaine de mètres, assurée d'une plus grande épaisseur par la présence de moutonnements blancs dans ce secteur, je prends confiance et continue de suivre le chenal mais en skiant sur sa surface fraîche.

A force de jouer avec la glace comme d'autres jouent avec le feu, je finis par gagner : au troisième pas, la croûte trop mince cède sous mon poids. Je ne crie pas, parce que depuis toujours le danger réel me pétrifie dans le silence. Je m'entends juste dire : « Imbécile ! » Tout va très vite. Le pas suivant n'a fait qu'aggraver la situation ; je m'enfonce dans l'eau : l'air est à —30°C, l'eau à —3°C : normalement je dois mourir, c'est ma dernière pensée lucide. L'humain fait alors place à l'animal. Si les planches que j'ai aux pieds ralentissent ma plongée, elles m'empêchent de remonter : ce sont des skis de fond, nous n'en sommes solidaires que par l'avant de nos chaussures ; dans le vide océanique, ils basculent verticalement et je patauge, ne pouvant rien en faire. L'instinct de conservation est très fort, l'animal encombré de lattes et de bâtons a déjà une moufle qui touche la rive. L'eau m'arrive à la poitrine, les secondes sont des siècles, quelque chose de rouge passe devant mes yeux, je l'agrippe avant d'entendre : « Attrape mon bâton ! » Et puis, je ne sais comment, les forces salvatrices de Flo, s'unissant aux miennes, bestiales, m'extirpent de l'eau qui allait atteindre le col de l'anorak. Je suis toujours animal, vivant tant que je bouge, et je cours donc pour vivre ! Le plus beau cent mètres de ma carrière ! Le reste n'est que réflexe : je ne pense pas, mon corps seul se débat. Mes vêtements ruissellent pendant trois secondes puis se figent en carapace de glace. J'arrive à mon traîneau. Par pure réaction de survie, j'en extrais ma grosse doudoune, arrache mon anorak de marche et plonge dans le vêtement de plumes. Je suis sauvée ! Je redeviens un humain, une femme... alors seulement je pleure.

Couni et Titi n'ont rien vu mais ont immédiatement compris qu'il faut faire vite, enlever mes guêtres, mes chaussures, mon pantalon. Enfiler un change de duvet et me faire boire du café chaud : pour elles aussi, tout est réflexe. Ma peur est rétrospective, je me sens ridicule et, entre deux sanglots, je dis simplement : « J'suis bête de chialer mais j'y peux rien, c'est la trouille ! » Puis Flo, qui a eu peur aussi, dédramatise en racontant : « Je ne voyais rien, aujourd'hui je n'ai ni mes lunettes, ni mes lentilles, je l'ai repêchée à tâtons ! » et, s'adressant à moi avec sa candeur d'enfant, elle ajoute : « Est-ce qu'on peut dire que je t'ai sauvé la vie ? »

Oui, on peut le dire, et deux fois plutôt qu'une. Je n'avais même pas vu qu'elle me suivait sur le bord du floe. Et puis ce matin, avant de partir, notre benjamine m'avait fait la morale : « Tu n'es pas raisonnable ! Je sais bien que c'est casse-pieds, mais tu devrais t'obliger à coincer la languette de tes guêtres dans tes fixations, on ne sait jamais, c'est tout de même toi qui testes toujours les chenaux ! » En ronchonnant, je m'étais résignée à cet exercice particulièrement crispant, surtout avec les doigts gelés.

C'est en tout cas ce qui m'a permis de ne pas mouiller mes chaussures recouvertes totalement par les guêtres ainsi bloquées dans la fixation. En fait, je pleure pour rien, en dessous de ma tenue de marche qui n'est plus qu'un glaçon, je ne suis pas mouillée : le Goretex est vraiment imperméable ; mon traîneau était dételé, mais j'avais conservé la ceinture de halage qui, serrant aux hanches l'anorak sur le pantalon, a empêché l'eau de s'engouffrer à l'intérieur. Celle-ci n'a pénétré que par les poignets et le haut des guêtres ; dix secondes de plus et tout entrait par le col. Je m'en tire à bon compte pour cette fois. Je suis prête à continuer.

Tandis que Flo me dorlote, Couni et Titi cherchent un passage plus loin et, l'ayant trouvé, essaient de le consolider en empilant des blocs de glace. C'est alors que Couni, à son tour, met les deux pieds à l'eau et se retrouve en larmes à finir le café. Trop c'est trop ! Il n'est que quatorze heures, tant pis ! Je décide de couper court à la série catastrophes : nous nous replions et montons la tente. Nous installons notre deuxième balise que Titi baptise « Petit Baigneur »... et pour cause ! Immanquablement, Mary, notre anglophone, nous donnera par radio les positions de « Petite Baignoire » : sa culture française n'est apparemment pas passée par les grands classiques de Louis de Funès !

Tandis que Flo et moi forons la glace pour poser la balise, Couni et Titi transforment le carré cuisine en rue de Sicile, espérant récupérer au-dessus de leurs fourneaux quelques calories pour dégeler mes guêtres ! Mes vêtements de Goretex bien brossés sont tout à fait portables ; en revanche, l'eau qui a pénétré dans les jambières a figé dans les fibres de fourrure polaire : il est impossible, autrement que par séchage, de se débarrasser de la carapace de glace formée à l'intérieur. Malgré le savant étendage, rien n'y fait, je voyagerai donc les mollets au frais jusqu'au ravitaillement !

Le lendemain, 30 mars, Mireille et Mary ont réquisitionné toutes les cloches de Ny Aalesund pour nous offrir un carillon de Pâques à l'ouverture de la transmission radio. Le soleil est de la partie mais le vent est fort, continuant comme ces jours derniers à souffler du nord. Notre arrêt prématuré d'hier, après seulement trois kilomètres de progression, a donné l'avantage à la dérive : nous avons reculé jusqu'à 83°33' ; notre « case-départ » ! Cette triste nouvelle nous laisse toutes très mal : huit jours d'efforts annulés en quelques heures de sommeil ! Nous discutons, essayant d'envisager les différents cas de figure. En jouant au Yo-yo de la sorte avec la banquise, nous ne pourrons pas tenir longtemps psychologiquement. Dans des conditions aussi sévères, il est important d'avoir un stimulant pour avancer. Nous sommes au cœur de la dérive transpolaire, là où le courant est le plus fort. Nous parlons d'un saut de puce en avion, mais à quoi bon, rien ne prouve que nous serons capables de contrer la dérive deux degrés plus au nord !

Flo, Couni et moi sommes directement concernées par les programmes de recherche médicale et glaciologique, alors que Titi est là pour le pôle uniquement. Ce doit être encore plus dur pour elle. En fait, même si nous ne le montrons pas, c'est éprouvant pour toutes. Nous nous serrons les coudes mais aucune ne sait ce que contiennent les livres de bord de ses compagnes. Moi je touche le fond et j'écris ce matin, avant de me mettre en route : *« Je suis à deux doigts de l'abandon : envie de rentrer, de me casser la jambe... »* et me raccrochant au privilège du capitaine qui a le devoir de rester le dernier à bord, dans toute ma lâcheté de chef, je poursuis : *« ... ou que l'une de nous abandonne, ce qui sauverait la face »*.

Le chenal dans lequel j'ai inauguré la baignade polaire n'existe plus : sous la pression des glaces, la pellicule nouvellement formée a été broyée en jeune crête de blocs de dix centimètres d'épaisseur. Nous pouvons passer au sec.

Il ne me reste que deux doigts d'un cocktail d'énergie et d'orgueil de leader dont je gâche la moitié en ruminant et reniflant pendant deux heures au fond de mon capuchon jusqu'à la première pause. C'est encore un réflexe de survie qui va me tirer de là, un peu comme lorsqu'en rivière on est happé par un tourbillon : il faut accepter de se laisser aspirer par l'eau, toucher le fond, et d'un coup de pied se propulser hors du remous. Quand il ne me reste plus qu'un doigt de forces, inconsciemment je m'y cramponne, talonnant le fond pour refaire surface, et je repars... et nous repartons après la pause, d'autant plus décidées à forcer dans les chaos et les « sastrugis » que la visibilité s'améliore un peu. Nous parcourons treize kilomètres... sans aucun doute les treize plus durs psychologiquement. Chacune mène sa bataille, solitaire dans l'intimité de son capuchon, pour n'offrir à la collectivité que les forces qui lui restent. Chacune fait son bilan. Pour moi il est clair : le pôle, je l'ai perdu le jour où j'ai demandé le rapatriement à Seven Islands ; je me suis battue pour arriver là, j'ai choisi, je suis privilégiée, aux premières loges de la nature polaire que je viens étudier. L'important est d'observer les glaces : cette banquise, que nous parcourons en donnant le meilleur de nous-mêmes, se dévoile chaque jour sous nos pieds et sous nos yeux.

C'est surprenant ce que le fond de soi-même peut être profond ! C'est inimaginable ce qu'il y a comme ressources dans le dernier doigt d'énergie de chacune ! C'est extraordinaire ce que, mis côte à côte, nos quatre fois un doigt peuvent donner de puissance : le punch d'une poigne forgée d'amitié !

Unissant nos forces, nous redoublons d'énergie mais le pôle est bien gardé et ne se laisse pas prendre facilement : quatre David contre un Goliath ! Jour après jour nous constatons que nous ne sommes rien dans ce désert, rien face à cette nature impitoyable qui s'obstine à nous faire reculer, à reprendre d'un coup d'un seul ces kilomètres que nous avons gagnés mètre par mètre, minute après minute dans ce dédale de glace, à travers chaos et chenaux. Transpercées de froid par le vent glacial, nous avançons comme des bêtes, conscientes que l'essentiel est de ne pas nous décourager toutes en même temps et de garder le sens de l'humour.

Le 1er avril, comme Mireille et Mary savent que nous avons vu des traces d'ours les jours précédents, nous avons décidé de leur jouer un tour en retardant d'un quart d'heure l'appel radio. Quand nous branchons l'émetteur, nous entendons Mireille annoncer d'une voix tout à fait impersonnelle malgré l'« assent » :

« L'équipe d'assistance a pris un jour de congé, vous êtes sur répondeur automatique, veuillez laisser votre message, au top sonore ce sera à vous. »

Fou rire de notre part avant de nous lancer dans notre propre poisson d'avril qui n'est pas très recherché :

« Nous sommes en retard, excusez-nous mais nous ne pouvions pas attraper l'antenne qui était au-dehors, il y avait un ours devant la tente. A toi.

— C'est une blague ! A vous.

— Est-ce qu'on plaisante avec les ours ? Ça devait arriver, souviens-toi, voilà deux jours que nous croisons des traces. Il était là, juste devant la porte, assis sur le traîneau de Couni, à côté de l'antenne et du fusil ! A toi.

— Comment l'avez-vous chassé si le fusil était dehors ? A vous.

— En lançant un pétard par la cheminée de la tente : il a eu peur, il s'est éloigné et nous voilà ! A toi.

— Plus de peur que de mal alors ! A vous ... »

Notre blague nous paraît tellement grosse que nous ne jugeons pas nécessaire de préciser que c'est une farce.

Toutes plaisanteries mises à part, ce 1er avril est une bonne journée : nous parcourons dix-sept kilomètres de chaos, floes plats et immenses chenaux sur lesquels je me trouve nettement moins téméraire, ayant encore dans mes guêtres — qui dégèlent à la chaleur de mes mollets, s'égouttant jour après jour dans mes chaussures — l'humide souvenir de ma brillante percée ! Nous reprenons espoir, personne ne parle plus de saut de puce en avion. Huguette a téléphoné de France ses encouragements et son soutien que Mireille nous a transmis par radio : elle nous conseille de lutter jusqu'au ravitaillement et de voir à ce moment-là s'il est judicieux ou non d'être déposées plus au nord par le Twin Otter. Je m'émerveillerai toujours de la force des mots, arrivant de cinq mille kilomètres à travers la boîte orange de notre radio et par opérateur interposé. Je sais Huguette dans sa propre bataille au chevet de son père et mon seul souhait est que nos pensées la soutiennent autant que ses paroles peuvent nous pousser.

Le 1er avril a failli se terminer par une bien mauvaise plaisanterie : arrivée à l'étape, alors que je me retourne pour dire à mes équipières que nous sommes sur le floe du camp, je tombe de toute ma hauteur et casse la butée de ma fixation droite, de la même façon qu'au premier jour. Je verdis : Titi m'avait dit en réparant que c'était notre unique pièce de rechange. Je ne me vois pas skier à cloche-pied jusqu'au ravitaillement, surtout sur les chenaux à peine gelés qui font l'ordinaire de nos journées. Il faut trouver une solution : les cerveaux des branquignoles sont déjà au travail. Cherchant tout ce qui pourrait servir à solidariser le plastique cassé, nous renversons sur la glace notre maigre trousse à outils. Un nouveau miracle se produit : notre responsable du service dépannage avait bien pensé ses bagages puisque nous découvrons une autre (et ultime cette fois) butée neuve. « Tu tiendras bien trois jours », me dit Titi, radieuse. C'est vrai que nous approchons sérieusement du ravitaillement.

22

LE 2 avril est notre record de chaleur : —16°C, inévitablement accompagnés d'un « white out » très épais ; le vent forcit, soulevant la neige et tourne au blizzard, heureusement du sud-est. Nous avançons de nouveau à tâtons, à portée de vue et de voix, pour ne pas risquer de nous perdre.

Obsédées par Argos malgré notre décision de l'ignorer, nous ne pouvons pas nous empêcher d'attendre son verdict pour chiffrer notre bataille : chaque minute de latitude grignotée à la dérive est une victoire. Le 3 avril, malgré la neige fine qui tombe, nous battons tous nos records journaliers : dix-neuf kilomètres ! Il faut dire que nous étions encouragées par nos positions de la veille ; le vent du sud a freiné notre recul la nuit dernière. Déception à la radio quand Mireille nous annonce que notre progression fulgurante du jour se résume à une minute de latitude (1,8 kilomètre) : dix fois moins que ce que nous avons parcouru ! Nous ne voulons pas la croire, nous étions tellement certaines d'avoir doublé 84° ! Ce soir je boucle le livre de bord en écrivant : *«L'assistance nous sape le moral !»*

Ce matin, 4 avril, nous avons droit à toutes les excuses de Mary et Mireille : il y a eu erreur d'horaire hier dans la lecture du télex Argos ... Je mesure à cet instant tout le décalage qu'il peut y avoir entre la base et la banquise. Elles ont déjà oublié combien nous sommes suspendues à ces degrés et à ces minutes de nord que nous gagnons ou que nous perdons au jeu de nos forces contre celles du vent. Lorsque nous reprenons la route ce matin, nous sommes à 83°58' et le blizzard, par chance, souffle du sud : c'est aujourd'hui que nous l'aurons, notre degré ! Aussi puéril que cela puisse paraître, cette perspective de passer une ligne imaginaire nous regonfle d'énergie pour la journée. Le « white out » est total et si le vent de neige soufflait de face plutôt que dans notre dos, nous ne pourrions pas marcher. C'est dur, c'est très dur physiquement pour nous toutes, mais nous en voulons ! Le ravitaillement est pour demain, aussi avons-nous décidé aujourd'hui de nous arrêter dès que nous trouverons un floe où l'avion pourra atterrir : depuis ce matin nous forçons le passage dans un chaos sans fin. Il n'y a rien d'autre à faire que d'avancer et d'espérer du plat. Inutile de nous énerver, la banquise aura le dernier mot.

En fin de journée, à l'heure où je commence à me faire une raison, à me dire que faute de floe convenable il faudra repousser le ravitaillement, en pleine zone accidentée, au détour d'une crête, je crois à un mirage ; je me retourne et crie : « Les filles, c'est Roissy ! » Inespéré ! Une véritable piste pour Concorde s'étend sous nos yeux, plus belle que celle de Ny Aalesund : deux kilomètres de long, six cents mètres de large, pas une fissure ni une congère, dix fois plus grand que ne l'exige Ken pour atterrir, et orienté nord-sud, ce qui nous permet d'achever la journée de chaos en beauté ! Nous installons le camp à l'extrême nord de notre floe-aéroport, le seul digne de ce nom depuis celui du premier jour !

Pour une fois, « saint Bol » est avec nous : encore plus incroyable, le vent déchire le « white out » et chasse les derniers nuages. Au moment de la liaison radio, le soleil brille comme jamais depuis douze jours : il ne fait aucun doute que le ravitaillement aura lieu demain.

Ce n'est absolument pas l'avis de l'équipe d'assistance : à Longyear, d'où l'avion doit décoller, le temps est incertain, jusqu'au dernier moment nous ne saurons pas si le Twin Otter pourra venir. Je m'énerve à la radio : elles ne se rendent pas compte qu'après douze jours ou presque de chaos et de « white out », ce floe et cette météo sont un miracle.

Sur la banquise, nous sommes persuadées que tout va aller très bien et nous nous préparons à recevoir la « belle visite » comme dit Couni. Dans nos miroirs de détresse — servant à signaler notre présence à l'avion — nous nous refaisons une beauté : disons plutôt, nous essayons ! Nous sommes bouffies de fatigue et de froid, «pas mal maganées», dirait-on au Québec. Pour ce premier rendez-vous, je suis la plus atteinte ; pour avoir refusé, pendant huit jours, d'étouffer sous une protection de Néoprène, j'ai gagné des gelures aux pommettes et au menton : plaques brunâtres de peau en desquamation, placées de telle sorte que j'ai tout d'une pocharde qui se serait battue avec son ivrogne de mari ! Joli tableau ! Et encore, c'est mieux qu'il y a quelques jours : la cicatrisation est en bonne voie depuis que Flo m'a imposé le port du masque enduit de crème Cétavlon (préconisée pour soigner l'érythème fessier des bébés...). Que ne l'ai-je porté plus tôt ! J'ai découvert empiriquement que cette muselière asphyxiante avait l'immense intérêt d'empêcher mon nez de couler alors que depuis nos débuts, mon appendice nasal — ne manquant pas de proéminence — est le drame de ma vie polaire, ruisselant désespérément en une chandelle de gamin des rues qui n'a jamais eu de mouchoir, fontaine humorale intarissable, qui fige en gelant mes fermetures d'anorak jusqu'au nombril, si je ne la détourne pas sur mes moufles et mes manches d'un élégant mouchage de grognard !

Mes compagnes m'ont peut-être convertie au masque, il n'empêche qu'elles en sont toutes venues à la chapka que nous ne quittons plus, de jour comme de nuit. Extraordinaire moment que celui où, ôtant sa coiffure, chacune plonge dans son miroir réellement de détresse, pour constater... qu'elle n'est pas pire que sa voisine ! Les cheveux, emprisonnés depuis douze jours, n'ont plus ni forme ni couleur... En revanche, ils ont de l'odeur qui n'est cependant qu'une composante du « n° 5 de Banquise » dont la formule complète, comme celle de tous les grands parfums, ne sera pas dévoilée. On imaginera aisément ce que douze jours à mariner dans un pantalon de Goretex peuvent donner comme résultat ! Pour éviter à nos visiteurs un choc olfactif, nous avons demandé à Mireille de prévenir les pilotes que depuis peu nous nous surnommons les « harengs de la Baltique ».

Il faut dire qu'en expédition polaire, toute féminine qu'elle soit, la toilette se résume à peu de chose. Changer de slip dans un sac de couchage est déjà une telle affaire que, par — 30°C, nous n'avons guère envie de grandes ablutions. Étant donné le talent qu'il faut déployer chaque jour pour obtenir l'eau des boissons, il n'est pas question de gâcher le précieux liquide. Un quart de gobelet est le seul extra sanitaire, que nous consacrons au brossage des dents... avec du dentifrice en poudre, qui ne gèle donc pas ! Notre nourriture est tellement riche en sucre qu'il faut absolument nous préserver des caries.

Pour nous « laver » tout en économisant l'eau, nous avons des disques démaquillants qu'il faut préchauffer contre le ventre avant de pouvoir en détacher un du paquet congelé. Après les dents, ce sont les pieds qui demandent le plus grand soin : ils sont attentivement examinés et bichonnés chaque matin, avant d'être emprisonnés dans les chaussures de ski. Couni est certainement de nous toutes celle qui a gardé le plus d'habitudes civilisées : ses pratiques frisent l'héroïsme. Elle est la seule, au coucher et au lever, à se déshabiller entièrement (pièce par pièce tout de même) pour enfiler un vrai pyjama contre sa peau, alors que les autres, du premier au douzième jour, marchent et dorment dans les mêmes vêtements, qui gèlent pendant la journée et dégèlent pendant le sommeil.

Ce premier ravitaillement est le bienvenu : tout est irrémédiablement trempé et glacé. Depuis quelques jours seulement, nous apprécions nos sacs de couchage en fibres synthétiques : froids depuis le début, ils sont désormais gorgés d'eau mais, restant isolants, ne sont pas tellement pires que la première nuit. Chaque soir en nous couchant, nous frissonnons dans nos sacs au moins cinq minutes sans discontinuer : chaque fois, je serre les poings et les dents pour cesser de grelotter mais rien n'y fait, et invariablement je repense au test de la baignoire et aux médecins m'expliquant qu'on ne peut maîtriser le frisson.

J'appréhende tout de même la venue de l'avion : et si l'une de nous, demain, après avoir passé un quart d'heure dans la carlingue, décidait de rentrer avec le Twin Otter ?

Couni nous a donné des bilans psychologiques à remplir, ils contiennent des questions parfois très dures, auxquelles nous sommes tenues de répondre : « Si vous ne deviez continuer qu'avec une équipière, laquelle ? » ou : « Si vous deviez en éliminer une, qui ? » Facile à penser dans un moment d'humeur, difficile à fixer de façon indélébile sur le papier ! Pour l'étude relationnelle de notre groupe, il faut enregistrer régulièrement des conversations à bâtons rompus : c'est l'occasion de mesurer, magnétophone à l'appui, à quel point nos préoccupations sont devenues bassement primitives. Je ne sais ce que les plus brillants sociologues pourront tirer de notre table ronde de ce soir, qui ne vole décidément pas très haut !

Comme dit Couni : « C'est ben d'valeur (c'est bien dommage), chaque fois que je branche l'enregistreuse, on part à placotter (discuter) de bobettes (culottes) ou de tisanes. »

Pour toute correspondance, nous griffonnons quelques phrases. Trop peu à notre gré mais il fait froid et ce n'est pas facile d'écrire avec des gants. Pourtant, psychologiquement, cette ouverture épistolaire sur l'extérieur n'est pas négligeable : à la différence des carnets de bord — dont nous savons qu'ils seront analysés par l'équipe médicale —, le courrier est une façon de sortir de notre huis-clos ; ces mots sous enveloppe ne seront lus que par leurs destinataires. En fait, nous sommes bien trop usées physiquement et intellectuellement pour rédiger de grands discours, de toute évidence faussés par le souci de ne pas trop affoler amis-amours-confidents ou parents. Aux miens j'écris : « ... *C'est dur, mais vous m'avez faite solide, soyez confiants !... »* C'est sans doute à Huguette que je m'ouvre le plus, un peu chaque soir, parallèlement à mon livre de bord : mon impuissance face au combat qu'elle mène contre la mort de son père me ramène à la réalité. Je conclus ma lettre par : *« Ici la vie n'est pas tendre, la nature fait payer cher l'extraordinaire spectacle dont je voudrais te transmettre un peu de sérénité. Cent-trente-cinq kilomètres de chaos parcourus en douze jours pour seulement cinquante-quatre sur la carte : c'est terrible, tu sais, mais, contrairement à toi, j'ai choisi !... »*

Titi et Flo ont fini par se coucher ; pour les poster à l'avion demain, Couni classe les documents « psy » de ce premier raid tandis que je passe une bonne partie de la nuit en palabres avec Mary par radio. Toutes les heures, je communique à la base les données météo, vraiment idéales. Mais il ne fait pas beau à Lon-gyear et je m'impatiente : les conditions sur la banquise sont telle-ment miraculeuses que j'ai peine à croire que l'avion ne puisse pas décoller et atterrir à l'aéroport ! Mary garde son calme, elle est l'intermédiaire entre les pilotes et nous :

«... Madeleine, on essaie de faire le maximum pour que le ravi-taillement ait lieu aujourd'hui, on est en train d'envisager tous les risques et toutes les possibilités. A toi.

— Tu ne te rends pas compte : c'est le seul floe assez grand ren-contré depuis douze jours et c'est la première bonne météo. Qu'est-ce que vous risquez ? A toi.

— Le risque c'est que le temps se gâte et que l'avion soit immobi-lisé six, huit, douze heures sur la banquise. A toi.

— Et alors, quelle importance ? La piste est meilleure qu'à Ny Aalesund : ce serait sympa pour l'équipage de passer la journée avec nous ! A toi... »

Dans l'une de mes rondes météorologiques hors de la tente, je vois pour la première fois depuis le début de l'expédition non seulement le soleil de minuit (habituellement nous dormons à cette heure), mais aussi une parhélie : phénomène de réfraction de la lumière par les cristaux de glace en suspension dans l'atmo-sphère. Extraordinaire ! Si je n'en connaissais pas l'existence, je me pincerais pour me sortir du rêve : trois soleils sont alignés sur l'horizon ! L'astre lui-même et deux reflets parfaits de part et d'autre à 180°. Je fais des photos, mais notre appareil est bien modeste question objectif : impossible d'avoir les trois foyers dans la même visée. Même s'il fait —30°C, j'ai du mal à détacher mes yeux du spectacle : vrai, la vie est rude ici, mais quel fantastique pays !

Finalement, après des discussions sans fin jusqu'à trois heures du matin, Mary nous annonce que les pilotes ont décidé de pren-dre le risque. Ils seront là à 9 heures. Épuisée et congelée, j'éteins la radio et sombre dans le sommeil.

Lorsque l'environnement sonore — habituellement restreint aux bruits du vent, de la tente qui flotte, de la glace qui craque ou de nos skis raclant la neige — se trouve complété d'un vrom-

bissement de moteur, même la plus profonde torpeur est déchirée. C'est l'avion qui nous tire du lit, devançant de peu le réveil : il
est huit heures.

Nous sortons toutes de la tente, fort excitées autour de la radio
VHF. Nos visiteurs lancent un colis qui éclate et dix mille confet-
tis de papier journal s'éparpillent sur la banquise : que la fête
commence !

L'avion tourne encore dans le ciel ; nous sommes impatientes
et hurlons à Ken dans l'émetteur :

« Alors que dis-tu de notre "aéroport Charles-de-Gaulle" ?

— C'est pas mal mieux qu'Seven Islands ! Vous progressez, les
filles ! »

Le Twin Otter se pose en bout de piste et vient se garer presque devant la tente. Nous nous hâtons jusqu'à l'avion. C'est
curieux, beaucoup plus tard, les pilotes nous diront combien, à
chaque ravitaillement, ils ont été impressionnés par notre lenteur
de déplacement pour venir à eux !

La première sensation est olfactive : Seven Islands, la banquise
... le kérosène brûlé. Nos chevaliers volants descendent de l'appareil : nous n'avons pas vue âme qui vive depuis douze jours et
c'est un réel bonheur de retrouver pilotes et mécanicien, Ken le
Québecois, Brian l'Anglais et Kora le Norvégien. Nous nous
connaissons à peine mais les étreintes, rendues gauches par les
moufles et les gros anoraks, n'en sont pas moins émouvantes et
chaleureuses ... ils sont le Sud, la chaleur, l'amitié, la vie !

Nous sommes à 84o03', à six cent soixante-dix kilomètres de
Longyear. C'est l'extrême limite d'autonomie de l'avion, à condition que la charge utile de vingt passagers soit intégralement
remplacée par du carburant en réservoirs auxiliaires. C'est tout de
même un comble : nous sommes trop au nord pour que Mary ou
Mireille aient pu monter à bord ! Si elles étaient venues, le Twin
Otter aurait dû se détourner par le Groenland à l'aller comme au
retour pour refaire le plein.

C'est un peu la panique pour ce premier rendez-vous. L'avion
ne peut couper ses moteurs et, si la météo est bonne, il ne restera
sur la glace que deux heures. Il s'agit pendant ce temps-là
d'effectuer l'échange standard de nos vêtements et sacs de cou-

chage, prendre les rations de nourriture pour les douze jours à venir, vérifier que tout ce que nous avons « commandé » par radio à l'assistance est bien arrivé. Dans l'avion, nous nous changeons et nous nous pesons. Flo pratique sur nous les mesures de pli cutané : diabolique, la pince métallique qu'elle referme sur nos bourrelets amaigris est glacée. Malgré le régime hautement calorique, en douze jours nous avons perdu de un à trois kilos selon les sujets et notre masse graisseuse a déjà bien fondu.

Il n'y a pas de place dans la carlingue complètement encombrée de gros fûts de kérosène. L'équipage a apporté des jerricanes d'eau chaude et la baignoire de bébé ; dans l'avion, il fait trente degrés de plus que dehors, soit exactement 0°C ! Au moment où je me trouve déshabillée, avant d'enfiler mes vêtements propres, je n'ai que le courage d'humecter un mouchoir en papier à même l'ouverture d'un bidon et de me le passer vaguement sur le corps : ridicule, nous disposons de quarante litres d'eau chaude, et dans le meilleur des cas, nous en avons utilisé un quart de gobelet ! Au passage, nous glanons un sandwich, un œuf dur, une tomate, une pomme, une tasse de chocolat chaud, amoureusement préparés par l'équipage et disposés sur un des barils de carburant, en un buffet polaire des plus réussis. C'est la course, tout le monde est énervé : Titi, amoureuse, oublie tout ; Kora, en mécanicien digne du Branquignol's Team, me découpe à la tenaille, dans les plaques métalliques du réflecteur radar, une rondelle de bâton de ski : j'en ai cassé une hier, trop tard pour en demander à l'assistance, l'avion était déjà reparti de Ny Aalesund avec le chargement. Voici le genre de petit accessoire dont toute l'importance se mesure lorsqu'il vient à manquer : en ski de fond, marcher avec un bâton qui s'enfonce jusqu'à la garde à chaque planté devient vite pénible.

Brian, le copilote anglais qui n'aime pas le froid, n'a pas du tout l'intention de passer la nuit sur la banquise ; en liaison radio permanente avec la tour de contrôle de Longyear, il essaie de savoir, en fonction du temps à l'aéroport, quand l'avion pourra décoller d'ici : l'incertitude météorologique est totale sur le Spitsberg. Nous attendons son feu vert pour prélever le sang qui doit être traité en laboratoire dans les quatre heures qui suivent. Cela ne fait qu'augmenter l'angoisse de Flo, terrorisée, la pauvre, à l'idée de rater la manipulation avec ses doigts gelés. Je n'ai personnellement aucun honneur médical à sauver, je ne suis donc pas stressée à la pensée de manquer un prélèvement et comme je dois de toute façon la piquer, je lui propose un marché : les prises de sang de Couni et Titi contre quelques tours de sonde à glace qu'actionneraient ses puissantes épaules lors des prochaines poses de balise. Marché conclu. C'est ainsi que par 0°C, dans un avion stationné sur la banquise, après que Flo m'a piquée avec succès, je réalise mes premières intraveineuses ! Aux innocents les seringues pleines ! je réussis même à prélever du sang à Couni, dont les veines microscopiques ont découragé plus d'un expert de l'équipe médicale.

Brian s'impatiente, il veut partir. Ken et Kora, déballant tout un arsenal de chasseur, nous proposent des pétards et cartouches en nous renouvelant les recommandations officielles concernant la défense contre les ours :

« Le gouverneur rappelle que si vous en tuez un, vous devez lui rapporter la mâchoire complète, prendre des photos et faire un maximum d'observations. »

Titi s'étonne de leur attitude :

« Qu'est-ce qui vous prend ? On le sait !

— C'est à cause de l'ours qui vous a ennuyées il y a quelques jours : tout le monde en parle à Longyear ! »

Les « femmes pour un pôle » retiennent un fou rire collectif : si le gouverneur est alerté, il n'est peut-être pas nécessaire de révéler que notre poisson d'avril était si gros que nous n'avons pas précisé que c'en était un !

Puis, carte en main, Kora et Ken, en merveilleux supporters, jouant à fond leur rôle d'assistants, nous démontrent, chiffres à l'appui, que nous pouvons encore arriver au pôle ! Nous sommes sorties du tourbillon de glace dans lequel nous étions prises et qui nous a renvoyées à la case-départ. Tout est possible encore, ils y croient, ils nous suivent chaque jour, ils calculent, ils nous positionnent, ils espèrent et désespèrent avec nous. Dernier réflexe de professionnels de l'aviation, ils nous donnent l'heure exacte :

notre montre mécanique tient le choc, ne retardant que de deux minutes.

Juste le temps d'avaler une dernière tasse de chocolat : Brian, n'arrêtant pas de dire qu'il faut décoller, écourte les adieux et nous revoilà seules sur la banquise, regardant le Twin Otter s'éloigner vers le sud.

Il est midi. Le temps de tout replier, il sera quatre ou cinq heures : la journée est condamnée, mieux vaut partir tôt demain matin, surtout qu'il y a fort à faire entre les petits bricolages et les épreuves médicales. En extérieur, revêtues de nos tenues de ski, nous nous soumettons au « step-test » : six minutes pour chacune à monter et descendre la marche constituée par deux jerricanes superposés, tandis que, l'œil rivé sur sa montre, notre benjamine donne la cadence du mouvement, en comptant à voix haute, vingt-deux fois par minute, « un, deux, trois, quatre ». Le plus dur, avant et après l'exercice, est de prendre le pouls avec les doigts gelés, donc insensibles : Flo note chez chacune une importante adaptation à l'effort.

Au sec, donc au chaud, dans nos vêtements propres, installées dans la tente, nous savourons ce moment de repos en lisant notre courrier et en mangeant les œufs, fruits, pain frais, crevettes, beurre de caviar, soupe de framboises et autres gâteries apportées par nos amis. C'est la vie qui est venue à nous, comme une bouffée d'amitié et de chaleur. Nous découvrons toutes les délicates surprises préparées par Mireille : sans oublier de remplir notre flacon d'alcool de mirabelle, elle est allée jusqu'à emballer un par un carrés de chocolat, petits morceaux de gruyère et rondelles de saucisson pour améliorer l'ordinaire de nos rations. Mary nous a laissé des consignes plus techniques, concernant le thermomètre électronique et les sondes à glace. Au courrier, j'ai un mot d'Huguette, plein d'encouragements, qui nous dit aussi la fierté de son père à l'idée qu'une balise porte son nom, surtout que « Mirabelle-Arthur » est citée dans tous les articles de presse. Petit bonheur d'un homme qui, ne se sachant pas condamné, raconte à tout un hôpital que sur la banquise dérive « sa » balise, rebaptisée par lui « Arthur-Mirabelle »...

A présent que l'avion est parti, je peux confier à mes amies l'inquiétude que j'avais de voir l'une ou l'autre abandonner. Les langues se délient un peu. Même s'il fut moins éprouvant que nos débuts à Seven Islands, ce raid n'a été facile pour personne, ni physiquement ni moralement : il y a eu des heures noires ou silencieuses dans les capuchons, malgré la permanente apparence de bonne humeur collective ! Cette nouvelle bataille gagnée sur nous-mêmes est un encouragement pour la période à venir. Les ravitaillements ont lieu tous les douze jours : nous sommes convaincues que si l'échéance était fixée à dix ou quinze, c'est au dixième ou au quinzième soir que nous penserions être au bout de nos forces physiques. Nous sommes toutes d'accord pour dire qu'hier nous n'aurions pu envisager une treizième journée consécutive et qu'aujourd'hui il nous semble repartir comme au premier jour, ressourcées physiquement et moralement pour ce nouveau raid. Et puis la conversation grave tourne court : personne n'aime s'étendre sur ses propres malheurs : il en est bien une pour nous congratuler collectivement dans un « Nous sommes pas mal bonnes ». Le rire reprend le dessus... les meurtrissures individuelles restent au fond du jardin secret de chacune.

A la radio, nous sommes rassurées sur le sort de nos visiteurs. Ils avaient raison d'être inquiets, ils n'ont pu atterrir à Ny Aalesund, notre camp de base, où la visibilité était nulle. Seul l'aéroport de Longyear était praticable. Nos prélèvement de sang n'ont pu être traités par notre assistance, les pilotes ont tout apporté à l'hôpital de la capitale ; malgré la bonne volonté de chacun, je n'ose penser au résultat des manipulations que Mireille, mise au courant par Huguette avant son départ, a expliquées à Mary en français, laquelle, en anglais, a téléphoné les consignes au laboratoire hospitalier... où l'on parle norvégien ! Cette histoire a le don de me contrarier dès l'instant où j'avais dit aux pilotes : « Nos échantillons sanguins sont hyper-précieux : s'il y a la moindre incertitude concernant l'atterrissage au camp de base, en venant chercher le ravitaillement, emmenez Mireille et les centrifugeuses jusqu'à Longyear, pour qu'elle puisse traiter le sang à votre retour. » Ils n'en ont fait qu'à leur tête, mettant sur pied cette coopération sympathique avec l'hôpital, mais le risque est gros qu'il y ait erreur de manipulation dans ce protocole complexe expliqué par téléphone... ce que l'avenir d'ailleurs nous confirmera malheureusement. Ce n'est pas toujours évident d'être entendu depuis la banquise ! Enfin, le sang et l'équipage sont arrivés à bon port, c'est sans doute là l'essentiel.

Pour pouvoir nous lever à quatre heures demain matin, nous nous couchons tôt, enfouissant dans nos duvets pour l'empêcher de geler le reste de nourriture fraîche que nous n'avons pas réussi à manger. Nous nous endormons confiantes, d'autant que, malgré l'arrêt, nous n'avons pas trop dérivé : ce soir nous sommes encore au nord de 84°.

23

PLEINES de courage, nos batteries rechargées à bloc par le ravitaillement, nous nous levons à 4 heures le lendemain matin, 6 avril. A 8 heures 30 — un record — nous sommes en route, bien décidées à faire une longue journée pour rattraper un peu le repos de la veille. Le temps est mauvais, le terrain épouvantable, recouvert d'une fine pellicule de neige qui freine nos traîneaux, fort lourds après le ravitaillement.

Après quatre heures de marche, nous sommes arrêtées par un chenal ouvert. Nous cherchons le passage le long de la rive : rien. Nous patientons un moment en saucissonnant au bord de l'eau. Régulièrement, je vais tester la glace ; comme il fait − 30° C, la soudure devrait se faire vite. Pour ne pas nous refroidir, nous skions le long du chenal. C'est étrange, avec le brouillard, on a vraiment l'impression d'être sur la piste de ski de fond de la route des crêtes dans les Vosges, un dimanche de février. On s'y croirait tellement qu'au moment de laisser nos traîneaux devant le chenal, l'une de nous demande avec sérieux, par pur réflexe de civilisée, comme elle l'aurait dit devant la ferme-auberge du Hohneck : « Vous croyez qu'on peut les laisser là ? » Fou rire des autres qui la ramènent à la réalité : le premier voleur ne peut être qu'à sept cents kilomètres, dans le meilleur des cas ! Ah ! civilisation, qu'as-tu fait de nous ?

Nous skions le long de la fracture, suivant la rive très loin vers l'est puis vers l'ouest : il n'y a rien à faire, pas le moindre pont et partout la tendance est à l'écartement des bords. Après deux heures de randonnée vosgienne, n'y tenant plus, je fais une tentative de traversée : j'ai bien raison de dire qu'il faut un aller-retour sans traîneau pour confirmer que la glace est assez épaisse. Je n'en mène pas large à l'aller, l'axe du chenal n'est pas tout à fait soudé mais, de plaque en plaque, je passe de l'autre côté. Au retour, alors que j'ai un peu plus confiance, voilà qu'en plein milieu de la traversée, la glace craque sous mon ski droit. Réflexe de chat échaudé, je me jette à genoux sur la plaque voisine plus solide et dégage de l'eau ma jambe immergée jusqu'à mi-mollet. Je me retrouve couchée en chien de fusil sur un morceau de glace d'à peine un mètre de diamètre, de quelques centimètres d'épaisseur et désolidarisé du reste de la couverture. Flo, qui depuis ma baignade a pris l'habitude de me suivre dans mes reconnaissances, me crie depuis la rive : « J'peux même pas t'aider, je n'ai pas pris mes bâtons, mais j'reste là ! » J'ai une montée d'adrénaline bien plus importante que la première fois : là, je suis lucide, j'ai le temps de penser à ce que je risque. A cet instant, je comprends ce que veut dire rassembler ses forces et expulser sa peur : je dois me redresser sur mes deux skis. Mon cœur bat trop vite, mon esprit est trop conscient. Pour calmer l'un et étouffer l'autre, j'attends quelques secondes qui me semblent une heure ; mentalement je répète le geste qui me fera passer de l'horizontale à la verticale, en une seule manœuvre pour laquelle je n'ai pas droit à l'erreur, sachant que la plaque qui me soutient est bien plus petite que mes skis... Face au danger, mieux vaut l'inconscience animale que la lucidité cartésienne : j'inspire un grand coup, contracte tous mes muscles et, sans pouvoir dire comment, je me retrouve debout, jouant des castagnettes avec mes genoux. Il me reste quatre plaques tout aussi fragiles à passer et je suis encore à trois mètres du bord. Je m'entends remarquer à haute voix : « Dernier avertissement, ma vieille ! » Centimètre par centimètre, je finis par rejoindre Flo. Ma guêtre n'est mouillée qu'extérieurement... une chance et une consolation en ce premier matin où je marche au sec depuis ma précédente baignade : mes jambières dégelant de jour en jour au contact de mes mollets avaient fini par imbiber mes chaussures que j'ai échangées contre des neuves au ravitaillement d'hier.

Je marmonne dans mes dents ce que tout le monde doit penser : « C'est vraiment incroyable, ce pays ! Même avec la meilleure volonté du monde, il est impossible de passer. Nous voulions faire dix heures de marche et au bout de quatre il faut baisser les bras et pavillon par la même occasion. »

A force de piétiner, nous commençons à nous refroidir. Il n'est que 15 heures, il faut nous résigner : reculer, monter la tente et attendre que le chenal gèle ou se resserre. Attendre... tout en sachant dans notre cas que « Qui n'avance pas recule » !

Titi se mure dans le silence. Les autres expriment plus ouvertement leur déception : « Qu'on n'est donc pas chanceuses », dit notre Québécoise. Leçon d'humilité permanente de l'Arctique. Impression de devoir payer la banquise-aéroport et la bonne météo d'hier ayant permis le ravitaillement.

Sans que nous l'ayons choisi, le floe sur lequel nous nous installons est assez beau, bien épais, cinq cents mètres de diamètre : du solide ! Je fais quelques calculs, nous sommes à quatre-vingts kilomètres de « Petit Baigneur », nous pouvons poser notre troisième balise : c'est un bon emplacement. Après la routine des mesures scientifiques, qui nous confirment une épaisseur de glace de près de trois mètres, Flo et moi nous mettons à l'ouvrage pour forer dans la banquise le trou qui recevra le corps cylindrique de l'émetteur. Pauvre Florence ! En échangeant les intraveineuses contre des tours de drill (sonde), je ne lui avais pas précisé que pour ce raid nous n'aurions plus que la sonde de deux pouces (5 cm), j'ai dû renvoyer celle de six (15 cm) à la base, pour que Mary tente de réparer mes dégâts ; la grosse tarière ne fonctionnait plus après l'affûtage « terrain » — pas vraiment dans les règles de l'art — que j'avais imposé à ses couteaux... voulant en améliorer la coupe.

Quatre heures ! Il nous faudra quatre heures, à deux, en donnant toutes nos forces jusqu'à l'épuisement, pour réussir à creuser un trou de quinze centimètres de diamètre et soixante-quinze de profondeur : en théorie c'est très simple, trois petits forages côte à côte en forment un grand. En pratique, il faudra neuf trous à la petite sonde, agrandis au marteau à glace pour pouvoir ancrer la balise. De quoi devenir folles une fois encore ! De quoi défouler toute notre rancœur : notre répertoire international de jurons y passera, ponctué toutes les cinq minutes d'un : « Sainte Patience ne nous laissez pas tomber ! » Heureusement que nous avons de l'humour ! Couni, régulièrement, vient nous encourager et propose de baptiser la troisième balise :

« Je trouve qu'on devrait l'appeler "Nounouss", au pluriel... en l'honneur des deux du même nom qui m'ont entraînée dans ce bateau ! »

Flo et Titi sont d'accord : va pour « Nounouss » qui est le nom de réseau d'Huguette et moi ; quant au bateau auquel fait allusion la Québécoise, j'ai bien l'impression qu'en France d'aucuns auraient parlé de « galère » !

A la radio, nous avons confirmation de notre recul : parties ce matin de 83°58', à midi, nous avions doublé 84° que nous repassons ce soir dans l'autre sens, avec élan puisque le vent du nord s'est levé ! Ne désespérant toujours pas, nous nous couchons tôt : c'était un mauvais jour, demain tout ira mieux !

Pendant notre sommeil, la tente flotte comme un drapeau. Au réveil, à quatre heures, je me lève pour la météo. Désastreux : −25°, « white out » et blizzard plein nord de 60 kilomètres-heure. Impossible de marcher. Ce matin, il n'y a donc pas de « C'est l'heure, les filles ! », je les laisse dormir. A six heures je renouvelle les mesures, le vent a encore forci et il fait − 30° C. Pour le moment, il n'y a pas trop de dégâts, juste un ski de tombé, l'antenne tient bon, la tente aussi. Titi et moi déjeunons et sortons pour consolider le camp.

D'heure en heure, la situation empire. Flo la résume en nous commentant sa dernière prestation urinaire en extérieur : « C'est inhumain ! Au moment où tu baisses ton pantalon, tu as l'impression qu'un ours te mord. » Unanimement, nous décidons d'installer dans la cuisine la petite poubelle rose des commodités tant qu'il n'y a pas d'amélioration. A huit heures nous avons un contact radio, mauvais à cause du vent : Mary nous dit qu'à quatre heures ce matin nous étions encore à 83°59', j'aurais pensé pire. Il faut attendre ! Les autres restent couchées tandis que je fais de l'eau : une bataille avec les « coleman » est une saine occupation ! La neige pénètre de toutes parts. Aux violentes secousses de la tente, j'ai confirmation permanente que « ça ne s'arrange pas dehors ». Couni émerge de son duvet, me rejoint à la cuisine où, apeurée autant qu'épuisée de n'avoir pas dormi, elle fond en larmes en disant :

« Je voudrais être utile à la collectivité et je ne suis même pas autosuffisante ! »

Toujours ce leitmotiv ! Dans cette situation aux limites de la résistance humaine, c'est terrible de mesurer, le premier souci de chacune est de ne pas être un poids pour le groupe ! Sa détresse me fait mal. Que lui répondre sinon :

« C'est rien, Couni, c'est toi qui pleures en ce moment, mais dans deux heures ce sera moi ou une autre. Couche-toi et essaie de dormir : tu feras l'eau la prochaine fois ; la tempête peut durer longtemps : il faut économiser nos forces ; tant qu'il y en une de valide c'est bon, à quatre on se relaiera ! »

Quand les Thermos sont toutes remplies, je retourne dans mon duvet, m'allongeant à côté de Titi. Flo vient nous rejoindre dans notre chambre et se fait immédiatement rembarrer par ma voisine que je trouve bien dure. Je ne dis rien mais j'encaisse le coup, comme s'il m'était directement porté. Comment ne pas penser que, consciemment ou non, la benjamine venait chercher un peu de réconfort chez « les vioques », « les grandes », aussi impuissantes face au destin mais qui ont près de quinze ans d'expérience de plus qu'elle ? C'est vrai que la chambre est petite, c'est vrai qu'il y a de la neige partout, c'est vrai que chacune est au bout d'elle-même et rassemble ses forces pour sauver sa peau. C'est vrai que je me sens responsable de toutes, ce qui n'a pas lieu d'être de la part de Titi. Ce n'est ni l'heure ni l'endroit d'entamer un débat philosophique. Flo rejoint Couni, le cœur gros, et moi je sors, sous prétexte de mesures météo, pour n'avoir pas à dire le fond de ma pensée.

Mireille et Mary nous savent bloquées et restent en « stand-by ». A midi, nous avons une liaison radio, presque inaudible : nous comprenons que les prévisions du temps sont mauvaises pour trois jours : il faut prendre notre mal en patience.

Toute la journée le vent forcit jusqu'à atteindre 110 kilomètres-heure de moyenne : 11º Beaufort. L'anémomètre est bloqué à son maximum. Sous d'autres latitudes, on appellerait cela un cyclone !

La neige rentre sous la tente par les moindres interstices : s'infiltrant par la fenêtre-moustiquaire sous le volet de toile, elle forme une congère dans la cuisine. Il faut se livrer à de véritables fouilles archéologiques pour retrouver allumettes, pâte à réchaud, gobelets, Thermos et ustensiles divers, les rassembler et les abriter de l'envahisseur. Nous réquisitionnons toutes les épingles de nourrice de la pharmacie et de la trousse à couture pour fermer la cheminée d'aération et essayer, de l'extérieur, d'étancher le volet de la fenêtre : une belle bataille en gants de soie. Mais c'est peine perdue. La neige, exploitant le plus petit orifice, pénètre dans notre abri à jets continus, entretenus par cette soufflerie d'enfer. A tour de rôle, nous entreprenons le grand ménage dans la cuisine, évacuant la poudreuse à la pelle ; au bout de cinq minutes, tout est à nouveau recouvert : c'est aussi décourageant que d'écoper un bateau qui aurait une voie d'eau.

Entre deux tentatives de sommeil, nous essayons de jouer aux dés : c'est presque impossible tellement la tente est secouée. A chaque lancé, il faut enlever sa grosse moufle et les dés restent accrochés aux gants de laine qui ne sont plus que fibres de givre ! Dans notre tripot polaire, comme pour cause d'arrêt nous mangeons demi-ration, l'enjeu d'une partie est un pain de guerre, mon péché mignon ; portées par le démon du jeu, Flo et moi tenons une heure, à l'intérieur de la cuisine : sans être sorties de l'abri, nous sommes couvertes de glace des pieds à la tête. Couni a retrouvé la forme et sort l'appareil photo : « Ben mon doux ! Nous v'là rendues des bonnes femmes de neige ! C'est ce qui s'appelle faire bloc dans l'épreuve ! »

A dix-neuf heures, la radio est inutilisable tant il y a d'électricité statique dans l'air. Lorsque j'essaie de brancher l'antenne qui crépite toute seule, les décharges s'amplifient et des éclairs sortent du câble dès que je l'approche de l'émetteur éteint. Je n'insiste pas, ce n'est pas le moment de griller l'appareil. Il faut absolument rassurer l'assistance qui nous sait dans le blizzard. Je prépare un message codé en chiffres pour l'envoyer, via Argos, sur notre balise de localisation ; il faut réfléchir et calculer car nous ne disposons que de trente caractères attachés (représentés chacun par deux chiffres), ce qui donne une fois décrypté :

« *ANTENELECTRISTATICTOUOKADEMAIN* ».

Mireille et Mary comprendront : nous avons déjà eu ce genre de problèmes à la base.

Sortir est inhumain. Il fait − 34°C, le vent souffle à plus de 110 kilomètres-heure : cela correspond à une température ressentie de près de −100°C. La balise est dans un traîneau à l'extérieur. J'enlève mes grosses moufles, mais même en gants de ski il me faut quelques minutes pour taper le message sur le clavier, dont les touches sont durcies par le froid. Je profite de ma sortie pour consolider encore la tente qui commence à ployer. C'est effrayant : elle semble si minuscule et si vulnérable dans cet environnement déchaîné ! Je demande aux autres de me passer l'appareil photo. M'éloignant de cinq pas pour prendre les clichés, pliée en deux pour résister à la tempête, c'est à peine si je distingue notre abri dans la tourmente où viser est un bien grand mot ; en appuyant sur le déclencheur, j'ai du mal à refouler l'idée qui me traverse l'esprit : « Au moins, si on y passe, ils sauront pourquoi ! » Je rentre congelée, me gardant bien de dévoiler aux autres mes pensées profondes.

Pour limiter la prise du blizzard sur notre abri, il faut absolument boucher les ouvertures et bloquer la « toile à pourrir », cette jupe prolongeant le double toit qui normalement, recouverte de neige, assure l'étanchéité et rend l'ensemble isotherme. Si ce soubassement de tissu n'est plus solidaire du support de banquise, le vent s'engouffre dessous et secoue tente et arceaux qui ne tiennent plus que par les points d'attache des broches à glace. Titi et moi essayons de creuser des tranchées pour enfermer la toile et la maintenir plaquée avec tout ce que nous pouvons trouver comme skis, bâtons, sondes à glace : nous les allongeons sur le tissu avant d'enfouir le tout sous des murs de neige que le vent, inlassablement, s'obstine à démonter grain par grain. Rien n'y fait ! Nos savants systèmes ne tiennent pas plus d'un quart d'heure et la toile recommence à claquer comme cinquante drapeaux. Nous essayons de dormir dans ce bruit infernal : assises côte à côte, nous ne nous entendons même plus parler, il faut hurler pour se faire comprendre de sa voisine. Le vent forcit encore. Rien ne l'arrête sur la banquise, il s'acharne sur la tente.

La situation est si grave que les non-fumeuses accordent à Couni et moi le droit de nous partager sous la toile la fumée d'une cigarette... riche d'amitié, lourde de symbole. Je reste un moment dans le carré cuisine. Debout, arc-boutée de toutes mes forces, dos contre la paroi, je ne résiste pas à la pression du vent. Les arceaux sont complètement déformés, tendant à se plier sous la poussée du blizzard. Combien de temps vont-ils tenir encore avant de casser? Je suis terriblement inquiète : qu'adviendra-t-il de nous si la tente lâche? Il y a si peu de neige sur la banquise que nous ne pouvons même pas espérer construire un igloo. Il ne restera que les traîneaux : ils sont conçus pour que nous puissions dormir dedans mais combien d'heures tiendrions-nous dans la tourmente sans possibilité d'allumer les réchauds?

« Mon Dieu, faites quelque chose ! »

A la cinquième supplique, mes prières puériles finissent par m'énerver, cédant brusquement la place à la colère froide et au raisonnement lucide. Il y a tellement de bruit que, sans alerter la voisine, je peux marteler mes mots à voix haute pour me libérer :

« Mais qu'est-ce que Dieu vient faire là-dedans ? Tu peux me le dire, pauvre imbécile ! La nature seule aura le dernier mot : il ne te reste plus qu'à faire confiance au constructeur. »

Je le revois, le patron de « La Cordée », ce jour de juillet où, dans le magasin parisien, il avait exigé que personne ne le dérange pendant qu'il démontrait aux « femmes pour un pôle » (d'avance convaincues) pourquoi ses tentes, qu'il leur offrait, tiendraient le coup dans le blizzard. J'ai tout oublié de ses théories mais je le vois encore, me demandant de tâter deux tissus différents et m'expliquant que l'un résisterait quand l'autre se déchirerait. A grands coups de paternels « ma biche », le petit moustachu, sympathique autant que passionné, m'avait tout raconté, les arceaux, l'aviatube, le Dural, les manchons, le Tergal, les fibres... Je n'ai retenu qu'une chose : qu'il avait l'amour du détail et de la perfection. Dans cette bataille rangée contre les éléments, seul le sérieux de son travail peut nous sauver. Et comme s'il était en face de moi, comme si je le soulevais de terre en l'attrapant par son col de chemise, dans mon monologue, violente et menaçante, je maugrée :

« Gilbert Merlin, j'espère que t'as bien fait ton boulot ! »

Les talons ancrés dans la glace à travers le tapis de sol, jambes tendues, repoussant la paroi de toute la force de mes muscles, j'ai dû tenir quinze minutes dans le carré, misérable cariatide : transpercée de froid jusqu'aux os, malgré l'épaisseur de mes gros duvets, je retourne dans mon lit. La chambre des « vioques » est la première exposée au vent. C'est pire encore que dans la cuisine. Enfoncée dans mon sac de couchage, je reste assise, tenant l'arceau à pleines mains et m'arc-boutant pour soutenir la toile qui s'écrase sur nous. J'ai moins de puissance que debout, c'est le dos qui encaisse tout, je n'ai plus que mes bras pour me repousser. Au bout d'un moment, je ne tiens plus et je secoue Titi pour qu'elle prenne le relais. Je m'assoupis cinq minutes peut-être et j'entends :

« A toi, Maglé ! J'en peux plus ! »

Comme un automate je me redresse, libérant Titi qui s'allonge à son tour. Maglé ! C'est bien la première fois qu'elle m'appelle Maglé depuis le début de cette expédition. C'est vieux, ce « Maglé », un surnom qui m'est resté d'une colonie de vacances que j'encadrais avec elle : un pauvre gamin, n'ayant jamais su prononcer Madeleine, se contentait de Maglé. Il y a au moins quinze ans ! A l'époque, elle, je l'appelais « Fanchon ».

« Titi, à toi, je vais craquer ! »

Au bout de cinq minutes mes forces me lâchent. Au moment où Titi, appuyant son dos contre la paroi, soulage le mien, j'ai une curieuse sensation. Notre vieille complicité est revenue, j'oublie les griefs, les silences, les maladresses et je me revois dix-huit mois avant le départ, disant à Huguette : « Si Annie Zwahlen refuse, je laisse tomber le projet. » Je savais bien que je pouvais compter sur elle dans la difficulté, je savais bien qu'elle ferait face. Dans cette nuit d'épouvante, quand ses forces tacitement prennent le relais des miennes pour soutenir notre abri, je me sens épaulée face au destin, avec cette impression tellement symbolique que les deux « vioques » soutiennent l'abri des « petites ». Elles ne dorment pas non plus, les pauvrettes. Je suis bien sûre que Couni doit retrouver quelques prières. Dans le bruit infernal, tout à coup, j'entends Flo qui pleure, hurlant pour que je comprenne :

« Mais qu'est-ce qu'on peut faire, j'ai la trouille moi !

— Cramponne ton arceau et sois confiante, ça finira bien par s'arranger ! »

La bonne vieille méthode qui consiste à persuader les autres pour se convaincre soi-même ! Comment ne pas culpabiliser devant leur détresse ? Comment ne pas devenir mère poule au point d'en oublier ma propre peur ? Ma colère remonte. C'est à moi que je m'en prends à présent et toujours à voix haute, pour bien me faire comprendre de moi-même :

« C'est ton problème si tu trouves moins idiot de mourir sur la banquise qu'en voiture, mais pourquoi y avoir entraîné les autres ? La "piotte" de vingt ans, la "Canadoche" qui rêvait de cocotiers, la "mère Fanchon" qui était heureuse dans ses montagnes ! Elles n'avaient rien demandé, c'est toi qui es allée les chercher ! S'il y a de la casse, je ne te pardonnerai jamais ! »

Et puis expulsant toute la rage qui masque mon inquiétude, je m'adresse directement à la banquise ou à la nature polaire :

« Mais qu'est-ce que tu veux encore de nous ? Tous les jours, toutes les heures, toutes les minutes, elles te donnent le meilleur d'elles ! Le combat est déloyal, on le sait que tu es la plus forte et qu'on n'est rien en face de toi. On ne veut rien te prendre, juste t'observer. On te le laisse ton Pôle, tu peux bien nous donner une chance de nous en sortir ! »

Je m'assoupis encore. Pendant quatre heures Titi et moi allons nous relayer toutes les cinq minutes. Mon esprit est ralenti, j'en ai conscience. Dans un éclair de lucidité, retrouvant le b a ba de la physique, je raisonne : si le blizzard a tant de prise sur nous, c'est qu'il a légèrement changé de direction : il prend la tente de trois quarts à présent. Il faudrait la remettre dans l'axe du vent, c'est la seule solution. Comme si j'avais peur de l'oublier, je me répète cette théorie sans arrêt, chaque fois que je prends le relais, en me disant qu'au petit matin je les réveillerai.

A cinq heures Titi hurle :

« Maglé ! Au secours ! On va étouffer ! »

La tente vient de s'affaler sur nous. A moitié asphyxiée moi-même, je libère Titi de la toile gonflée de neige qui l'écrase. Je m'extirpe de mon sac et je rampe dans la cuisine pour mesurer l'ampleur du désastre :

« C'est rien, ma vieille ! Juste la chambre intérieure qui est arrachée. Je comprends qu'elle ait cédé sous le poids de la neige : tu verrais la congère entre les deux toiles ! Le double-toit tient encore. »

Il faut y aller avant qu'il ne soit trop tard. Je réveille les autres qui n'ont pas dormi plus que nous. Heureusement que nous avons de l'eau d'avance dans les Thermos : je nous vois mal affronter la tourmente le ventre vide. Nous prenons un petit déjeuner, puis nous sortons.

Commence alors une incroyable lutte de trois heures contre les éléments déchaînés pour déplacer la tente de cinquante centimètres. Il s'agit de ne pas manquer ce coup de poker. Nous sommes moins que des fourmis : des microbes. Le vent hurle dans nos capuchons et nous fouette tellement fort qu'il est impossible de tenir debout. Courbées en deux, nous oublions sa violence sur nos corps, la priorité est le sauvetage de notre refuge. Nous nous voyons à peine, cramponnées chacune à un arceau, libérant l'une après l'autre les broches à glace qui retiennent notre abri. La manœuvre semble folle, c'est pourtant la seule qui pourra nous sauver. Pourquoi n'y ai-je pas pensé plus tôt, pourquoi avoir attendu le matin d'une nuit qui n'en était pas une puisque la lumière est permanente et que personne ne dormait ?

Centimètre par centimètre, le tunnel est remis dans l'axe du vent, par un quatuor de sourdes, n'entendant pas les ordres... de toute façon inutiles : peut-on imaginer, pour coordonner nos mouvements, meilleur chef d'orchestre que notre volonté commune de vivre ? « L'union fait la force », « solidarité », ces mots dont on abuse sans savoir ce qu'ils veulent dire éclatent dans ma tête quand je vois que le vent, s'écoulant de nouveau le long des parois, est contraint de lâcher un peu prise.

Nous passons les cordes de montagne dans les arceaux et arrimons le tout à la balise « Nounouss » que nous avons eu l'excellente idée d'ancrer dans le prolongement de la tente. Tous les cordages sont réquisitionnés pour renforcer les haubans, une véritable toile d'araignée qui, fixée aux traîneaux à demi enfouis sous la neige, devrait retenir notre abri.

Après trois heures de lutte démentielle, victorieuses mais exténuées, nous rentrons. Je radote un nouveau : « Vous avez été bonnes », que Couni comme à chaque fois corrige en un : « Nous avons été... » Nous mangeons un peu, jouons une partie de dés, griffonnons sur nos livres de bord. Le bruit du vent et de la tente qui claque rend fou et attise le stress. Nous avons froid, nos vieilles gelures nous font souffrir. Nous nous recouchons, cherchant au fond de nos duvets glacés un peu de chaleur. En confiance ou pas, à quatorze heures tout le monde dort.

A dix-huit heures, je me réveille pour la radio. En fait c'est une douleur lancinante qui me tire du sommeil : je découvre quatre cloques énormes, de plus d'un centimètre d'épaisseur, formant un bracelet autour de mes poignets. J'en ai le souffle coupé : sur le moment je ne comprends pas et puis je réfléchis : c'est hier, lorsque j'ai tapé le message Argos, que le froid, en quelques minutes, a mordu le peu d'espace découvert entre mes gants et les manches de l'anorak. Flo, qui est réveillée, me passe du pansement gras.

Le contact radio est bref : nous essayons de rassurer l'assistance qui ne nous annonce pas d'amélioration météo. Le père d'Huguette est mort. Il me semble que pour elle c'est l'accalmie. Je me sens aussi impuissante qu'elle peut l'être dans notre bagarre. Quelques mots par télégramme : c'est dur de ne même pas pouvoir lui dire notre affection. Je sais que Mireille lui transmet notre soutien et nous fera présentes à ses côtés.

La tente semble tenir bon, pourtant le vent n'a pas baissé : avec le bruit invraisemblable de la toile qui claque, Couni et Titi n'ont pas été réveillées par la radio. Sans même être sorties de nos duvets, Flo et moi nous rendormons, terrassées.

24

HEUREUSEMENT que nous avons une montre-calendrier, dont une aiguille fait un tour en vingt-quatre heures, sinon, nous ne saurions pas où nous en sommes quand nous nous réveillons le lendemain matin à sept heures et demie. Du sommeil du juste, nous avons dormi dix-sept heures, interrompues simplement, pour Flo et moi, par les cinq minutes de liaison radio. Je n'ai même pas entendu Titi qui, levée depuis une heure, a préparé l'eau du petit déjeuner. Hier après le repas de midi, nous nous sommes endormies, les Thermos vides.

A en juger par la taille de la congère dans la cuisine, le vent a dû bien se déchaîner. Ce matin, les mesures météo sont encourageantes : le blizzard ne souffle plus qu'à 60 kilomètres heure et il y a une sensible amélioration de la visibilité. Nous allons peut-être vers un mieux !

Le paysage est méconnaissable : notre floe mastodonte de cinq cents mètres de diamètre n'en fait plus que cent, rogné par tous les bords ; je suis inquiète de constater que le peu qu'il en reste est très fissuré ; broyé en crêtes, le chenal qui nous a arrêtées n'existe plus. Nous avons senti des chocs cette nuit sous nos matelas, mais impossible de dire, dans notre torpeur, si c'était le vent secouant la toile ou la glace qui se fracturait... Découvrant combien la nature elle-même a dû céder face aux assauts de la tempête, nous ne pouvons que nous émerveiller de la résistance de notre tente : elle a souffert, certes, mais elle a tenu vaillamment. Dans ce tour du propriétaire, mon regard se pose sur le lacis de cordes qui retient notre abri : je le suis des yeux jusqu'à l'amarre englacée, enroulée autour de l'émetteur Argos dont je m'approche pour vérifier la tension des cordages. De ma manche, je chasse la neige accumulée sur son sommet et redécouvre nos inscriptions : les deux ours mal dessinés et « Nounouss » en dessous du numéro officiel « 4988 ». Je nous revois, Flo et moi, bataillant quatre heures à la petite sonde, et je souris, ne regrettant pas les forces que nous avons déployées pour ancrer le cylindre dans la banquise : la balise « Nounouss » nous a sans doute sauvé la vie !

Je suis vraiment inquiète de l'état de notre floe. « Ça déménage dans le secteur » : on entend nettement craquer les glaces alentour. Soufflant obstinément du nord, le vent est beaucoup trop violent : j'ai du mal à lui faire face debout, il est toujours impensable de marcher. Il nous faut rester ici et espérer que notre radeau de banquise, fragilisé par les coups, tiendra bon jusqu'au bout ; la tente est difforme mais, prisonnière des cordes et arrimée à la balise, elle devrait résister quelque temps, j'ai confiance. Combien de jours peut encore durer la tempête ? Un, deux, dix... Pour le moment, nous vivons heure par heure.

C'est à peine si nous osons demander notre position à l'assistance ; à chaque contact radio, notre moral en prend un coup tandis que s'égrène le compte à rebours des minutes de latitude que nous avions si durement gagnées sur la dérive. 84o, 83o40', 83o 35', 83o29', 83o20'... Nous essayons d'en rire avec Mary et Mireille :

« Si c'est comme au Monopoly, on va être riches ! Est-ce qu'on touche vingt mille francs chaque fois qu'on repasse par la case départ (83o 33') ? A vous.

— Peuchère, répond notre Provençale, je surveille à la jumelle si je vous vois passer au large du fjord (79o) ! A vous.

— Tu ferais mieux d'aller couper le ventilateur. A vous... »

Au-delà des plaisanteries qui sonnent faux, c'est l'écœurement total : nous sommes catapultées plein sud par la tempête. Et pourtant, à l'annonce du 83o20' — soit plus de soixante-dix kilomètres de recul —, j'écris dans mon livre de bord : *« Il semble que si le vent se calme, nous aurons la force de nous relancer dans la bagarre ! »*

246

C'est la troisième journée consécutive que nous passons sous la tente, stressées désormais à l'idée que notre floe soit broyé. Le vent a un peu fléchi mais il n'en est pas moins blizzard, continuant de malmener notre abri et de couvrir nos voix par le claquement infernal de la toile. Flo et moi sommes aux réchauds dans la cuisine, commentant la situation.

Tenir, il faut tenir le plus longtemps possible ! Pour le programme médical, où que nous soyons sur la banquise, nous y affrontons le même environnement polaire, et plus nous rencontrons de difficultés, plus les médecins et psychologues qui nous suivent seront heureux... puisqu'ils étudient le stress sur nous ! C'est sans doute ce programme — qui n'est pas ma spécialité scientifique — qui me donne aujourd'hui le plus de foi pour continuer. Prenant la benjamine à témoin dans ce creux de la vague où le risque est grand de perdre pied, je lui expose mon point de vue :

« Tu sais, Flo, nous pourrions nous fixer une limite dans le temps : disons, finir ce raid de douze jours, puis tenir encore deux périodes après le ravitaillement, ce qui nous mène au 11 mai. Ça ferait en tout quarante-huit jours plus les neuf à Seven Islands... près de soixante au total. Je suis sûre que c'est presque autant que l'IBEA (International Biomedical Expedition to the Antarctic). »

Flo essaie de rafraîchir sa mémoire concernant cette expédition médicale masculine en Antarctique, menée par l'équipe du Pr Rivolier :

« Je ne peux plus te dire, je crois que c'est au moins deux mois, il faudrait demander à Riri. Quoi qu'il en soit, tu sais, si on tient soixante jours, ce sera déjà une bonne étude physiologique et psychologique. »

La liaison radio interrompt notre discussion et quand Mireille nous demande ce que nous comptons faire, sans penser que nous n'en avons pas parlé encore avec Couni et Titi, nous lui disons que nous voudrions tenir jusque vers le 11 mai. Maladresse involontaire de notre part, que les deux autres prendront pour un aparté ! Après l'appel, le débat s'élargit à tout le groupe.

Chacune en avait conscience, mais cette fois, c'est clair pour toutes : nous n'atteindrons pas le pôle. La dérive est trop forte, il est impossible de la contrer. C'est le moment de ne pas oublier que nous marchons pour la Science... Nous décidons de continuer. Nous n'irons pas jusqu'au pôle mais, la glace du pôle défilant sous nos pieds comme un tapis roulant que nous remonterions à contre-sens, nous avancerons droit au nord, aussi longtemps que possible avant la débâcle, menant les recherches médicales et glaciologiques comme prévu et semant nos balises Argos tous les cinquante kilomètres.

Nous mettions l'exploit sportif au service de la Science : nous avons perdu la « carotte » du pôle à laquelle nous nous étions laissé prendre, mais à nous quatre, en rassemblant toutes nos forces, nous donnerons le meilleur de nous-mêmes pour connaître mieux ce courant de dérive transpolaire qui provoque notre recul. Dans cette progression de Pénélope, il s'agit, quelle que soit la latitude, de mettre suffisamment de distance entre deux balises et donc, même sans le prestige du pôle, l'exploit sportif reste entier et quotidien.

Facile à dire ! Difficile à digérer... même pour moi qui suis la première intéressée par l'étude de l'environnement : ne suis-je pas en train de me raccrocher au programme médical ? Titi est venue pour le pôle, c'est pour elle que ce doit être le plus dur : elle veut continuer pour l'expérience extraordinaire qu'elle vit. Couni et Flo, bien que directement concernées par les recherches psychologiques et médicales, ne sont pas certaines aujourd'hui de tenir jusqu'au 11 mai. L'équilibre du groupe est fragile et repose sur chaque individu : plus que jamais, il est clair que la démission d'une des quatre entraînerait l'arrêt de l'expédition.

Pour le moment, nous sommes toujours en plein blizzard. Personne ne le montre, mais le moral est bien bas. Nous sommes usées par le bruit du vent et de la tente qui n'en finira donc jamais de claquer. Nous vivons vraiment les unes sur les autres depuis trois jours, et dans quelles conditions ! Même enfouies dans nos sacs de couchage, nous arrivons à peine à nous réchauffer : la neige est partout, sortir de son duvet trois minutes pour un simple pipi dans la cuisine, c'est l'assurance d'être couverte de glace des pieds à la tête. Nous nous relayons aux réchauds ou au ménage. Il y a toujours une volontaire pour les percées à l'extérieur nécessaires pour vider la poubelle des commodités (c'est-à-dire un bloc de glace), retendre la tente, s'énerver à reconstruire les murs de neige, mesurer la vitesse du vent. Je suis émerveillée de voir à quel point chacune prend sur elle, gardant sourire et bonne humeur, quand il y aurait toutes les raisons de nous irriter, de craquer ou de nous quereller.

Tandis que Titi et Couni jouent aux dés, Flo visite ses malades : mes poignets me font souffrir, il faut qu'elle change les pansements que j'ai faits cette nuit en toute hâte. Je suis allongée dans mon duvet et notre « toubib » est assise dans le sien, à mes côtés. Elle retire les compresses et examine attentivement ma peau. C'est assez laid : les cloques ont éclaté, faisant place à quatre grosses plaies purulentes, en bracelets de deux par poignet.

De sa voix de gamine elle s'écrie, nature :

« Oh ! moi j'aurais ça, je rentrerais ! »

Et, bravache jusqu'au bout, je serre les dents pour lui répondre :

« Oui mais moi, Flo, je suis le chef ! »

Trop tard ! Je sens une goutte rouler sur ma joue et je ne peux rien faire puisque mon « bon docteur » me tient les deux mains. Une seule larme m'échappe : elle doit être grosse pour que notre « miro » de benjamine l'ait vue ! Sans rien dire, négligemment, d'un doigt ganté de soie, elle l'essuie sur mon visage. Je ferme les yeux pour fuir son regard : on ne peut vraiment pas tricher dans ce microcosme ! Ce geste-là, jamais je ne l'oublierai !

Comme si de rien n'était, elle poursuit la consultation :

« Bon ! Médicalement tu peux continuer mais il est hors de question de t'exposer de nouveau au froid. Je parle sérieusement : ça signifie pansements gras tant que c'est à vif et de toute façon, même après la cicatrisation, poignets bandés jusqu'à la fin. »

Cette troisième journée de blizzard est peut-être la plus difficile psychologiquement. Les prévisions météo qui nous arrivent par la radio ne sont pas franchement encourageantes. Pourtant, sur la banquise, il nous semble que le temps commence à s'arranger.

Le lendemain matin, après une nouvelle nuit de tempête, le vent est tombé. Pas complètement, mais il n'est plus qu'un souffle comparé à celui des jours d'enfer dont nous nous relevons. Nous allons pouvoir repartir. Il était temps, notre floe n'aurait pas tenu beaucoup plus longtemps : il n'est plus qu'un dixième de ce qu'il était à notre arrivée. Lorsque nous émergeons après une telle épreuve, le camp est un véritable champ de bataille. Il nous faut six heures pour enlever la neige qui a pénétré partout, brosser, ranger, réparer. Pour la première fois depuis trois jours et trois nuits, nous pouvons tenir debout dehors, sans devoir nous cramponner aux arceaux. Sans vent, nous avons une impression de « chaleur » ce matin, pourtant il fait $-25°C$; ce n'est d'ailleurs pas l'avis de nos deux expertes couturières, Titi et Couni, qui ravaudent la tente : à genoux sur notre abri démonté, elles œuvrent en gants de cuir, enfouissant leurs mains dans les moufles de duvet entre deux coups d'aiguille pour les réchauffer.

Avant de regagner les traîneaux, tout le matériel est à secouer ou à brosser : à présent qu'il n'y a plus de risque d'envolée, c'est le « grand déballage de printemps » sur la banquise ; regardant le spectacle de notre camp de « romanos », une fois encore j'ai conscience que les mots, que nous galvaudons dans la vie de tous les jours, prennent toute leur valeur ici : je découvre ce matin le plein sens de « l'accalmie après la tempête ».

A la radio, avant de nous mettre en route, nous demandons notre position : 83°10' ; nous avons reculé de cent kilomètres en trois jours de blizzard ! Nous redémarrons quarante kilomètres au sud de notre case départ. C'est dur à entendre. Mary et Mireille, aussi désolées que nous, se font alors les formidables interprètes des forces de l'arrière :

« *Tenez bon, les filles ! Ils sont nombreux à marcher avec vous. Vous avez plein de lettres, et aussi des coups de fil qui disent tous la même chose : Ne perdez pas courage ! Il y a en plus deux messages personnelles. "Le loup des steppes est en stand-by" et "Le ticket de Garmisch n'est pas perdu." A vous...* »

Ces transmissions codées, débitées dans le plus pur style « Ici Londres, ici Londres », sont quotidiennes ; elles ne sont plus vraiment secrètes pour les autres, mais laissent encore à leurs destinataires l'illusion de recevoir des forces tout en préservant leur intimité ! Les réponses envoyées en retour sont du même ordre.

Mireille reprend :

« *Je vous résume les messages collectifs, dit-elle : Chaton vous envoie toute sa chaleur ; Riri a appelé, il dit que si vous tenez jusqu'au 11 mai ce sera scientifiquement aussi valable que l'IBEA, il vous demande de redoubler de prudence ; et puis nous avons eu Huguette longuement, j'aurais bien aimé que vous l'entendiez directement, elle disait : "Je voudrais être près de vous comme vous avez été près de moi, surtout ne vous découragez pas, tant pis pour le pôle, on sait où il est, c'est la banquise qui est importante, c'est elle l'inconnue que vous êtes venues étudier : la glace du pôle vient à vous, continuez vers le nord le plus loin et le plus longtemps que vous pourrez." A vous.*

— *Dis à Huguette qu'on tient le coup et qu'on l'attend. A toi.*

— *Elle va revenir à la base : elle essaiera d'être rentrée pour le prochain ravitaillement. Ce soir, Jacques arrive de France. Et puis, je voudrais vous dire que Mary et moi vous suivons pas à pas : faites le plus d'observations possible. Courage les filles ! A vous... »*

C'est étrange : ces mots que nous captons ce matin sur notre récepteur, chacune les a remâchés cent fois dans sa tête en trois jours, mais ce n'est pas pareil de les entendre par la « Voix de la banquise », ce lien extraordinaire qu'est la radio. Mireille est notre soleil, Mary notre raisonnement lucide en relais de nos cerveaux ramollis, et elles savent rendre présents ceux et celles qui sont loin. C'est tellement important de nous sentir épaulées amicalement, affectueusement, mais aussi intellectuellement ! J'ai conscience que nos facultés mentales se réduisent de jour en jour et c'est un soulagement de savoir que d'autres pensent à et pour nous. Hier dans ma déroute j'écrivais : « *Si seulement Huguette revenait ! elle est une présence et une force de chaque instant, elle me guiderait pour toutes ces décisions à prendre.* » Notre « mamma » à toutes n'est pas une scientifique mais elle a les pieds bien sur terre !

Nous rangeons la radio, chacune fait un petit baluchon des forces qu'elle y a puisées et, laissant sur place notre salvatrice balise « Nounouss », nous nous mettons en route, courageusement, heureuses de rechausser nos skis. Les deux premières heures de reprise sont un face-à-face pour chacune : solitaires dans la marche, nous nous retrouvons seules avec nous-mêmes après ces trois jours et trois nuits de huis-clos sans issue que nous venons de vivre. Je ne sais ce qui se passe dans les capuchons de mes compagnes, dans le mien, l'heure est aux grandes résolutions ; les mots sont plus forts quand ils arrivent de l'extérieur, Huguette a raison : « La glace du pôle vient à nous. »

Après deux heures de méditation, ce qui ressort de ma réflexion personnelle sur les événements que nous vivons, ce sont la force du groupe et l'extraordinaire persévérance collective de notre équipe. A la première pause, je fais ma « déclaration officielle » de la journée : *« Les filles, c'est cuit pour le pôle géographique mais où que nous arrivions, ce sera notre pôle de Ténacité ! »* et le soir dans mon livre de bord, j'ajouterai : *« et que l'on vienne me voir s'il y a quelque chose à redire »*.

Pour cette reprise, la banquise est avec nous ; quelques floes plats et des chaos que nous passons sans trop de problèmes : le vent a tellement tassé la neige dans les anfractuosités des zones accidentées qu'il a nivelé le terrain et émoussé les angles vifs, nous facilitant le passage des crêtes. Nous parcourons treize kilomètres. La glace bouge encore beaucoup, nous l'entendons craquer.

A l'étape ce soir, c'est la fête... au pâté et aux petits gâteaux ; le moral des troupes est remonté, l'humour, qui ne nous a jamais quittées, sonne moins faux. La raison des réjouissances, s'il en faut une, est... « que nous sommes bonnes » ! Je crois qu'au-delà de la claironnante autosatisfaction collective, chacune fête cette nouvelle bataille gagnée sur elle-même... Les *« Je deviens bonne »* rencontrés dans les livres de bord sont souvent accompagnés d'un bien modeste *« Je n'ai pas pleuré »*. A l'écoute des autres et ne voulant surtout pas être celle qui pèse ou qui va craquer, chacune a rassemblé ses forces, et par-delà les rires, semble les glisser ce soir en obole discrète dans notre fonds commun d'énergie et d'amitié.

Les trois jours qui suivent sont favorables, question glace : il n'y a pas besoin de s'épuiser pour faire la trace tellement la neige a été compactée par le vent. La banquise est belle : de beaux grands floes plats de trois ou quatre kilomètres, séparés par des zones accidentées de cent à cinq cents mètres, crêtes ou chaos rompant la monotonie de la marche et du paysage. Avec le soleil, c'est... « le pôle comme on en rêvait », l'Arctique des photos du comte Monzino : c'est sans doute dans ces journées fastes que nous consacrons l'expression « floe Monzino » par laquelle nous désignons les longues étendues sans obstacles, non sans une pointe de jalousie envers le richissime Italien conquérant du pôle. Tout va bien donc, nos jours ne sont plus en danger, nous sommes moins en situation de survie, même s'il continue à faire froid... Nous n'échappons jamais à nos deux heures quotidiennes d'onglée.

Nous parcourons quinze, dix-huit, vingt kilomètres par jour... et pourtant nous restons sur place en latitude, nous patinons à 83°12' : nous avions promis de ne plus nous occuper d'Argos, mais c'est plus fort que nous, et il faut bien nous situer, au moins par rapport à la dernière balise posée. Pour la énième fois j'écris dans mon carnet : « *Quelle leçon d'humilité ! Nous sommes minuscules devant cette banquise qui défile sous nos pieds toutes voiles dehors.* » Prolongation des effets du blizzard, la dérive est encore forte, près de vingt kilomètres par jour, au lieu des quatre à sept que nous attendions.

L'avantage des chaos est d'absorber l'esprit du skieur, mobilisé à cent pour cent par l'idée de sortir de là en forçant le passage ; pour avancer d'un mètre, il faut tellement se débattre avec skis, bâtons et traîneau que la concentration est totale, le moindre relâchement provoquant immanquablement la chute.

Sur les grands floes plats, la pensée peut divaguer ; par beau temps, il nous arrive de nous guider deux heures de suite sur un même bloc de glace. La foulée est régulière, les pas sont tous égaux ; les muscles sous pilotage automatique, le corps ronronne à un bon rythme de croisière : rien ne vient briser la cadence. La vue porte si loin que l'infini n'en finit pas d'être sans fin. Le chemin paraît long, surtout lorsque le cerveau rumine. Il n'est donc pas surprenant que ce soit lors de ces journées de bonne banquise et de soleil, au cours desquelles nous parcourons vingt kilomètres, que se fassent le plus sentir les tensions dans le groupe.

Quatre êtres humains, avec tout ce que cela sous-entend de qualités et de défauts, de forces et de faiblesses. Quatre caractères forts et quatre manières différentes d'exprimer ses doutes, ses peurs, ses joies, ses colères, ses désespoirs. Quatre façons de penser, de parler, de blesser, de partager, d'aider. Nous sommes étonnées qu'il ne se soit rien passé de grave encore, depuis le temps que nous vivons les unes sur les autres, aux limites de nous-mêmes, sans jamais pouvoir tricher face à nos trois compagnes. Tout le monde sait tout ! Il n'y a pas moyen de s'isoler en dehors de son capuchon pendant la marche. Observatrice permanente des trois autres, chacune connaît les hauts et les bas de la voisine, qui elle-même ne manque pas une minute du spectacle d'autrui. C'est parfois pesant de se retrouver en face de trois miroirs : une autre forme d'humilité. On ne peut pas se moucher, faire pipi, perdre sa chaussette, pleurer une minute sans que tout le groupe le sache ! Et dans ce milieu hostile, où il faut se battre pour survivre, c'est quand tout va bien que le corps et l'esprit peuvent relâcher : les animaux que nous sommes redeviennent des humains... c'est alors que la promiscuité commence à se faire lourde.

S'il y a lieu, Flo, Couni et moi exprimerons à haute voix nos faiblesses, nos colères et nos fâcheries contre les autres et contre nous-mêmes. Les « tours de ronchon » de la benjamine n'ont d'égal que les maudites rages de la Québécoise ou que mon cynisme blessant. Au moins c'est clair, les mots éclatent au grand jour et les abcès sont vite crevés. Titi est différente : elle se mure dans un silence qui est dérangeant pour toute l'équipe ; il est impossible alors de savoir si elle se tait parce qu'elle est fâchée, qu'elle a mal aux pieds, que nous l'avons blessée ou tout simplement qu'elle est fatiguée.

Un matin nous nous heurtons, elle et moi. Elle nous dit avoir l'impression de « faire les trois-huit », version polaire « traîneau-réchaud-dodo », ce que je comprends bien. Elle trouve idiot de s'en remettre à des degrés de latitude ou à des kilomètres pour stimuler la marche. Elle propose, pour varier les plaisirs et casser la routine, de nous donner pour but la réussite d'une journée de quinze heures consécutives de marche... sous prétexte qu'avant le départ, nous avions dit qu'à proximité du pôle, il nous faudrait skier parfois douze heures ou plus par jour. J'essaie de lui faire admettre que pour tenir plus d'un mois, nous devons garder des horaires réguliers, que nous imposent aussi les mesures scientifiques quotidiennes. Devenant sans doute cassante, je lui dis qu'elle n'est pas logique avec elle-même, son autre leitmotiv étant « nous coucher tôt pour nous lever tôt afin de marcher quand le soleil est au plus haut ». La situation s'envenime lorsque je cherche à lui démontrer que jusqu'ici, c'est la nature qui a décidé de la longueur de nos journées : nous avons assez d'exemples de chenaux ouverts nous ayant contraintes à l'arrêt à deux heures de l'après-midi. Quant aux kilométrages, nous sommes bien obligées de nous y tenir puisqu'il faut parcourir le plus de distance possible entre deux balises... Les autres sont de mon avis, Titi n'insiste plus et se renferme dans sa coquille ! Elle s'isole du reste du groupe, je ne m'inquiète pas outre mesure : c'est pénible, cette tension de non-dits, mais je commence à la connaître, « ça lui passera » !

Sans doute souffre-t-elle, comme nous, d'être à peine sortie du creux de la vague dans lequel nous a plongées le blizzard. Le pôle étant perdu, je sais qu'elle continue par pure amitié, ce qui n'empêche pas d'errer. Dans une équipe de quatre personnes, quand l'une s'isole, il y a forcément malaise de la part des autres qui voudraient l'aider. Il durera près de trois jours : trois journées consécutives de beau temps et de bonne glace.

Au quatrième matin, après à peine une heure de marche, nous sommes arrêtées par un chenal ouvert. Le résultat est immédiat : devant l'obstacle, les quatre femmes ne font plus qu'une.

25

SOUS un soleil éclatant, il est toujours rageant de devoir s'arrêter à cause d'une ouverture dans la banquise, après seulement une heure de marche. Je laisse mon traîneau au bord de la fracture et du regard, je commence à chercher un passage.

« Venez voir les filles, ça bouge ! »

Elles dételent et me rejoignent. Nous sommes sur un floe très épais, ce qui nous donne une illusion de sécurité... et il en faut, face au spectacle qui se déroule à nos pieds. Le chenal est en train de se refermer sous la poussée des glaces... mais quelles glaces et quelle poussée ! Les blocs gigantesques font plus de trois mètres d'épaisseur et ils sont malmenés comme de vulgaires fétus de paille, basculant de l'horizontale à la verticale, se chevauchant les uns les autres, ou se pulvérisant sous la pression. Des milliers de tonnes de glace broyés sous nos yeux dans cet étau d'enfer : le puzzle tout entier se resserre.

Ce n'est pas la première crête qui se forme devant nous, mais jusque-là, nous n'avons vu que des glaces jeunes, épaisses de trente centimètres au plus, se fracturer et s'empiler sous les chocs. Ici, c'est la vieille banquise ! Le floe-butoir est celui sur lequel nous sommes arrêtées... Pourquoi tiendrait-il mieux que son jumeau d'en face qui, le percutant, se fait déchiqueter ? Plus que jamais, nous sommes des microbes, mais le spectacle est tellement irréel que, fascinées plus qu'effrayées, nous n'avons même pas peur.

Dans une ambiance de fin du monde, les forces naturelles sont déchaînées ; les immenses plaques de glace poussent de toutes parts, calmement mais sûrement, comme si rien ne pouvaient les arrêter. Tandis que Titi prend des photos, Couni sort l'« enregistreuse » : la superproduction polaire est encore plus sonore que visuelle. Cinquante trains entrant en gare ne feraient pas plus de bruit : crissements aigus, raclements sourds, grondements de geyser ou de volcan. La glace est vivante et vibre sous nos skis, débitée en cubes qui se bousculent, tiennent tête un instant, puis sont broyés dans le concasseur géant.

Bulldozers redoutables, les floes du nord de la cassure poussent vers nous, vers le sud. Tant de puissance sous nos yeux ! Tant de forces cachées dans ce milieu avec lequel nous faisons corps depuis près d'un mois ! Magnifique, surnaturel... Les mots nous manquent, alors nous nous taisons, envoûtées, hypnotisées. Nous marchons le long de la fracture qui s'écarte et se resserre de minute en minute. L'eau libre dégage des colonnes de vapeur qui fument dans les rayons du soleil : la température mise à part, c'est à la fois George Sand et Jules Verne, la petite Fadette en voyage au centre de la terre.

Soudain, dans un dernier grincement lugubre, tout s'arrête, net : mouvement et son. L'engrenage est bloqué. Les forces venues du nord ont capitulé. Plus rien ne bouge, plus un bruit à l'exception du vent, la bête harassée s'est endormie. C'est à peine si nous osons parler... de peur de la réveiller.

Jusqu'ici, nous n'avons qu'exceptionnellement vu la banquise en action et il nous semble, pour la première fois ce matin, « rencontrer » la dérive, dont nous n'avions conscience que par les chiffres d'Argos : cette visite impromptue dans la chambre des machines de l'immense vaisseau fantôme est une journée porte ouverte sur le moteur du tapis roulant que nous remontons.

Campée sur mes skis, du haut de mon mètre soixante-cinq, écrasée par tant de majesté, je ne peux retenir l'expression de mon admiration ; « la Dérive » est face à moi, telle une diva entrevue à la sortie d'un concert ... impressionnante... et pourtant, il faut que je lui dise... Dans mon émotion, je bredouille à mi-voix, la tutoyant cependant, comme si je retrouvais une vieille connaissance :

« Ah ! te voilà ! C'est donc ainsi que tu nous repousses de cent kilomètres en trois jours de blizzard ! Où as-tu trouvé cette puissance ? Quel pacte as-tu conclu avec le vent ? »

En réponse, le grondement recommence, comme si la bête dérouillait ses engrenages grippés. C'est tellement incroyable que je la défie de reprendre le mouvement :

« Mais ce n'est pas possible, tout est coincé ! Tu ne peux plus avancer ! »

Forçant au bloc à bloc, sous une nouvelle poussée venue du nord, la machine infernale se remet en route, nous entraînant plus que jamais dans l'irréel... par −28°C, une ambiance d'éruption volcanique doublée d'un tremblement de terre : une extraordinaire leçon de tectonique des plaques, brillante démonstration — s'il en fallait encore — que nous sommes moins que rien dans cet infini glacé.

Après une heure de remue-ménage, la banquise semble à nouveau figée. Les oreilles et les yeux remplis de féerie, nous rangeons le magnétophone et décidons de traverser la crête à peine formée. C'est vraiment un défi face au monstre qui dort. Il nous faut escalader avec nos traîneaux cet amas de blocs en sachant pertinemment que tout peut recommencer à bouger d'une seconde à l'autre. J'ai confiance, un peu comme si, dans ce tête-à-tête avec la dérive, nous avions signé une trêve juste pour notre passage à gué... Quatre franchissements de quinze impressionnantes minutes nous sont accordés et, sans autre dommage que quelques sueurs froides, nous nous retrouvons sur un floe « solide » de l'autre côté, tandis que le déménagement dantesque reprend.

Toute la journée, nous avons de la chance en ce qui concerne les nombreux chenaux que nous rencontrons : ils sont gelés juste ce qu'il faut pour nous permettre de passer, ce qui aurait été impossible une ou deux heures plus tôt !

Le lendemain 14 avril, le temps est magnifique, la glace assez agréable et nous avançons bien. Le moral est mitigé, peut-être encore à cause d'Argos. Il faut dire que, depuis quelques jours, *« nous avons pris un ticket de parking à 83°15' ! »*..., comme nous l'avons dit à Mireille, commentant, avec un humour grinçant, la troisième annonce de position inchangée malgré nos quinze ou vingt kilomètres quotidiennement parcourus.

Les tensions sont sourdes dans l'équipe depuis que ce matin, à la radio, Mary m'a demandé à revenir sur la glace avec nous lors du prochain ravitaillement. J'ai dû me battre à nouveau contre sa volonté farouche. C'est impossible, nous souffrons trop du froid : au minimum deux heures par jour d'onglée à pleurer de douleur ! Nos gelures, qui étaient dix fois moins graves que les siennes, nous font terriblement mal. Quoi qu'elle en dise, aucune raison scientifique, la plus grande, la plus noble soit-elle, ne justifie le sacrifice de ses pieds. Mary, profondément déçue, ne me pardonnera sans doute jamais, alors que je suis aussi désolée qu'elle, tout en étant énervée qu'elle ne comprenne pas. Mireille me dira plus tard que ce jour-là, dans sa révolte, Mary est partie de la base à ski et a marché neuf heures de suite, parcourant quarante kilomètres, pour me prouver que ses pieds étaient guéris. Au retour, elle nous annoncera sa décision de rentrer au Canada, non sans m'avoir laissé une lettre dure, sévère : Mary « la rationnelle » contre Madeleine « l'émotionnelle » ..., m'expliquant qu'en venant sur la glace, comme nous toutes, elle avait pris des risques, trois dans son cas : professionnel (en interrompant son travail), familial (en quittant mari et enfants) et physique (en exposant son corps aux meurtrissures polaires). Elle n'admettra jamais que je m'obstine à focaliser sur le dernier risque... concluant qu'il n'y a pas de discussion possible puisque je suis « irrationnelle, émotionnelle et méchante » ! Courrier ouvert de quatre pages, que l'assistance aura la clairvoyance de ne pas m'apporter sur la glace.

De toute façon, ce matin, notre discussion à la radio était du même ordre, ce qui me donne de quoi méditer pendant la marche.

Pas longtemps d'ailleurs, puisque à treize heures, ce jour-là, nous sommes à nouveau devant un chenal tout juste gelé. Il fait deux ou trois cents mètres de large, plusieurs kilomètres de long. Je dételle pour tester : la glace qui le recouvre est assez épaisse pour nous supporter... en redoublant de prudence. Pas de chance ! Au milieu de la zone à peine figée, il y a cinquante centimètres d'eau libre . La moitié d'un mètre ! Mathématiquement c'est le quart de la longueur de nos skis... donc rien ! Mais les lèvres de l'ouverture, dans cette glace très fine, ne sont pas assez solides pour que nous prenions appui sur elles afin d'enjamber la béance d'océan noir.

Nous cherchons le passage, à droite comme à gauche. Sur des kilomètres il n'y a rien de bon. Au bout d'une heure, l'ouverture centrale s'est agrandie de cinquante nouveaux centimètres : la tendance est à l'écartement, il ne faut rien espérer dans l'immédiat.

Nous reculons sur le floe épais... Il fait un soleil radieux ! Tout est réuni pour que nous craquions nerveusement. Depuis ce matin, nous ruminons le dernier verdict Argos et la conversation avec Mary... et l'ambiance est un peu « coton » dans l'équipe : je sens que ce chenal ouvert est la petite goutte d'eau qui va faire déborder le vase. J'enrage d'être arrêtée pour cinquante centimètres alors qu'il fait si beau. Je retourne au bord de l'eau pour essayer de me calmer ; impuissante devant les rives qui s'écartent, je maugrée pour la cent unième fois : « RIEN, nous ne sommes RIEN dans l'Arctique, complètement tributaires de la glace et de la météo ! »

Puis le rire l'emporte sur l'amertume lorsque me revient en mémoire une vieille chanson scoute dont il suffit de changer « rivière » par « chenal ouvert » pour l'actualiser. Je rejoins mes compagnes, imaginant que la journée va se terminer en crêpage de chignon. Pas du tout ! Unies dans l'épreuve, nous « faisons face », comme disent les psychologues ; refusant de nous résigner à monter la tente si tôt, en grosses doudounes, allongées à même la neige, skis aux pieds, pour ne pas désespérer, nous chantons à tue-tête le refrain surgi de ma mémoire :

Tout au bord du chenal ouvert,
Laissez-moi vous dire qu'il faisait gla-gla,
J'suis tout à fait d'l'avis d'ma grand-mère,
On n'couche pas dehors quand il fait ce temps-là.
A gla-gla, à gla-gla, à gla, à gla, à gla-gla !

Même le premier couplet a été écrit par nous :

« Le départ nous pince le cœur, c'est une aventure,
  Étant donné la rigueur de la température. »

La trouvaille musicale de la journée s'arrêtera à une strophe ...
il y a plus de vingt ans que je ne l'ai pas entendue...

Cet arrêt intempestif pour cause de... manque de chance est
d'ailleurs l'occasion, dans la gaieté et la bonne humeur absolument inespérées, d'un tour d'horizon du « hit-parade » de la
banquise.

Pauvre Dalida qui ne saura jamais que sur l'air de son *Bambino*
se chante par 83º Nord, chaque fois que nous arrivons sur un floe
plat — donc digne du comte Monzino : « Je sais bien que tu
l'adores, Monzino, Monzino... »

Une fois que le disque est enclenché dans la tête, impossible de
l'en extraire pour quelques heures ou quelques jours... surtout
qu'à nous quatre, il y en a toujours une qui l'a sur les lèvres, se
chargeant à la moindre pause, de remettre la rengaine dans la tête
des autres !

Un jour, pour combattre le monopole de cette chanson sur les
ondes polaires, Couni nous a appris une comptine québécoise
« facile à retenir »... tellement simple effectivement qu'elle ne
nous lâche plus : voilà de quoi rehausser le niveau de la première.
« Laide com qu'a l'é, avec un chapeau com qu'a l'a, qu'a rise don
d'elle avant qu'a rise des autres. BIS. TER. etc. » Envolée lyrique
que la traduction ne peut qu'affadir : laide comme elle est, avec
un chapeau comme elle a, qu'elle rie donc d'elle avant de ne rire
des autres.

Trop absorbées dans les chaos, il n'y a bien entendu que sur les
floes plats ou sur les chenaux regelés que nous chantons. Depuis
vingt ans, je joue de la guitare, j'ai donc un grand répertoire de
chansons, très diverses, dont je connais tous les couplets... Eh
bien sur la banquise, la seule qui me revienne — et systématiquement chaque fois que j'aborde une aire plane, depuis la première
que j'ai foulée à Seven Islands — c'est un cantique du père
Duval : j'en chante deux phrases et le reste en la-la-la... au moins
une fois par jour.

« Tout au long des longues, longues plaines,
Peuple immense avance lentement,

Chant de joie et chant, et chant de peine
Peuple immense va chantant. »

Jusque-là, rien de grave ! Il y a longtemps que je suis devenue incroyante, j'ai de beaux restes, il n'y a pas de quoi en faire une maladie : puisque j'en viens à prier dans le blizzard, pourquoi pas des cantiques pour soutenir mon allure... L'infini rend mystique, voilà tout !

Il y a peut-être lieu de s'inquiéter tout de même, surtout lorsque j'attaque le couplet : « Ils n'ont pas leur père avec eux, mais ils savent bien le chemin, la-la-la... » A chaque fois, à ce passage où me manquent les paroles, inéluctablement je repense au professeur Frécaut, feu mon directeur de recherche. Au début, je trouvais sympathique et sécurisante cette présence à mes côtés du Maître, guide spirituel de notre longue, longue, longue marche. Mais comme c'est tous les jours, au moindre replat, que le cantique se fait ritournelle... le souvenir devient triste et obsédant, et ma pensée tourne en rond. Je me fâche, m'oblige à un autre choix de chanson, et je retombe sur... *Bambino*... Pourquoi faut-il que je partage mes journées de plat entre Dalida et le père Duval quand j'aime tellement Barbara, Anne Sylvestre, Jacques Brel et d'autres chanteurs « à texte » ? Je connais leur répertoire par cœur, et ici, je ne suis pas capable d'en sortir trois lignes. Un jour je me suis mise en colère : j'avais devant moi trois cents mètres de chenal gelé, une véritable patinoire : pour me donner la cadence et ne pas m'arrêter pendant la traversée, je me suis imposée de chanter *Göttingen* jusqu'au bout... j'y suis parvenue, au prix de quel travail cérébral, mais ce fut mon seul extra !

Quand je ne chante pas, sur le plat, je me laisse piéger par le rythme de mes pas... et je les compte : c'est le plus horrible ! Il faut s'en débarrasser et les offrir alors, sans quoi on devient fou : c'est vraiment du niveau « Une cuiller pour papa, une cuiller pour maman, cent pas pour Boubou, cent pour Zélio, cent pour... ». Tout le réseau y passe et centaines par centaines, j'allonge mes foulées, marchant dans un stimulant sillage d'amitié. Dans le haut de gamme du comptage, réservé aux amours, il y a la version « marguerite effeuillée » : « Je t'aime, un peu, beaucoup... » ; évidemment, comme il serait navrant de rester sur un « pas du tout », il faut bien faire un pas de plus et l'escalade reprend... Cela ne m'inquiète pas outre mesure, j'utilise le procédé depuis des années, pour les coups de pédale des décourageantes montées de col, en randonnée cycliste ! Ça marche à tous les coups ! Et c'est tellement plus tonifiant que de « compter idiot » !

Que la banquise — froid et effort combinés — rende « gaga », nous en sommes toutes convaincues, après un mois d'expérience.

Couni, pour occuper ses journées et juguler intelligemment sa pensée, remonte le temps ; le 30 avril elle aura trente ans, depuis le 1er du même mois elle consacre un jour à chaque année de sa vie et plonge dans sa mémoire. Ce qui est drôle, c'est qu'aux arrêts, elle nous raconte ses meilleurs souvenirs... A la première pause, il y en a toujours une pour lui demander : « Tu as quel âge aujourd'hui, Couni ? »

Moi qui pensais que l'infini de blanc — comme celui de mon enfance à Villerupt — allait me transporter dans le plus grand mysticisme, c'est bel et bien raté je devrai, à ce propos, me contenter du cantique en rengaine. — Quotidiennement, me viennent dix idées... et toujours les dix mêmes, aux mêmes moments, exprimées dans les mêmes termes. Mes compagnes ne sont pas mieux que moi. Chaque jour, à l'heure de la semoule — qui est définitivement le creux intellectuel de la journée —, Couni nous dit d'un ton magistral, comme si c'était la révélation scientifique de l'année : « Tout sachet de parmesan entamé doit être jeté. » Puis Titi enchaîne, ne manquant jamais de s'étonner d'un : « Oh ben dis ! On a moins faim après la semoule ! » Plus tard, en extérieur, Flo, brossant son anorak, nous radote tous les soirs : « Ah ! ce qu'on peut transpirer dans sa Goretex ! » ; quant à moi, chaque jour au premier tour de manivelle de la sonde à glace je pense invariablement à Marie-Lyse, notre « baraquée » démissionnaire, et, quand je bataille pour ranger l'outil dans son étui, je bougonne, à la même heure, avec le même geste et la même élégance du verbe : « Mais qui a pu inventer une housse aussi c... ? »

Le lendemain, 15 avril, à cinq heures du matin, l'ouverture d'eau libre fait six mètres... Il faut trouver une solution. Titi et moi partons en reconnaissance ; bouclant mes skis devant la tente, je lance à nos deux camarades encore couchées dans leur duvet :

« Debout, les petites chéries ! Vous êtes de café pendant que nous allons aux croissants ! »

Nous trouvons un « pont » après trente-cinq minutes de marche le long de la rive, dans un inoubliable décor de « Mare au diable » polaire : eau noire fumant en mille colonnes de vapeurs, tandis qu'à la surface du liquide, les cristaux de glace en formation scintillent au soleil ; minifalaises bleues des floes épais limitant la fracture et dominant un « sentier » étroit, juste assez solidifié pour nous permettre de glisser entre la forteresse glacée et l'océan. Le « pont » est un hasard de juxtaposition de plaques si minces que nous ne sommes même pas certaines qu'il existera encore lorsque nous reviendrons dans deux heures avec nos traîneaux.

Quand nous rejoignons nos amies à la tente, le café fume dans les Thermos... mais le torchon brûle : les deux « petites » se sont visiblement quelque peu chicanées, il y a de l'eau dans le gaz. Une vague histoire entre deux fatiguées qui n'avaient pas plus envie l'une que l'autre de se battre avec les réchauds pour faire de l'eau. Bon, ce n'est rien ! S'excusant, la pauvre benjamine préfère prendre toute la faute sur ses épaules pour que cesse cette stupide fâcherie... mais notre Québécoise a un « moyen caractère », comme on dit chez elle. Titi et moi restons au-dessus du conflit, je connais Couni, il vaut mieux ne pas nous en mêler. Flo, voulant matérialiser un traité de paix, lui offre « son » caramel de la journée. Erreur ! puisque Couni, sans doute gênée par la valeur du cadeau, le refuse. L'histoire se termine par des larmes au fond d'une capuche : pas étonnant... il fait un soleil radieux ! En aparté discret, j'essaie de consoler la plus jeune, humiliée, en lui disant : « Crois-en mon expérience : laisse tomber, c'est contre elle-même qu'elle est fâchée ; mange ton caramel, ça lui passera ! »

Lorsqu'en route, avec nos traîneaux, nous approchons du « pont » trouvé deux heures plus tôt, mon regard est arrêté par une tache noire sur la banquise, à plus de cinq cents mètres de distance. Je ne la quitte pas des yeux, intriguée par cette anomalie dans le décor. Nous traversons le passage : quelle n'est pas ma surprise, alors, de découvrir que cette présence non identifiée, qui crève l'écran, n'est autre qu'un emballage vide de barre énergétique ! C'est nous qui salissons ! Avec Titi, tout à l'heure avant de repartir pour le camp, nous avons fait une petite « pause barres ». Ce papier fait moins de dix centimètres et je l'ai distingué à un demi-kilomètre !

Parce que nous vivons en symbiose avec elle, nous avons un respect de la nature sans doute plus grand que le commun des mortels : sans tomber dans l'excès ridicule de vouloir rapporter à la base détritus et excréments, chaque matin, nous enfouissons dans la glace nos poubelles qui finiront, comme celles des navigateurs, au fond de l'océan. Il arrive, particulièrement aux arrêts pendant la marche — l'agilité en moufles étant très relative —, qu'un papier échappe... Le vent permanent l'emporte immédiatement, inutile de vouloir nous lancer dans un sprint perdu d'avance. Ce matin, je suis troublée devant cet emballage et je repense à Claude Kergomard, un ami climatologue, spécialiste et amoureux des régions polaires, qui nous a écrit avant notre départ : *« Bon voyage sur la banquise, aimez-la, respectez-la, ne la salissez pas. »* Ses mots me reviennent en pleine face par le biais de ce petit bout de papier dérangeant. J'ai conscience depuis toujours que, dans cet univers totalement vierge, trois gouttes d'urine sur la neige sont déjà un viol de la nature, même si le vent se charge d'effacer notre passage. N'exagérons rien, les ours doivent bien se soulager aussi. Toutefois, cette idée a fait du chemin : dorénavant, à chaque pause, je ferai la chasse aux emballages, sac plastique à la main... que mes compagnes, amusées et connaissant Claude, appelleront jusqu'à la fin « la poubelle de Madame Kergomard » !

Il y a quelques jours, nous avons eu une impression étrange aussi. De très loin, nous distinguions une tache rouge sur une crête. J'avais pensé d'abord à du sang laissé par un ours blessé. Quand nous nous sommes approchées, nous avons trouvé un morceau de papier toilette rose. Avec nos cerveaux définitivement marqués par la civilisation, nous avons pensé, comme la trouvaille était au nord de notre route, « qu'il y avait du monde »... nous avions donc à nous en effrayer ! Après réflexion, et comme s'il fallait absolument un coupable, il ne pouvait s'agir que de Jean-Louis Étienne... à mille kilomètres de nous : « Sympa Papy ! Tu nous envoies ton PQ, et usagé en plus ! » Puis l'une de nous rectifia, logique : « C'est peut-être tout simplement à nous, d'accord, nous n'avons eu qu'exceptionnellement le vent du sud, mais tout de même ! »

Une autre fois, Couni et Titi ne m'avaient pas vue partir en reconnaissance sans mon traîneau. Au retour je n'avais pas suivi le même itinéraire qu'à l'aller. Lorsqu'elles croisèrent mes premières traces, elles hurlèrent :

« Hé ! Les filles ! Il y a quelqu'un sur la glace ! »

C'était un cri teinté de frayeur : bien entendu, ce ne pouvait être qu'une présence... inquiétante, alors qu'il aurait été tellement impromptu et sympathique de rencontrer un skieur égaré ! Ah ! civilisation, tu nous as traumatisées pour un bon moment !

Ce 15 avril, une fois l'ouverture traversée miraculeusement sur le petit pont de glace, je m'exclame, heureuse, tirant l'instrument de ma poche :

« On va enfin pouvoir reprendre la boussole ! »

Incroyable ! Comme le soleil est désormais caché par les nuages, nous sortons les autres boussoles pour vérifier : le nord est de l'autre côté du chenal ! Sans y prendre garde, nous nous sommes tellement détournées de notre route pour trouver le passage que nous n'avons plus à traverser. Vertes de rage, nous reprenons le petit pont. Ne perdant complètement ni le nord ni l'humour, il en est une pour dire : « Heureusement qu'il n'est pas à péage ! » L'Arctique est une réelle école de philosophie !

Puis subitement, le « white out » s'installe et nous peinons la journée durant, entre chenaux et chaos, dans un relief qui a tout du bocage vendéen : une succession de floes carrés, de moins de cent mètres, cernés par des crêtes qui font haies ! C'est étrange, il ne manque que les vaches ! Nous ressentons toutes un curieux besoin de vert ! En réfléchissant bien, dans tout ce que nous possédons comme matériel, nous avons du rouge, du bleu, du jaune... mais de vert, rien, à l'exception de la brosse à dents de Couni et du mousqueton porte-bonheur qu'elle a accroché à son anorak...

La journée vendéenne dans le « white out » complet se termine pour tout le monde « sur les genoux » ; à la fin de cette copie conforme du Vendredi saint, je ne peux même plus compter mes chutes, et Titi doit prendre la tête pour les cent derniers mètres... Ce soir, comme beaucoup d'autres soirs où nous avons avancé comme des bêtes jusqu'à l'épuisement, mon livre de bord titre : *« Dure journée pour la reine ! »* Le « white out » et les chaos auront eu au moins l'avantage de réconcilier les « petites » ! Et aussi fou que cela puisse paraître, j'ai la certitude, après cette journée épuisante pour toutes, que le mauvais temps et le terrain difficile sont les meilleurs atouts pour notre entente et notre moral !

26

L E lendemain 16 avril est une étrange journée, de celles où le stress est grand, puisque veille de ravitaillement. Nous nous sommes assez vite sorties du chaos d'hier et, à treize heures, nous trouvons un floe digne de l'appellation « aéroport » : au-delà s'étend une zone accidentée dont on ne peut estimer l'ampleur. Tenir ou courir : nouveau dilemme car il est très tôt ; il serait dommage de ne pas profiter d'une journée de soleil où nous pourrions marcher longtemps et vite, puisque nos traîneaux sont presque vides, alors que demain, ils seront à pleine charge après la venue de l'avion. Nous votons, comme chaque fois que nous pouvons nous en remettre à la voix du groupe. Et nous continuons.

Les heures passent, le chaos n'en finit pas ; tant pis, c'était le jeu ! Je reste confiante, j'ai remarqué, depuis nos débuts, une alternance assez régulière entre zones plates, grands chenaux et chaos. De toute façon, dans le pire des cas, le ravitaillement sera repoussé : ce n'est pas un drame, il nous reste les trois jours de vivres du sac « espoir ». Soudain, j'ai un choc : du haut d'une crête, je découvre l'horizon... c'est « La Rochelle » ! La zone chaotique prend subitement fin, formant deux tours fortifiées entre lesquelles, comme dans le port charentais, s'ouvre l'océan... de glace, dans notre cas. Jamais encore nous n'avons rencontré une si grande étendue de plat intégral. L'eau, libre il y a quelques jours, s'est figée en une pellicule de trente centimètres d'épaisseur.

Nous passons entre les « tours » pour nous engager sur

l'immensité plane : peut-on encore parler de chenal pour ce « bras de mer » gelé, de plusieurs kilomètres de large et quelques dizaines de long ? C'est magnifique et à la fois terriblement angoissant : pourra-t-on rejoindre les crêtes bleues qui à l'horizon marquent l'autre rive ? Notre cap nous impose de traverser : que trouverons-nous au milieu, c'est-à-dire à peut-être cinq kilomètres d'ici ? La glace nouvelle est-elle d'épaisseur constante ? Comme dit Couni, nous « prenons une chance » : nous filons plein nord sur cette aubaine et nous marchons, et nous marchons, et nous marchons toujours, sans avoir l'impression d'approcher l'autre bord.

Nous nous y attendions un peu : dans l'axe du chenal la soudure n'est pas faite. Nous longeons l'ouverture et trouvons une zone de contact... pas des plus rassurantes, mais nous sommes pressées ! En fermant les yeux, nous passons, miraculeusement. Désolidarisés du reste de la couverture, les morceaux de glace qui forment le « pont » ne font pas un mètre de long, ils oscillent, balancent, s'enfoncent sous notre poids, par endroits se recouvrent d'eau... mais flottent ! C'est presque du ski nautique, cette traversée pour laquelle il faut impérativement ôter de son esprit que les noirs du puzzle d'épouvante ne sont autres que les cinq mille mètres d'océan. Il est plus effrayant de regarder les autres passer : on a du recul pour mesurer l'inclinaison des plaques et guetter leur basculement alors que celle qui est dans le « feu » de l'action a une vue plongeante de ses skis, qu'elle suppose horizontaux... comme la surface qui les porte !

Nous marchons encore longtemps de l'autre côté. La ligne bleue des crêtes semble toujours plus loin. Ken demande au minimum vingt-cinq centimètres d'épaisseur pour atterrir : il serait tentant de lui proposer le « bras de mer » gelé comme aéroport... mais je n'ai pas du tout confiance : trente centimètres, c'est mince pour une si longue portée ! De toute façon, je n'aimerais vraiment pas que nous montions la tente en plein milieu de cette zone, par définition extrêmement fragile, que la moindre tempête réduirait en glace pilée.

La rive nord est trop loin de nous pour que nous puissions la rejoindre ce soir : nous décidons d'obliquer vers l'est pour au moins dormir sur un floe épais. Il est dix-neuf heures quand nous atteignons le bord. Voilà plus de neuf heures que nous sommes sur nos skis : nous nous en donnons encore trois pour trouver un floe-aéroport... mais il faut prévenir la base car nous sommes déjà en retard pour la liaison radio.

Couni et Titi continuent à prospecter alentour, tandis que Flo et moi déballons radio, antenne et canne à pêche pour établir le contact. Huguette vient d'arriver de France, c'est à elle que nous disons :

« Le ravitaillement sera sans doute reporté, nous n'avons pas de floe assez grand. Nous cherchons jusqu'à vingt-deux heures et nous vous rappelons. A toi. »

L'assistance est au moins aussi déçue que nous.

« Essayez encore ! La météo est bonne pour demain, après on ne sait pas. A toi. »

A ce moment-là, deux cris nous parviennent : Couni et Titi ont trouvé chacune un « aéroport ». Je reprends la conversation radio :

« Bon, alors, aux dernières nouvelles, il paraît qu'on a ce qu'il vous faut ! Je confirme dès que j'aurai vu la piste : je vous contacte dans une heure. A toi. »

Flo et moi nous sommes bien refroidies le temps de la transmission, aussi je propose à notre benjamine de rejoindre vite les deux autres, je me débrouillerai seule pour ranger la radio. Ce n'est vraiment pas drôle d'avoir une mauvaise vue sur la banquise, la pauvre gamine me répond : « Tu parles, j'suis obligée de t'attendre, j'vois rien, je ne distingue pas les traces ! Les lunettes gèlent et mes lentilles sont tellement sales à cause de l'Uveline que je n'ose plus les porter... pourvu qu'Huguette ait pensé au liquide physiologique, sinon je suis bonne pour la canne blanche ! »

Nous retrouvons nos deux éclaireurs : les floes qu'elles ont découverts ne sont ni Roissy ni Orly... mais il faudra nous en contenter. Titi balise l'axe de la meilleure des deux pistes en saupoudrant du... paprika : quatre kilos d'épices que nous traînons depuis le dernier ravitaillement ! Combien de fois avons-nous voulu nous en débarrasser ? Et il y en avait toujours une, dans le groupe, pour jouer la voix de la conscience : « Non ! Si Ken nous l'a donné c'est que ça doit l'aider pour atterrir : la trace rouge lui souligne le relief de la glace ! »

Nous montons la tente et en mangeant la semoule, nous avons l'idée géniale de la journée : d'un commun accord, nous décidons de faire une farce à nos visiteurs demain. Nous nous dissimulerons avant leur arrivée ; à la descente d'avion, ils trouveront notre camp vide... nous sortirons alors de notre cachette, masquées et armées : Titi aura le fusil, Flo la pince à pli cutané, Couni le marteau à glace et moi la sonde... et nous détournerons le Twin Otter sur... Tahiti par exemple.

Ce plan d'enfer ne manque pas de nous séduire. L'une de nous a tout de même un éclair de lucidité :

« Et où comptez-vous vous cacher ?

— Pardi ! Derrière une crête ! Ça ne manque pas ici !

— Il est bien entendu qu'arrivant en avion et survolant la piste au moins dix fois avant de poser, ils ne nous verront pas, habillées de rouge, derrière la crête ! »

Déception ! Ainsi a subitement avorté l'opération « Concombres masqués » qui devait nous sauver des glaces. Notre déclin intellectuel est confirmé, comme dit notre Québécoise : « Nous v'là rendues pas ben ben brillantines ! »

La veille des ravitaillements, nous ne dormons pas ou si peu. Pas plus sur la glace qu'à la base d'ailleurs où c'est un peu l'affolement ; il faut vérifier les commandes, faire les derniers bricolages, ne rien oublier : les rations, le courrier, les balises...

Sur la banquise, l'attente de nos amis est déjà devenue un rituel : la « toilette », les quelques mots de correspondance, la veille à la radio pour communiquer d'heure en heure la météo et les affreux bilans psychologiques. Je les déteste et les maudis en remplissant les feuilles que Couni nous a distribuées. Comme chacune de nous sans doute, je bute toujours sur les deux mêmes questions : qui voudriez-vous abandonner et avec qui voudriez-vous poursuivre seule ? C'est horrible, particulièrement après ces douze jours éprouvants moralement comme physiquement, douze jours où, à tour de rôle, nous avons touché le fond. Je repense à François Varigas qui, traversant le Grand Nord canadien en traîneau, devait tuer un de ses chiens pour nourrir les autres ; il les passait tous en revue : tous avaient assez de défauts pour être tués mais tous avaient assez de qualités pour être épargnés... Titi et ses silences qui ont le don de m'exaspérer et de me tourmenter, c'est aussi... Titi le rire, l'humour, la tenace aux « coleman », la bricoleuse, notre SOS Dépannage Banquise, Titi la vioque à mes côtés dans la difficulté : Titi prendrait le relais si un accident m'arrivait... Couni et son « moyen caractère »... je ne me vois pas l'abandonner non plus : c'est la plus gracile, la plus féminine, sans doute celle qui se fait le plus violence physiquement, petit bout de femme gérant habilement ses forces et ses réserves... Avec elle je ne peux assurément pas tricher, elle me connaît trop bien, Couni-la-psy lit dans ma pensée ; et puis... c'est le Canada... elle trouve que nous parlons « pointu et cassant » comme si nous étions toujours fâchées et nous devons parfois la blesser à notre insu tandis que ses intonations et son vocabulaire nous font mourir de rire : un vrai « petit bonheur » dans une équipe... Comment lui résister, quand elle a grillé toutes ses cigarettes en deux jours et qu'elle vient me culpabiliser en me regardant fumer les miennes : « Tu penses-tu que mon chef serait assez fine (gentille) pour m'offrir son petit mégot ? » Je râle, parce que même en tabac il faut être autosuffisant sur la banquise, mais chaque fois je craque, et pour une cigarette entière... à cause de l'accent... « Maudite Québécoise ! » Reste Flo ! Comme dans la chanson, faudrait-il abandonner la plus petite ! Elle nous fait bien de temps en temps de jolis numéros de « ronchon », c'est vrai qu'elle n'est pas très manuelle, mais c'est notre « bon docteur », une force physique autant que morale, vive, intelligente d'esprit comme de cœur, généreuse, transparente, fraîche dans la candeur de ses vingt ans... et puis... elle m'a sauvé la vie !

Ma conclusion est que, dans un groupe de quatre, il n'est pas possible de répondre à ces deux questions, et j'écris donc n'importe quoi que je regrette dans la minute qui suit ! Au moins, suis-je dispensée du paragraphe « relations avec le leader ». Ce ne doit pas être simple non plus ! Je ne suis pas un ange et je suppose qu'elles ont de quoi remplir ! J'ai toujours pensé que le rêve secret de mes équipières était de me jeter dans l'eau... De maternelle à autoritaire, de couver à diriger, la nuance est perceptible pour qui est à la tête... elle l'est sans doute moins pour celles qui la subissent ! Ma fierté de leader, je la place — bêtement, j'en ai conscience — dans le fait de marcher devant, sous prétexte que... «J'ai promis à vos mères...» Il arrive qu'en fin de journée, je doive baisser pavillon : faire la trace est éreintant et mon amour-propre est piqué quand l'une des trois autres, tout naturellement, dit : «Tu es épuisée, je vais te relayer.» Pour ne pas retarder le groupe, je capitule mais n'en pense pas moins, momentanément déchue de ma «mission» de «sortir les autres du pétrin dans lequel je les ai entraînées».

Malgré nos efforts surhumains, nous n'avons pas réussi à rattraper notre case départ (83°33'). La dérive est incroyablement plus forte que les données qu'on en avait : le ravitaillement a lieu à 83°15'. Comme nous sommes très au sud, l'avion a besoin de moins de carburant et peut donc prendre quelques passagers à bord. Toute notre équipe d'assistance est du voyage, à l'exception de Mary, qui n'a pas voulu venir bien qu'elle ne quitte le Spitsberg que ce soir, 17 avril, pour rejoindre la France puis le Canada.

À l'approche de notre position, Ken réquisitionne Huguette, Jacques et Mireille pour quadriller méthodiquement du regard l'infini de blanc et y repérer le minuscule point noir qu'est notre camp... A ce petit jeu, le pilote gagne toujours ! Ils ont deux heures de retard : cette fois nous sommes dehors et dès que nous apercevons l'avion nous le guidons à la radio VHF.

Ces rencontres avec la vie sont d'extraordinaires jalons dans notre survie polaire. Pour quelques heures, nous ne sommes plus dans les glaces, oubliant le désert de vent et de froid, même s'il fait −20°C.

Le premier contact est émouvant mais Huguette a l'art de nous faire rire dans les moments les plus graves, ne pouvant retenir ses impressions quand nous ôtons nos masques pour embrasser nos amis :

«Oh ! Mes pauvres chéries ! Dans quel état vous êtes !»

Nous nous regardons, inquiètes : nous nous trouvions plutôt bien, par rapport à ce que nous avions été. Huguette nous dévisage une à une, poussant de hauts cris au spectacle de nos visages gonflés et meurtris par la fatigue et le froid ; ses remarques sont très encourageantes :

« Ma pauvre Couni ! Mon Dieu, Flo ! Et toi, Titi ! Oh, Nounours ! tes joues !

— Ne commence pas à faire ta mamma ! C'est rien, ne t'affole pas : de vieilles gelures du blizzard, elles sont déjà bien cicatrisées, tu sais !

— Vous être complètement bouffies, mes pauvres chatons ! Je pensais bien que c'était dur mais... »

Inimitable Huguette... qui nous dira beaucoup plus tard que c'est à cette descente d'avion qu'elle a réalisé à quel point le milieu polaire était impitoyable et que... « nous n'étions vraiment pas au Club Med ».

Mireille, Jacques et les membres d'équipage semblent moins atterrés ! Les retrouvailles sont bouleversantes, nous tombons dans les bras les uns des autres, sous l'aile de l'avion, dans un étourdissant ballet d'amitié. Il n'y a aucun contact physique, nous sommes tous trop emballés dans nos épaisseurs de duvet, nos capuchons, nos moufles... et pourtant, c'est tellement fort ce qui peut passer... Bien malin celui qui n'a pas les yeux embués... Puis tout le monde parle en même temps : une basse-cour internationale où les mots se bousculent, sautant du coq à l'âne. Chacun voudrait tout dire et tout savoir en cinq minutes. L'infini polaire est à nous... et nous nous piétinons devant la porte du Twin Otter, à dix sur deux mètres carrés !

Passé le premier choc, nous nous organisons. Chaton, à Paris, veut absolument un bout de film sur l'expédition pour donner aux télévisions : tandis que Mireille tourne en 16 mm, Brian, le copilote, va filmer en vidéo toutes les phases du ravitaillement. Nous étions prévenues, le camp est donc impeccable... « impressionnant » même, au dire de nos visiteurs.

Les prises de sang ont lieu sous la tente : −20°C, c'est pire que la première fois... Je ne suis plus si innocente et, sans doute troublée par la caméra, je ne tirerai à peu près rien des veines de Couni qui, stoïquement, se laisse charcuter en jouant les stars. Dans l'avion, Flo nous pèse et mesure les plis cutanés... Ce n'est pas si catastrophique ! Nos poids se maintiennent... Nous avons dû compenser quelque peu par la nourriture après le blizzard.

Jacques a installé son cabinet de masseur polaire dans la carlingue : une échelle posée sur deux barils de kérosène. A un rythme d'enfer, il fait le check-up physique de chacune, remet une épaule ou une cheville, redonne à toutes de l'énergie par acupuncture thermique, avec ses diaboliques bâtons d'encens... dont le seul avantage est de masquer le « n° 5 de Banquise » qui, malgré notre « toilette » d'hier, ne s'améliore pas d'un ravitaillement à l'autre...

Huguette nous récupère en bout de chaîne et nous aide à enfiler nos vêtements propres, refait nos pansements et nous donne les nouvelles : elle raconte, intarissable puisqu'elle rentre directement de France d'où elle a rapporté des monceaux de cadeaux et gâteries de nos parents et amis. Elle s'inquiète de la couverture de presse, par trop négative. De nombreux médias ont annoncé notre abandon après le blizzard. C'est pour cela qu'elle et Chaton tiennent tant à cette cassette vidéo. L'assistance est persuadée que nous sommes « piratées » par radio. Comment les journaux norvégiens ont-ils pu titrer « Les "femmes pour un pôle" ont pris un ticket de parking à 83°15' » ? C'est mot pour mot ce que nous avons dit à Mireille ! Je suis hors de moi. Les transmissions sont tellement difficiles qu'on peut aisément imaginer ce qu'il ressort d'une écoute parallèle, mal comprise forcément, par des étrangers ne connaissant probablement pas l'argot... Nous décidons d'un code pour changer de fréquence en pleine conversation lorsque nous aurons quelque chose d'important à nous dire. Quant aux blagues, genre poisson d'avril, nous préciserons désormais : « Les Français parlent aux Français. »

Le temps passe trop vite. C'est la course de la tente à l'avion pour l'échange du matériel, pendant que je perce la glace... pour le film. Croyant gagner du temps, j'utilise le sondage que j'ai foré hier soir et qui a déjà regelé. Erreur monstrueuse ! Le premier mètre de sonde se bloque dans la saumure qui s'est figée dans le forage. C'est très drôle, surtout sous l'œil des deux caméras, dont une sonore... enregistrant, pour les télévisions françaises et canadiennes, les « drill de malheur ! » et autre remarques, aussi expressives que distinguées, habituelles de notre équipe... féminine ! Rien à faire, la sonde est coincée. Kora, le mécanicien, vient à mon secours avec des bidons d'antigel. Trop tard ! Impossible de sortir la vrille qui ne bouge plus, ni en montée ni en descente. C'est vraiment bête ! Jamais encore nous ne l'avons bloquée ! Moi qui pensais gagner du temps ! Le ravitaillement est si court, et je vais passer un tiers de sa durée, soit une heure, à tenter de dégager la sonde de la banquise : Kora, agrandissant le sondage à la hache, sera finalement notre sauveur.

Un peu plus brillantes à la sonde de six pouces, nous forons la banquise pour placer un émetteur Argos. C'est le vingt-quatrième jour de l'expédition depuis notre nouveau départ. Nous posons tous ensemble notre quatrième balise, baptisée « Vathiménil-Pôle Vosges », en l'honneur des vingt-quatre écoliers de la classe unique de Vathiménil — petit village lorrain — qui ont mené, parallèlement à la nôtre, une expédition survie dans les Vosges. Une classe de neige hors des sentiers battus pour ces enfants de six à douze ans, qui comme nous, pendant un an, ont cherché des sponsors, ont préparé intendance et matériel, ont mis sur pied « leur » expédition de douze jours : elle s'est déroulée en février et comportait entre autres, par −30°C, nuits sous igloo, déplacements à ski et initiation au traîneau à chiens. Nous avons été en contact toute l'année avec cette merveilleuse classe, dans laquelle chacun, grand ou petit, a son mot à dire, sous la coupe discrète du maître pour qui rien n'est vraiment impossible. Quand nous avons été rapatriées de Seven Islands, nous disions, dans notre déception : « Nous n'avons même pas tenu autant que les gamins de Vathiménil ! » Ils ont rédigé eux-mêmes un message de paix et d'espérance, qu'ils ont enfermé dans un petit tube étanche : ils nous l'ont donné pour que nous le posions au pôle... Nous le laissons près de « leur » balise. L'émetteur est personnalisé : autour de son « col », nous nouons l'écharpe rouge — ornée du logo de l'expédition « Pôle Vosges » — que portait le petit ours en peluche que les enfants nous ont offert comme mascotte avant notre départ.

Il y a trois heures que l'avion est avec nous. Voilà un moment déjà que Brian, toujours inquiet, radote : « It's time to go ! » (il faut y aller). Je tends le dos parce qu'il me semble que si l'une de nous lâche, ce sera juste avant le départ du Twin Otter, au moment des adieux. Non ! nous sommes beaucoup moins tristes que nos amis qui repartent en culpabilisant de nous abandonner... Au contraire, nous sommes sereines, fortes : nous avons fait le plein, pour douze jours, de chaleur et d'amitié.

Le petit serrement au cœur survient lorsque l'avion décolle. Quand il n'est plus qu'un point à l'horizon, nous nous ruons sous la tente pour déballer les cadeaux, essentiellement alimentaires, qu'il faut manger au plus vite avant qu'ils ne gèlent. C'est bombance à 83°15'. Huguette nous a mitonné sa spécialité indienne d'agneau au curry. Nos mères lui ont donné pour nous leurs gâteaux maison... un peu « d'chez nous » sur la banquise. C'est extraordinaire ! Nous mangeons toute la journée, tout en dépouillant l'orgie de courrier : trois bonnes heures pour lire tous ces encouragements venus du sud, fleurs séchées et trèfles à quatre feuilles à l'appui, œufs de Pâques en prime. C'est merveilleux ! Les écoliers de Vathiménil nous ont envoyé des cadeaux, des bonbons, des dessins. D'autres écoles aussi nous offrent leur vision enfantine de notre expédition. Nous parcourons les coupures de presse : l'assistance a raison, nous sommes bel et bien écoutées, mais... plutôt mal comprises ! Quelle agence a annoncé notre abandon ? C'est incroyable, alors que nous donnons régulièrement des communiqués à l'AFP ! Inutile de nous énerver, d'ailleurs la lettre suivante efface ma colère. Comment ne pas être émue : c'est un petit mot de la « prof de gym » dont j'étais élève en terminale, il y a donc dix-sept ans :

« *Madeleine, ... J'apprends par le journal que vous avez abandonné, mais j'ai la certitude que ce n'est pas vrai : cela ne te ressemble pas du tout, et apparemment, cela ne ressemble pas non plus aux "rescapées" qui ont fait preuve d'une volonté sœur de la tienne, après tous les ennuis qui ont inauguré cette fantastique aventure... Je crois en toi et en Florence, Couni et Titi.* »

Et toutes les lettres ont la même teneur ! Tout le réseau a écrit, nous débordons de verdure, croulant sous les cartes postales de forêts, de prairies, de fleurs... Quel fabuleux souffle d'amitié !

Elles sont là, bien présentes, ces forces qui nous viennent de l'arrière et qui font que nous sommes toujours sur la banquise à lutter, même si les journaux ont titré sur notre abandon à plusieurs reprises. C'est ce que nous confirmons le soir à la radio comme pour prolonger un peu la fête. Quand nous la remercions de toutes les attentions délicates de l'assistance, Huguette nous demande :

« *Est-ce que tout ça vous a réchauffées ? Est-ce que vous êtes convaincues que tout le monde pense à vous ? A toi.*

— *On en était déjà convaincues avant, sinon on serait rentrées depuis longtemps. C'est vraiment un moment très, très particulier, très agréable à vivre, le ravitaillement. C'est sûr que ça donne de l'énergie pour douze jours. A toi... »*

Nous sommes tellement gavées qu'il faut remettre le « step-test » à demain ! Ce soir, nous couchons dans des garde-manger. C'est de la folie ! Nos sacs de couchage regorgent tellement de victuailles — périssables parce que « gelables » — que nous nous endormons à l'étroit, au milieu des œufs, des saucissons, des « michauds de Mutti », des « gâteaux de la Monique », des pommes, des oranges, des tomates... quatre marchés de Provence emmitouflés dans la plume pour quelques heures de sursis sur la banquise : il faudra, de toute façon, jeter l'excédent demain... Cette nuit nos rêves succomberont au sud !

27

IL n'y avait pas que des douceurs dans le ravitaillement !
« On » a apporté des microbes dans le milieu complètement
stérile dans lequel nous vivons : le lendemain matin, et pour
la première fois depuis notre arrivée au Spitsberg, je suis fié-
vreuse et mal en point. Cela ne m'étonne pas du tout : le phénomène se remarque en Antarctique, chaque fois que le bateau
semestriel apporte le courrier dans les bases, les isolés volontaires
sont contaminés ! Flo me bourre d'aspirine et je suis valide pour
partir.

Avant de démarrer, nous faisons le « step-test », de « luxe »,
puisque Mireille nous a fabriqué un fantastique tabouret de bois
pour réaliser l'épreuve. Nous devons abandonner notre nouvelle
acquisition, quand vient le moment cruel de l'allégement des
charges : à contrecœur, nous éliminons tout le superflu. C'est
assez horrible, dans notre situation, de laisser sur la glace — pour
les Pâques des ours — des œufs en chocolat, des bonbons, des
gâteaux et surtout des fruits et légumes frais ! C'est tellement
contre nature que ce soir, nous demanderons à nos amis de
l'assistance de coordonner leurs cadeaux avec ceux des pilotes, la
prochaine fois, pour nous éviter de jeter de telles richesses.

Pour l'inauguration du podomètre — petit compteur de pas
servant à calculer les distances parcourues — qu'Huguette nous a
apporté de France, nous ne pulvérisons pas de records ! Les traîneaux sont lourds ! De plus, un patin du mien s'est arraché au
passage d'une crête, dès la première heure de marche : le lendemain même de la venue de l'avion, c'est rageant ! Et puis, la fièvre

réduit mes capacités ; je dois crier grâce après six heures de route passées sur cet immense chenal stressant : nous avons fini par le traverser pour retrouver les floes épais sur sa rive nord.

Je n'aime pas ces zones minces qui signifient que le puzzle de banquise est déjà très lâche. Hier, j'ai essayé d'expliquer à Huguette, qui voudrait que nous marchions au-delà du 11 mai, que ce serait un miracle si nous parvenions à devancer la débâcle jusqu'à cette date. Une fois encore la nature décidera !

Nous avons parcouru à peine huit kilomètres... mais, à pleine charge, avec une malade et un traîneau éclopé qui accroche sur la jeune glace salée, il ne faut pas trop en demander... Huguette, à la radio, met tellement de chaleur pour nous annoncer nos performances, quelles qu'elles soient, que nous sommes obligées d'en rire !

Aujourd'hui, interrompant le comptage de mes pas sur l'infini de plat du « bras de mer » gelé, l'état fébrile aidant, j'ai eu une révélation : j'ai subitement compris les rouages de l'économie, matière que je déteste et qui a bien failli me coûter ma licence de géographie. C'est la venue de nos amis qui a déclenché cette soudaine illumination. J'ai pensé que le microcosme de quatre personnes que nous formons est une caricature de la société de consommation. Comme au Monopoly, nous avons notre case départ et chaque joueur dispose du même capital que son voisin en début de partie, qui dans notre cas est le premier jour de chaque période encadrée par deux ravitaillements : nous recevons les mêmes vêtements, le même matériel, des rations strictement identiques, le reste de nos richesses est de l'équipement collectif. Chacune gère son bien comme bon lui semble : il y a des cigales, il y a des fourmis... très vite apparaissent des différences et donc... des « valeurs », très fluctuantes dans le temps. En début de raid, les vêtements ne sont même pas cotés. En revanche, à deux ou trois jours de l'arrivée de l'avion, les cours grimpent : un slip propre peut valoir soudain une fortune de caramels Mackintosh. Des gants secs !... voilà un investissement intéressant qui, dès le sixième jour, s'échange au bas mot contre... trois cigarettes ! Quelques services sont d'un excellent rapport : une séance de couture pour réparer des gants de soie troués est bien payée par Flo et moi, qui sommes allergiques aux travaux d'aiguille : pour peu que Couni et Titi renâclent, un tel sauvetage peut être estimé à... un tour de réchaud ! Personnellement, je spécule toujours sur mes passe-montagnes et mes collants que je garde propres et secs au fond de mon sac jusqu'à la pénurie générale... On se les arrache alors au plus haut prix.

J'ai un autre atout qui est mon aversion totale pour le masse-pain que mes trois compagnes aiment beaucoup. Il y en a une barre par ration, que je troque donc chaque matin : le marché est variable, mais si les enchères montent, je peux en tirer jusqu'à... un pain de guerre : de l'or en barre, sous de telles latitudes ! Aujourd'hui, pour la première fois, la pâte d'amandes m'est restée sur les bras... et c'est ainsi que j'ai compris les mécanismes élémentaires de l'économie. Mireille, à qui nous avons demandé de mettre deux friandises énergétiques de plus dans chaque ration, a donné un complément de vivres sous forme de quatre paquets nominatifs de douze fois deux barres... du péché mignon de chacune. Horreur ! C'est le krach ! Par intervention d'un agent extérieur, le cours de la pâte d'amandes s'est effondré, puisque Flo et Couni en ont reçu chacune vingt-quatre doses supplémentaires, tandis que Titi a touché des petits sablés et moi, des pains de guerre. Il n'y a plus de valeurs, ma brave dame !

Notre système autarcique est menacé par les injections subversives du gros capital de la base !

Le lendemain 19 avril est encore un jour d'immenses chenaux de glace très mince. Je sais que ce sont ces zones que choisissent, pour faire surface, les sous-marins croisant — incognito — sous la banquise. Nous en parlons souvent... Ce serait tout de même extraordinaire, en plein désert polaire, de passer une soirée à bord d'un submersible soviétique ou américain ! Toute la journée, nous avons entendu un bruit totalement étranger à ce que nous connaissons de la panoplie sonore polaire : un peu comme un pic vert tapant contre un tronc. Grande effervescence dans l'équipe : il ne pouvait s'agir que d'un sous-marin perçant la glace... Après quelques heures pendant lesquelles le crépitement insolite n'a pas cessé, sans qu'émerge le moindre objet flottant, nous avons conclu à une méprise de notre part et avons fouillé nos propres bagages... pour trouver la radio VHF allumée et grésillante de froid, au fond du traîneau de Couni.

Huguette est vraiment bon public, nous nous empressons, le soir, de lui dire à la radio :

« Les Français parlent aux Français : un sous-marin nucléaire soviétique a fait surface dans un grand chenal que nous étions en train de traverser ! A toi.

— Fantastique ! Vous êtes montées à bord ? A vous.

— Bien sûr, pour visiter ! D'ailleurs nous y retournons de ce pas pour une soirée vodka. A toi.

— Il faut absolument envoyer un communiqué à l'AFP. A vous.

— Huguette Vivin ! Nous répétons comme convenu au ravitaillement : les Français parlent aux Français. Le sous-marin est un poisson. A vous... »

A force de crier au loup, on ne nous croira plus.

Le lendemain, au bord d'un chenal fraîchement gelé, un autre bruit étrange, réellement « venu d'ailleurs » cette fois, nous arrête dans notre progression. La jeune glace sur laquelle nous devons nous engager fait peut-être dix centimètres d'épaisseur, pour un kilomètre de traversée. Nous essayons de définir cette nouveauté sonore : c'est proche de nous, comme une respiration, un souffle puissant, un peu rauque, très régulier en tout cas. Bien sûr nous pensons immédiatement aux sous-marins... notre rêve secret... mais rien n'apparaît en surface. Un animal peut-être ! Disons, une baleine ! C'est impensable, il n'y a aucune ouverture... elle ne pourrait pas respirer sous la banquise !

Après dix minutes d'interrogations, puisque rien ne se passe, je décide de traverser tout de même. Quelle que soit la raison du bruit, qui persiste dans sa régularité, que peut-il nous arriver ? Je m'engage donc sur la jeune glace : d'un bon pas car il y en a pour un kilomètre et je nous sens vulnérables sur si peu d'épaisseur. A mi-parcours du chenal, il y a une rupture avec dénivellation franche de dix centimètres, que j'enjambe sans m'arrêter : la couverture de glace est formée de deux plaques qui se chevauchent à cet endroit. Je pose un ski sur la partie nord, et je le vois reculer... Je rêve ! Je recommence, mon ski recule encore ! L'Arctique rend fou ! Le blanc, la fatigue, un reste de fièvre, c'est suffisant pour avoir des hallucinations. Mes yeux s'écarquillent : ce n'est pas une illusion ! C'est la banquise qui travaille. L'immense plaque du nord glisse sous celle du sud, dix centimètres par dix centimètres, à un rythme incroyablement régulier, toutes les secondes. Le frottement est phénoménal... la respiration ! c'est ce bruit que nous entendions de la rive !

C'est absolument extraordinaire ! La glace est vivante sous nos yeux ! Couni, qui est décidément notre Œil de Lynx, s'écrie :

« Regardez là-bas ! »

Prodigieux ! A cinq cents mètres de nous, la plaque de glace qui passe au-dessus de l'autre finit par être en surplomb et se débite en morceaux qui forment une crête bleue.

Je n'aime pas du tout nous savoir sur ce chenal avec toutes nos richesses, j'allonge la foulée et me retourne pour dire :

« Vaut mieux pas s'éterniser ici ! Il faut traverser le plus vite possible et mettre les traîneaux sur la terre ferme, on reviendra voir à ski. »

La « terre ferme » ! Encore une expression de civilisée qui m'amuse quand je réfléchis que la première vraie terre est à cinq cents kilomètres ! Tout n'est qu'une question de valeurs : pour qui marche sur l'eau, un floe épais de deux mètres est la sécurité, comparé à une plaque de dix centimètres... surtout si elle bouge.

Sur la rive, nous enfilons nos doudounes et laissons nos charges pour repartir au spectacle : le bruit, toujours aussi régulier, ressemble à celui du ressac, et ne cesse — comme par hasard — que lorsque Couni branche l'« enregistreuse ». L'action s'arrête définitivement quand Titi a fini d'installer nos bâtons de ski de part et d'autre de la cassure, pour faire des photos répétées qui, les repères se resserrant, montreront le mouvement des plaques... Indomptable nature polaire, nous rappelant chaque fois qu'elle le peut que nous sommes tout juste tolérées !

Nous patientons un bon moment mais plus rien ne bouge. Près d'un kilomètre de glace a disparu sous nos yeux et sous nos pieds en moins d'une heure : un kilomètre que nous avons parcouru... mangé par la dérive !

C'est seulement la deuxième fois en vingt-sept jours que nous observons *de visu* le travail du courant transpolaire. J'ai conscience que nous sommes privilégiées, aux premières loges ; jamais nous n'aurions vu cela si nous ne vivions pas vingt-quatre heures sur vingt-quatre dans cet environnement. C'est ainsi que j'envisageais le face-à-face pour mieux connaître la banquise ! Devant ces glaces qui bougent, je suis comblée scientifiquement comme un volcanologue peut l'être en assistant à une éruption ou à un tremblement de terre. Nos efforts, nos peurs, notre patience commencent à être récompensés : parcimonieusement, l'Arctique nous livre quelques-uns de ses secrets...

Le lendemain 21 avril, je traverse un chenal en faisant un grand pas. Flo suit, dans la foulée, s'étonnant que son traîneau ait un peu trempé dans l'eau. Quand arrive le tour de Titi, elle s'exclame qu'elle n'a pas d'assez grandes jambes, pourtant elle est de la même taille que moi.

Stupéfaction ! Nous comprenons que le chenal est en train de s'ouvrir à une vitesse folle, coupant l'équipe en deux... Flo et moi au nord, Titi et Couni au sud, éberluées de voir que les floes qui nous portent s'écartent l'un de l'autre. Initialement ruisseau, la veine d'eau devient rivière... et nous nous éloignons les unes des autres, sur nos radeaux de banquise... bouche bée...

Et l'humour, une fois encore, l'emporte sur la panique, dans un ahurissant échange de fanfaronnades hurlées d'une rive à l'autre :

« On s'en moque, on a la tente !

— Oui, mais on a la bouffe !

— C'est nous qui avons le réchaud !

— Bravo, mais on a l'essence ! »

Le temps presse, en cinq minutes l'ouverture s'est agrandie de deux mètres. Laissant nos charges, nous partons en reconnaissance, longeant la fracture de chaque côté, à la recherche d'un pont. La cassure est nette et s'étire sur plusieurs kilomètres. A gauche, après un quart d'heure de course, je n'ai vu aucune possibilité de franchissement... Je reviens aux traîneaux, persuadée que les autres ont trouvé à droite... Rien non plus ! Il faut changer de stratégie et nous en tenir à une direction. Nous avançons parallèlement, de part et d'autre, avec nos charges, vers la droite...

puisque à l'horizon se profile une grosse crête qui doit être un contact. Les rives continuent de s'ouvrir ! Confirmation grandissante de notre séparation, le noir de l'océan est plus noir que jamais au milieu de ce désert blanc.

Finalement, Flo et moi, qui avançons plus vite sur la rive nord, moins accidentée, trouvons à deux kilomètres vers l'est un passage sur des plaques très minces. Titi et Couni ont encore cinq cents mètres à parcourir pour être en face de nous. Tout le puzzle s'écarte, jamais elle n'auront le temps. L'angoisse monte. Titi arrive la première, traverse *in extremis* et nous rejoint. Couni est loin, seule de l'autre côté. Elle court tant qu'elle peut, gênée par sa traîne, et nous l'encourageons de la voix :

« Vite, Couni ! Accélère ! Allez ! »

C'est effrayant, le point de contact est au milieu d'un puzzle de glaces très minces dont les morceaux s'écartent de seconde en seconde. Couni est à trois mètres de nous. La plaque sur laquelle elle se trouve est déjà entourée d'eau. Pour passer, il faut qu'elle soit en pleine possession de ses moyens ! Nous essayons de la rassurer :

« N'aie pas peur : approche jusqu'au bord, détache ton traîneau et lance-nous tes cordes, on s'en occupe ! Traverse, on est là ! »

Nous halons sa charge qui baigne un peu au passage, repoussant la plaque qui s'écarte encore : Couni va passer à l'eau. Nous sommes très proches d'elle pour l'aider à enjamber mais trop loin encore. Elle engage son ski sur l'ouverture : la glace oscille, balance, s'enfonce. Ne pas hurler pour ne pas la paniquer... Je serre les dents. Nous tendons les bras pour l'attraper... et le pont craque à l'instant où Couni... pose son deuxième ski à côté de nous... sèche et sauve !

Nous l'entourons aussitôt... elle revient de loin :

« Tu veux du café, tu veux de l'alcool, tu veux...

— Ben non, ça va, c'est pas encore l'heure de la pause, répond-elle calmement, confirmant que, spectatrices impuissantes, nous avons eu plus peur qu'elle !

— T'as pas eu la trouille sur la plaque qui se cassait et qui allait basculer ?

— La plaque ? La dernière ? J'ai rien vu ! J'peux te dire...

quand t'es toute seule au milieu, t'as qu'une idée : rejoindre les autres ! Crois-moi, t'es pas mal prête à nager pour y arriver ! T'as pas le temps d'avoir peur ! »

Couni se retourne : il y a plus d'eau que de glace à présent au milieu du chenal qui n'en finit pas de s'ouvrir. C'était une question de minutes... Son frisson dans le dos est rétrospectif :

« Mon doux, les filles ! Qu'c'est l'fun d'être avec vous ! (que ça fait plaisir...). »

Nous nous éloignons de l'ouverture pour rejoindre la sécurité de la « terre ferme ». La glace se disloque de toutes parts. Combien de temps pourrons-nous tenir encore avant la débâcle, avant que le puzzle ne soit trop lâche ? Chaque soir et jusqu'à la fin, ce sera mon angoisse : pourrons-nous continuer demain ou allons-nous devoir, une fois de plus, baisser les bras ?

Depuis le blizzard, progressivement les températures remontent, oscillant entre -20 et -25°C : la vie quotidienne nous semble plus facile. Nous nous étonnons, chaque jour, de notre entrain à faire et refaire les mêmes gestes. Démonter le camp le matin, marcher huit heures par jour, remonter le camp le soir. Plus que jamais, nous sommes des automates, dans ces tâches répétitives, volontairement fractionnées à l'extrême pour gagner du temps. Il nous fallait cinq heures à nos débuts entre le réveil et le moment du départ à ski, à présent, la température aidant, nous parvenons au même résultat en trois heures... sans arrêter une seconde.

Le thermomètre remonte doucement, mais nous n'en sommes pas moins marquées par le froid. Bien que Flo porte ses moufles sans discontinuer, ses doigts, depuis Seven Islands, ont perdu toute sensibilité jusqu'à la paume. Lorsque la peau a été gelée elle est beaucoup plus fragile et il faut la protéger contre toute nouvelle agression. C'est le cas de mes poignets, qui guérissent lentement, et qu'il me faudra bander jusqu'à la fin. Les gelures font à peu près le même effet que les brûlures, sinon qu'on ne sent rien au moment où la peau gèle, puisqu'elle est comme anesthésiée. Nous devons surveiller mutuellement nos visages et nous réchauffer dès qu'une plaque blanche apparaît. Malgré cela, nous

49. — Il faut ruser pour passer quand on est petit.

50. — Le moindre obstacle stoppe toute l'équipe.

51. — Signalisation au fumigène pour le ravitaillement.

53. — Mesure du pli cutané (Flo et Couni).

53

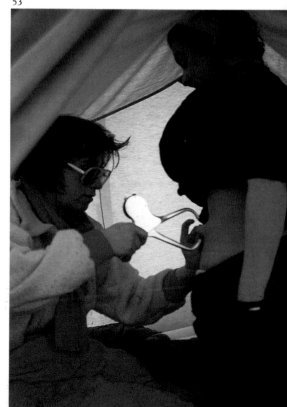

52. — Le step-test (Couni et Flo).

52

54

55

La radio, notre lien avec la vie 56

54. — Huguette à la base.
55. — Madeleine sur la glace.
56. — Nous jouons aux dames avec l'aspirine et à la marelle avec les barres énergétiques (Flo et Titi).
57. — Le 30 avril, Couni a trente ans et transporte toute la journée son gâteau gonflable.
58. — L'anniversaire de Couni, en plein soleil de minuit, le feu de camp sur la banquise (Flo et Couni). 58

59. — Le visage bouffi de fatigue et de froid (Madeleine).

60. — Brevet « branquignole » anticondensation (Couni).

61. — Il y a bien des jours où l'une ou l'autre, pudiquement, serre les dents dans son capuchon (Flo).

62. — Au diable l'esthétique (Co et Flo).

63. — Pose d'une balise.

66

67

66 et 67. — Pour traverser
les chenaux, il faut défier
les lois de la pesanteur.
68. — Il y a de plus en
plus d'eau libre, prémices
de la débâcle des glaces.

68

64

64. — Se persuader que la glace flotte même si
c'est un morceau qui se détache des bords.
65. — Le chenal s'ouvre à une vitesse folle,
coupant l'équipe en deux.

65

69

69. — Une leçon d'humilité permanente.
70 et 71. — Même sans le prestige du Pôle,
l'exploit sportif reste entier et quotidien.

70

71

72. — La balise Vathimé
Pôle Vosges (Flo et Cou...

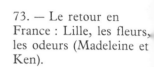

73. — Le retour en France : Lille, les fleurs, les odeurs (Madeleine et Ken).

75. — 16 mai 1986 : l'équipe devant le Trans... à Lille. De gauche à droite : 1er rang : Couni, Madeleine, derrière : Mireille, Titi, Jacques, Huguette, et Flo.

74. — Les parents, les amis, la vie (Couni).

avons toutes été atteintes au nez, aux oreilles, au menton, aux joues. Portant raisonnablement leur masque, mes amies l'ont été beaucoup plus tard que moi, mais leurs gelures, contrairement aux miennes qui ont bien cicatrisé, s'éternisent en plaies infectées, pas très belles, dans le genre piqûres d'araignées. Les concours sont ouverts pour mettre au point de savants systèmes avec les moyens du bord, pour protéger à la fois la peau du froid, et les yeux du blanc éblouissant. Compresses, protège-slips, mouchoirs, tout est permis pour faire écran et pansement, en empêchant la respiration de condenser sur les lunettes que nous essayons, tout de même, de porter le plus possible. Au diable l'esthétique ! L'important est l'efficacité de la protection.

En dehors des microbes apportés par les ravitaillements, nous vivons en milieu stérile et ne sommes donc — à une exception près — jamais malades. Pour maintenir notre forme, et partant du principe que « ça ne fait de mal à personne », Couni nous distribue chaque matin quelques gouttes d'huiles essentielles sur un sucre. Elle possède des extraits de plusieurs plantes, aux vertus variées : la prescription change quotidiennement, sans que s'établisse réellement un cycle. Intriguée, j'ai voulu percer son secret et je lui ai demandé sur quels critères — enseignés par Jacques, le kiné — elle se fondait pour choisir l'huile dont nous avions besoin. Déception pour mon esprit définitivement trop cartésien : la phytothérapie polaire est strictement dépendante de la rigueur de l'environnement. Chaque matin, les huiles sont figées par le froid. Couni — comme Flo pour le collyre d'Uveline — met ses petits flacons à dégeler quelques minutes... excusez du peu... dans ses bobettes (slip)... endroit le plus chaud du corps ! La première huile suffisamment fluide détermine le goût du jour... et donc, selon le plus grand des hasards, nous « carburons » à l'essence de thym, de cyprès, de menthe, de citron ou de basilic... peu importe ! Sous l'œil vigilant de Couni, convaincue ou pas, chacune avale son sucre sans se poser de questions : si les plantes n'ont pas d'effet, l'apport glucidique, même modeste, reste incontestable. Pour Huguette qui lave nos vêtements, l'« odeur de la banquise » est curieusement liée à ces essences... qui assurément passent dans notre transpiration. A l'entendre, quand notre garde-robe sale se réchauffe à la base avant la lessive, il s'en dégage une odeur épouvantable de suif... aromatisée aux herbes de Provence !

L'aventure extrême que nous vivons ne baigne pas toujours dans le rationnel, en particulier en ce qui concerne la santé. Les opinions sont diverses : Flo, par profession, prône la médecine traditionnelle ; Couni et Titi sont assez ouvertes aux thérapies parallèles ; quant à moi, le cas échéant... je m'en remets à l'aspirine. J'ai une totale confiance en Jacques en ce qui concerne l'ostéopathie ; c'est simple à comprendre : en gros, quand on a mal à la tête, c'est qu'un doigt de pied est déplacé ! C'est merveilleux, les manipulations prennent deux minutes et, sans médicament, mes vieilles douleurs sont soulagées. Sans pouvoir l'expliquer, je suis obligée d'admettre les vertus de l'acupuncture thermique, particulièrement du point de vue de l'énergie. Mais je décroche franchement pour la télépathie... Jacques a sans conteste des dons parapsychologiques : mais on y croit ou on n'y croit pas.

Notre soigneur, toujours à l'affût d'expériences nouvelles, s'est mis en tête de braver les parallèles pour tenter de nous soigner à distance. Les bêtes de somme que nous devenons chaque jour un peu plus ne manquent pas de meurtrissures pour qu'il puisse exercer son talent. A la radio du soir, si besoin est, nous lui communiquons nos maux et l'heure de la visite, ce qui donne par exemple : « Couni, épaule gauche, 20 h ; Titi, hanches, 20 h 15 ; Flo, dos, 20 h 30 et Mad, genoux, 20 h 45. » A l'heure venue, l'intéressée s'allonge sur son duvet pour la séance. Jacques, à la base, se concentre sur la photo de sa cliente et entreprend une thérapie gestuelle sur le cliché, ce qui a le don de mettre hors d'elle Huguette, totalement réfractaire aux sciences occultes (enfin, presque : n'a-t-elle pas consulté une tireuse de cartes — extra-lucide — pour s'entendre dire que nous atteindrions le pôle sauf si quelque chose nous tirait en arrière !). S'en remettre à la télépathie est-il plus idiot que de chanter des cantiques pour se donner la cadence à ski ?

En tout cas, ça marche ! Même sur Flo et moi ! Impensable ! Complètement irrationnel, dirait Mary ! Toujours est-il que, si je m'en tiens à mon cas personnel, ces cinq minutes de méditation, thérapeutiques ou pas, sont les seules cinq minutes par vingt-quatre heures pendant lesquelles je décompresse, je me relaxe complètement, ne pensant à rien : méditer est un bien grand mot puisque au contraire je déconnecte. C'est aussi le seul moment où nous sommes parfaitement étendues : pendant le sommeil, nous nous recroquevillons en chien de fusil à la recherche de chaleur. Sans le rendez-vous télépathique avec notre soigneur, jamais je ne prendrais ce temps de relaxation !

Chaque minute de chaque jour, nous sommes au bout de nous-mêmes, tirant de notre corps absolument toute sa puissance physique, en mobilisant totalement notre esprit : celui-ci reste constamment aux aguets, dans un environnement hostile où, pour survivre, l'erreur n'est pas permise. Le stress est permanent, chacune a conscience de puiser ses forces où elle peut.

Nous sommes toutes atteintes de fourmillements dans les bras qui nous laissent assez perplexes : il est difficile de déterminer l'origine du mal. Couni en souffre beaucoup plus que les trois autres et Flo doit lui donner des antalgiques. La médecine traditionnelle est impuissante devant la douleur qui persiste au point de la tenir éveillée une bonne partie de ses nuits. Le pas est si petit du physique au psychisme que si l'irrationnel — de quelque façon que ce soit — peut atténuer son mal, pourquoi pas ! C'est certainement moins dangereux que de se gaver de médicaments.

Le corps humain est solide tout de même, résistant, tonique, si l'on considère ce que les nôtres endurent, depuis le début, sans jamais relâcher, sans jamais réchauffer. Sur le plan de l'énergie, Jacques nous a trouvées très en forme ; de ravitaillement en ravitaillement, le « step-test » confirme notre incontestable adaptation à l'effort... ce qui n'a rien à voir avec la fatigue physique qui ne peut aller qu'en augmentant.

Plus le temps passe, plus nous avons confirmation de n'être que des microbes. L'Arctique est un monde si dur, si écrasant, dans lequel nous faisons figure d'intruses, avec cette constante impression d'impuissance devant la force des glaces, la taille des chaos, l'opacité du « white out. » Milieu indomptable par définition, mais, aussi petites que nous soyons, nous nous y adaptons, nous fondant chaque jour davantage à la nature polaire. Accessoires nous restons, mais désormais nous faisons partie intégrante du décor : depuis un mois nous vivons sur la glace, nous vibrons à son rythme, nous bougeons avec elle. Plus que jamais nous sommes conscientes des dangers, mais sans cesse sur le qui-vive, dans notre froide lucidité, nous n'avons qu'exceptionnellement peur. Nous sommes bien trop occupées à trouver la faille du monstrueux adversaire : il faut ruser pour passer quand on est petit. C'est le jeu et le défi de chaque instant !

28

LA marche continue, toujours aussi difficile, de crête en crête, de chaos en chaos, de chenal en chenal ; la lutte inégale reste à l'ordre du jour : nous progressons de dix, quinze, parfois vingt kilomètres par jour, souvent jusqu'à l'épuisement, pour pouvoir mettre de la distance entre nos balises. La description que je fais des glaces dans mon journal de bord est très révélatrice : en dehors des zones d'immenses chenaux, j'écris le plus souvent « Verdun » ou « Carnac » tellement la banquise est accidentée ; les grands floes se font rares, c'est plutôt le genre champ de bataille qui domine.

Régulièrement, nous sommes arrêtées par des crêtes jeunes, barrières bleu turquoise se devinant de loin, qui nous contraignent à déchausser. Elles ne sont pas hautes pourtant, excédant rarement deux mètres, mais elles sont impitoyables : formées depuis quelques jours ou quelques heures, ce sont des empilements « brut de brut », non consolidés encore, de blocs qui bougent sous nos pieds quand nous les escaladons. Taillés dans la jeune glace, ces parallélépipèdes parfaits ont des arêtes aussi vives que des parpaings de béton, que le vent et la neige n'ont pas eu le temps d'émousser : les patins, en relief de deux petits centimètres sous le fond de nos traînes, sont vulnérables et viennent se fracasser sur les angles tranchants qui ne pardonnent pas.

Ce matin, je passe une crête particulièrement anguleuse : me jetant à genoux devant ma charge, à la descente, je parviens de justesse à amortir le choc brutal à l'arrivée. Je hurle à Flo qui me suit de se méfier, mais c'est trop tard. Sa « monture » s'emballe, la double, et en bas de la pente, percute avec violence le rebord d'une plaque dépassant traîtreusement de quelques centimètres. Un patin s'est arraché. Flo est en larmes. C'est le quatrième traîneau qu'elle brise depuis le début... et celui-ci n'est vieux que de cinq jours :

« J'ai pas de pot quand même ! C'est comme pour mes bateaux : j'cassais toujours les neufs, les jours de championnats de kayak ! »

« Pauv'tite », comme dit Couni ; pour la consoler, nous lui proposons de finir la journée avec l'un de nos traîneaux ou de nous relayer d'heure en heure pour tirer le sien. C'est très pénible de tracter un éclopé : en se détachant du fond, le patin met la fibre de Kevlar à nu, laquelle accroche désespérément sur la glace.

C'est vrai qu'elle n'a pas de veine... mais il faut dire qu'elle et moi prêtons un peu main-forte à la malchance ! De notre équipe de quatre, nous sommes les deux plus gros gabarits, nous avons donc les deux plus lourdes charges, ce qui n'aide pas dans les chocs : les contenants n'en sont que plus rudement éprouvés. Les mauvaises langues parlent de Flo et moi en disant « les Brutus » ! Il est certain que, partant du principe qu'aller tout droit va plus vite, nous impressionnons, tirant de nos muscles les forces nécessaires pour avancer sans détour et, si possible, sans nous retourner pour empoigner les cordes et aider à la manœuvre : des bêtes... prétend la rumeur. « Ça passe ou ça casse » devient avec nous deux : « Ça passe mais ça casse. » Personnellement, pensant en outre que c'est à ski que « ça doit passer », j'en suis à ma quatrième fixation... Titi et Couni, « les Titus », un peu moins puissantes musculairement, n'hésitent pas à louvoyer pour contourner les obstacles, préférant à nos à-coups bestiaux un effort régulier, même s'il allonge la distance. Inutile de préciser que la plupart du temps, elles vont aussi vite que nous. Il n'en demeure pas moins vrai que c'est tout de même par total manque de chance que les Brutus brisent leurs traîneaux ! Une confidence à voix basse : c'est parfaitement immoral, mais il arrive que les Titus en cassent aussi !

Il faut bien exercer nos talents de réparateurs branquignoles. Titi est une artiste qui a plus d'un tour dans sa maigre trousse de dépannage : récupérant les plaques en plastique de mes fixations cassées, elle les recycle pour atténuer — façon spatule — l'angle d'attaque des patins arrachés, le tout fixé avec le boulon-papillon de la pelle-piolet réquisitionné pour les plus gros sauvetages. Les réparations ont lieu au camp, devant la tente, en plein vent. Ces bricolages dans le froid sont des cours du soir de patience et de persévérance : en gants de ski, avec pour seuls outils un réchaud, une pince et un clou chauffé, ce n'est pas évident. Ce soir Titi aura du travail, le patin de Flo est complètement arraché, il faudra le percer au fer rouge de quatre trous au moins, pour le boulonner sur toute sa longueur. Heureusement, Huguette nous a apporté de France des boulons pour venir en relais de celui du piolet !

Le 23 avril est une grande date dans notre « Monopoly » polaire : pour la première fois depuis le blizzard, nous repassons vers le nord, notre case départ (83°33'). Voilà quinze jours que nous luttons, pied à pied, contre la dérive pour rattraper un tiers du chemin qu'elle nous avait pris. Comptabilisant nos kilomètres parcourus d'une balise à l'autre, nous refusons de nous laisser impressionner par l'annonce de nos positions catastrophiques. Cependant, ces minutes de latitude, arrachées à bras-le-corps au tapis roulant, restent un symbole — puéril, certes — de victoire. Nous sommes aujourd'hui à 83°35', à soixante-dix kilomètres de « Vathiménil - Pôle Vosges » : en toute amitié pour le Pr Rivolier, nous posons « Professeur Riri », notre cinquième émetteur Argos.

Nous pensions le « printemps » arrivé, et commencions à nous habituer à la relative douceur des −20°C mais ce soir, le temps se gâte : la température chute brutalement à −30°C et le vent tourne à la tempête. Pour nous éviter une nouvelle nuit d'épouvante, nous arrimons avec les cordes la tente à la balise, nous cramponnant solidement à « Riri ».

Bonne initiative ! Le lendemain nous sommes immobilisées par le blizzard... sympathique à côté de ce que nous avons connu : le vent, plein nord à 70 kilomètres-heure de moyenne, est beaucoup trop violent pour marcher... mais pas assez pour mettre nos jours en danger, dans notre abri bien ancré. Un blizzard « pépère », aux allures de journée de repos...

Cela va être l'occasion pour moi de mesurer, stylo en main, le déclin intellectuel qui nous frappe. Depuis le ravitaillement, Huguette m'a demandé de rédiger un communiqué de presse et une lettre pour nos sponsors et supporters. Me sentant le cerveau vide, je remets de jour en jour ces deux exercices qui ne sont pourtant pas difficiles. Je décide d'utiliser notre arrêt forcé pour m'acquitter de cette tâche. En France j'aurais mis une demi-heure à peine : il me faudra quatre heures pour écrire deux pages, sensées certes, mais dans un style tellement pauvre que nos amis du réseau s'interrogeront sur nos facultés.

Nous en sommes conscientes, c'est affolant. De jour en jour, le froid et la fatigue réduisent nos capacités de raisonnement. J'ai l'impression que nous mobilisons notre intellect à l'essentiel : ne pas faire d'erreur pour survivre et garder le minimum vital de lucidité scientifique pour nos observations. C'est tout : le reste est du superflu, nous ménageons nos ressources mentales. Je regrette que nous n'ayons pas, dans le programme médical, un test de performance intellectuelle, comme ceux que subissent les plongeurs, sous forme d'opérations à quatre chiffres ou plus qu'il leur faut résoudre dans les profondeurs marines. J'y pense chaque soir quand Huguette nous transmet nos positions Argos que l'ordinateur du centre de calculs donne en degrés et millièmes de degré. Sur la banquise, c'est en minutes de latitude que nos têtes et nos jambes comptabilisent nos espoirs et nos déceptions. Pour convertir des millièmes en minutes, ce n'est vraiment pas compliqué, les trois derniers chiffres donnés par l'assistance sont à multiplier par six, ce qui peut se faire de tête tout de même ! A quatre, à ce petit exercice de calcul mental, nous parvenons rarement au même résultat, et je dois chaque fois poser l'opération pour déterminer notre position avec exactitude !

C'est ahurissant et nous avons de nombreux autres exemples de ramollissement du cerveau. Un jour — après au moins trois semaines de pratique quotidienne au moment de la semoule — Titi comprend soudain la raison du manège que font les trois autres avec le miel et la confiture. C'est simple, en servant notre café, nous immergeons dans le liquide chaud les doses en plastique contenant les produits durcis par le gel. Au bout de deux minutes, ils sont assez fluides pour couler si nous ouvrons le sachet. Titi nous voyait faire, sans saisir le but de la manœuvre, et continuait à tenter de réchauffer sa ration de miel dans ses gants, ce qui prend vingt fois plus de temps.

D'autres exemples pourraient étayer la démonstration : ce qui est notable, c'est que nous gardons une réelle lucidité face à la glace et au danger. De jour en jour j'ai la certitude que nous nous économisons intellectuellement afin de nous permettre d'être aux aguets sans discontinuer... La raison semble céder la place à l'instinct !

Et il en faut de plus en plus. Le milieu qui se contentait d'être froid est à présent dangereusement actif. Depuis quelques jours, la glace bouge sous nos yeux : nous avons l'impression d'être dans un monde en mouvement. Il n'est pas rare au passage d'une crête de voir les blocs tomber sans les avoir touchés, ou de les sentir se dérober sous les skis. La banquise vit ! La dérive n'est plus une simple histoire de chiffres sur une carte : c'est une réalité mouvante sur laquelle nous nous déplaçons.

Le blizzard n'a duré qu'une journée : c'est suffisant pour nous renvoyer au sud de la case départ. Peu importe ! Nous en avons vu d'autres et sommes émerveillées de garder un moral d'acier, baigné d'humour et de bonne humeur : il faut avancer le plus possible vers le nord pour distancer nos balises. Nous laissons là « Riri » et reprenons vaillamment la route.

Les températures remontent et se stabilisent autour de $-20°$C : avec elles, s'intensifie le fléau du « white out ». Les chenaux ouverts regèlent de moins en moins vite et libèrent beaucoup de vapeur qui stationne au ras de la banquise, nous plongeant dans un brouillard pénible. C'est d'autant plus rageant que très souvent, le voile se déchire en fin de journée quand le temps de marche est terminé. Nous installons le camp sous le soleil, ce qui est complètement superflu, après avoir tâtonné dans le coton tout le jour.

-20 à $-15°$C : c'est l'été pour nous ! Nous commençons à pouvoir skier sans bonnet ! Nos cheveux, emprisonnés nuit et jour dans nos chapkas depuis plus d'un mois, n'en reviennent pas de s'oxygéner et de voir la lumière. Ce petit bonheur ne dure jamais bien longtemps : le vent reste une constante du climat polaire, que n'apprécient ni nos oreilles ni nos fronts. C'est ahurissant mais, depuis quelques jours, nous prétendons souffrir de la « chaleur » ! Nos pieds s'échauffent dans les chaussures et les chaussettes conçues pour nous protéger par −40°C. Chaque soir ils sont meurtris comme si nous avions passé la journée dans les grands magasins !

Il est vrai que nous forçons la cadence, pour gagner de vitesse la débâcle, afin de poser le plus possible de balises, et suffisamment distantes les unes des autres. Talonnées par le temps, nous avons un terrible sentiment de frustration : il faut avancer, avaler des kilomètres, allonger les journées de marche parce que demain, peut-être, nous ne passerons plus. Nous n'avons pas le temps, et pourtant, le milieu devient si vivant sous nos pieds, nous aimerions nous arrêter, observer plus, être à l'affût du chaos qui se forme, du chenal qui s'ouvre. Le grondement de la glace est permanent : loin à l'horizon, comme un bruit d'avion. Un soir, quand mes coéquipières étaient couchées, j'ai voulu m'approcher d'une crête en action « pas loin » de notre camp. Au bout d'une heure de marche, je n'étais toujours « pas loin » de la zone bruyante. A contrecœur j'ai dû renoncer. Je savais que me coucher trois ou quatre heures après mes compagnes était l'assurance que le lendemain, je ne pourrais pas me lever et que je retarderais le groupe. J'ai fait demi-tour, en murmurant ce que nous disons souvent depuis quelque temps : « Il faudra revenir sur la banquise, mais en vacances cette fois ! »

Ce troisième raid de douze jours est de loin le plus facile moralement mais le plus dur athlétiquement. Nous progressons vraiment comme des bêtes dans une glace épouvantablement accidentée, rendue encore plus impraticable par le « white out » quasi permanent. J'étais fière de moi, j'allais finir la période sans avoir pleuré une seule fois et c'est finalement arrivé ce matin.

A la radio, Huguette m'a fait part des difficultés qu'elle a avec la compagnie affrétant le Twin Otter. Le patron — qui fut notre copain pendant les amicales soirées passées au camp de base —

est soudain devenu, par télex injurieux interposé, le « Board of Directors », autrement dit le « Conseil d'administration des (?) directeurs ». « Ils » sont fous de rage... suivant, avec certainement encore plus d'intérêt(s) que nous, nos performances Argos. Nous avons signé un contrat qui stipule que le troisième terme financier (cinquante millions de centimes) sera versé quand nous atteindrons 85º Nord. Nous voyant patiner entre 83 et 84º, « ils » commencent à s'impatienter et « ils » demandent une révision de l'article « paiement ». Nous n'avons rien contre : c'est très simple, nous acceptons la modification de cette clause à condition qu'ils consentent à en changer une autre qui est à notre total désavantage, à savoir le quota d'heures de vol, bien trop important (d'autant que deux autres expéditions qui devaient partager ces heures se sont désistées). « Ils » ne sont pas très honnêtes et « ils » disposent de puissants moyens de pression leur permettant de ne pas réduire les heures globalement incluses et donc de ne pas perdre un centime. C'est clair : si nous ne versons pas immédiatement le troisième terme, il n'y aura pas de troisième ravitaillement ! C'est « dégueulasse » ! Passez-moi l'expression.

Huguette est désemparée. Parlant mal anglais, elle a conscience de ne pas se battre à armes égales. Elle me demande conseil : c'est moi qui ai signé ce contrat, c'est moi qui en connais les pièges et les subtilités... et moi, je suis diminuée intellectuellement sur la banquise, mes interlocuteurs ne sont pas là... je n'ai même pas le dossier sous les yeux pour régler cette affaire.

Ken, le pilote, employé de la compagnie, est catégorique : pour lui, il s'agit d'un cas de non-assistance à personne en danger. Écœuré par l'usage d'un chantage aussi lamentable, il a décidé que, quoi qu'il arrive, dût-il être accusé de détournement d'avion, il viendrait nous ravitailler.

Quand nous avons signé ce contrat, j'étais seule avec sous le bras ma naïve honnêteté et les précieux conseils juridiques de Chaton qui, point par point, avait analysé les clauses. En face de moi, ils étaient cinq commerciaux et avocats à avoir rédigé la convention ! Ils se sont trompés... je suis assez bonne pour l'admettre : alors... donnant, donnant ! La mauvaise foi est ce que je redoute le plus dans la vie. Les humains, dans un monde pourri par l'argent, jouent rarement franc jeu : je me sens bien plus impuissante face à de tels agissements que face aux obstacles rencontrés sur la banquise. La glace met cartes sur table, sans traîtrise, sans fausse tendresse : elle est hostile, inhospitalière, inhumaine, du premier au dernier jour... mais nous le savons. J'accepte les leçons d'humilité permanentes de la nature, j'ai beaucoup plus de mal à supporter celles de la société. Ce qui me révolte surtout, c'est que « les » directeurs de la compagnie aient joué la carte de l'amitié, de la sympathie, de la camaraderie... au point d'usurper presque la place d'équipiers ! Ce sont mes semblables, de faux amis « tellement émerveillés par notre aventure », qui me font pleurer de colère et d'impuissance ce matin. Je n'ai que ma bonne foi comme arme... ce qui n'est pas de mise dans un milieu de vautours.

Je ne peux rien faire d'ici, je n'ai aucune possibilité d'agir, juste cette boîte orange pour transmettre mes directives ânonnantes à l'assistance. Pour moi, l'action se situe dans l'abside de la tente, recroquevillée sur l'émetteur, essayant de m'abriter du vent et de surmonter le bruit du claquement de la toile pour comprendre environ un mot sur trois. Chaque phrase de cette conversation difficile est ponctuée de part et d'autre de *« Com-ment, à toi... Ré-pè-te, à toi... Je-n'ai-pas-com-pris, à toi... »*. Je suis épuisée de rabâcher en hurlant. Je m'énerve toute seule, mon ton n'est plus le même, soudain autoritaire : *« T'aurais dû..., il fallait..., mais pourquoi tu ne lui as pas dit... »* Je sors de mes gonds, déversant toute ma rancœur sur Huguette qui n'y est pour rien. Elle encaisse les coups un moment... puis nous nous emportons : le « vieux schnock » aura même réussi à ce qu'elle et moi nous fâchions par radio ! Je suis d'autant plus contrariée que j'ai la certitude qu'elle agira au mieux.

Chemin faisant, j'en rumine d'amertume deux heures durant dans mon capuchon. Mes équipières sont désolées : aussi impuissantes dans cette tempête que j'ai pu l'être à leur égard dans le blizzard... Elles n'ont que leur amitié à m'offrir pour me réconcilier avec l'humanité... « Nous n'avons assurément pas les mêmes valeurs, messieurs les directeurs ! »

A la radio du soir, je suis calmée. Huguette et moi parvenons à nous entendre sur la stratégie à suivre. Pour montrer que nous sommes ouvertes à la discussion, nous décidons de verser l'argent avant le ravitaillement, mais pas au nom de la compagnie, ce serait trop facile : il le sera sur un compte de l'ambassade de France à Oslo, notre médiateur, en attendant que je rentre pour régler ce problème.

Pour nous remettre, Huguette a une bonne nouvelle à nous annoncer. Mary a téléphoné à la base pour dire que du Canada, elle nous suit chaque jour par Argos sur son ordinateur... Un pas vers la réconciliation... Nous rédigeons un message codé de trente lettres qu'elle recevra directement : *« Thanks Mary to walk with us. Kiss. CTFM »*, ce qui signifie : *« Merci Mary de marcher avec nous. Bisou. Couni, Titi, Flo, Mad. »* Trente lettres ce n'est vraiment rien... mais sous-tendues d'amitié, elles lui diront beaucoup !

A quelques mètres par seconde près, le 27 avril aurait pu être une journée repos. Le vent est fort, soufflant de pleine face, nous saoulant complètement, tandis que nous forçons plus que jamais, accumulant les kilomètres et nous éloignant de « Riri », afin de pouvoir poser une balise au ravitaillement qui a lieu dans deux jours. C'est demain qu'il nous faudra un floe-aéroport et comme par hasard, c'est aujourd'hui que nous n'arrêtons pas d'en trouver ! Un clin d'œil de plus de la nature polaire, que nous prenons avec philosophie... Il sera bien temps de nous énerver le moment venu !

C'est tout de même toujours la bonne humeur qui l'emporte dans notre équipe : aussi difficile que soit la survie ici-bas, elle est ponctuée de gaieté, de rires, d'entraide...

Pour mettre pleinement à profit cette expédition, Titi et Couni se sont personnellement lancé un défi. La première, qui n'a pas tellement le sens de l'orientation, a décidé qu'elle ne quitterait pas la banquise sans savoir où est le nord. Et nous l'interrogeons, à chaque pause, depuis des jours et des jours. Elle progresse, venant de découvrir qu'à l'arrêt, comme nous économisons nos pas, nos skis et nos traîneaux étaient peut-être encore dans la direction recherchée... Quant à Couni, elle s'est mis en tête qu'avant la fin de notre vie polaire, elle serait capable de chanter la gamme. Elle nous a raconté comment sa carrière musicale avait été brisée dans l'œuf par sœur Clairette, une religieuse l'ayant exclue à huit ans de la chorale de l'école, sous prétexte qu'elle chantait faux... sans comprendre qu'elle puisse, envers et contre tous, aimer le chant... *Do, ré, mi, fa*, etc... est devenu le fond sonore de nos pauses café. Il faut tenir encore quelque temps sur la glace, Couni, craquant régulièrement au *la*, n'est pas tout à fait prête pour le conservatoire !

L'ambiance reste excellente malgré notre fatigue grandissante, nos déceptions, notre lutte perpétuelle avec nous-mêmes.

Et subitement, le 28 avril, veille du troisième ravitaillement, éclate ce qui restera « l'Affaire » dans nos annales : « l'Affaire des gâteaux de M. Vû ». Le pauvre M. Vû n'y est pour rien : c'est un respectable Vietnamien, vieil ami de Couni, qui a cuisiné avec amour, pour notre expédition, des gâteaux à base d'algues et de sésame. Quelle merveilleuse idée ! Toutes les barres énergétiques que nous mangeons pendant la marche sont sucrées, alors que ses spécialités sont salées ! Couni gère avec autorité — il faut bien le dire — notre capital asiatique, portant dans ses bagages, pour chaque période, la totalité des gâteaux, sous prétexte qu'ils seraient pulvérisés dans les rations (ce qui est vrai). Traditionnellement, c'est à la seconde pause de la journée qu'elle déballe le petit sac bleu contenant les richesses, distribuées équitablement mais avec parcimonie, pour qu'il en reste jusqu'à la venue de l'avion. Algues, sésame et boisson chaude au goût de citron, c'est énergétique, salé et délicieux... nous en raffolons !

M. Vû n'en a pas prévu assez, nous avons appris avec tristesse que la dernière période ne serait pas agrémentée de ses petits extras culinaires. Nous le savons, nous sommes résignées : rien de dramatique à cela !

Ce 28 avril est donc notre dernier jour de gâteries d'Extrême-Orient. A la pause, curieusement, Couni, assise sur son traîneau, nous offre des cacahuètes enrobées de chocolat. C'est très sympathique mais... l'un n'empêche pas l'autre. Flo réclame gentiment :

« Couni, tu sors les gâteaux de M. Vû, s'il te plaît ?

— Ben il n'y en a plus ! » répond-elle sur le ton de l'évidence.

Flo et moi, les deux goulues, nous écrions comme un seul homme, ulcérées :

« Il n'y en a plus ! Arrête ! On les a comptés hier, il en restait huit, deux chacune pour aujourd'hui.

— Ben mon doux, vous vous êtes trompées, voilà tout ! »

Son intonation n'appelle pas de réponse, mais je réplique tout de même :

« Comment ça, voilà tout ! Tu te paies notre tête, d'ailleurs Titi est témoin aussi. Titi ! Dis quelque chose bon sang ! »

Titi, en pareille circonstance, choisit le silence et compte les points ! Wouhh ! Flo et moi devenons vertes de rage, Couni est impassible, voire narquoise. La discussion s'envenime ; Flo prend le relais, devenant menaçante :

« Tu nous racontes des bobards : tu sais bien que quand on a fini les gâteaux de M. Vû, le dernier soir, on garde les graines du fond du sac pour les mettre dans la soupe. Montre-nous les graines, sinon on vide ton traîneau !

— Je les ai jetées, c'était de la bouillie ! »

Pas une seconde nous n'imaginons qu'elle ait pu manger le reste : ce serait contraire à la déontologie de l'équipe. Cependant, nous ne plaisantons pas : pour Flo et moi, il semble soudain impensable de pouvoir vivre sans ces gâteaux. Nous n'en croyons pas nos oreilles ; je détache les mots pour répéter :

« Quoi ? On a bien entendu ? T'as jeté les miettes des M. Vû ? Mais c'est un scandale ! Tu te fous du monde ! »

Couni réagit : ce qu'elle vient de dire n'a pas de sens... Pour nous c'est aussi grave que de renverser le jerricane d'essence ! Subitement, elle change son fusil d'épaule :

« Vous n'êtes que deux cigales ! D'abord, aujourd'hui, vous avez eu les Treets.

— On s'en moque des Treets ! Cigale toi-même ! Tu fumes tes cigarettes en une journée ! Il n'y a bien que pour la bouffe collective que t'es fourmi ! »

Et, comme si vraiment notre vie en dépendait, nous ajoutons, plus horribles que jamais, essayant de l'attendrir d'un ton larmoyant :

« Les gâteaux de M. Vû, tu sais bien que c'est le petit bonheur de la journée, c'est donc une brimade que tu nous infliges ! »

Couni tente de se rattraper :

« Je les ai pas mangés, vos gâteaux ! Vous serez bien contentes de les avoir un jour, alors que vous n'y penserez plus : vous le savez, maudites, qu'il n'y en a pas pour le prochain raid !

— On le sait bien, mais c'est aujourd'hui qu'on en avait envie ! D'abord on y pense depuis ce matin. Même si tu nous les donnes plus tard, c'est tout de même une brimade qu'on n'a méritée ni l'une ni l'autre. »

En ultime argument j'ajoute, consciente de la portée de la flèche :

« T'es vraiment comme la sœur Clairette qui t'empêchait de chanter. »

Offense suprême qui va clore le débat.

Couni ne cédera rien. Il y a comme un malaise. Flo et moi, frustrées, devrons nous contenter des cacahuètes pour aujourd'hui. Nous n'avons compris ni son obstination ni notre emportement et préférons ne pas prolonger cette dispute ridicule qui prouve combien nous sommes à cran. Heureusement, nos rations de nourriture sont strictement identiques : je crois que nous en viendrions vite aux mains !

Deux jours plus tard, Couni repentante m'avouera que le drame n'a éclaté que parce que la pauvre, écrasée de fatigue, s'était affalée sur son traîneau pour la pause et n'avait plus eu le courage de se lever pour chercher le petit sac... alors elle s'était lancée dans cette sombre histoire qui aurait dû tourner court, mais... nous montions si bien, Flo et moi... à entendre la Québécoise ! Elle en aura des remords puisque, au ravitaillement, bien avant de s'en être expliquée avec nous, elle dira à Huguette : « Si tu savais comme je m'en veux d'avoir été une odieuse fourmi avec les gâteaux de M. Vû ! »

Ce jour-là, les aéroports brillent par leur absence, il faut prolonger la marche. Titi ne dit rien mais elle a l'art d'agir : pour soutenir nos heures supplémentaires, elle sort, on ne sait d'où, quatre pains de guerre et quatre doses de confiture qu'elle a économisées sur ses propres réserves pour les offrir à la collectivité, le moment venu... particulièrement bienvenu ce soir, pour apaiser les tensions !

Le floe déclaré piste d'atterrissage est assez minable, mais nous sommes dans une zone épouvantablement accidentée. C'est toujours le même dilemme : la météo est bonne pour demain, il faut en profiter. Il y a quelques congères que l'avion réussira bien à éviter. « Ça devrait aller »... nous guiderons Ken par radio !

29

NOUS sommes très excitées le lendemain matin, lorsque l'avion arrive. Il a deux heures de retard, ce qui nous a permis, après les prises de sang, de mettre une dernière touche à la réception préparée sous la tente. Nous avons éventré les trois rations journalières du sac « espoir » pour en extraire les pains de guerre, barres énergétiques et autres richesses dignes d'être offertes à nos amis. Difficile d'être à la hauteur des buffets polaires qu'ils nous préparent avec tant d'amour dans l'avion !

Ken survole le floe... inutile de nous voiler la face, ce pseudo-aéroport n'est pas vraiment un cadeau. Nous lui hurlons dans la radio VHF qu'il y a une congère énorme au milieu ! Immédiatement, nous comprenons que notre émetteur est défaillant : nous entendons le pilote mais lui, en revanche, ne nous reçoit pas. Il se pose en bout de « piste »... Impuissantes, agitant nos bras, nous crions dans le vide : « Il va l'éviter... il la voit... ce n'est pas possible... » Nous retenons notre souffle : le Twin Otter, à pleine vitesse encore, vient de percuter le monticule de neige. Le ski droit de l'appareil encaisse toute la violence du choc, remonte jusqu'à la garde... il va s'arracher... l'avion va se retourner sous nos yeux... « Mon Dieu ! »

Il s'immobilise un peu plus loin... sur ses deux skis. Nous nous regardons... nous sourions... nous respirons... le kérosène... Ils sont là ! « hourra ! » et nous applaudissons avec nos moufles : Ken est vraiment un champion !

La réception est des plus réussies ! Certes, nous sommes quelque peu à l'étroit : je ne sais comment mais nous parvenons à tenir assis, à neuf dans la tente. Nos invités, polis, font mine d'aimer le pain de guerre, évitant de piocher dans la pizza encore chaude, préparée à la base par Mireille qui n'est pas du voyage : il n'y avait de place que pour deux passagers... Pensez ! nous sommes trop au nord : 83° 30', soit encore en négatif par rapport à la case départ (83° 33') !

Couni est à l'honneur, demain elle aura trente ans, l'assistance lui offre ses cadeaux.... une petite carte remplie d'amitié et de bons pour... tant de choses introuvables sur la banquise ; une tarte aux kiwis... en bougie, pleine de couleurs, d'un réalisme déconcertant ; un gâteau d'anniversaire gonflable... et puis, emballé comme un gros bonbon dans une couverture de survie argentée, un fagot de bois...

Il faut dire que nous étions à court d'idées pour fêter notre Québécoise. Nous n'avions rien trouvé qui soit à la hauteur de la soupe au pistou lyophilisée des quarante ans de Mireille. Aussi, au camp de base, j'avais sondé Couni pour savoir ce qui lui ferait plaisir sur la banquise. Complètement désabusée, elle m'avait répondu : « Une bûche, pour me faire une flambée ! » Ce n'était pas tombé dans l'oreille d'un sourd ! Au Spitsberg, il n'y a pas un arbre, ce qui n'aide pas, mais... les Norvégiens avaient fêté Noël avec un grand sapin que notre fleuriste d'Huguette n'avait pas eu le cœur de laisser partir à la décharge. Elle l'avait planté dans la neige devant notre maison où, même dégarni, il était un peu de verdure dans le désert blanc. Quand au dernier ravitaillement je lui ai demandé de préparer un petit fagot pour le feu de Couni, je pensais qu'elle amènerait une poignée de brindilles... pour le symbole ! Le moins qu'on puisse dire c'est qu'Huguette a un incontestable sens de la fête : le sapin entier y est passé et, non contente de cela, pour compléter, elle a « emprunté », à la menuiserie de la base, quelques planches et une bûche ou deux ! Que voulez-vous, trente ans, c'est une étape, et il ne faudrait pas confondre flambée et flammèche !

Couni est ravie mais le plus drôle de l'histoire, c'est que nous ne sommes que la veille de son anniversaire : elle n'a pas du tout l'intention, la maudite, de brûler son bois aujourd'hui... et donc, celle qui a eu l'idée de ce cadeau... aura bien la bonté de le porter pendant quelques heures de marche demain ! Si gentiment demandé, qui pourrait refuser ? Merci l'assistance ! Cela ne fera guère que six kilos de plus dans mon traîneau !

En dehors de la réception, je n'ai rien vu du ravitaillement. C'est dur parfois d'être le chef ! Huguette a apporté cinquante cartes de visite... qu'il me faut rédiger, les unes après les autres, sous la tente.

Pendant deux heures je vais écrire, essayant de concentrer ce qu'il reste de mes facultés amoindries. Elle a raison, on ne peut pas envoyer à un ministre, au P-DG d'une banque, au directeur du CNRS, ou à un doyen d'université la lettre circulaire adressée aux sponsors et supporters, sans y ajouter un mot personnel, de ma main bien sûr, puisque c'est moi qu'ils ont reçue dans leur bureau...

C'est horrible : ce moment de retrouvailles est si précieux, si court... J'aperçois l'avion par la fenêtre de la tente... j'ai l'impression d'être en retenue... privée de récré !

Je cherche les mots parce que je ne veux pas dire n'importe quoi. Par-delà leurs fonctions officielles, tous ou presque ont témoigné leurs encouragements personnels à l'égard de notre entreprise. Je tiens à ce qu'ils sachent que la confiance qu'ils nous ont accordée est un précieux soutien dans notre marche, que le matériel qu'ils nous ont donné est tout à fait à la hauteur... Je n'ai pas les mêmes pensées à exprimer au ministre des Droits de la femme qu'à celui de la Défense, au président du conseil général de Meurthe-et-Moselle qu'au maire de Villerupt, au fabricant de tentes qu'au grand patron de la recherche canadienne... et je « sèche » lamentablement sur mes copies. D'autant que, pendant ce temps-là, Huguette a déballé les dossiers administratifs et me raconte les démêlés avec la compagnie aérienne, fière de m'annoncer le dénouement : grâce à la complicité bilingue de Ken, qui était l'interprète, elle a obtenu que soit signé un avenant au contrat, permettant d'apaiser les foudres en attendant mon retour.

Les cartes de visite s'amoncellent, je n'en peux plus... et mon cerveau est vide... Que penseront ces « grands » qui recevront du bout du monde de si petits mots, sabotés par l'indigence du style, cochonnés parce que griffonnés en gants : nous sommes, ne l'oublions pas, à 83°30' Nord accroupies sous une tente dans laquelle il fait – 18°C !

Brian, le copilote, s'impatiente déjà, alors que je suis encore à l'écritoire. Vite, vite, vite ! Quand j'ai terminé, nous posons « Nancy - Meurthe-et-Moselle », notre sixième balise. Puis je cours à l'avion, me déshabille : Jacques me soigne en cinq minutes tandis qu'Huguette bande mes poignets. Vite encore, j'échange mes vêtements, mon sac de couchage... Quelle frustration ! C'est déjà l'heure de la séparation !

Au moment des adieux, le rendez-vous amical tourne à l'état-major : nous essayons de faire comprendre à l'assistance, qui nous parle déjà du retour en France, que rien n'est gagné, que bien sûr nous espérons tenir encore douze jours, jusqu'au 11 mai, pour pouvoir poser les deux dernières balises... mais la glace seule en décidera : tout peut s'arrêter demain si la débâcle nous prend de vitesse ! Nos amis le savent pourtant : la banquise qu'ils ont survolée ce matin est un puzzle très lâche, il y a de plus en plus d'eau libre.

Nous nous retrouvons à quatre sur notre floe : au décollage, l'avion ressemble à un goéland lourdaud, tellement il est ballotté de congère en congère... il quitte la glace *in extremis* en bout de piste... « Bravo Ken ! » hurlons-nous dans la radio que Kora a réussi à bricoler.

C'est étrange, avant de nous ruer sous la tente pour déballer le courrier et les gâteries, nous marquons un temps d'arrêt, fixant du regard, peut-être plus longtemps qu'à l'ordinaire, l'horizon où a déjà disparu l'avion. Une imperceptible pointe de tristesse dans la voix, l'une de nous constate : « C'était le dernier ravitaillement, les filles, la prochaine fois qu'ils viendront nous repartirons avec eux ! » Nous prenons soudain conscience qu'à partir d'aujourd'hui vont commencer à s'égrener les derniers tours de chaque événement de notre vie polaire...

La journée passe vite, selon un rite désormais traditionnel, qui consiste à nous empiffrer et à faire le plein de forces en lisant notre abondant courrier. Je découvre, au milieu de tous les messages d'amitié, quinze pages d'informations diverses, plus intéressantes les unes que les autres, qu'Huguette a rédigées, sachant qu'elle n'aurait pas le temps de tout me raconter. Comme dit avec candeur la benjamine : « Sur la banquise, en dehors de notre survie sur la glace, on n'a pas de soucis ! » Pensez donc ! Juste celui de savoir que les promesses s'envolent, que l'argent n'est pas tout à fait rentré dans les caisses de l'association, tandis que les factures d'imprévus s'allongent !

Le lendemain 30 avril est donc l'anniversaire de Couni. Dès le réveil, c'est un déferlement de cadeaux... tirés de nos richesses personnelles, et témoignant à eux seuls de notre échelle de valeurs. Flo lui offre une minuscule carte, représentant un palmier : c'est un bon pour un massage... Titi, notre couturière en chef, lui a fabriqué un bandeau d'oreilles qu'elle a découpé dans un bonnet et, hommage suprême, elle lui fait don... d'un slip propre ! Pour ma part, j'ai bien réfléchi, ce sera cruel de m'en séparer puisqu'il me sert à tout, mais si un cadeau ne coûte rien, ce n'est pas un cadeau : Couni a perdu son Opinel, je lui offre le mien déjà gravé « M. la M. » (M. la Maudite), sur lequel, pour la circonstance, j'ai taillé hier, en catimini : « A Couni 30.04.86. » On n'a pas tous les jours trente ans et on les a rarement sur la banquise ! Superbe ambiance au petit déjeuner de ce matin de fête, que l'assistance, par radio, rend encore plus joyeuse.

A la fin de la transmission, voulant me donner du courage et reprenant notre conversation trop vite écourtée hier, Huguette a une phrase malheureuse :

« ... *Sois forte pour ces derniers douze jours, ne les vis surtout pas comme un échec. A toi.* »

Mes sentiments se bousculent, de déception, de fatigue, de réalisme mêlés. Je réponds, amère :

« *Je ne veux pas prendre une victoire que je n'ai pas eue.* »

Je craque alors et pensant masquer les sanglots, j'opte pour le ton de la colère, ajoutant :

« *Ça me fait chialer d'avoir raté le pôle, c'est mes oignons, bon Dieu ! A toi.* »

Démunie par mes pleurs et la violence de mes paroles, Huguette a cependant la seule réaction qu'il fallait avoir, et dit, très ironique :

« *Je croyais que t'étais pas là pour le pôle mais pour la Science, j'ai mal compris ? A toi.* »

Refoulant mes larmes, je m'étrangle à demi pour essayer de me justifier sans m'effondrer devant mes coéquipières :

« *T'as pas mal compris, je le sais bien tout ça, mais tu peux pas empêcher des gens qui sont à moitié gaga tellement ils avancent comme des bêtes de somme, tu peux pas les empêcher d'avoir quand même l'impression que c'est pas tout à fait exactement ce qu'ils avaient souhaité. A toi.* »

Avec toute la force de son amitié, Huguette n'a que les mots pour nous soutenir par radio et, impuissante alors qu'elle comprend si bien, elle improvise, calmement persuasive :

« *Je sais, Nounours, mais dis-toi que ce chemin ne sera peut-être jamais plus refait par personne, que ce sera peut-être une histoire qui n'appartiendra qu'à vous et maintenant, il y aura quelque part des lignes consacrées à vous, et rien que pour ça c'est une victoire. A toi...* »

Merveilleuse réplique ! Elle a de la mémoire, notre fine psychologue, et me connaît par cœur... Je sais très bien de quelles lignes elle veut parler. Un jour, il y a peut-être dix ans, nous avions eu une discussion serrée sur l'intérêt de la recherche fondamentale. Huguette admettait l'utilité d'un professeur mais pas celle d'un chercheur... et je lui avais dit que pour pouvoir écrire deux lignes sur les régions polaires dans un livre de sixième, il avait sans doute fallu des années de recherches « inutiles ».

La conversation se poursuit encore un peu, jusqu'à ce que la transmission radio devienne inaudible. Je suis sereine, ces mots que j'ai remâchés si souvent dans mon capuchon, je les ai déjà digérés. Je sais tout ce qu'elle me dit, la lutte sur nous-mêmes, le programme scientifique mené à terme, la bataille constante sur les éléments pour comprendre mieux la nature polaire... il y a longtemps que je suis convaincue.

Je termine en lui disant :

« *... Ne t'en fais pas, nous avons de l'énergie pour finir. C'est vrai que l'expé est un succès mais ne m'en demande pas trop : ne me demande pas de faire du triomphalisme. A toi.* »

Huguette aura le dernier mot :

« Sans être claironnantes, je pense que vous pouvez rentrer la tête haute. »

L'incident est clos. Allez ! D'abord, c'est fête aujourd'hui !

Couni accroche sur son traîneau les pampilles de ses paquets et son gâteau gonflable, merveilleuse touche de couleur et de gaieté : il est violet, vert tendre et blanc, surmonté de huit bougies rose vif. Trente ans, un 30 avril... le minimum serait de lui offrir un petit 83° 30' pour ce soir... Ce devrait être possible, l'arrêt dû au ravitaillement ne nous a propulsées qu'à 83° 25' !

Je fais une dernière tentative auprès de notre Québécoise : n'aurait-elle pas envie d'une petite flambée avant le départ ? Pas du tout. « Un feu de camp, ça n'a pas d'allure à huit heures du matin, surtout dans le plus total "white out" ! »

Nos traîneaux sont lourds, accrochant sur une petite couche de neige qui retient nos charges, comme si un ours était assis dessus ! Pendant huit heures nous marchons en canard, pour décoller nos traînes, dans le vent et le brouillard. Nous nous arrêtons tard, épuisées : physiquement, c'est peut-être ma plus dure journée. Malgré nos efforts surhumains et toute notre amitié pour Couni, nous avons fait... sept kilomètres et ne sommes donc qu'à 83° 29' ce soir ! Argos aura vraiment toujours le mot pour rire !

La météo est plus clémente que la glace : selon un processus désormais habituel, le « white out » s'est levé dans l'après-midi, la journée s'achève en plein soleil.

C'est assez rare que nous soyons toutes les quatre autour de la radio au moment de la communication. C'est le cas ce soir, parce que nous avons marché tard et la transmission, excellente, a lieu pendant la semoule. Nous sommes en pleine conversation avec notre équipe d'assistance lorsque tout à coup, une voix se surimpose à celle d'Huguette. C'est très fréquent, inaudible habituellement alors que ce soir... mais... nous tendons l'oreille, bouche bée... mais... nous comprenons !

« Les femmes du pôle, les femmes du pôle, ici Jean-Louis Étienne, ici Jean-Louis Étienne... »

Je prends le micro et je hurle :

« Jean-Louis, on te reçoit, ici les Mamies du pôle (lui c'est Papy). Où est-ce que tu en es ? A toi.

310

— Je suis ce soir, je suis ce soir à 88° 11', 88° 11'. A toi. »

Sa voix est lointaine, mais claire tout de même. Nous ne sommes pas certaines d'avoir compris le chiffre des minutes, mais 88° ne fait de doute pour aucune. Il est à moins de deux cents kilomètres du pôle. C'est émouvant ! Nous parlons toutes en même temps pour lui dire :

« C'est bon, tu vas gagner, Jean-Louis. Tiens bon, tu seras le premier Français. Tu es presque au pôle, nous nous sommes tout à fait au sud, la dérive est trop forte. Tiens bon et vas-y pour nous. A toi. »

Il doit nous comprendre puisqu'il répond :

« Je suis bloqué dans le blizzard depuis deux jours. L'Arctique, c'est dur pour tout le monde, les filles ! A vous.

— Oui c'est dur ! On pense à toi souvent parce qu'il faut être très fort pour y aller tout seul. Tu es au bout, tiens bon, Papy ! A toi.

— Ça fait plaisir de vous avoir, ça fait plaisir de vous avoir, je n'avais jamais réussi, je n'avais... »

... Et sa voix se perd, couverte par les parasites.

Nous attendons un moment, essayant de le joindre encore... plus rien.

Nous en restons muettes d'émotion ! Qui de nous quatre n'a pas pensé à lui chaque jour de notre expédition. Combien de fois ai-je dit que, seule, je me serais couchée dans la neige, découragée. C'est fou ! Parti du Canada, lui ne recule pas, il ne sera soumis à la dérive qu'en approchant du pôle. Pour le moment, chaque kilomètre qu'il parcourt est un kilomètre gagné vers son but, c'est encourageant bien sûr, mais tout de même... quelle force intérieure il doit avoir pour compenser celle de notre amitié !

A la base, Huguette, Mireille et Jacques sont renversés, n'osant plus parler ni toucher l'émetteur. Il nous faut un moment, de part et d'autre, pour nous résoudre à rompre le charme de cet instant irréel et reprendre la conversation. Extraordinaire technique, contenue dans nos trois boîtes orange : Jean-Louis est à neuf cents kilomètres de nous, à mille trois cents de Ny Aalesund... où notre équipe d'assistance l'a capté aussi et l'a enregistré. Magie de la radio qui fera dire à Couni : « C'est ben le plus inattendu de mes cadeaux d'anniversaire ! »

Notre expédition n'est décidément qu'une succession de hauts et de bas. Pour que la fête commence, chacune accélère ses occupations habituelles : la soirée a bien mal débuté pour Flo qui, s'énervant aux fourneaux, a renversé l'eau. Elle pique une colère noire après elle-même : « Faut toujours qu'je pleure dans les moments les plus gais ! »

Pendant que la benjamine finit de ronchonner, Titi prépare l'apéritif, le fond de sa réserve personnelle de whisky, et m'envoie chercher... des glaçons que je taille au piolet dans une crête ! Un éclat, par hasard, ressemble vaguement à un animal que quelques coups de couteau grossièrement placés transforment en « sculpture » d'ours polaire... que j'offre à celle qui en a peur, mais qui voudrait tellement en voir un avant la fin : jusque-là, nous avons dû nous contenter de traces !

Inoubliable ! Pour la première fois, nous mangeons dehors. Menu princier : soupe au pistou ! Les pampilles accrochées à nos bâtons de ski flottent dans le vent, donnant un air de fête. Couni gratte une allumette, le bois, copieusement arrosé d'essence, s'enflamme d'un coup... et les quatre petits points rouges, à la dérive dans cet infini glacé, se retrouvent autour d'un feu sur la banquise : deux mètres de glace sur cinq mille d'océan... à deux mille kilomètres du premier arbre, en plein soleil de minuit... l'une serrant dans ses bras son gâteau de plastique, les autres chantant à tue-tête « Joyeux anniversaire » en se chauffant les mains gantées à cette flamme d'amitié tellement insolite.

Un gros morceau de bonheur !

Huguette a eu raison de voir grand, et je ne regrette pas d'avoir traîné tout le jour ces kilos de bois qui nous plongent, comme une trêve, hors de la réalité d'un environnement si hostile. Soudain, dans ce milieu sévère et sans odeur (à l'exception de la nôtre de plus en plus horrible), l'essence a cédé le pas au bois, nous fermons les yeux : « Les filles !... ça sent chez nous ! » Le sapin, la résine, la forêt, la cheminée, le chaud, la vie... Nous nous vautrons dans la fumée... faisant fondre des petits morceaux de gruyère plantés au bout de nos bâtons de ski... la meilleure raclette de notre existence !

A chaque pays ses coutumes : au Québec, celui qui fête son

anniversaire offre des cadeaux à ses amis... et Couni déballe ses présents bien prémédités : pour Titi, une mignonnette de whisky et un minuscule jeu de patience... à ne pratiquer qu'en moufles. Pour Flo, qui ira au Canada cet été, un dictionnaire Lilliput franco-anglais et une gomme-raquette de tennis. Pour moi, parce que « ça peut servir, sait-on jamais »... un éventail ! Et, m'allant droit au cœur, mettant un terme définitif à notre stupide querelle de cigale contre fourmi, un paquet de cigarettes. Pour les apprécier à leur juste valeur, il faut savoir que, prévoyant un possible différé du ravitaillement, Couni porte nos cadeaux dans son sac depuis treize jours. Je sais qu'elle était à court de tabac avant la venue de l'avion : elle n'a pas pour autant entamé le paquet qu'elle me destinait... Ça, c'est de la grandeur d'âme !

C'est la première fois, je crois, que nous nous accordons la permission de minuit... Nos traîneaux ne deviennent pas citrouilles, mais c'est la fin de la fête : la glace a bien fondu sous notre feu, l'ultime bûche est consumée et le dernier cierge magique s'est éteint... Nous aimerions prolonger la féerie de cette trêve mais, même si « ça sent le chalet », nous ne sommes décidément pas en vacances : nous devons dormir, la route est longue encore...

La fin du voyage est loin d'être de tout repos. Est-ce ma fatigue, ou est-ce la réalité des glaces, quelques jours après l'anniversaire, arrivant au pied d'un chaos monstrueux, qui s'étale sur des kilomètres, mentant à mes équipières dans un mille et unième « Ça va s'arranger », pour la première et unique fois je me dis : « Par où vais-je le prendre ? » tellement ce rempart bleu dont je ne peux voir la fin me semble écrasant : une forteresse invincible. Impossible d'anticiper un itinéraire, il faut accepter d'entrer dans le labyrinthe et improviser. J'hésite quelques secondes, toisée par l'immense barrière... Poids-mouche en face du super-lourd, je vais jeter l'éponge... Trop tard ! Le bruit des skis de mes équipières retentit dans ma tête comme un coup de gong et je m'élance, par réflexe : je me faufile entre deux monticules avec l'impression très nette d'entraîner mes amies dans une souricière. Pour venir à bout de cette zone, le combat est plus que jamais un corps à corps : exploiter mètre après mètre les faiblesses du géant, en ne pensant surtout pas à ce qu'il reste à parcourir, mais à ce que nous lui avons déjà grignoté. Après quelques heures de bataille, déployant une tactique composite alliant la ruse des Titus à la force des Brutus, dans un décor irréel, inhumain... mais inoubliable, nous relayant à quatre pour trouver la faille de l'adversaire, nous en sommes sorties.

Le lendemain à nouveau nous « crapahutons » dans de véritables montagnes russes. « Qui a pu dire un jour que la banquise était plate ? » Le secteur est épouvantable, physiquement décourageant, mais scientifiquement... je suis comblée : j'ai la confirmation visuelle de la destinée de ce que j'appelle les « zones tampon ». Après presque deux mois de marche et d'observations, j'ai bien des preuves que les vieux floes sont très résistants, ne cassant qu'exceptionnellement : chiffres en main, depuis le début, nous avons traversé mille cinq cents crêtes dont à peine une centaine débitées dans la banquise épaisse. Ce sont les zones nouvellement formées — chenaux ouverts ayant gelé — qui cèdent en premier sous les coups des solides morceaux de puzzle qu'elles protègent, encaissant les chocs comme des amortisseurs. Ce chaos gigantesque dans lequel nous sommes n'est qu'un amoncellement de glaces jeunes ; il n'est rien d'autre qu'une immense zone très mince — comme nous en rencontrons de plus en plus souvent — qui a été complètement broyée, telle une simple crête : dix kilomètres de blocs bleus, acérés, empilés, qui se sont fracassées et enchevêtrés hier sans doute ou ce matin puisqu'il n'y a pas un flocon sur les cassures franches, alors qu'il est tombé quatre centimètres de neige il y a deux jours. Teintée d'admiration, l'expression consacrée devant de tels chambardements reste pour nous : « Ça a dû pas mal déménager pour en arriver là ! »

Plus Brutus que jamais dans ce dédale, je force le passage tout droit. Et soudain, c'est la chute et le choc. Déséquilibré au passage d'un bloc, mon traîneau a basculé dans le vide, me rappelant violemment deux mètres en arrière. Je rebondis littéralement sur l'arête vive du cube parfait, au pied duquel je me retrouve assise : ma charge pend de l'autre côté, tirant sur ma ceinture qui est remontée à la poitrine, m'empêchant de respirer. Nos sangles de traction, par sécurité, sont fermées par une boucle de largage qui peut s'ouvrir d'un doigt. Immédiatement, je me libère de l'étau thoracique mais mon souffle reste coupé. La douleur est aiguë, très localisée, entre la pointe de l'omoplate et la colonne vertébrale ! Dans ces cas-là, avant de crier, je mesure l'ampleur des dégâts : limitant mes mouvements, lucidement je teste : la tête, les bras, les jambes... Ça marche. Ce n'est rien ! L'effet de surprise passé, je me remets sur pied, prenant subitement conscience qu'à deux centimètres près, j'aurais pu ne pas me relever. Et j'imagine la suite... colonne brisée, intransportable même dans un traîneau ! Nous sommes au cœur de ce chaos monstrueux, cinq kilomètres devant et autant derrière. Il faudrait des jours pour sortir de là, en voulant lui éviter les chocs, un blessé allongé. La moindre jambe cassée poserait de graves problèmes. L'avion ne pourrait rien faire, seul un hélicoptère avec un filet parviendrait à accélérer l'évacuation... mais aucun appareil n'a assez d'autonomie pour nous rejoindre ici.

Jusque-là, jamais je n'y avais réellement pensé. Je prends l'incident comme un avertissement et préfère mettre mes équipières en garde :

« Soyez prudentes, les filles ! La plus petite entorse serait dramatique là-dedans. Personne ne peut venir nous chercher ici. Redoublez de vigilance, dans notre état de fatigue, la moindre erreur ne pardonne pas ! »

Le chaos se prolonge... et reprenant de plus belle la partie de bras de fer, j'en oublie mes propres résolutions ! Il est des moments dans la vie où je laisse au destin sa part de travail, sans trop me poser de questions, et chaque fois, je repense à un de nos amis qui m'écrivait, il y a quelques années, confiant devant les difficultés que je rencontrais : « On ne dirait pas a priori mais... tu es née sous une bonne étoile ! »

30

DEPUIS le dernier ravitaillement, les jours ne défilent pas, ils se bousculent à un rythme incroyable. Pour l'équipe d'assistance le compte à rebours est commencé ; pour nous sur la banquise, c'est plutôt une course contre la montre que nous entamons face à la débâcle. C'est tout à fait différent : à la base, nos amis sont déjà loin dans le temps, organisant notre retour en France, qu'ils ont fixé en fonction du 11 mai, date à laquelle nous sommes censées quitter la banquise : l'impératif est de nous rapatrier à Lille le plus vite possible, pour que nous subissions, sans réchauffement, les tests médicaux. Ce n'est pas facile : on ne déplace pas comme un simple Twin Otter l'avion militaire qui, de Toulouse, viendra nous chercher en Norvège. Il faut que soient formulées au moins une semaine à l'avance les demandes de vol ; une fois que le processus est enclenché, on ne peut l'arrêter que jusque quarante-huit heures avant le départ de France. Pour rejoindre ce Transall à Tromsoe, nous devons prendre la ligne régulière bihebdomadaire entre le Spitsberg et la Norvège. Autant de relais qui compliquent l'opération : si elle est annulée, quelle qu'en soit la raison, elle est repoussée automatiquement d'une semaine. Je reconnais que pour Huguette qui traite cette affaire par téléphone, directement avec le cabinet du ministère de la Défense, c'est un véritable casse-tête. De notre arrivée dépend l'organisation des tests de Lille par l'équipe médicale qui doit se tenir prête à nous prendre en main à la descente d'avion ; il faut également contacter familles et amis qui souhaitent nous accueillir à l'aéroport, mettre sur pied les conférences de presse, inviter les journalistes... Tout un engrenage ! La venue du Transall à Tromsoe a été fixée au 16 mai, et l'équipe d'assistance remonte le temps.

Sur la banquise, il en va tout autrement. Nous avons eu deux mois pour apprendre que nous sommes complètement tributaires de la glace et de la météo. Jusqu'à présent, nous avons été chanceuses pour les ravitaillements qui ont toujours eu lieu dans les temps : pour l'ultime rendez-vous avec le Twin Otter, nous pourrions fort bien subir, comme pendant notre période d'attente, trois semaines d'affilée de météo déplorable empêchant tout décollage. Surtout, nous n'avons pas de date terminale : nous voulons tenir jusqu'au 11 mai, mais rien n'est assuré. Chaque jour qui passe est un jour de plus gagné sur la débâcle, sans que nous sachions de quoi le lendemain sera fait.

Les divergences vont apparaître entre l'assistance et nous : si la cause reste commune, nous ne menons plus le même combat. Nos soucis diffèrent : nos amis ont quinze jours d'avance et sont déjà... là-bas, tandis qu'ici, nous luttons heure par heure, conscientes que jusqu'au bout, rien n'est vraiment gagné.

Le 1er mai, l'assistance nous a annoncé l'accident de Tchernobyl : c'est probablement de toute l'expédition la seule information extérieure qui nous ait touchées. Quand on marche, coupé du monde, dans un environnement où un papier de bonbon fait tache à un kilomètre, c'est le genre de nouvelle qui ne laisse pas indifférent. Nous n'avons pas eu de grandes précisions ; ma première réaction a été de me dire, sans savoir très bien ni qui, ni quoi, ni combien, ni comment : « Ils ont donc réussi à la faire... "La" connerie ! » Et puis, lorsqu'on travaille depuis des années sur l'Arctique, on n'est pas sans ignorer que les retombées radioactives de la planète se font préférentiellement sur les deux pôles. Il se profile alors deux cas de figure pour les isolées de la banquise : ou nous recevons beaucoup plus que les autres, d'autant que nous buvons l'eau tirée de la neige de surface, ou nous sommes épargnées parce que très loin de l'accident. Sans détails, il est impossible de ne pas broder, ne serait-ce que deux minutes... et de ne pas se poser la question : « Qu'est-ce qui serait le moins idiot : être les seules victimes ou les seules survivantes ? »

Les choses se relativisent très vite, et l'on prend conscience que ce n'est pas vraiment réjouissant d'être quatre sur un floe de glace... s'il n'y a plus personne ailleurs ! Si le choix m'était donné, je n'hésiterais pas : plutôt être première tuée que dernière vivante.

Ce nuage, pour nous n'aura duré que le temps d'une interrogation. Une fois encore, les dés ont été jetés, un peu fort c'est sûr, mais avons-nous d'autre choix que celui d'oublier et de continuer à faire fondre de la neige pour boire, manger et donc vivre ! Réflexe scientifique, nous prélèverons des échantillons, et parallèlement, nous serons soumises à des contrôles de radioactivité à notre retour. Clin d'œil de la bonne étoile, les dosages montreront que nous avons été totalement épargnées.

Sur la glace, nous n'y pensons pas ; nos sujets de stress sont tout autres et bien présents : il s'agit de gagner une dernière partie de poker contre la nature polaire. Pour que notre programme scientifique soit complet, nous voulons poser encore deux balises. Cela suppose que nous parcourions au minimum cent vingts kilomètres depuis « Nancy-Meurthe-et-Moselle », le dernier émetteur posé, et ce en douze jours : la course !

Nous pouvons être arrêtées à n'importe quel moment. La température ne descend plus en dessous de $-15°C$, les ouvertures d'océan regèlent de moins en moins vite ; la débâcle gagne du terrain : le puzzle est chaque jour un peu plus lâche et les vents s'en donnent à cœur joie pour animer le ballet des floes. Toute la glace est mobile : nous avons désormais l'impression d'être sur un volcan en activité.

La banquise fait peur, c'est vrai. Il y a de l'eau partout : à chaque instant nous risquons l'isolement sur un morceau trop petit pour que l'avion y atterrisse. Larges parfois de plusieurs kilomètres, les grands chenaux à peine gelés se multiplient. Nous ne sommes jamais certaines de les traverser d'une rive à l'autre. Jusque-là, nous avons eu de la chance mais il y aura bien un moment où ces zones de glaces minces ne seront pas assez figées pour nous supporter à ski. Ma hantise devient l'ouverture d'eau libre de dix kilomètres de large. Dans notre « culte » polaire aux prières profanes à nos saints de glace — Patience, Constance, Clémence et Bol — nous ajoutons une nouvelle supplique chaque fois que, sans en connaître l'issue, nous nous engageons sur une étendue hasardeuse : « Sainte Angèle, faites que le chenal gèle ! »

La moindre immobilisation pour cause de blizzard réduirait à néant tous nos calculs kilométriques : il est clair qu'un jour d'arrêt forcé nous obligerait à marcher une journée de plus. Nous sommes toutes bien d'accord, mais cette évidence va pourtant provoquer du remous, un soir, dans notre équipe. La fatigue physique et le déclin intellectuel qui nous frappent toutes vont plonger Couni dans un complet désarroi, par simple confusion entre les jours du calendrier et ceux de la période en cours. Sur la glace, depuis nos débuts, nous ne vivons ni en mois ni en semaines, il n'y a pas de dimanches, notre temps se compte en rations, numérotées de un à douze : nous marchons douze jours, le ravitaillement survient le treizième matin et tout recommence. La discussion avec Couni s'envenime, jusqu'à ce qu'elle comprenne subitement qu'elle confond les numéros de ration et les jours du mois de mai. Comme elle dit : « C'est un peu mêlant » : l'avion étant venu le 29 avril, le 30 devient le premier jour de période, et le 1er mai, le deuxième. Belle salade au niveau du 11 mai, qui est en fait le douzième jour... de quoi y perdre définitivement son latin et son québécois !

De ce dernier raid, ce sera le seul accrochage dans notre équipe : quoi qu'il arrive, l'humour reste à l'ordre du jour. A l'image de toute l'expédition, nos derniers moments sur la glace seront ponctués de découragements et de fous rires, de colère contre soi et de tolérance pour l'autre... bref, d'amitié. En revanche, les relations se détériorent avec la base. Nous déchargeons, par radio, notre fatigue qui devient agressivité. Nous ne nous comprenons plus parfois : c'est vraiment le cadet de nos soucis que la conférence de presse ait lieu à Lille, à Paris ou à Nancy. Nous nous escrimons à expliquer à nos amis que nous vivons au jour le jour, que personne ne peut anticiper sur la fin de notre voyage. Nous sommes bien placées pour savoir que la nature aura le dernier mot !

A la base, impatients de vendre la peau de l'ours, nos amis s'obstinent : Huguette voudrait un retour digne de ce nom. N'est-elle pas en train de compliquer l'affaire en faisant entrer dans ces données déjà nombreuses une nouvelle variable : en cachette de notre Québécoise, elle met sur pied l'arrivée en France de la mère de Couni (venant du Canada)... pour qu'à Lille, quelqu'un l'attende aussi. Huguette aimerait me le dire mais sans que Couni le sache et un jour, à la radio, elle nous fait éclater de rire en me demandant :

« Je voudrais te dire quelque chose, tu es toute seule ? A toi.

— Tu imagines sans doute que je t'appelle d'une cabine ! Notre radio est on ne peut plus publique tu sais, nous sommes quatre et il n'y a pas d'écouteur : tout le monde en profite ! A toi... »

De mon côté, j'ai aussi quelque chose de personnel à lui dire. J'aimerais tant que l'amour de Flo soit au Spitsberg quand nous rentrerons... lui qui, de Paris, a appelé notre base chaque jour de l'expédition, pour transmettre ses forces à la benjamine, par assistance interposée. Comment lui demander en laissant la surprise à Florence ? Nous ne pouvons pas nous isoler dans notre huis-clos. Je n'ai qu'Argos pour communiquer en privé : trente lettres attachées. C'est tout de même limité. Je tente le coup : *« SECREM-FLOOANGESIHERVEVIENSPITS ».*

Il est évident pour moi que cela signifie : « Secret de Madeleine. Flo serait aux anges si Hervé venait au Spitsberg. » Huguette et Mireille ont quelques problèmes d'interprétation. A la transmission radio suivant cet envoi, elles me demandent sans détour :

« On a bien reçu le message mais "SECREM" ça veut dire quoi ? A toi.

— Grrrr ! Ça voulait "secret Madeleine" et pour le reste, il faudra vous débrouiller comme des grandes, nous sommes toujours quatre dans la cabine publique ! A vous. »

Nous avançons à marche forcée. Le 4 mai, nous sommes sufisamment loin de « Nancy-Meurthe-et-Moselle ». Nous posons notre septième balise Argos, baptisée « Sirop d'érable », en l'honneur de nos trois Canadiens : Couni, Mary et Ken. La cérémonie d'ancrage de cet émetteur est de loin la plus officielle : nous contraignons la Québécoise à nous interpréter, debout et digne, l'hymne national de son pays. Mal nous en prend ! Elle le chante si bien, battant la mesure à deux mains, en grosses moufles, que « O Canada, ter-re de nos a-ïeux » pulvérise les records : il s'installe en tête de notre hit-parade de la banquise... Impossible de l'en déloger jusqu'à la fin : même *Bambino* doit lui céder la place !

—10°C : nos pieds souffrent de plus en plus de la chaleur. Un jour, pour la seule et unique fois de l'expédition, nous pouvons skier en pull : il n'y a pas un brin de vent. Au moment de monter la tente, comme chaque soir, Flo sort la « girouette du Dr Marchal », instrument de haute précision qu'elle a mis empiriquement au point, afin de nous permettre d'orienter intelligemment notre abri : enfilé sur un bâton de ski, c'est un rouleau de papier toilette dont l'extrémité libre flotte dans l'axe de la moindre brise. Extraordinaire et infaillible ! Cela mérite d'être breveté ! Sans un souffle d'air cependant, elle est inutilisable, il faut improviser : arbitrairement, nous plantons notre tunnel dans l'axe du vent dominant, nord-sud. Jusqu'au bout, jour après jour, nous acquérons le calme et la philosophie du peuple esquimau ; ce soir-là, à peine avons-nous fini le dur labeur qui consiste à pelleter la neige sur la toile à pourrir, que subitement le vent se lève et souffle fort... de l'est, secouant la tente de plein fouet : « Sainte Patience, ce n'est pas le moment de nous laisser tomber ! » Nous démontons le tout pour le remonter deux mètres plus loin, dans le bon sens, soit après rotation de 90°.

Le 5 mai est une grande date dans notre solitude polaire. Nous avons vu un oiseau, très haut dans le ciel, une mouette ou un goéland, égaré sans doute. En dehors de nos amis aux ravitaillements, c'est la première forme de vie que nous rencontrons depuis notre départ, il y a plus de quarante jours. Flo, Couni et Titi ont toutes trois traversé le Sahara. Abstraction faite des températures, elles disent souvent combien les similitudes sont grandes entre le désert chaud et le désert froid. Le vent est le sculpteur unique de ces deux infinis, façonnant dans un cas le sable, dans l'autre la neige : rien ne ressemble plus à une dune qu'une congère ! Mes compagnes s'accordent à dire, cependant, que même au plus profond du désert chaud, on trouve une activité biologique : une petite plante, un scorpion, une vipère. Alors que sur la banquise, il n'y a rien : c'est la négation de la vie. En deux mois, nous aurons vu un oiseau et six traces d'ours. C'est tout. Depuis le premier jour, chaque fois que nous rencontrons de l'eau libre, nous cherchons la présence d'êtres vivants : rien ! pas un phoque, pas un poisson, pas même une minuscule crevette comme on en voit tant dans les fjords du Spitsberg.

Formée d'un seul élément, la banquise est exclusivement le domaine de l'eau, sous ses trois états : solide bien sûr, liquide par les ouvertures d'océan, mais gazeux aussi par le « white out ». C'est peut-être le seul endroit du monde où l'eau, habituellement source de vie, paraît à ce point inorganique. Les animaux ne sont pas idiots, ils vivent là où ils peuvent manger. Les ours se nourrissent de phoques, ces derniers de poissons, lesquels apprécient particulièrement les zones de contact entre les masses océaniques chaudes et les froides. Ils se concentrent donc à la limite sud de la calotte polaire. La banquise du fjord de Ny Aalesund est noire de phoques à cette période de l'année : nos amis de l'assistance ont beaucoup plus de chances que nous de rencontrer un ours : d'ailleurs, circulant en motoneige autour de la base, les Norvégiens en voient régulièrement !

Depuis que nous avons quitté « Sirop d'érable », je n'ai plus qu'une idée : avancer, avancer pour devancer la débâcle. Je suis partagée : dévorée par l'envie de gagner la partie de poker qui nous permettrait de poser la dernière balise, et anxieuse à l'idée de mettre l'équipe en difficulté. J'ai la hantise de ce que je vais découvrir derrière la prochaine crête, les chaos d'étendue indéterminée deviennent un cauchemar : alors je force comme une bête tant que nous pouvons marcher. Cependant, chaque soir désormais se pose le dilemme des veilles de ravitaillement : tenir ou courir ; ignorant si nous pourrons continuer le lendemain, nous essayons d'installer le camp sur un floe susceptible de faire aéroport ; je préfère écourter la marche d'une heure après la dernière pause plutôt que de m'enfoncer dans une zone accidentée s'étendant à perte de vue.

Ce que j'ai dit à mes parents avant le départ est tellement vrai : « Je serai prudente, j'ai charge d'âmes ! » Si mes trois compagnes n'étaient pas avec moi, je jouerais bêtement de plus grosses cartes face au danger. L'instinct maternel que j'ai incontestablement découvert sur la banquise devient une obsession. Au moindre obstacle que je passe confiante pour moi, les yeux fermés, je me retourne et me mets à trembler quand s'y engagent mes équipières. La banquise effraie un peu plus chaque jour, je les sens inquiètes : j'essaie de les rassurer en leur confirmant que nous ne prendrons pas de risques inutiles ; c'est pourquoi, tant que nous pouvons marcher, il faut accélérer la cadence.

La fatigue gagne du terrain et avec elle se font peut-être un peu plus sentir les disparités de ressources entre Brutus et Titus : sujet de conflit possible si nous avions été à l'approche du pôle géographique. Flo est une force de la nature, Couni et Titi commencent à être au bout de leurs réserves ; quant à moi, je veux tellement poser la dernière balise que j'oublie les meurtrissures. Ce qu'il y a de certain c'est que jusqu'à la fin chacune prendra sur elle pour donner toute sa puissance.

Je ne sais où mes équipières trouvent leur énergie, dans ces derniers jours, moi je la cherche n'importe où. Tous les moyens sont bons pour gagner encore un kilomètre. Pour m'alléger, j'ai redonné l'essentiel de mon courrier à l'assistance, ne gardant que quelques lettres. Chaque matin, pour me donner du courage et du tonus, je lis quelques phrases de l'une d'elles, toujours la même, celle de ma « prof de gym ». C'est étrange car elle n'est pas la plus proche de mes amis : j'ai besoin de muscles, elle a forgé les miens il y a vingt ans et elle a confiance aujourd'hui... voilà sans doute pourquoi je trouve tellement de punch dans ses mots. Pendant la marche, pour me tirer vers le nord, sur les si déprimantes zones plates, il y en aura eu, des pas comptés, des pas offerts, et bien des soirs, au bord de l'épuisement, je solde mes cadeaux : ce ne sont plus cent ni même cinquante, mais parfois à peine dix pas que je suis capable de donner sans m'arrêter, pour avancer encore un peu, beaucoup, passionnément... pour gagner encore une crête, encore un floe, encore un chenal... et entraîner mes amies dans ma trace.

Je dis souvent que nous n'aurons pas volé notre pôle de Ténacité, ce point qui n'existe sur aucune carte et qui marquera la fin de nos efforts. Et dans les derniers jours, je me mets en tête que, pour mes équipières donnant tant d'elles-mêmes, j'aimerais qu'il soit à une latitude honorable... plus au nord que notre propre record de 84o03'. Personne ne peut comprendre, même pas l'assistance. Il faut avoir fait le Yo-yo pendant deux mois entre 83o et 84o pour admettre que l'« honneur », à six cents kilomètres du pôle géographique, puisse se chiffrer en ridicules minutes de latitude. Ralentissant juste ce qu'il faut ses effets, la dérive s'en mêle, elle nous laisse entrevoir une chance de reconquérir le terrain perdu : elle nous oblige à relever le défi... Et sous prétexte qu'elle nous reprend un peu moins de distance journalière nous revoilà piégées par le verdict Argos. Depuis «Sirop d'érable», nous avalons les kilomètres tout en gagnant du nord : nous sommes en positif par rapport à la case départ... et en bout de course, quand les forces viennent à fléchir, c'est un formidable stimulant !

Puérile ou pas, cette ultime bataille contre la dérive nous vaudra encore quelques déceptions, quelques colères et quelques dissensions avec l'équipe de la base. Un soir Ken nous donne une position impensable, qui réduit à néant nos efforts de la journée : nous essayons de lui dire qu'il se trompe sans doute, et qu'il vérifie bien... s'il ne veut pas y laisser sa moustache de dix ans d'âge. Il confirme : nous sommes une nouvelle fois profondément déçues. Le lendemain, confus, il s'excuse : nous avions raison, il avait interverti deux données... Nous sommes folles de rage ! C'est dit, il sera donc rasé, à l'Opinel en plus, dès notre arrivée. Peut-être parce qu'ils sont compatriotes, notre Québécoise implore la clémence pour lui : qu'il soit épargné s'il est capable de chanter l'hymne national canadien. Accordé... nous sommes bien certaines qu'il ne saura pas les paroles. Couni, la félonne, lors d'une transmission radio lui conseille :

«Ken, mon p'tit gars, si tu tiens à ta moustache, t'es mieux de pratiquer ton "Ô Canada"!(il vaut mieux que tu répétes ton...).»

Fallait-il qu'il y tienne ! Notre pilote, sans expliquer les vraies raisons de sa requête, s'est fait envoyer d'Oslo, par télex très officiel de l'ambassade du Canada, l'intégrale de l'hymne en anglais et en français !

Cette plaisanterie mise à part, on peut comprendre que les bêtes de somme que nous devenons chaque jour davantage perdent quelque peu le sens de l'humour. Curieusement, entre nous l'ambiance reste bonne. C'est avec la base que s'opère le plus grand décalage. Initialement, nous devions déployer douze balises. En marchant jusqu'au 11 mai, nous en poserons huit, si tout va bien. Les quatres restantes seront installées par une expédition aéroportée du CNRS qui ira faire des expériences acoustiques sur la banquise. Un jour, je demande à Huguette :

« *Est-ce que tu as donné toutes les balises à l'expé CNRS* (sous-entendu les quatre)? *A toi.*

— *Oui, Ça y est, à l'heure qu'il est, elles sont toutes à la station du Groenland. A toi.* »

La réponse d'Huguette me surprend et je lui dis, intriguée :

« *Toutes! Toutes! Tu veux dire les cinq dernières? A toi.*

— *Oui! Tu m'as bien dit de leur donner toutes les balises qui restaient! Fallait pas? A toi.* »

Mon sang ne fait qu'un tour : l'avion qui viendra nous chercher doit nous apporter le dernier émetteur, nous marchons jusqu'à l'épuisement pour que le rapatriement ait lieu suffisamment loin de « Sirop d'érable » et que nous puissions alors poser cette balise : j'explose de colère :

« *Ne me dis pas que tu leur as donné la dernière. Vous êtes tombés sur la tête à l'assistance ou quoi?* »

Et j'enchaîne, en larmes :

« *Est-ce que tu te rends compte! Alors on marche comme des cinglées pour rien! A toi.*

— *Poisson d'avril! Nous ne sommes pas si bêtes quand même! Elle est là, votre balise! A toi.* »

Reniflant, fâchée, je lui dis :

« *Non, là t'exagères, Nounours! Tu trouves qu'on n'est pas assez à bout, peut-être! A toi.* »

Et Huguette, qui est bien énervée ce matin-là, de conclure, ironique :

« *La banquise ne vous vaut rien, chère amie, votre sens de l'humour en a pris un coup! A toi...* »

Fort heureusement, nous avons encore quelques réserves de bonne humeur que nous gardons pour le quotidien. Nous dormons de moins en moins et de plus en plus mal : Couni, plus que toute autre, réveillée constamment par les fourmillements de ses bras. Ces nuits, qui n'en sont déjà pas, sont de pires en pires pour chacune. Vu notre état de fatigue, nous ne faisons plus la différence entre une et huit heures de sommeil. Nous nous couchons vers neuf heures ; régulièrement, dès minuit, l'une de nous réveille sa voisine :

« Hé ! passe-moi le thermomètre.

— Pourquoi, tu es malade ?

— Ben non, j'prends ma température comme tous les matins.

— Tu rêves ou quoi ? il est minuit.

— Ah bon ! »

Et tout le monde se rendort. Une heure plus tard, c'est une autre qui dit :

« Tu me passes la Thermos !

— Qu'est-ce que tu veux faire avec la Thermos ?

— Pardi ! Déjeuner !

— T'es pas un peu zinzin, il est une heure du matin ! »

Et nous y passons toutes : à ce rythme-là, les réveils sont parfois difficiles. Nous ne perdons pas complètement le nord pour autant. Un matin, après avoir lancé le traditionnel « C'est l'heure les filles ! », je me suis quelque peu rendormie. Les autres me secouent :

« Tu redors, la vioque ! »

Pour sauver la face je bougonne, à demi comateuse :

« Non, je prends ma température ! »

On ne les abuse pas, ces trois éveillées, bien lucides :

« Le problème, vois-tu, c'est qu'on a cassé le dernier thermomètre hier ! Donc c'est bien ce qu'on dit, tu redors ! »

Et encore plus ahurie, je crois bon de m'enfoncer dans mon mensonge en ajoutant :

« Non, j'ai pris la cuiller en bois. »

Ce n'est pas pire que Couni qui, pensant nous attendrir, à la question « Tu t'es rendormie ? » répond régulièrement du fond de son duvet — comme lorsqu'elle était petite et qu'elle ne voulait pas se lever pour aller à l'école — : «Non, je dis mes prières...»

Pour soutenir notre moral, ce dernier raid est gastronomique. Mireille, en préparant nos rations, a mis tout ce qu'elle trouvait de mieux, c'est-à-dire la totalité des plats lyophilisés initialement prévus pour les dimanches et fêtes. Un délire culinaire ! Les rotations des douze derniers jours sont : soupe au pistou, saumon grillé au feu de bois, lotte à l'américaine, langouste aux épinards, et on recommence... l'enfer quoi !

Les quatre mille calories que nous absorbons chaque jour nous paraissaient excessives au début. A présent, et bien qu'il fasse beaucoup moins froid, l'effort musculaire aidant, nous en venons vite à bout. Pendant la marche, il n'est pas rare que, dès la première pause, les plus cigales aient déjà ingurgité la totalité des friandises prévues pour la journée. Afin de ne pas risquer d'y laisser nos dents, nous réchauffons les barres énergétiques pour les ramollir : la meilleure façon est de les glisser dans nos guêtres : sans gêner le mouvement, elle dégèlent doucement au contact des mollets. C'est triste quand, dès dix heures du matin, il n'y a plus une gâterie à pêcher dans le garde-manger... pendant que les fourmis savourent les leurs — intelligemment gérées — sans pudeur sous vos yeux. La nourriture est réellement la moindre des frustrations de notre vie polaire. Au bout de deux mois, cependant, nous commençons à rêver... de steaks, de frites, de crudités, nous exclamant :

« Ça ne vaut pas... un bon "smoked meat" chez Schwartz, hein Couni ! (spécialité de viande fumée dont elle et moi raffolons et qu'on ne trouve qu'à Montréal). »

Notre Québécoise a fini par lâcher les derniers gâteaux de M. Vû : agréable surprise, bien entendu, au moment où nous n'y pensions plus. Un matin, c'est Flo qui nous régale... Nous avons passé les deux premières heures de marche à essayer de trouver l'énigme qu'elle nous a posée en avouant, penaude : «Je vous ai dit un mensonge, il y a quelques jours : vous comprendrez pourquoi à la pause.» En fait, l'adorable gamine avait menti en nous disant qu'elle n'avait plus de gruyère, petit extra très apprécié — arrivant hors-ration au ravitaillement — que chacune essaie de faire durer. Exploit pour la reine des cigales, Flo a prélevé quatre morceaux sur la vingtaine lui revenant, pour les offrir au groupe, bien après que la dernière fourmi eut épuisé ses réserves... Un rayon de soleil pour la journée !

Ce ne sera pas de refus. Il y a tellement d'eau libre à présent que le « white out », intermittent ces dernières semaines, s'installe à demeure ; nous passons les six derniers jours dans le brouillard complet, sur une glace en constant mouvement. Depuis quelque temps, j'ai pris l'habitude, quand arrive l'heure de la pause, si un obstacle se profile devant nous, de le passer avant de nous arrêter pour boire : je pars du principe que s'il est franchissable tout de suite, il ne le sera peut-être plus dans un quart d'heure, tellement la banquise est mobile désormais.

C'est ainsi qu'un jour, juste avant la dernière pause, nous arrivons au pied d'une des rares crêtes taillées dans la vieille glace. Je décide de retarder l'arrêt pour franchir d'abord le passage délicat qui est très impressionnant, formant comme une chaussée de géant. Les morceaux sont démesurés : pointé verticalement vers le ciel, l'un d'eux ressemble à un piano à queue de deux mètres d'épaisseur et de dix de long. Les cassures sont nettes et franches, nous ne manquons pas de remarquer que le secteur ne doit pas être stabilisé depuis bien longtemps. C'est beau ! Le bleu franc des arêtes souligne le relief, tandis que le « white out » baigne l'ensemble d'irréel. C'est curieux, en mettant le pied sur le floe solide de l'autre côté, je me sens comme soulagée. Mes équipières me rejoignent. Quand la dernière grimpe à nos côtés avec son traîneau, il y a soudain un grondement : nous nous retournons, muettes une fois de plus. L'immense piano à queue s'effondre sur nos traces, tous les blocs s'animent sous la poussée lente. Et tout à coup, refoulée sous la pression des glaces, l'eau noire de l'océan remonte par les fissures, et dans un bruit de ressac, une véritable vague déferlante inonde tout le secteur que nous venons de parcourir. Effrayant ! Rétrospectivement effrayant ! Un spectacle extraordinaire et tellement inattendu ! Presque immédiatement, l'eau s'est retirée, aspirée, et plus rien ne bouge. J'ai la réponse à une question que je me suis souvent posée sur la banquise, en constatant sans comprendre que, par endroits, la glace et la neige semblaient avoir été mouillées. Je suis doublement émerveillée ! Je suis ravie que nous nous retrouvions à quatre sur la « terre ferme » : à cinq minutes près, nous aurions été fauchées par la vague, trempées c'est sûr, blessées peut-être ; et puis, je suis également impressionnée par la puissance combinée des glaces et de l'océan, consciente une fois encore du privilège que nous avons d'assister en direct à la superproduction polaire.

31

LA course contre la débâcle devient un sprint, le stress monte. Le puzzle est complètement lâche, les zones minces de plus en plus nombreuses, de plus en plus fracturées, de moins en moins fiables. Le « white out » est permanent : difficile de prévoir l'issue d'une traversée, impossible d'anticiper un itinéraire ; sur les immenses étendues trop fragmentées, nous avons le sentiment d'errer de plaque en plaque, contraintes à zigzaguer dans le brouillard absolu, à défier plus que jamais les lois de la pesanteur, à parcourir de longs détours pour rejoindre la « terre ferme ». Toujours, nous passons *in extremis*, tout franchissement relève du miracle.

Nous ne tiendrons plus très longtemps : nous vivons les ultimes moments de notre aventure, et nous le savons. Au-delà du stress, vient se nicher, au plus profond de chacune, la nostalgie de la fin. Nous sommes tiraillées entre le bonheur de retrouver bientôt la vie et la tristesse de quitter ce milieu privilégié avec lequel nous faisons corps depuis deux mois.

Une seule urgence : avancer ! Redoublant d'efforts, nous finissons par atteindre 84°, puis 84° 03', notre propre record. Il nous aura fallu un mois pour reprendre en latitude le chemin perdu en trois jours de blizzard !

Pour nous éloigner le plus vite possible de « Sirop d'érable », nous avons tellement forcé que le 9 mai — avec quarante-huit heures d'avance — nous sommes à soixante kilomètres de la dernière balise, à 84° 10'. Le « white out » dure depuis trois jours. Aujourd'hui nous avons rencontré quelques floes-aéroports : en fait, nous n'avons absolument rien vu, juste senti sous nos skis qu'ils étaient beaux... trop beaux pour durer demain. Peu après la dernière pause, nous sommes stoppées par une barrière de chaos, dont il est impossible de mesurer l'étendue : peut-être deux cents mètres, peut-être dix kilomètres. Si ma théorie de l'alternance se vérifie, après les grands chenaux, nous avons eu de la vieille banquise plate, nous devrions donc retomber dans une zone de chaos.

Ce soir, j'ai l'intuition qu'il faut abattre nos cartes, nous avons eu trop de chance depuis une semaine : fût-elle polaire, la bonne étoile pourrait se lasser ! Nous avions prévu de marcher deux jours de plus : tant pis, nous sommes assez loin de la dernière balise posée, il est plus sage de nous arrêter. Nous nous installons au pied de la barrière, sur un floe trop petit. Demain nous chercherons un aéroport. Notre longue marche est terminée.

Pour la quarantième* fois de l'expédition, je perce la banquise... Mes épaules sont plus meurtries que jamais, la housse de la sonde est toujours aussi bête, pourtant, en rangeant l'outil, je ne jure pas. Mes pensées sont empreintes de mélancolie, et plus méticuleusement sans doute que les autres jours, j'essuie une à une chaque pièce de l'instrument : c'est idiot, demain il me faudra sonder le floe-aéroport. Mais ce soir, je me plais à traîner un peu.

Le lendemain 10 mai, le temps ne s'est pas arrangé : le brouillard est épais, il neige et le vent a forci. Ce matin, Titi et moi partons en reconnaissance. Juste avant de laisser Flo et Couni, nous entrons en contact avec l'assistance ; Huguette s'inquiète, nous recommande la plus grande prudence : c'est tellement facile de se perdre dans le « white out » ! Je la rassure de mon mieux : en suivant nos traces, nous retrouverons forcément la tente. C'est sans compter sur le blizzard qui s'est levé et efface tout, instantanément. Une véritable purée de pois. Pour repérer un grand floe dans de si mauvaises conditions, il n'y a pas trente-six méthodes : il faut avancer arbitrairement dans une direction pendant un

---

* 47 jours depuis le nouveau départ (24 mars) mais seulement quarante sondages (les soirs de marche) car 4 jours d'arrêt dans le blizzard et 3 jours de ravitaillement.

temps donné, disons une heure, revenir au point de départ, repartir vingt degrés plus à l'est, et ainsi de suite en étoile depuis le camp, jusqu'à ce que nous trouvions. Nous essayons au nord. Mais il y a loin de la théorie à la pratique, et les obstacles nous obligent à louvoyer ; si nous perdions nos traces, si nous marchions plein sud sur le retour, jamais nous ne retomberions sur la tente ! Étrange impression ! Jusque-là, les reconnaissances ont eu lieu par beau temps ; c'est la première fois que l'équipe se sépare dans le « white out » : nous pourrions ne jamais retrouver Flo et Couni... Sans nos traîneaux, sans radio, avec deux barres énergétiques dans la poche, Titi et moi sommes légères donc rapides, mais particulièrement vulnérables dans notre marche aveugle... Une heure pour aller, autant pour revenir, cela suffirait aux forces combinées de la neige et du vent pour recouvrir ce fil d'Ariane que creusent nos skis : au retour, nous pourrions passer à côté de la tente sans même l'apercevoir. Pourtant, il est impératif de trouver au plus vite notre dernier camp : si la tempête s'installe, toute la glace sera disloquée, nous risquons l'isolement, mieux vaut être sur un morceau de puzzle assez grand ; comme il décollera de la banquise à pleine charge, Ken demande au minimum quatre cents mètres de piste pour venir nous chercher. Une fois encore, avons-nous d'autre solution que celle d'être confiantes et de ne pas trop nous poser de questions ?

Après cinquante minutes de marche vers le nord, nous repérons, côte à côte, trois floes... peut-être assez grands, peut-être assez plats ; c'est l'incertitude la plus totale : nous les foulons, comptons nos pas pour mesurer leur longueur, mais nous ne distinguons absolument rien à dix mètres.

Nous rentrons, vite, marchant dans nos traces pour les approfondir et nous donner une chance de retrouver le chemin dans deux ou trois heures, quand nous reviendrons avec les autres. Il neige fort, par endroits notre piste est déjà effacée. Finalement, sans trop d'errances, nous retrouvons la tente.

Il faut immédiatement plier le camp et partir aussitôt vers nos « aéroports » hypothétiques. Il est onze heures quand nous sommes prêtes. Nous devons communiquer avec la base à midi ; en tirant les traîneaux, nous mettrons plus d'une heure pour arriver au floe du bivouac : nos amis vont s'inquiéter mais je ne veux pas attendre le rendez-vous radio, il serait trop tard... la neige a déjà dû recouvrir nos traces. Il nous faut partir et avancer le plus vite possible ; trop absorbées à retrouver notre route, nous n'avons pas réellement conscience de vivre les ultimes moments de complicité avec nos « montures ». Nous arrivons par miracle à destination, installons immédiatement l'antenne et appelons l'assistance : nous avons près d'une heure de retard... ils étaient aux cent coups : je m'en doutais, mais nous n'avions pas le choix.

Nous montons la tente : l'une de nous remarque tout de même que c'est la dernière fois... L'avion viendra nous chercher dès qu'il fera beau. La météo est déplorable, nous passons la journée sous la toile qui claque, impossible de mettre le nez dehors, nous essayons de dormir. Le soir, Argos nous positionne à 84o 12' : pour le moment, la tempête souffle du sud, nous ne devrions pas trop dériver... Nous préférons ne pas penser que si le vent venait à tourner, notre pôle de Ténacité pourrait se retrouver une centaine de kilomètres plus bas en latitude !

Le 11 mai, nous ne constatons aucune amélioration : le « white out » est total, toujours doublé de neige et de blizzard. Les prévisions données par la station de Longyear sont mauvaises pour trois jours au moins... et nous savons, par expérience, que cela peut durer beaucoup plus longtemps.

Nous disions toujours, à la veille de chaque ravitaillement, que ce doit être une drôle d'expérience d'entamer le sac « espoir ». Jusque-là, nous n'avons jamais touché à ces vivres supplémentaires. Flo fait le compte de nos richesses et installe son épicerie dans l'abside : un fond de nourriture du raid et les trois journées de l'« espoir »... En mangeant demi-ration, nous pourrons tenir sept jours, et il restera encore les barres énergétiques.

Partout, le temps est mauvais : depuis Longyear, Ken a tout de même réussi à rejoindre Ny Aalesund pour y chercher la dernière balise ; il reste à notre camp de base, prêt à décoller à la première éclaircie. Dans la journée, le brouillard semble se lever ; aussitôt, résolument optimistes, nous chaussons nos skis pour aller damer la piste... nous faisons cent pas, le « white out » est de nouveau un coton épais dans lequel la visibilité est retombée à moins de dix mètres.

Tout le bassin arctique est dans cette situation. Nous avons appris ce matin que Jean-Louis Étienne venait d'arriver au pôle. Nous sommes vraiment heureuses pour lui et chargeons l'assistance de lui envoyer un télégramme : « *Chapeau Papy. Nous t'embrassons. Les Mamies du pôle.* » Le pauvre est comme nous, attendant que le « white out » se déchire pour être récupéré par avion. Nous laissons la radio branchée, espérant le capter s'il parle à son équipe, mais nous ne réussirons pas.

Nous dormons épisodiquement, sans parvenir à nous reposer tant notre fatigue est démesurée. L'assistance s'inquiète plus que nous et s'étonne que nous gardions le moral. Nous avons eu deux mois pour apprendre le calme, la résignation et nous expliquons avec humour à nos amis que « nous faisons face » ; les psychologues seront contents, nous avons tout eu pendant cette expédition, tout pour mettre à rude épreuve ce « faire face » qu'ils étudient sur nous, tout... sauf les ours, alors nous les attendons ! Nous prenons notre mal en patience : complétant notre mallette de jeux composée exclusivement de cinq dés, nous dessinons un damier au stylo-feutre sur un carré de mousse, utilisant l'aspirine comme pions, tandis que sur un autre morceau de matelas nous jouons à la marelle avec les barres énergétiques. Distractions vite lassantes, surtout que l'enjeu de ces parties est de la nourriture que je perds lamentablement, quart de ration par quart de ration... ce qui a tendance à me rendre grognon. Heureusement, Flo a pitié de moi et me redonne ma part, pour raisons médicales : on ne peut quand même pas me laisser mourir de faim par simple manque de chance !

Afin de me défouler un peu, je sors forer la banquise pour le dernier sondage puis je creuse au piolet dans la glace un trou pour le « step-test » : bel ouvrage d'art que j'inaugure... pour rien, puisque après l'épreuve de six minutes, nos doigts étant complètement insensibilisés, ni Flo ni moi ne sommes capables de prendre mon pouls ! Wouhh ! La colère contre moi-même me prend... et je m'offre quelques heures de royal mal de tête. Misère de misère ! Nous n'allons tout de même pas craquer nerveusement à présent que la marche est terminée ! Nous aurions tant de choses à écrire dans nos livres de bord mais nous manquons vraiment de courage. Mes notes s'arrêtent définitivement le 11 mai au soir ; après une brève description de la situation, les derniers mots de cet ultime carnet en disent long sur notre lassitude et notre résignation : *« Nous sommes saoulées par le bruit du vent, stressées sans doute aussi, même pas envie d'écrire : c'est l'eau de boudin, quoi ! »*

Couni et moi avons commis une erreur monstrueuse, qui risque de fausser sérieusement l'épreuve finale du « faire face » : nous n'avons pas pensé à glisser quelques cigarettes dans le sac « espoir ». Le 12 mai, alors qu'il n'y a aucune amélioration météo, nous sommes arrivées à épuisement de nos réserves de tabac. La catastrophe ! Si je n'ai jamais réussi à arrêter de fumer de ma vie, c'est que mon entourage, quand je m'y essaie, me supplie de recommencer dès le troisième jour... tellement le manque de nicotine me rend odieuse. On imagine le désastre sur la banquise où nous sommes usées de fatigue et à bout de nerfs. Si le mauvais temps persiste, j'ai toutes les chances de décrocher l'oscar de la plus grognon ! Pour épargner mes compagnes d'infortune, je suis prête à fumer du thé ou de la tisane que j'envisage de rouler dans les feuilles vierges de mon carnet psychologique. Mais avant d'en arriver à cette extrémité, j'ai soudain une illumination : je me revois le 10 mai, bricoler autour de la tente et jeter au moins deux cigarettes à peine entamées. Le délire s'empare de moi. Je sors et, comme un chien cherchant un os, je retourne à la main la congère qui s'est formée à l'emplacement de mon traîneau. Mes équipières n'en croient pas leurs yeux et, prenant des photos, pliées de rire, elles m'encouragent de la voix : « Fouille, fouille, Milou, fouille ! » L'intoxication tabagique donne du flair ! Dans un mètre cube de poudreuse, Milou a fini par trouver deux mégots, trempés, qu'il faut sécher près du réchaud... avant de réussir à les allumer. Le tabac froid est loin d'être sublime... mais il est des moments dans la vie où l'échelle des valeurs subit de grands bouleversements : la saveur de ces quelques bouffées m'enchante.

Toutes les trois heures, de jour comme de « nuit », nous communiquons avec la base pour donner la météo. Devant l'absence d'évolution, réalistes, nous proposons d'espacer les bulletins mais nos amis, qui se relaient à l'émetteur, insistent pour garder ce rythme, guettant l'éclaircie avec encore plus d'impatience que nous. Sur la banquise, nous n'avons pas grand espoir d'amélioration, le blizzard souffle toujours dans le « white out » le plus total.

Nous ne cessons de répéter à l'assistance qu'il n'y a plus lieu de paniquer : nous sommes sur un floe, nous avons de l'essence et des vivres pour encore six jours, il sera temps d'angoisser le moment venu. Mais bien entendu, l'inquiétude croît avec l'éloignement : le conseiller scientifique de l'ambassade de France à Oslo nous dira plus tard que dès le troisième jour de cette attente, il avait envisagé de nous faire rapatrier par un sous-marin nucléaire... notre rêve secret !

Titi a trouvé un extraordinaire passe-temps, en vue du retour à la vie civilisée : elle s'épile les jambes à la pince universelle. Nous n'avons plus de musique : notre magnétophone est en panne ; perdu pour perdu, notre reine du bricolage ouvre l'appareil et tente un dernier sauvetage à la branquignole : il ne faut pas rêver tout de même, faire une soudure de circuit intégré avec un Opinel chauffé sur un réchaud, c'est une gageure... l'« enregistreuse » reste muette (d'admiration sans doute).

Comme dit Couni, nous sommes « ben tannées » de répéter le sempiternel bulletin d'information à notre assistance qui ne désespère toujours pas. L'un des derniers que nous transmettons par radio est assez fantaisiste, débité le plus sérieusement du monde sur le ton de la météo marine :

« *Température : + 22°C* (en réalité il fait + 2°C, c'est notre record absolu de chaleur) ; *visibilité : nulle, nous n'avons pas nos lentilles ; précipitations : escargotiques ; vent : nauséabond ; pression : nerveuse ; plafond : Louis XV ; temps général : perdu.* »

Cela n'est qu'un exemple des dernières conversations avec nos amis de la base. C'est notre seule distraction, et tandis qu'eux s'arrachent les cheveux à commander, puis décommander l'avion militaire, les conférences de presse, les tests médicaux etc., nous leur mitonnons des jeux radiophoniques, et d'un appel à l'autre, ils se torturent l'esprit pour trouver la solution de nos énigmes.

Nos familles et nos supporters nous savent parvenues au terme de l'expédition : de nombreux messages de félicitations sont arrivés à la base... et à chaque communication, nous disons à Huguette :

« *Tu devrais nous lire les télégrammes. A toi.*

— *Je vous les ai déjà tous lus. A vous.*

— *Oui, mais la dernière fois on n'a pas bien compris. A toi.*

— *Vous ne seriez pas un tout petit peu cabots, par hasard ! A vous.*

— *Allez ! Sois sympa ! On est des pauv'tites perdues dans le brouillard sur la banquise ! A toi. »*

Et Huguette, attendrie, cède. Il y en a de toutes sortes : les officiels élogieux, les inconnus admiratifs, les maternels tout empreints d'émotion et de fierté ; et puis les amicalement humoristiques... dans le genre : *« Il fallait le faire, vous l'avez fait »,* *« Félicitations, avons l'apéritif, amenez les glaçons », « Votre exploit et vos orteils font désormais partie du pôle, rentrez vite nous raconter le premier, on s'occupera des seconds... » ;* celui de l'équipe médicale est très prometteur : *« Espérons vous retrouver avec un peu plus que de la peau et les os et surtout avec un moral de fer pour affronter les épreuves que nous vous réservons à Lille. Baisers platoniques. Équipe Riri. »* Mais celui qui m'a fait le plus rire nous vient des enfants d'Huguette : *« Bravo les petits gars. »* Il y en a tant et tant... tout le réseau s'est manifesté par la voix des ondes, nous transmettant chaleur et courage pour patienter encore.

Nous sommes prêtes au pire et le prenons avec philosophie... partant du principe que c'était le jeu et que sans doute nous n'avions pas encore tout à fait mérité notre pôle de Ténacité !

Finalement, après trois jours d'attente, le 12 mai au soir, Couni, sortant de la tente, nous crie : « Ça s'arrange, les filles ! » Evidemment, personne ne peut y croire tellement le brouillard était encore intense un quart d'heure plus tôt. C'est pourtant bien l'éclaircie. L'assistance est en veille permanente à la radio : de minute en minute, nous transmettons la météo qui va s'améliorant. Le pilote, confiant, décide de décoller vers minuit. C'est la panique totale à la base, nos amis ont failli oublier la balise que nous devons poser.

Comme désormais nous parlons couramment québécois, avant que Ken ne quitte Ny Aalesund, Flo lui crie par radio :

« *Pis mon p'tit gars, pèse su la suce !* (Dépêche-toi, appuie sur le champignon.) »

Nous restons en contact avec les membres de l'équipage qui, en vol, ont de sérieux doutes. Tout est bouché partout. En fait, cinq kilomètres carrés semblent découverts sur l'océan Glacial Arctique : l'endroit où nous sommes. Les pilotes nous demandent confirmation sur confirmation ; ils nous font confiance et poursuivent tout de même, tellement les prévisions météo sont mauvaises pour la semaine à venir : un coup de poker auquel nous ne croyons pas réellement. Pourtant, pour nous sur la banquise, c'est le plein soleil à présent : pour la première fois depuis trois jours, nous voyons le paysage dans son ensemble, constatant avec soulagement que les « aéroports » que nous avons trouvés dans le brouillard devraient convenir pour l'atterrissage... une chance encore !

Nous sommes toutes bien énervées dans nos rangements précipités et il s'en faut de peu que le dernier quart d'heure ne tourne mal. Ayant ma petite idée derrière la tête mais ne voulant pas la lui exposer, je demande à Couni ma cassette d'*Aïda*... certainement d'un ton pointu de Française puisqu'elle me rabroue très sèchement :

« Comme de juste, c'est à c't'heure qu't'as besoin de ta cassette, alors que le Twin Otter s'en vient et qu'y a tout à remballer : t'peux vraiment pas attendre d'être rentrée, Maudite toi ! L'est pas perdue ton *Aïda* ! L'est au fond de mon sac. »

C'est trop bête ! A une exception près, nos deux « moyens caractères » ont réussi à rester en accord parfait jusque-là, nous n'allons pas nous fâcher à la dernière minute. Je réponds froidement pour couper court :

« On se calme, on se calme ! Ne nous énervons pas, tu as sans doute raison, je n'en ai absolument pas besoin. »

Couni le prend un peu mal, moi je suis déçue et ce serait trop long de lui expliquer. Pendant toute l'expédition, chacune avait une cassette — sa préférée, j'imagine — qu'elle écoutait quand lui revenait le magnétophone... dix minutes tous les quatre jours. Pour ma part, c'était le premier acte d'*Aïda* de Verdi. Et si je tiens à l'avoir au moment de partir, c'est que je voudrais que la musique parle pour moi. Nous n'allons pas quitter la glace en catastrophe tout de même ! Ce point où nous sommes, qui n'existe sur aucune carte, c'est notre pôle de Ténacité : il n'y en aura plus d'autre pour nous ; où que nous allions si nous revenons sur la banquise, ce ne sera plus jamais comme la première fois. Alors je voulais qu'autour de cette dernière balise, devant notre drapeau que doit apporter l'équipage, mes compagnes entendent le « Ritorna vincitor » d'*Aïda*, merveilleux chœur dans lequel j'ai puisé mes forces pour avancer : ce « Reviens vainqueur » me paraît tellement plus symbolique qu'une *Marseillaise* ou un « O Canada »... Tant pis, de toute façon tout est raté : je viens d'apprendre par radio que, dans la précipitation du départ, le drapeau et le magnétophone de l'assistance sont restés à la base...

Il est plus de deux heures du matin lorsque l'avion arrive. Nous l'avons repéré depuis quelques minutes mais les pilotes ne nous voient pas, malgré la tente que nous avons volontairement laissée montée. Je les guide par radio, tandis que sur la piste mes équipières lancent les fumigènes : ils finissent par nous trouver et se poser : personne n'y croyait vraiment !

Kora, Brian et Ken sont accompagnés de Guylaine, la cardiologue de l'équipe médicale, arrivée de France pour nous faire subir au camp de base les premiers bilans physiologiques, dès notre retour des glaces. La météo est telle sur tout l'Arctique qu'il n'est pas certain que dans trois heures nous puissions atterrir à Ny Aalesund, ni même à Longyear : peut-être faudra-t-il nous rabattre sur Station Nord au Groenland, avec le risque d'y rester bloqués un, deux, huit jours, qui sait. Où que nous soyons, il est essentiel de nous soumettre au plus tôt aux tests, c'est pourquoi notre médecin est dans l'avion. La raison scientifique est frustrante parfois ! Nous sommes heureuses de retrouver Guylaine, mais un brin déçues : il ne pouvait y avoir qu'un seul passager à bord ; pour cause de mauvais temps, Huguette a dû céder la place qui lui revenait tout naturellement, elle qui, marchant dans l'ombre, nous a poussées sans relâche : pour toute l'équipe, c'était un symbole qu'elle vienne nous chercher...

Tandis que Titi et Couni replient la tente et l'antenne de la radio, Flo et moi terminons de forer la glace pour poser la dernière balise. Je plaisante avec la benjamine pour éviter de penser et pourtant, les mots se pressent dans ma tête.

J'ai apporté une bouteille isotherme que je remplis de copeaux de glace extraits du forage dans lequel va être ancré l'émetteur. Flo, la pipelette, me dit de sa voix de gamine :

« Oh ! tu refais un prélèvement ? »

Comme elle m'a vue préparer, en bonne et due forme, les échantillons de neige pour les mesures de radioactivité, j'ai l'impression d'être prise la main dans le sac et je réponds n'importe quoi pour sauver la face :

« Euh ! Oui ! Celui-là c'est pour une analyse chimique du floe. Il faudra pas la vider, cette Thermos, d'ailleurs je vais l'écrire sur le capuchon. »

Flo semble satisfaite et parle d'autre chose mais je n'écoute plus. Analyse chimique ! Heureusement qu'elle n'est pas hydrologue ! Est-ce qu'en vue d'un dosage des sels on fait des prélèvements dans une bouteille ayant contenu la boisson énergétique au citron, enrichie en minéraux ? Je me trouve bête sur le moment ! Cette glace qu'il ne faut surtout pas toucher n'est pas pour la Science, c'est un peu de notre pôle de Ténacité, que je ramène au Sud, dans mes bagages. Qui pourrait comprendre ? Il faut être né le 2 novembre — raison suffisante pour détester les chrysanthèmes jusqu'à la fin de sa vie — pour imaginer que nos chers disparus ne sont pas forcément sensibles qu'aux fleurs. Presque chaque fois que je suis partie en voyage loin, j'ai rapporté un caillou, tout ce qu'il y a de plus banal, que j'ai posé sur la tombe de ma sœur. Pensant à un outrage de vauriens, les braves gens arpentant le cimetière où elle repose s'empressent systématiquement de débarrasser mes pierres qui, apparemment il est vrai, n'ont rien de précieux. Un peu déçue, j'en souris, sachant pertinemment que personne ne les ramènera là où je les ai trouvées. Sur la banquise il n'y a pas de roche, c'est sans doute très irrationnel de prélever pour une tombe de la glace qui deviendra de l'eau. Je n'ai pas envie de me justifier sur le moment et le cheminement se poursuit dans ma tête où je m'adresse intérieurement, très familièrement comme toujours quand je lui parle, à celle qui reste

mon aînée : « Tu m'excuseras, ma vieille, j'ai qu'une bouteille !
Faudra que tu partages avec lui ! »

« Lui ! » Je n'aurais jamais imaginé, et lui non plus sans doute,
que je rapporterais de l'eau à mon « Maître »... hommage
d'hydrologue à hydrologue.

Voilà plus d'un mois, j'ai proposé que notre dernière balise
porte le nom de mon directeur de recherche. Comment pourrait-
il en aller autrement quand le moindre morceau de glace plate a
ramené inéluctablement ma pensée à sa mémoire, du premier au
dernier jour de notre longue, longue marche grâce aux « longues,
longues plaines » du Père Duval ? Ce 13 mai 1986, en inscrivant
au gros marqueur « René Frécaut » sur la balise, j'ai l'impression
de rendre ma copie à la fin d'un examen ; Flo me parle, je
n'entends rien, essayant de taire cette bousculade de mots :
« Vous aviez raison, m'sieur, c'était plus facile ! Vous qui ne vou-
liez pas m'accompagner, vous ne pensiez pas faire autant de kilomètres sur la banquise ! Cette rengaine frisait l'obsession, mais
dans le fond, c'était réconfortant spirituellement de vous avoir à
mes côtés ! »

Nous ancrons la balise, Titi et Couni nous ont rejointes. Guylaine prend quelques clichés au pôle de Ténacité : c'est loin d'être
une séance de photos pour magazine sur papier glacé... Sales, les
cheveux gras en bataille, les visages bouffis et meurtris, burinés
par le vent, le soleil et le froid, nous n'avons rien de pin-up, mais
tout de « baroudeuses pas mal maganées ». Rapetissées par la
leçon d'humilité permanente que nous venons de vivre, deux
mois durant, grandies par ce combat gagné sur nous-mêmes,
nous rions, heureuses. Il y a bien un « Nous avons été bonnes »
qui fuse pour saluer le moment mais personne ne dit le fond de
sa pensée. Nous rendons-nous compte, vraiment, que c'est
fini ?...

Le copilote nous presse de monter dans l'avion à présent. L'au
revoir sera bref. Sous prétexte de vérifier le fonctionnement de la
balise, je reste seule une minute. Nous sommes à 84° 14' ce
matin, ce qui signifie que, depuis que nous avons cessé de marcher, la dérive nous a poussées de quatre kilomètres... vers le

nord ! Ce n'est plus un clin d'œil, c'est un pied de nez de la nature polaire !

Je n'ai pas besoin de sortir ma boussole pour me tourner du bon côté : il se montre enfin depuis que le « white out » s'est levé, ce nord où nous n'irons pas. « Tu nous en as fait voir de toutes les couleurs... surtout du blanc, c'est vrai ! On va s'ennuyer de toi, tu sais ! »

Brian m'appelle et interrompt mon monologue. « J'arrive ! »

Moi qui soliloque depuis deux mois, j'ai soudain la gorge serrée et je reste sans voix... comme on est bêtement muet sur le quai d'une gare quand le train va partir et qu'on n'a plus le temps de rien se dire... alors on se regarde... alors, je le regarde... loin à l'horizon, plus loin que la crête bleue, là-bas où l'infini de glace se confond avec le ciel... quelques secondes...

... puis je détourne la tête et je cours à l'avion, constatant, un peu fière, que je n'ai pas pleuré.

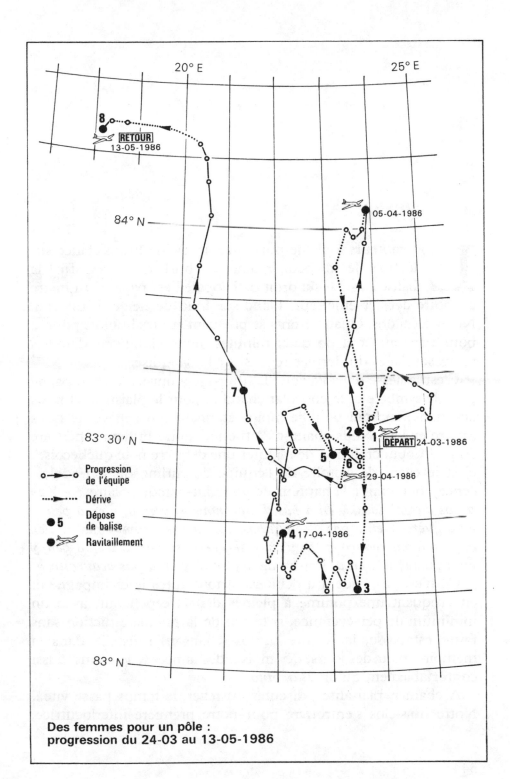

Des femmes pour un pôle :
progression du 24-03 au 13-05-1986

32

LES moteurs à pleine puissance, le Twin Otter s'élance sur le floe. Je ne peux retenir un hurlement : « Gaffe ! la balise !... » Le ski droit de l'appareil est passé à un mètre de notre dernier émetteur, blanc sur fond de neige, il est vrai. Nous décollons. Quatre fronts se plaquent sur les hublots pour ... pour rien : au bout de deux minutes, nous plongeons dans les nuages, privées du dernier regard sur la banquise.

C'est la liesse dans l'avion ! L'équipage a ouvert le champagne pour le symbole et le chocolat chaud ... pour le plaisir ... et nous alternons : cocktail pour le moins étonnant qui achève de nous mettre en joie. Nous chantons à tue-tête notre brillant répertoire auquel Couni croit bon de rajouter une dernière note québécoise : c'est le chant de victoire de l'équipe de curling de son adolescence, tout à fait à la hauteur de notre hit-parade polaire... *« Y en a pas d'com' nous, y en a pas d'com' nous, si y en a, y en a peu, y en a guère. Y en a pas d'com' nous, y en a pas d'com' nous, si y en a, y en a pas beaucoup. Si y en a, si y en a, si y en a, y en a peu, y en a guère ; si y en a, si y en a, si y en a, y en a pas beaucoup. »*

Ce n'est pas évident à débiter, surtout après le champagne et en croquant une pomme à pleines dents ; cependant, avec un minimum de persévérance, si le cap de la première diction sans faute est passé, la « p'tite tune » (chanson) s'installe dans la mémoire, pour des jours, des mois... des années je le crains, aussi confortablement qu'un *Bambino*...

A chanter, plaisanter, discuter ou rêver, le temps passe vite... Notre huis-clos s'entrouvre pour notre première interlocutrice,

Guylaine, captivée, qui voudrait tout savoir et, tels de vieux loups de mer, nous racontons, dans le plus total désordre ; nous parlons à l'imparfait de ce passé que nous venons tout juste de composer : l'expédition est donc bien finie puisque la voilà devenue souvenirs.

Je n'ose pas trop demander à Ken les dernières nouvelles de la météo ; en tout cas, depuis plus de deux heures, nous survolons une mer de nuages et je comprends qu'à l'aller les pilotes aient eu besoin de plusieurs confirmations concernant le plein soleil que nous annoncions sur notre floe. C'est vraiment bouché partout ! Mon optimisme naturel est un brin altéré : je crains fort que deux miracles ne soient pas possibles dans la même journée... Je sens que nous allons finir au Groenland... Mais non ! Contre toute espérance, saint Bol et sainte Clémence conjuguant leurs efforts, nous atterrissons directement à Ny Aalesun.

C'est assez horrible : il pleut. Le Twin Otter, jouant les hydravions, finit sa course entre deux gerbes d'eau : la piste-patinoire est complètement inondée. Quand nous descendons de l'appareil, que nous posons le pied sur la terre ferme — la vraie — que nous n'avons pas foulée depuis cinquante-deux jours, les unes après les autres, en dignes branquignoles, nous commençons par glisser et tomber...

Retour renversant mais... triomphal ! L'assistance et les Norvégiens sont là : Jacques, secouant le magnum à bout de bras, nous arrose de champagne, Mireille ne sait plus où donner de la tête, de la caméra ou de l'appareil photo, tandis qu'Huguette nous passe autour du cou les colliers tahitiens que, par cruel manque de fleurs, elle a dû confectionner en... bonbons. Elle pleure, et je comprends si bien, elle aurait tant voulu venir nous chercher « là-bas » ; et puis, ici, avec la complicité de Guylaine qui a ramené de France des bombes de peinture, elle pensait dessiner sur la banquise du fjord notre logo — grandeur nature — pour nous accueillir. Elle m'explique, désappointée :

« On voulait mettre un vrai traîneau et vos vêtements pour faire le personnage : il aurait été gros, tu sais, pour être vu d'avion ! C'est tout raté ! Ken a réquisitionné les bombes pour baliser votre floe au cas où le temps aurait été trop mauvais. Pis, en plus, il pleut des lessiveuses...

— Mon pauv' Nounours ! Si on résume, est-ce que ce ne serait pas un peu... l'eau de boudin, quoi ? C'est rien, va, on a eu de l'entraînement, là-bas ! »

Les Norvégiens nous attendent dans le gymnase, avec le champagne encore... alors que nous prendrions volontiers un petit déjeuner. Nous ne savons même pas quelle heure il peut être : six heures zoulou (GMT), huit heures d'ici. Le premier contact est à la fois agréable et difficile : il y a foule (au moins quinze personnes), il fait chaud, tout le monde parle en même temps. Ils veulent savoir, en français, en anglais, ne connaissant pas les rudiments du jargon franco-québécois de la banquise, ils ne comprennent rien, il faut tout expliquer...

Ken sauve sa moustache en interprétant en deux langues, brillamment — et pour cause — « O Canada ». Je lutte encore un peu, puis je vais me coucher. Voilà plus de trois jours et trois nuits que nous ne dormons que par bribes ridicules, sur une glace qui, étant donné la température (0°C), avait fini par se creuser sous nos corps, nous condamnant à ne pas pouvoir changer de position.

Un lit... c'est tout ce que nous souhaitons ; un lit où nous dormirons nues, sans trois épaisseurs d'anoraks et de pantalons... un lit qui ne bougera pas, qui ne risquera pas de s'ouvrir en deux sur l'océan... L'assistance voit les choses d'un autre œil et Huguette de nous envoyer à la douche :

« Non mais vous rigolez ! Vous vous êtes regardées et... senties surtout ! Vous n'espérez tout de même pas, dans un tel état, vous coucher dans des draps propres ! »

J'aimerais mieux m'allonger par terre plutôt que d'aller me laver. Après cinquante-deux jours passés dans notre crasse, nous ne sommes plus à quelques heures près... Cette première douche, obligatoire, nous ne l'avons même pas appréciée.

Trop fatiguées, nous dormons à peine, étouffant de chaleur. A notre lever, nous sommes immédiatement plongées dans la course du départ. Prises de sang, tests médicaux, doigt dans la glace, visage dans l'eau, pesée, pli cutané, « step-test », bilan psychologique, manipulations par Jacques... et les bagages à plier. L'assistance a déjà bouclé toutes les cantines et s'est attaquée au grand ménage : il nous reste à sécher et emballer le matériel de la banquise... C'est le tourbillon, un peu affolant.

Nous ne sommes plus là-bas mais pas encore ici : nous redécouvrons les gestes des civilisés... nous ne savons même plus téléphoner : il nous faudra plusieurs jours pour cesser de ponctuer toutes les phrases de nos coups de fil du rituel «A toi» des transmissions radio.

Le 13 au soir, les dix Norvégiens de la base nous fêtent royalement, nous conviant à un repas pantagruélique de saumon, steak de renne, frites, salades... plus que nous n'avons jamais rêvé sur la glace. Après le toast porté au roi de Norvège, chacun y va de son petit discours... nous aussi, au moment où Titi leur offre son traîneau. Ils nous disent que nous avons été un soleil dans leur solitude... et que nous avons rendu leur hiver «very exciting»... Sûrement ! nous doublions leurs effectifs, sans compter qu'ils ont eu la possibilité, avec nos départs différés pour cause de météo déplorable, de réitérer «the last waltz» (la dernière valse) quelques soirées de suite...

Ayant suivi personnellement et chaleureusement notre expédition, l'ambassadeur de France en Norvège nous a dépêché son conseiller scientifique pour nous remettre une lettre qu'il est bon de lire avant de rentrer au pays : deux pages très élogieuses, réelle reconnaissance de notre entreprise : *«Vous n'avez pas atteint le pôle, c'est vrai, mais ce n'était pas l'essentiel ! Il en résultera peut-être une injustice : les médias parleront moins de vous. J'espère qu'ils comprendront et mettront en valeur tout ce que votre exploit a apporté de nouveau à la connaissance du milieu polaire : d'ores et déjà la moisson est considérable, vous avez ouvert des perspectives tout à fait nouvelles à la science de la dérive des glaces... Votre expédition me paraît extrêmement représentative de ce qu'est la France aujourd'hui : un pays qui ose, qui risque, qui donne de sa personne, qui veut être à la pointe du progrès et découvrir des voies nouvelles... »*

Belle introduction pour un retour qui ne sera pas facile médiatiquement, je le sais. Je donne cette missive officielle à lire à mes compagnes : elle est autrement plus éloquente que mes « Vous avez été bonnes, les filles ! » invariablement radotés.

Nous devons rejoindre le Transall à Tromsoe le 16 mai, en prenant l'avion de ligne Spitsberg-Norvège qui quittera Longyear à quatre heures le matin même. Notre camp de base est à trente minutes de vol de l'aéroport international. En deux rotations, Ken a déjà transporté la plus grosse partie de notre fret à la capitale. Le 14 mai, les derniers bagages sont à bord du Twin Otter : ils partiront avec nous. L'équipage nous demande, une fois de plus, d'être prêtes à décoller à n'importe quel moment, c'est-à-dire à la première éclaircie, puisque le temps est épouvantable : alternance de pluie et d'épais « white out »... Je sens que la météo va venir à bout de nos nerfs.

Les pilotes n'ont probablement pas les mêmes critères de jugement que nous : alors que le commun des mortels n'aurait noté aucune amélioration, à vingt-deux heures, le 14, Ken décide subitement qu'il faut embarquer. Écourtant nos adieux aux Norvégiens, nous ne cherchons pas trop à comprendre, nous avons trente heures d'avance sur le départ de l'avion de ligne mais mieux vaut attendre à la capitale que de manquer le Transall.

A Ny Aalesund, le plafond de nuages n'est pas vraiment haut. Ken décolle, le traverse et nous volons en plein soleil. Une demi-heure plus tard, à l'approche de Longyear, nous replongeons dans le coton. Nous prenons très vite conscience que l'atterrissage sera un nouveau coup de poker : l'avion descend dans le « white out » total, puis brutalement remonte à la verticale et émerge des nuées. Il tourne un moment au-dessus et recommence, piquant dans le brouillard, bas, encore plus bas, un peu comme dans les manœuvres de « touch and go » pour éprouver les floes, mais là, normalement, il n'y a rien à tester sur une piste en béton avec radar et tour de contrôle... Ken cherche simplement à voir le sol. Au bout de trois essais infructueux, il se retourne vers moi et me dit :

« La tour d'Longyear affirmait qu'c'tait bon quand on a décollé, le plafond a baissé le temps qu'on arrive, j'suis descendu à trente pieds (dix mètres), pis t'as vu la maudite marde : pour sûr, le brouillard est jusqu'à terre. Même un Boeing n'fait rien là-dedans. On peut pas atterrir pan toute, pan toute (pas du tout, du tout). J'vas tourner en l'air l'temps qu'ça s'lève. Sinon on s'en r'viendra à la base. »

Le Twin Otter décrit de grands cercles au soleil, retente deux ou trois plongées, remonte, survole un bon moment, comme s'il cherchait à s'y poser, un glacier plat qui s'offre à nous au-dessous des nuages. Après quinze minutes au moins, l'avion repart vers la base. Une nouvelle demi-heure de vol, une approche, il redresse, deuxième piqué, rien, troisième essai : nous sommes vertes, et verts... Aucun doute, à Ny Aalesund le plafond est désormais aussi bas qu'à Longyear... Piégés comme des rats !

Ken essaie encore. Dès qu'il perd de l'altitude, nous sommes noyés dans le « white out ». Pour y avoir arpenté les glaciers pendant neuf mois, je connais bien la région et les montagnes aux parois verticales qui forment un rempart de mille mètres de hauteur autour du fjord très encaissé. C'est effrayant, on ne voit strictement rien et le Twin Otter vole vite : au moindre écart il va se fracasser sur une falaise ! Huguette, qui d'une manière générale a peur en avion, est liquéfiée. Je ne brille pas, les autres non plus. Quelle impuissance ! Je sais mon équipe réellement en danger, beaucoup plus que n'importe quand sur la glace, mais la décision ne me revient pas. J'ai confiance en Ken, j'imagine qu'il a besoin de toute sa concentration pour trouver une solution, ce n'est pas le moment de crier. J'improvise un mauvais numéro de confiance pour essayer de rassurer mes camarades et leur demander de contenir leur voix, à défaut de leur peur. Je leur dis ce dont j'essaie de me persuader depuis un quart d'heure :

« Les filles, Ken est plus jeune que moi, je pense qu'il a envie de vivre au moins autant que moi et qu'il fera donc tout ce qui est en son pouvoir pour éviter de percuter une montagne. »

Je ne sais vraiment plus ce qui est en son pouvoir ! Le mien — s'il en était — est réduit à néant : je n'ai rien de plus à faire que les autres, c'est-à-dire avoir la trouille, et en silence s'il vous plaît.

Ken tourne et retourne.

« Ça va mal pour nous, regarde ses narines qui palpitent », me dit Huguette, tremblante. Observatrice, elle a remarqué, lors des atterrissages aux ravitaillements, que notre pilote est trahi par son nez dans les moments critiques.

J'essaie de la convaincre que nous allons nous en sortir et par la même occasion, je tente de repousser mes idées sombres du moment ; il vaut mieux qu'elle ne sache pas que, m'en remettant une fois de plus au destin, mêlant prières et blasphèmes, je pense un court instant : « C'est peut-être l'Heure ! M... ! C'est trop c... ! J'ai toujours dit que la mort n'est pas là où on l'attend. Nom d'un chien, mon Dieu ! Faites un petit effort ! Pas maintenant ! Ce serait franchement ridicule de finir sur la piste du camp de base, ratatinées dans une carlingue, après tout ce qu'on vient de vivre ! »

Le Twin Otter quitte le fjord et s'en va vers l'ouest, vers le large. « Mais qu'est-ce qu'il fait ? Il s'éloigne, vire subitement vers le nord et entame dans le brouillard une descente... très lente... d'avion fantôme. Ces minutes aveugles sont des siècles. Nous plongeons toujours, je serre les dents pour ne pas hurler : « On va s'écr... »

Je n'ai pas le temps de finir. Mes yeux s'écarquillent... Joli coup ! Très habile ! Je viens de comprendre !

Le voile s'est déchiré, nous sommes à moins de deux mètres d'altitude... au-dessus de l'eau noire que nous pourrions presque toucher avec les skis. Le Twin Otter vole à régime très réduit, pris en sandwich entre l'océan et le plafond de nuages. Il n'y a pas trente pieds de dégagés en épaisseur. Impressionnant... mais déjà plus rassurant que le « white out » dans un décor invisible de montagnes. Après quelques longues minutes d'errance entre mer et brouillard, tout à coup, devant nous, un mirage... non, un miracle : une plage, recouverte de neige... et l'avion atterrit, cahotant sur la surface englacée qui a tout de la tôle ondulée.

Le Twin Otter est arrêté, moteurs coupés. Prenant sa tête à deux mains, Ken pose les coudes sur le manche. Je me retourne pour imposer le silence. Nous devrions hurler de bonheur, l'embrasser pour le féliciter d'avoir eu cette idée géniale : voler au ras de l'eau pour se glisser à moindre risque sous la chape de nuages.

Après une ou deux minutes, Ken se lève et vient me dire calmement :

« Nounourrs, j't'jure qu'j'ai jamais rien vu d'même : pu pouvoir atterrir, ni à Longyear, ni à Ny Aalesund... et on n'avait rien comme carburant : y en reste pour un quart d'heure et ici, on est à dix minutes de la base.

— J'ai cru que tu te poserais sur le glacier !

— J'ai préféré prendre une chance et rentrer à Ny Aalesund, pis par après, j'avais pu assez de gaz (carburant) pour r'tourner su la glace, alors j'ai pensé à c't endroit ; 'coute bien comme c'est pas mal dingué le destin : j'étais jamais venu ici, pis y a trois jours, complètement par hasard, j'ai fait une p'tite boucle avant de rentrer à la base et en vol, j'ai remarqué cette belle plage, parce qu'c'est rare, dans la région ! »

Je lui tape sur l'épaule, imitant son accent : « T'as été pas mal bon, mon p'tit gars ! »

Alors seulement, nous applaudissons. Ken s'adresse à toute l'équipe : « Excusez pour la trouille ! Y a pu qu'à attendre qu'cett' maudite marde se lève... quelques heures, quelques jours... j'vous apprends rien : la météo d'par ici, vous connaissez ça autant qu'moi ! »

C'est le coup de grâce ! N'importe quel vase, beaucoup moins rempli que les nôtres, aurait débordé ! A bord de l'appareil se trouvent deux membres d'équipage, six « femmes pour un pôle », Jacques, Guylaine et le conseiller d'ambassade qui, détail cocasse, porte élégamment un nœud papillon, dans une situation où, personnellement, je préfère être habillée polaire. Étant toutes et tous normalement constitués, nous devrions craquer les uns après les autres. Flo s'effondre en premier : excédée par les réactions de nos invités qui trouvent « drôle » cette mini-aventure, pimentant leur séjour... Notre benjamine pleurniche, dépitée : elle ne voit qu'une chose, nous allons manquer l'avion de ligne et donc le Transall... Notre arrivée en France et les retrouvailles avec l'amour de sa vie vont être différées d'une semaine.

Si les ressources individuelles s'effritent, c'est collectivement, comme toujours, qu'il nous faudra jouer les prolongations dans l'épreuve de résistance au stress, apothéose du programme de

351

recherches psychologiques. Parmi nos bagages, j'aperçois ma guitare... alors nous « faisons face » en chantant tous en chœur, et
notre « piote », bercée, finit par sombrer dans le sommeil. En bon
rugbyman expert-animateur des voyages d'équipe, Jacques prépare le buffet : nous disposons en tout et pour tout d'une orange,
d'un bon kilo de gruyère et d'une bouteille de cognac... nous fes-
toyons bruyamment. Huguette ne voit ni n'entend rien de tout
cela, écrasée de fatigue, elle s'est endormie dans son duvet ; nous
sommes un peu à l'étroit, voulant allonger ses jambes, elle a dû
demander, gênée, à son voisin, le conseiller d'ambassade : « Me
permettriez-vous de poser mes pieds sur vos genoux ? » Courtois
autant qu'élégant, il a accepté, évitant respectueusement de toucher le paquet emballé de plumes dont il a hérité, alors que le
rêve secret d'Huguette, congelée, était de récupérer un peu de
chaleur par la voie diplomatique. Quoi qu'en pense Flo, il y a
tout de même un brin de cocasserie dans l'air. Le fin du fin :
notre cardiologue est malade, elle a pris froid (on ne rit pas) et
voudrait de l'aspirine : nous n'en avons qu'en poudre, et pas une
goutte d'eau... rien que du cognac, mais les branquignoles sont
là : accroupie dehors, avec la patience d'un Inuit, au contact de
mes mains (considérées comme propres, vu les circonstances), je
lui fais fondre une boule de neige, recueillant le goutte-à-goutte
dans un gobelet, non sans penser : « Vivement qu'on invente le
réchaud ! »

Régulièrement, Ken appelle la base et, sortant du cockpit,
monté sur le toit de l'avion pour avoir une meilleure idée de la
situation... désespérément stationnaire. Après trois heures, en fin
de répertoire, nous rangeons la guitare : quelques courageux descendent cinq minutes à la « plage ». Devant l'absence d'amélioration, il faut nous résigner : nous nous installons pour la « nuit »,
allongés sur les sièges ou les cantines, partageant les sacs de couchage.

C'est le bruit des hélices qui nous tire du sommeil : il est six
heures du matin, nous sommes ici depuis minuit ; le temps est
couvert mais le plafond est assez haut, Ken décolle. Dix minutes
plus tard nous survolons la piste de Ny Aalesund : curieusement,
l'avion tourne, une fois, deux, trois... les narines palpitent... Non !

Pitié ! Au quatrième tour seulement, il se pose, s'immobilise... et le pilote nous explique ses hésitations dans la manœuvre : alors que sur la piste verglacée il ne pouvait atterrir que sur pneus, il ne parvenait pas à remonter les skis de l'appareil pour dégager les roues... Nous retrouvons les Norvégiens qui se lèvent, prenons un petit déjeuner avec eux et allons nous coucher. Rejoignant notre maison, je confie à Ken que ce vol a été ma plus grosse peur de l'expédition, il ne dit rien ; plus d'un an après il nous avouera que nous avions deux pour cent de chances de nous en sortir et que pour lui, ce fut la plus grande terreur de sa carrière de pilote.

Sur le moment, avant de m'endormir, je revois le film des récents événements, ne trouvant pas très discret ce dernier clin d'œil de l'Arctique : en matière de bras d'honneur, le prêté me semble rendu... Du mauvais comique de répétition que cette ultime saute d'humeur de la nature polaire, devant laquelle je m'incline : sans doute fallait-il lui laisser le dernier mot et payer la clémence des cinq kilomètres carrés miraculeusement dégagés pour le rapatriement...

Le soir du 15, devenus subitement adeptes du « bretelles ET ceinture », c'est avec eau, vivres pour trois jours et le plein de carburant que les branquignoles se lancent dans une nouvelle tentative de trente minutes Ny Aalesund-Longyear. Nous arrivons à destination, directement et sans encombre : il est minuit. L'avion de ligne part dans quatre heures : c'est juste le temps qu'il me faudra pour traiter dans le salon de l'hôtel, en anglais et hagarde, l'affaire du contrat de la compagnie de Twin Otter. Malgré l'aide d'Huguette et la diplomatie trilingue du conseiller d'ambassade, inutile de préciser que, vu mon état de fatigue, nous ne gagnons qu'une colère noire et un bon mal de tête, tandis que le patron de la compagnie obtient tout ce qu'il souhaitait, mauvaise foi à l'appui !

Contre toute espérance, nous nous retrouvons dans le Transall : dès que nous sommes autorisées à nous détacher, nous nous couchons sur les sièges et les civières et nous dormons, du sommeil du juste, jusqu'à Lille. Il y a trois jours, nous étions sur la banquise, tout est allé si vite, trop vite : nous avons vécu ce retour sans heures, sans nuits, sans calendrier, sans avoir le temps de comprendre !

Juste avant que l'avion militaire ne se pose, Couni est en larmes : elle sait que personne ne l'attend. Notre grande bavarde d'Huguette a donc réussi à tenir sa langue !

Sous un soleil d'été, le ventre de l'avion s'ouvre : la chaleur, les odeurs, les fleurs, les parents, les amours, les amis, la vie... le Sud !

Chaton est là, les « femmes pour un pôle » sont au complet : il ne manque que Mary pour la photo de groupe. Puis les pingouins sont lâchés : Couni pleure de plus belle, sa mère est venue du Québec... Flo retrouve son homme, Titi sa famille, Mireille ses amis. Les enfants d'Huguette sont en retard de deux heures, tandis que, de peur de nous manquer, mes parents étaient tellement en avance que les services d'ordre les ont refoulés : ils sont là, mais derrière les barrières... et les jumelles. De toute façon, je suis momentanément privée de retrouvailles, déléguée d'office pour répondre aux questions des journalistes de la télévision... la course déjà. Vient l'instant de répit où je peux dire bonjour à mon tour : il me faut rendre « mes » filles à leur famille ou à leur amour : j'ai tant à exprimer... et embrassant les mères et les copains, je suis trop émue... je ne trouve rien d'autre à bégayer que d'individuels : « Elle a été bonne, vous savez ! »

Une partie de l'équipe médicale est là, essayant de nous amadouer avec un magnifique bouquet de lilas et de genêts. Nous partons tous chez Guylaine, qui met à notre disposition sa grande ferme pour quelques instants de sursis avec nos proches. Le plus horrible est que, tels des cosmonautes, nous sommes en quarantaine pour deux jours : les parents sont restés une heure, les amours un peu plus mais, malgré toute l'affection qu'il nous porte, inflexible, le Pr Riri n'a pas cédé : les engagements sont les engagements ; il était convenu que nous resterions isolées psychologiquement et physiquement à notre retour : ce soir et demain les amoureux feront chambre, maison, et ville à part... pour la Science ! C'est dur... mais nous avions choisi !

Le 17 mai, les quatre de la banquise redeviennent femmes à l'unisson : nos cycles menstruels ont repris tous en chœur, ce matin ; sur la glace, si nos flux furent décuplés durant les huit jours à Seven Islands (ce qui n'était pas un cadeau, par — 40°), les bouleversements hormonaux dus au froid et à l'effort furent tels que pendant les deux mois suivants, nous avons toutes été en totale aménorrhée (à l'exception de celle restée volontairement sous contraception orale).

Nous sommes attendues par nos bourreaux à l'hôpital de Lille... et aussitôt plongées dans cette épreuve horrible, à laquelle j'ai pensé chaque soir, ne pouvant retenir un frisson en me glissant dans mon sac de couchage : le test de la baignoire... Couni et moi le premier matin, Flo et Titi le second, une à une nous y passons, prises à notre propre piège : puisque nous avons impressionné le corps médical en janvier (en serrant les dents, il est vrai), nous nous devons, au retour d'expédition, d'être un minimum « brillantines », comme dit la Québécoise. Dans l'ensemble, c'est plutôt moins pénible, ce qui démontre notre incontestable adaptation au froid... C'est dur tout de même, et presque pire de regarder les autres. Le plus terrible est de voir Titi craquer ; Huguette supplie les médecins : « Arrêtez les machines, vous voyez bien qu'elle souffre ! » Titi retient ses sanglots et tient bon : elle est de nous quatre celle qui a certainement le moins montré ses souffrances sur la glace... nul ne sait ce qui s'est passé dans le fond de sa capuche. C'est la première fois depuis le début de l'expédition que je la vois pleurer : attachée, le masque rivé sur le nez et la bouche, elle ne peut même pas détourner le visage : je la regarde, compatissante, mais je voudrais fuir ses yeux, me disant que par décence, on aurait dû lui laisser son capuchon pour cette épreuve. Et plaisantant comme avec Flo et Couni, malade de la voir grelotter et endurer pour la Science, je ne peux m'empêcher de lui dire, une dernière fois, comme si souvent sur la banquise pour nous remonter le moral : « Allez les filles ! Plus qu'une heure, je vous l'assure cette fois, ça va s'arranger ! »

Ce n'est pas tout à fait vrai pour Couni, héroïquement en larmes ; ses veines résistent à tous les médecins de l'équipe : ils la piquent onze fois... et ne réussiront pas à remplir un seul des quatre tubes de sang qu'ils doivent prélever à chacune de nous.

Les deux jours de tortures s'achèvent par la dynamique de groupe... que nous surnommons depuis toujours la « dynamite de groupe », orchestrée par les psychologues. L'assistance se réunit d'un côté, les quatre « banquisardes » de l'autre, puis il y a une mise au point commune. Nous avons confirmation que la vie à la base n'a pas toujours été simple. Pour notre part, nous n'avons pas dit grand-chose. Il faudra des mois, peut-être plus, pour que les langues se délient : c'est trop frais encore, et puis nous avons hâte de rentrer... quelque part... chez nous... et n'avons guère le cœur à prolonger les discussions.

C'est donc la séparation... partielle en ce qui me concerne puisque je pars avec Jacques, Huguette et Couni à Nancy.

L'amour de Flo l'enlève pour la capitale ; Mireille rejoint le sien en Provence ; quant à Titi, comme dans les vrais contes de fées, elle a trouvé le Prince Charmant, qui était sur un tapis-Twin Otter volant : elle ramène à Paris, dans ses bagages, Ken, le pilote québécois... Les « femmes pour un pôle » vont rester bonnes clientes des télécommunications transatlantiques !

Ceux de Nancy rentrent ensemble dans une voiture que nous ont laissée les enfants d'Huguette : en cinq cents kilomètres, nous réapprenons à conduire, ne prenant que trois bretelles d'autoroute en sens interdit...

Nous roulons de nuit, voulant arriver incognito après avoir déposé Jacques chez lui. C'est sans compter sur le réseau du « 1, rue Saint-Epvre » qui a délégué quatre de ses membres les plus actifs, dynamiques et insomniaques... prenant des tours de veille pour ne pas manquer notre retour. Pluie battante mais... tapis rouge, illumination de la rue, bougies, serpentins, banderoles, lilas dans toutes les pièces, champagne, buffet de rêve : un débordement de légumes et de fruits d'« avant-saison », des monceaux de fraises, de cerises, de salades, de radis, de verdure, de... d'amitié du réseau.

Il est cinq heures du matin, nous sommes mortes de fatigue, le champagne nous achève, mais devant tant de chaleur, apprenant combien toutes et tous ont tremblé pour nous, heure par heure, depuis trois mois et demi, aurait-on le cœur à aller se coucher sans raconter un tout petit peu... en nous relayant à trois, enchaînant réveillon, petit déjeuner et repas de midi, même en les aimant très fort, ces numéros un du réseau, nous ne pourrons pas tout dire... il y aura de quoi alimenter quelques longues soirées d'hiver ou d'été...

nant réveillon, petit déjeuner et repas de midi, même en les aimant très fort, ces numéros un du réseau, nous ne pourrons pas tout dire... il y aura de quoi alimenter quelques longues soirées d'hiver ou d'été...

ÉPILOGUE

I L ne fut pas aisé de nous réadapter : de ce périple au bout du
monde, de ce voyage au bout de nous-mêmes, nous ne revenions pas tout à fait comme nous étions parties.

Même sans amputation, Mary et Mireille laissaient à la glace
quelques millimètres de leurs orteils et garderaient les extrémités
définitivement vulnérables au froid.

Dégonflant de visage, les autres retrouvèrent peu à peu figure
humaine. Cependant, les bons copains ne se cachaient pas pour
dire, réalistes, que nous avions « pris un coup de vieux ». Pour
ma part, je dus me faire une raison : le givre qui, sur la banquise,
pailletait mes tempes, ne pourrait jamais fondre... c'étaient bel et
bien des cheveux blancs ! Nos gelures finirent par cicatriser, nous
restions marquées... Notre jolie Couni nous raconta qu'un jour,
voyant passer une superbe femme dans les rues de Montréal, elle
s'était soudain sentie « ben moche, ben p'tite, ben maganée... »,
elle s'en désola le temps d'une réflexion puis se posa la bonne
question : « Oui mais, elle, aurait-elle tenu le coup sur la banquise ? » et de nous expliquer : « Pis là, j'm'suis vue grande et
belle.»

Les tests médicaux confirmaient notre adaptation au froid.
Nous étions rentrées à la fin du printemps, la surprise ne nous
parvint que tard, à Noël. Flo et moi étions dans les Vosges, il faisait — 10°C avec un vent moyen : nous portions de grosses moufles et nos bottes polaires ; au bout d'un quart d'heure dehors,
nous avions l'onglée aux mains et aux pieds... Les médecins nous
ont assuré qu'en deux ans, nous devrions retrouver une thermo-

sensibilité normale. Avant de partir, nous mettions toutes un point d'honneur à participer aux concours d'héroïsme concernant la préparation au froid : fières de prendre des douches glacées, de ne porter ni pull ni gants ni bonnet, et de vivre sans chauffage. Au retour, dès l'automne, nous avons entamé ce qui restera pour nous l'«année édredon» : compensation physique autant que psychologique... les «femmes pour un pôle» étaient devenues frileuses. Flo eut la palme en la matière, me téléphonant en novembre : «Est-ce que tu pourrais m'envoyer une paire de chaussons de duvet (ceux que nous portions par — 40°C)? j'ai un peu froid dans mon appartement.»

Nos corps avaient souffert, mais sans doute moins que nos têtes. Selon les caractères, la réinsertion dans le monde civilisé fut plus ou moins difficile. Après les tests de Lille, toutes prirent quelques vacances, sauf Huguette et moi qui étions déjà débordées. Passé la griserie des retrouvailles avec les amis, ce fut pénible pour toutes. Comme à chacun de mes retours du Nord, je trouvais la vie bête : nous nous étions battues des heures chaque jour pendant deux mois pour faire fondre la neige nécessaire à notre survie ; ici, pour se laver les dents, il suffisait d'ouvrir le robinet : non seulement l'eau coulait, mais elle était chaude. Démoralisant ! Deuxième horreur de la civilisation : l'horizon éternellement bouché. Où que je sois, j'avais toujours quelque chose qui bloquait mon regard : le mur de mon bureau, celui de ma chambre, la maison de la voisine d'en face, l'immeuble de l'autre côté de la place... un perpétuel écran : c'est déprimant lorsque pendant des mois, on a vu l'Infini dans toutes les directions. Puis est venu le dégoût de la verdure, très vite, au bout d'une semaine peut-être : il y en avait partout, on ne se rend pas compte que tout est vert ! Moi qui avais été en manque de cette couleur, j'en étais fatiguée déjà, alors que jamais le blanc sur blanc ne m'avait lassée. J'étais mal : ni ici, ni là-bas ; tout avait changé, je ne m'y retrouvais plus, je n'avais envie de rien, les voitures, les magasins, la télé, les gens... j'étais découragée, usée, j'avais tout le temps envie de pleurer. Les autres n'allaient pas fort non plus : pendant un mois, Titi débrancha son téléphone.

Couni, après quelques jours de vacances avec sa mère, était

revenue à Nancy pour nous aider. Huguette, définitivement vouée aux travaux dans l'ombre, rangeait le matériel : les cinquante-deux cantines à inventorier, le linge à laver... Je participais au mieux mais je devais me partager entre la Lorraine et la capitale. Moi qui l'aimais tant, je me pris d'aversion pour Paris. Les interviews, les journalistes, l'agence de presse... L'ambassadeur avait raison, ce n'était pas facile de faire admettre aux médias qu'on pouvait ne pas être vainqueur du pôle tout en étant invaincu de la banquise. J'aurais voulu crier tout ce que mes équipières avaient donné... C'est à peine si j'ai pu le murmurer : forcément, ce n'était pas intéressant puisque nous n'avions pas atteint le pôle, nous. Jean-Louis Étienne était rentré, triomphant, ce qui était normal. Nous n'étions pas rivaux, nous ne faisions pas la même chose... Ils, et même elles, n'avaient pas tout compris... alors j'expliquais, avec l'impression très nette qu'on nous demandait de nous justifier. Justifier quoi ? Que nous avions donné le meilleur de nous-mêmes !

Ma réadaptation fut peut-être plus rapide que celle de Flo, Couni et Titi. J'émergeai au bout de deux semaines. A y regarder de près, les choses n'avaient pas vraiment changé : c'était clair dès le retour, nous étions dans le chaos... le chaos financier ! La béance de l'océan était un gouffre : quatre-vingts millions de centimes de déficit ! Notre dérive ne se comptait plus en minutes de latitude mais en jours d'agios et en intérêts débiteurs. Le banquier hantait mes nuits. Je gagnai encore quelques cheveux blancs. La débâcle !

Un conseil : ne partez jamais une année d'élections avec un soutien du gouvernement ! Le trou provenait pour l'essentiel de la disparition de quelques subventions promises mais non versées avant le départ et qui avaient fondu comme neige au soleil, au passage des législatives.

Je repris ma plume... ce fut peine presque totalement perdue. Même les engagements écrits des prédécesseurs, nos lettres de ministre dont j'étais si fière, n'y firent rien. La réponse était invariable : « Comment avez-vous pu croire, sur une simple lettre de ministre, que le gouvernement vous soutiendrait ? »

Il y eut d'autres surprises : certains services rendus devenaient subitement «vendus», lourdes factures à l'appui. Quant aux heures de Twin Otter que nous avions amicalement rétrocédées à une expédition scientifique — mes collègues — au prix fixé par eux-mêmes, aucun document écrit n'ayant été signé, elles furent perdues pour nous... qui les avions déjà payées. Dix millions de centimes par dix millions de centimes, il y avait de quoi repousser loin dans mes cauchemars les ours et les craquements de la banquise.

Dès la fin juillet, j'eus le mal du pays blanc. Je m'en inquiétai auprès du Pr Rivolier : trouvait-il normal qu'après tout ce que nous avions vécu et souffert, ma passion ne fût pas tout à fait assouvie ? Lucide, il me répondit sans détour : *«Les passions ne sont jamais assouvies, sauf par le grand dernier départ, en fait le seul qui compte. Il faut faire avec.»* Alors je fis avec.

Malgré mes nombreuses lettres, les rapports scientifiques divers, les rappels d'engagements, et d'autres démarches, les finances n'allaient pas fort. De notre aventure, je gardais la philosophie de l'Arctique, et j'avançais, refusant de regarder ce qu'il restait à payer mais appréciant ce qui était déjà couvert. Nous avions commencé franc par franc, nous finirions de même avec les entrées de nos conférences : il n'y avait plus qu'à nous lancer dans le montage du diaporama. En voyant les photos, au chaud, assise devant l'écran, je pris peur : je trouvais les chaos bien plus effrayants que pendant l'expédition ; à la vue de nos visages, je comprenais soudain les cris d'affolement de l'assistance nous retrouvant aux ravitaillements. L'hiver, j'avais partagé le blanc avec Couni, Titi et Flo... je passai l'été dans le noir avec Huguette, au milieu de quatre mille diapositives, dans son magasin recyclé, pour la cause, en studio audiovisuel. Il nous fallut quatre mois, à deux, travaillant sans relâche, pour réaliser le reportage qui allait peut-être nous sauver financièrement.

Pendant cette période sombre, nous suivions la progression de nos balises. Nous les avions tellement portées, tirées, poussées, qu'au-delà de leur mission scientifique, nous étions effectivement attachées à elles — membres à part entière de notre expédition : nous les appelions tous les soirs sur Minitel, pour les localiser au jour le jour, bien avant de recevoir les enregistrements continus de l'ordinateur Argos. Pendant huit mois, le satellite les a captées, vingt-huit fois par jour : elles poursuivaient notre entreprise. Elles atteignirent l'océan après avoir donné de précieuses mesures de la dérive différentielle. Notre moisson, qu'il faudrait dépouiller plus tard, était engrangée. « Petit Baigneur », au nom prédestiné, coula le premier. La dernière balise à sombrer fut « Nancy-Meurthe-et-Moselle » qui nous fit un monstrueux pied-de-nez : disparaissant la veille de la première nationale de notre diaporama — ayant lieu à Nancy sous l'égide du conseil général de Meurthe-et-Moselle — alors que nous étions si fières de pouvoir annoncer au Nancéens qu'il n'en restait qu'une : la leur !

Cette présentation officielle de notre aventure nous donna l'occasion de réunir toute l'équipe (sauf Mary et Mireille) qui se retrouva au « 1, rue Saint-Epvre ». Ce fut émouvant. A la première projection, « mes filles » riaient, se poussant du coude en s'exclamant toutes les minutes : « Tu t'souviens ! » A la seconde, elles ont pleuré. Nous ne nous étions pas revues depuis que Couni était rentrée à la fin juin : c'était en novembre. Alors seulement les langues se délièrent. On apprit que rien n'avait été facile pour personne : ni pendant ni après. Nous étions heureuses d'être ensemble, j'étais fière de mes équipières ; même « maganées » je les trouvais belles. Notre reportage racontait notre histoire, les médias furent très élogieux, comprenant soudain que n'avoir pas atteint le pôle ne signifiait pas forcément avoir échoué.

Le temps des honneurs était arrivé. Devenu ministre pendant notre périple, le premier magistrat de la commune nous remit la médaille d'or de Nancy. Ce qui me toucha le plus fut de recevoir celle de Villerupt, décernée trois fois seulement depuis la nuit des temps. Je l'acceptai au nom de mon équipe. Le jeune maire parla avec émotion de notre Pays-Haut sidérurgique, au climat rude qui forme les caractères forgés comme la fonte, trempés comme l'acier... Il y avait quarante personnes dans la salle : je les connaissais toutes ou je les avais connues, et je me trouvai soudain ridicule... On traitait les « femmes pour un pôle » en héroïnes mais ces Villeruptiens, qu'étaient-ils, eux qui combattaient dans l'ombre depuis des années, contre le chômage, pour que ne meure pas leur région : une bagarre qu'ils n'avaient pas souhaitée, dans laquelle il était impossible de dire : « Je craque, j'appelle l'avion. » Nous étions à l'honneur, médaillées, en photo dans le journal : nous nous étions battues, c'est vrai, à mains nues, au corps à corps, jusqu'au bout de nous-mêmes, mais nous avions choisi. C'est une force extraordinaire de pouvoir penser à chaque instant : « Ma pauvre fille, tu l'as voulu ! » Nous n'étions pas des superwomen, juste des superpassionnées : combien de fois avons-nous remarqué sur la banquise que si nous avions été payées nous aurions démissionné ! Une de mes amies d'enfance — de celles qui tapaient dans mes belles chaussures à l'école — me faisait face et je la regardais tandis que j'improvisais ma réponse : elle lutte pied à pied depuis des années contre un cancer, et m'a dit un jour, me prenant à témoin : « Je m'en sortirai, tu t'souviens au basket, la prof disait que toi et moi nous étions des battantes, hein, Madeleine ! » Offrant mon traîneau, mon « Jolly Jumper », à la ville, j'essayai d'expliquer au maire que les héros n'étaient pas là où on croyait : à Villerupt, je les savais dans la salle.

Tout l'hiver, Huguette et moi avons présenté le diaporama, en regrettant, chaque soir, de n'être que deux à entendre les applaudissements et les félicitations. C'était exténuant mais chaleureux, nous allions à la rencontre de notre public, découvrant de ville en ville ces supporters anonymes qui avaient tremblé pour nous à travers les journaux. Un à un, ils devenaient (deviennent et deviendront) sponsors de notre expédition : l'immense chaîne d'amitié n'était pas tout à fait bouclée. Ils nous disaient leur émerveillement et la leçon qu'ils tireraient de notre aventure : le fond de soi-même leur paraissait bien profond, ils se souviendraient de notre expérience pour affronter leurs propres difficultés.

Les autres équipières étaient prises par leur travail et nous rejoignaient parfois, en tournée. Flo, Titi et Chaton étaient avec nous quand, en mars, le Pr Rivolier nous demanda de présenter notre reportage au siège des Expéditions polaires françaises. Nous étions dans le bastion des hommes du pôle et donc particulièrement dans nos petits souliers. Nous eûmes, ce soir-là, notre récompense : à la fin de la projection, un homme s'est levé, un baroudeur des glaces, un vrai, un des ex-polaires, qui avait fait le sud, qui avait goûté au blizzard, qui savait ce que nous avions vécu ; il s'est adressé à Riri : « Professeur, dans cette maison habituellement, on ne voit que des films d'hommes, aujourd'hui vous nous avez présenté une aventure de femmes : à quand la première expédition mixte ? » C'était plus que nous n'en attendions : nous le prîmes comme une réelle reconnaissance.

Douze mois avaient passé depuis le retour. Les finances remontaient doucement. Je terminais ma troisième année consécutive consacrée à cent pour cent au pôle. Je savais qu'entre les dettes à éponger et les résultats scientifiques à exploiter, il me faudrait encore lui donner deux ans, à cent pour cent toujours. Fatiguée, usée nerveusement et physiquement, n'ayant pas pris un jour de répit depuis ce fameux 14 juillet 1984, je tenais et je tiendrai encore un moment, consciente que, si éprouvant que ce soit, c'est un privilège de pouvoir confondre métier et passion, au point d'en oublier de prendre des vacances.

Huguette et moi, par les photos, passions presque tous les soirs deux heures sur la banquise... Cela ne pouvait qu'aggraver le mal du pays. Il fallait en guérir. Et puis un jour, Hubert de Chevigny me téléphona qu'il cherchait une radio VHF pour son expédition au pôle en ULM. Je lui envoyai l'émetteur et un écusson des « femmes pour une pôle » en lui demandant de l'y poser pour nous.

En liaison journalière avec leur camp de base, nous avons suivi l'exploit d'Hubert et de Nicolas Hulot... un peu comme une prolongation. Quand ils sont rentrés, victorieux, ils ont convié notre équipe à leur conférence de presse à Paris. Huguette et moi étions déléguées.

Soudain, en pleine présentation de leur film, on nous fait parvenir une enveloppe cachetée que nous ouvrons aussitôt : une carte des ULM et notre écusson. « Oh ! non ! Ils l'ont ramené ! » Puis nous lisons le petit mot d'Hubert :

« *Ma chère Madeleine,*

« *Cet écusson des "femmes pour un pôle" je l'ai amené jusqu'au pôle Nord dans mon porte-cartes, selon ton vœu. Nous avions alors nos pieds sur le sommet du monde...*

« *En repartant, je ne me suis senti ni le courage ni le mérite de laisser vos couleurs au pôle Nord car je suis intimement persuadé* que dans les années à venir, c'est toi-même qui les y achemineras, et par la voie royale : la voie terrestre. »

Tant de délicatesse, de noblesse, de modestie et d'élégance ne peuvent provoquer, même en public, qu'un épais « white out » dans les yeux de deux « femmes pour un pôle »...

Huguette me regarde, navrée, je lui souris, découragée... mais je vois déjà ses yeux pétiller... et, l'écusson à la main, elle me murmure à l'oreille une des fusées dont elle a le secret :

« Alors ! il faudra y retourner ! »

Nous éclatons de rire, concluant dans un soupir, certes, mais à l'unisson : « Ça ne s'arrangera donc jamais ! »

REMERCIEMENTS

Avec la participation financière de
tous les membres de l'association « DES FEMMES POUR UN POLE » et :

Organismes de recherche :
CNRS (TOAE, PIROCEAN, SHS, Coopération internationale)
Météorologie nationale
IFREMER
CNES
DRET
ANVAR
Institut Pasteur de Lyon et du Sud-Est
Conseil national de recherche du Canada

Ministères
français :
Défense
Droits de la Femme
Recherche
Jeunesse et Sports
Relations Extérieures
Environnement

Ministère canadien :
Santé

Collectivités publiques :
Conseil Général de Meurthe-et-Moselle
Ville de Nancy
Ville de Villerupt
Ville d'Aix-en-Provence

Divers et privés :
Fondation de la Vocation
Biopha
Elf-Norvège
Banque SNVB Nancy

Don de matériel et services :
  MILLET (vêtements, sacs à dos)
  Centres distributeurs LECLERC de Dommartin-lès-Toul, Vandœuvre, Neuves-Maisons et Lunéville (nourriture camp de base)
  LA CORDÉE (tentes)
  BESSERAT DE BELLEFON (champagne)
  ROSSIGNOL (skis et bâtons)
  ÉMERY (fixations de ski)
  CAMPING-GAZ INTERNATIONAL (bouteilles isothermes)
  Département Risques Spéciaux UAP (assurances)
  Cabinet Assurance Gino PIANON à Toul (assurances)
  GORE (tissu Goretex pour anoraks conçus par Millet)
  SAVETIER Canada (chaussures de ski)
  GENTFOOT Canada (bottes polaires)
  LOOK (masques, lunettes et gants de ski)
  VUARNET (lunettes de glacier)
  RACER (gants et moufles)
  EDELRID (cordes, mousquetons)
  ADIDAS (chaussures de sport, survêtements)
  ROLEX (montres)
  BIOPHA (crèmes solaires)
  ROC (crèmes solaires et déodorant)
  QUICKIES-BEECHAM (disques démaquillants)
  GELCOM (huiles essentielles)
  MED HITEC (balance médicale)
  HEUDEBERT (pain longue conservation)
  REGALI (muesli)
  QUAKER (nourriture énergétique)
  NESTLÉ (Nescafé)
  NERGISPORT (boisson et barres énergétiques)
  KODAK (pellicules photo)
  FUJI (appareil photo Baroudeur)

Prêt de matériel ou importante réduction sur prix de vente :
  FEUILLETTE (traîneaux)
  LYOPHAL (nourriture lyophilisée)
  L'IZARD (sacs de couchage)
  PIPOLAKI (bonnets)
  CAMP Italie (matériel de montagne)
  CHARLET-MOSER (matériel de montagne)
  LE VIEUX CAMPEUR (matériel de montagne)
  VITAGERMINE (barres énergétiques)
  WANDER-OVOMALTINE (barres énergétiques)

FISHER PEN Company Canada (stylos de l'espace)
IBM Nancy (machine à écrire)
ELECTRONIC ET TECHNOLOGY (piles au lithium)
SARSAT (balise de détresse)
BEAULIEU (caméra 16 mm)
ANGENIEUX (objectif de caméra)
ATELEC Nancy (matériel audio-visuel)
SEPIA Nancy (duplicata de diapositives)
RADIO FRANCE NANCY (réalisation bande-son du diaporama)

La recherche médicale est réalisée en grande partie dans le cadre d'une convention avec la DRET.
Laboratoires engagés :
Laboratoire de Thermorégulation, Université de Lille II, avec la participation du Laboratoire de physiologie du CHU Cochin-Port-Royal.
Laboratoire de psychologie appliquée, Université de Reims et service Santé EPF-TAAF.
Laboratoire de Biochimie du CERMA.
Laboratoire de Biochimie du CHU Pitié-Salpétrière.
Institut Pasteur de Lyon.
Institut Pasteur de Lille
et la participation du Laboratoire de physiologie musculaire du CHU Nancy-Brabois, de l'UER d'Éducation physique de Nancy et du CREPS de Nancy-Essey.

Recherche géographique :
Laboratoire de géographie physique de l'Université de Nancy.
Laboratoire de géographie physique de l'Université de Besançon (UA 908 du CNRS).
Institut de dynamique marine de Saint-Jean-de-Terre-Neuve (Conseil national de recherche du Canada)
et la participation, pour les mesures de radioactivité de la neige, du Laboratoire de glaciologie de Grenoble.

A cette longue chaîne il convient d'ajouter, pour leur soutien financier, les spectateurs de notre diaporama ainsi que les lecteurs de notre brochure et du présent ouvrage.
Que soient remerciées toutes les personnes ayant (ou allant) œuvré(er) à la diffusion de notre reportage, en particulier les clubs SOROPTIMIST qui nous ont prises sous leur aile et tous les autres clubs, services, organisations et associations divers, nous ayant invitées.

Cet ouvrage, composé
par Comp'Infor à Saint-Quentin,
a été imprimé et broché
par l'Imprimerie Pollina à Luçon
en février 1988
pour les Éditions Albin Michel

Nº d'édition 10157. Nº d'impression 9893
Dépôt légal : mars 1988

Imprimé en France

Imprimé en France